◎ 彭小兵 著

A Study on Financial Center in
the Upper Reaches of Yangtze River

建设长江上游地区金融中心研究

——以重庆为例构建区域金融体系

科学出版社
北京

图书在版编目(CIP)数据

建设长江上游地区金融中心研究：以重庆为例构建区域金融体系/彭
小兵著. —北京：科学出版社，2009
　　（中国区域可持续发展文库）
　　ISBN 978-7-03-026175-5

Ⅰ. 建…　Ⅱ. 彭…　Ⅲ. 地区经济-金融事业-研究-重庆市
Ⅳ. F832.771.9

中国版本图书馆 CIP 数据核字（2009）第 223594 号

责任编辑：李晓华　王国华／责任校对：陈玉凤
责任印制：赵德静／封面设计：无极书装

科学出版社出版
北京东黄城根北街 16 号
邮政编码：100717
http://www.sciencep.com

骏业印刷厂印刷
科学出版社发行　各地新华书店经销
*
2010 年 1 月第　一　版　　开本：B5（720×1000）
2010 年 1 月第一次印刷　　印张：23 1/2
印数：1—2 000　　　　　　字数：439 000

定价：65.00 元
（如有印装质量问题，我社负责调换）

本书的出版得到了重庆市哲学社会科学规划项目、国家"985 工程"哲学社会科学研究基地——重庆大学中国欠发达地区服务管理与公共政策研究中心、重庆市人文社会科学重点研究基地——重庆大学人口资源环境经济与管理研究中心的项目经费支持

序

金融很重要。金融是现代经济活动的核心，金融产业发展水平是现代经济发展的一个标尺和核心构成。金融不仅是配置经济资源的最重要的手段，也是调配经济命脉的供血系统。一方面，在经济与金融之间的关系中，金融体系依附于经济结构，经济发展对金融发展起到积极的促进作用，但金融体系对经济结构的升级和发展又会产生反作用力，即金融通过配置资源引导各种生产要素有机流动，重新塑造经济乃至社会格局，促进经济结构的合理化和地区经济的快速发展。另一方面，在金融产业与其他产业之间的关系中，由于金融产业所经营的对象是货币、资金、资本，因而其在具备其他产业的共同特征的同时，具有"被其他各产业广泛需求、影响和制约其他产业发展、依赖其他各产业生存"等特性。这时，金融产业与其他产业相互制约、相互促进：金融产业是其他产业发展的支柱，其他产业是金融产业发展的前提和基础；金融产业的发展要依靠其他产业提供闲置资源，同时也提供市场需求，其他产业要依靠金融产业的发展和其所提供的金融产品与服务来推动及完成自身的产业生产与升级。因此，金融业作为现代服务业的高端产业，在现代产业体系的构建中可以起到引领作用，其强大的辐射带动能力，使得金融业在实现自身发展的同时，也能够引领带动其他产业的发展。显而易见，研究金融问题，在周期性世界金融危机不断蔓延的背景下以及在我国经济、社会转型和经济、金融快速发展的今天，具有深刻性、前瞻性和紧迫性。

金融是政策性很强的资本密集型行业。作为中央直辖市以及我国统筹城乡综合配套改革试验区和全国统筹城乡商贸改革试验区，重庆市重要的政治地位、特殊的经济区位和地理位置决定了其在我国经济社会发展总格局与西部开发中突出的战略地位。中央政府已经明确重庆"我国重要的中心城市之一，国家历史文化名城，长江上游地区经济中心，国家重要的现代制造业基地，西南地区综合交通枢纽"的五大定位。作为与长江上游地区经济中心相呼应、相配套的重要组成部分，作为西部重要增长极的支撑和统筹城乡的服务业典范，重庆金融建设也应上档提速、健康发展。为此，2009 年 1 月 26 日，中央政府在《国务院关于推进重庆市统筹城乡改革和发展的若干意见》（国发［2009］3 号）中明确提出重庆要"完善金融市场体系，提升金融服务水平，促进金融产业健康快速发展，建设长江上游地区金融中心，增强重庆的金融集聚辐射能力"。这表明，重庆建设长江上游地区金融中心业已上升为国家战略。

目前，重庆已经确立"加快建成长江上游地区的经济中心"的发展导航定向和"抢占西部金融制高点"的金融工作目标，确立了包括金融开放在内的"内陆开放型经济"的发展新模式，准备用 5 年时间打基础、建框架，7～8 年出功能、上规模，到 2020 年基本建成长江上游地区金融中心。为了实现这一总体战略目标，重庆市提出了"三六三"战略的金融中心建设路径，即确立了"选取特色化发展道路，培育壮大辐射力强的区域性金融机构，建立包括银行、证券、保险三大主流机构完备的金融体系并做大主流金融业务规模，强化与主流金融业务互补的小额贷款公司、担保公司、金融租赁公司、信托公司、私募股权基金、风险投资基金等新型金融机构建设，发展全国电子票据交易中心、全国场外交易市场体系（OTC）和畜产品远期交易市场这三大金融市场体系，促进长江上游地区银行机构总部、证券期货经营机构总部基地建设，并打造渝富、重庆国投等重庆本地金融控股平台公司，大力培育新兴金融业态"的发展路径。中央和重庆市的上述目标定位和规划路径，既反映了国家整体利益的需要，也较好地体现了重庆建设长江上游地区经济中心和金融中心这一国家战略要求。

金融中心的一个重要功能是推进经济的转型。一些发达国家的实践经验表明，金融中心由于其完善的、功能健全的、高效的金融要素市场体系以及高度集聚的金融业集群，能对一个国家或地区的产业结构调整和经济转型起到重要的推动作用。另外，开放型经济的重要特征是关税壁垒降低以及要素、资本、商品与服务等自由地跨疆域、跨国界流动，而金融自由化和衍生金融业务膨胀，使得金融竞争更加剧烈。国际上，金融业务主要集中于纽约、伦敦和东京等金融要素市场发达、金融机构体系成熟的国际金融中心。在国内也是如此，大量金融机构和金融业务集中在上海、香港、北京和深圳等几个要素市场相对成熟的地区或城市。

近年来，重庆经济、金融得到了快速发展，为建设长江上游地区金融中心奠定了坚实的基础。但是，与北京、上海、武汉、深圳、香港等地相比，内陆重庆的金融规模较小、金融产业相对分散且缺少聚集效应、金融要素市场体系不发达。作为老工业基地，重庆的工业基础比较好，但缺乏在全国范围内最强、最好的企业，与武汉、成都、西安等中西部城市相比，重庆的优势并不显著。并且，尽管近年来重庆在空气污染、安居环境改造方面取得了进步，但由于历史原因，重庆目前生活的综合成本较高，对聚集金融人才是个挑战。因此，对重庆来说，能否"构建"长江上游地区金融中心、"构建"什么样的长江上游地区金融中心、怎样"构建"长江上游地区金融中心，还需要进一步进行严格的理论论证和经验总结。

不过，得益于国家宏观发展战略的调整，重庆的经济、金融和社会发展赶上了前所未有的历史机遇。在金融方面，2008 年年初中央金融工作会议上，国家提出了建设发展多层次金融体系的战略思路。全国多层次金融体系建设思路的确立，意味着我国金融市场发展开始进入一个更加细致、平衡、高效的发展阶段，为重庆构建区域性金融中心带来了机会。

有关长江上游地区金融中心研究的文献已经相当丰富了，其中多数著述都非常优秀，其作者也不乏实践经验丰富的金融工作者。任何一个关心长江上游地区金融中心建设的人，或者像笔者一样从事相关教学和科研的人，可资借鉴的参考资料很多。这些著述的范围包括被誉为"金融市长"的重庆市人民政府黄奇帆常务副市长、中国人民银行重庆市营业管理部白鹤祥主任和重庆知名金融学者蔡律先生发表的一些关于重庆建设长江上游地区金融中心的短篇"智慧之珠"或者一些具有权威性的长篇论著。从这些论著中汲取营养，是作为高校科研工作者的笔者敢于开展相关挑战性研究的力量源泉。出于对专业领域的兴趣和长期以来对该问题的密切关注，笔者于 2007～2008 年和 2008～2009 年两个年度先后成功申请到并开展了两项重庆市哲学社会科学规划项目的课题研究："重庆构建长江上游地区金融中心的金融业集群研究"和"重庆建设长江上游地区金融中心的金融要素市场培育研究"。其中研究报告"推进金融业集群发展，促进重庆建设长江上游地区金融中心"获得 2007 中国重庆·青年人才论坛优秀论文奖，且笔者在 2007 中国重庆·青年人才论坛主论坛发表了基于该文的主题演讲（2007 年4 月 30 日，重庆国际会展中心）。研究论文"重庆市培育金融核心区对策研究"

被收录于《重庆蓝皮书·2008年中国重庆发展报告》①。

本书就是基于上述背景而展开的，试图在审视长江上游地区金融竞争和发展格局的基础上，从区域金融体系构建的视角出发，探索建设长江上游地区金融中心的基本路径和理论架构。

本书对建设长江上游地区金融中心问题展开了宏观、中观和微观三个层面的分析和研究。作为一个完整的区域金融体系，宏观层面主要阐述金融监管和国家赋予重庆的金融政策研究；中观层面主要从金融产业和金融市场两个角度展开；而微观层面主要是从金融公司的角度来加以分析。基于上述三个层面，分别形成了金融基础篇、产业集群篇、要素市场篇、金融公司篇、金融监管篇和对策建议篇六个部分，形成了一个相对完整的理论体系和解释框架，即：建设长江上游地区金融中心，打造金融核心区、增强"引力"集聚金融资本、促进形成金融业集群是根本路径，大力培育金融要素市场是核心内容，而优化和规范金融生态环境是关键，强化金融监管是保障，组建具有完善治理结构的地方金融控股集团是微观基础。

金融基础篇阐述了重庆金融业的现实发展情况和建设长江上游地区金融中心的现实基础。在阐述有关金融中心的概念内涵和理论回顾的基础上，该篇首先就重庆金融业发展的几个方面做了探讨。就地理位置来说，重庆位于中国腹地西南地区。当前，我国中西部地区在战略规划上意图建立区域性金融中心的城市很多，武汉、西安、成都就是重庆强有力的竞争伙伴。在现实条件上，重庆拥有一定的建设区域性金融中心的区位优势、经济实力和金融实力。实证研究表明，其一，影响重庆金融业发展的因素可以归结为外生因素、内生因素以及政策因素，所有这些因素为重庆金融的进一步深入发展奠定了基础；其二，重庆外贸发展与金融发展之间缺少良性的互动，但它们之间存在长期稳定的协整关系；其三，重庆的FDI（外商直接投资）与地方金融发展之间是一种相互促进的正相关关系，即存在"协进"作用，但当前重庆的FDI和金融发展并没有实现协调互促的良性循环机制，重庆引进大宗FDI的成功案例并不多见，并且，现阶段FDI大多进入的是实体部门，这种外资引进格局对区域宏观经济的最终绩效和潜在风险还需

---

① 重庆社会科学院，重庆市人民政府发展研究中心.2008.重庆蓝皮书·2008年中国重庆发展报告.北京：重庆出版社.1

进一步评估。值得注意的是，从国有银行上市引进海外战略投资者之后的运行状况以及"力拓间谍案"来看，境外跨国垄断资本与国内"买办"掮客已经开始合谋对中国产业链"围剿"，这种渗透对中国经济和金融安全的威胁无处不在。另外，统筹城乡改革与发展提供金融支撑，是建设长江上游地区金融中心的动力机制或动因：构建金融中心，使得云集于长江上游区域内的各金融机构将通过金融中心的凝聚作用加强合作与交流，寻求规模经济、范围经济和强大的溢出效应、协同效应，寻求在金融服务业价值链上新的机会和更有影响力的位置，进而带动整个长江上游地区城乡经济的协同发展。但是，长江上游地区经济一体化程度不高、经济发展水平低，重庆金融市场体系、组织体系和金融生态环境中的一些问题以及典型的城乡二元结构格局等金融的供给条件、需求条件和内外部经济性状况，都制约着重庆构建长江上游地区金融中心。当然，机遇也是前所未有的，如新国策、国内产业向中西部转移的契机、国家金融体制改革契机，等等。

产业集群篇主要对构建长江上游地区金融中心的金融业集群展开理论与实证研究。该篇以产业集群的理论为依据，定义了金融业集群，并深入分析了重庆金融业集群的现实基础、竞争力状况等内容。研究认为，在区域性金融中心建设中，一项重要工作是建立金融资源集聚和辐射的高效网络。金融要素市场体系、金融机构体系、金融工具和金融产品、支付结算体系和金融后台、中介服务体系等是这个网络的有机部分；而重庆地方政府、地方金融管理部门争取中央支持，综合运用财税、土地、产业政策等多种激励措施是重要的配套力量。金融业集群的正外部性和累积循环因果效应有助于整合资源，改善信贷资产结构和企业融资结构，维护金融交易秩序，降低服务成本，并提供价格指导和避险工具。研究还表明，金融业集群的产业特征是产业区域化或专业化；外部经济、范围经济、交易成本等经济学的解释，基于产业柔性专业化的空间集聚等经济地理学范畴解释，基于创新环境、根植性、非正式社会网络等社会经济学范畴的解释，以及都市发展理论、金融中心聚集效益理论，等等，是重庆培育金融业集群、构建长江上游地区金融中心的理论基础。另外的实证检验结果表明，重庆直辖后不断提升的区位优势、经济实力、金融条件和政治基础等共同构成了向成熟的金融服务业产业集群这一高级阶段发展，进而建设成为长江上游地区金融中心的现实基础；市场自发演进的基础作用以及金融业相关的产业政策、区域性经济发展战略成为促进重庆金融业产业发展的主要因素，重庆应尊重这种经济规律和市场选择，在权衡构建金融中心的可能性的基础上，考虑长江上游地区金融中心建设的具体功能、实现路径和配套政策。另外，这一篇还进行了重庆市金融产业集群竞争力的实证研究。首先归纳了金融业集群竞争力影响因素的层次框架，得到了金融业集群竞争力的评价指标体系，然后运用层次分析法，对上海、重庆、成都和武汉等城市的金融产业集群竞争力进行了实证检验。研究认为，金融业集群竞争力的来源与提升不仅取决于金融企业的整体竞争力，还取决于区域经济发展的实力以及区域经济发展过程中对资金和金融服务的强大需求，同时，政策的推动也是金融业集群竞争力提升的重要因素；另外，区域的区位水平、开放水平以及信用水平在金融业集群竞争力中也起着重要的作用；重庆金融业有了一定的集聚基础，但专业化集聚程度有待进一步加强，金融业集群竞争力仍需进一步提升。

要素市场篇所展开的研究包括：给出金融要素市场的定义；分析金融要素市场的作用机制和国际金融中心的金融要素市场发展的经验；探索重庆农村金融要素市场培育等问题；界定金融要素市场的内涵、分类和功能。国内外有影响力的金融中心的金融要素市场培育经验包括繁荣的经济基础、发达健全的金融体系、源源不断的金融创新、相对开放自由的经济体系、透明适度的法制监管、先进配套的服务。金融要素市场对金融中心形成的作用机理研究表明，只有多元化市场的存在，即多层次、多元化的金融要素市场的形成，才能促进各金融主体的竞争，不断进行金融品种的创新，提供多元化的金融服务，充分发挥金融中心的集聚效应。此外，金融要素市场是通过需求反应和供给引导相结合的作用机制对金融中心的发展起影响作用的。该篇的最后，还专门分析了重庆农村金融要素市场的培育问题，分析了农村金融要素市场的现状以及农村金融抑制的制度性因素，并基于中外的比较研究分析了重庆村镇银行的市场定位和运行模式，得出了一些有意义的见解和结论。

金融公司篇以金融控股集团为主线，探讨长江上游地区金融中心建设中金融组织和金融机构体系的完善和发展问题，提出通过组建和打造重庆地方金融控股集团来实现重庆本土金融市场主体发展壮大的目标，推动重庆金融领域总部经济的规模发展。研究认为，关于金融控股公司组织管理，只有构建关键的管理控制流程，在硬件上搭建起有效率的管理控制框架，在软件上建立起有效的公司治理机制和风险防范与管理机制，才能充分发挥金融控股公司大而全的优越性。另外，重庆要建设成为西部地区的重要增长极、长江上游地区的经济中心和促进金融产业集聚，一个有效的途径就是构建有效的地方金融控股集团。目前，重庆具备了构建金融控股集团的基本条件，拟组建的集团公司应实行投资主体多元化和引入独立董事制度，并逐步向纯粹型金融控股集团过渡。组建过程必须遵循市场经济原则，坚持企业主体、市场主导、政府引导。作为完善金融公司治理机制的重要组成部分，该篇也重点展开了金融控股集团控制权配置研究和金融机构高层管理人员的激励约束机制研究。在金融控股集团框架内子公司控制权配置研究方面，该篇在分析控制权配置特征的基础上，建立控制权配置的拓展模型，导出金融控股集团子公司经营者为了获得来自金融控股集团公司的资本支持所必须放弃的控制权的均衡解，并分析了控股谈判时子公司拥有的自有资金（效益状况）、子公司经营者的个人非货币收益大小（努力程度、敬业精神）等重要因素对金融控股集团子公司中控制权配置的影响。研究表明，金融控股集团的核心要义是赋予母公司对子公司的控制权，服从来自于母公司的外部力量的控制或统一管理。因此，金融控股集团治理机制的核心显然就是母子公司之间的控制与被控制关系。由于存在合作与冲突的博弈行为，金融控股集团内部母子公司之间的博弈关系可能导致母公司的控制与控股子公司的背离行为的发生。另外，虽然从整个金融控股集团角度来看，金融控股集团公司与其子公司在利益和业务上应有一致性，但是，控股公司和各个子公司之间在利益的形成与分配过程中所处的地位不同，因此有着不同的利益追求，在信息不对称情况下就不可避免地会产生集团利益冲突。就金融控股集团母公司而言，控制性股东是隧道行为与支撑行为的复合体，其对子公司的控制权是一把双刃剑。这样，金融控股集团公司采取的治理机制应当是特殊的相机治理机制，即金融控股集团公司根据金融控股集团子公司的实际绩效、运营状况以及金融控股集团子公司经营者的能力是否适应控股子公司的发展要求而动态地配置控制权，且国家必须赋予金融控股集团公司按照市场经济规律对金融控股集团子公司关于股权向社会战略投资者转让、出售等的退出决策权。而基于这样的控制权配置模式，一方面，基于事实体制的控制路径，将主要通过产品业务流程控制实现对有关业务的一体化控制管理、通过契约关系取得金融控股集团子公司的经营管理权、通过党的系统垂直管理体制间接实现金融控股集团母公司对子公司的人事控制；另一方面，金融控股集团母公司对金融控股集团子公司的监管功能定位，应主要界定为战略管理、资源配置、风险控制、业务协同和重要人事管理等方面，并考虑到管理权利的边界。而在金融公司高级经理人员的激励约束研究部分，该篇以上市公司（股份制银行）为例，比较股票期权制度与传统薪酬制度对金融机构长期发展的影响，证明基于股票期权的薪酬制度优于传统的固定薪酬或经营者年薪制的激励机制，在理论上实现了股东和经理人之间的激励相容，在一定程度上解决了现代金融机构所面临的委托代理问题。上述研究都有利于发展壮大本土金融企业，从而为繁荣重庆金融业、建设长江上游地区金融中心奠定微观市场基础。

金融监管篇从区域金融体系构建的宏观层面，就金融监管问题进行了深入研究，目的是规范重庆金融市场，预警、防范和减少金融风险，打造一个安全的区域金融中心。首先运用博弈论的方法，构建了金融业监管机制模型。一般认为，金融机构的经营者在"高风险、高收益"的诱惑下，有从事高风险业务的内在冲动，而监管部门为了保证金融市场健康运行，就要对风险进行监管。在这种博弈关系中，通过监管人员进行信息交换，充分发挥监管人员的作用是监管的关键，而设计好监管制度却是前提。该篇还以商业银行为例，基于完善监管制度的视角研究了金融机构信息披露机制。当前，以商业银行为代表的金融机构信息披露机制存在着设计缺陷，不能有效防范金融风险，也不利于金融机构商业化、市场化。研究表明，信息披露机制应该看成一套在多次博弈之后逐步形成的使人们披露和接收信息时可以确定地知道别人行为方式的社会契约；金融机构信息披露机制的构建，必须完善信息披露机制设计的协调性，逐步达成信息披露博弈的纳什均衡，确保信息披露制度的适应性。如果把信息披露机制看成一种协议，要使机制有效，就必须使信息使用者（监管当局和社会公众）与信息提供者（商业银行）之间通过博弈达到纳什均衡，体现于一种准则，形成一种制度。建设长江上游地区金融中心，基于博弈均衡的视角完善金融监管制度与机制是重要的建设内容。

对策建议篇首先对长江上游地区金融中心的功能作了一个初步定位，基于长江上游地区经济、金融发展的实际以及国内金融格局的差异化布局，长江上游金融中心应该首先是一个筹资型的区域性融资金融中心，成为未来中国西部投融资活动活跃和投融资机构高度密集的地区；同时，信息是未来经济社会发展的主导和关键，作为辐射长江上游广袤地域的中心城市，重庆也应该是区域性金融信息发布中心；而作为全国统筹城乡综合配套改革试验区，统筹城乡改革和发展是政策要求，也是未来重庆经济建设和社会发展的着力点，因此，长江上游地区金融中心也应该是一个具有标杆意义的统筹城乡型金融中心；在经济全球化和贸易自由化以及全球性金融危机的大背景下，强化对金融风险的监管和控制，是建构区域金融体系、推动金融业持续健康发展的关键，因此，在区域性金融中心构建过程中，应该着力将重庆塑造为一个区域性的金融监控中心。另外，为适应现代金融发展的竞争与合作环境，重庆在打造长江上游地区金融中心的过程中，同时还应该强化在金融交易结算、金融产品创新和金融配套服务等方面的基地建设与发展。该篇还具体提出了内陆开放高地的金融体系建设思路，分析了"内陆开放型金融"的发展层次、发展障碍，研究了"内陆开放型金融"政策框架与运行模式，认为"内陆开放型金融"发展不单要引进区域外的金融机构和资本，重点还要推动本地金融机构向外辐射。该篇的最后，基于前面篇章的研究结论，从谋求进入国家"十二五"发展规划、催化长江上游地区金融业集群、培育统筹城乡金融要素市场、推进金融生态系统建设的工作重点、规范公共行政行为和提升公共服务能力、增强金融调控能力、推进长江上游地区经济一体化建设进程等方面，提出了重庆建设长江上游地区金融中心的对策和建议。

有必要特别指出的是，重庆建设长江上游地区金融中心是一个基于统筹城乡金融改革与发展视角的系统工程，需要全社会、各行业、各阶层共同参与，多方面加以协调和努力。

本书的出版获得了 2007 年度和 2008 年度重庆市哲学社会科学规划项目的资助。同时本书还获得了国家"985 工程"哲学社会科学研究基地——重庆大学中国欠发达地区服务管理与公共政策研究中心、重庆市人文社会科学重点研究基地——重庆大学人口资源环境经济与管理研究中心的项目经费支持。调查研究和资料搜集过程中得到了中国人民银行重庆营业管理部、中国银行业监督管理委员会重庆监管局、中国建设银行重庆分行、国家开发银行重庆分行、重庆市委财经领导小组办公室、重庆市人民政府金融工作办公室、重庆大学贸易与行政学院的大力支持。感谢重庆大学陆远权教授、西南政法大学李树教授、重庆工商大学周兵教授和周立新教授等区域经济领域里的专家、学者对课题研究给予指导和帮助。特别还要感谢我的硕士研究生张保帅、蒋静梅、邓琳莹、田亭和张娟等几位同学，他们在课题研究中付出了辛勤的劳动。还要感谢我的妻子郑荣娟女士和儿子彭震，因为我的任何工作成绩都与他们的支持是分不开的。

本书反映的仅是我个人的见解和观点，由于水平有限，难免有疏漏、不足甚至错误之处，全部责任将由作者本人承担。

彭小兵
2009 年 8 月于重庆大学柏树林

目　　录

导　　论

一、研究背景

金融是现代经济活动的核心，金融产业是现代经济发展的一个标尺和核心构成。在经济全球化和贸易自由化背景下，国际范围内的各种竞争加剧。在经济领域，经济竞争又突出表现为金融竞争。为了在全球、国内或区域竞争环境中保持竞争优势，避免被边缘化，谋求对地区经济空间更大的占领，建立区域性、全国性和国际性金融中心或强化其既有功能，是各地区、各城市、各国家促进开放型经济发展、参与全球和区域竞争基本战略。

随着经济全球化、市场化以及信息化的不断推进，金融发展和金融创新速度不断加快，金融形态、金融组织和金融制度经历了前所未有的整合和重组，金融机构和金融要素市场的空间集中趋势日益凸显。汇聚金融资源，构建区域性、全国性乃至国际金融中心，通过金融中心的集聚力、辐射力和带动力，增强区域金融企业的自主创新能力和核心竞争力，来更好地为经济建设服务，已经成为各个国家或地区经济发展的战略任务。

在过去30年间的经济全球化过程里，交通运输、通信、网络以及企业组织管理技术和生产技术等领域发生了一系列重大变革，并实现了相互之间的渗透和耦合。在微观经济领域，信息和交易成本的大幅降低，以及企业规模经济、范围经济和学习经济的大幅度提高，不仅导致了以跨国公司为主要载体的生产要素的大规模跨境空间流动和在全球范围内的重新配置，而且显著扩展了货币和金融在全球跨时空"延展"、"压缩"、"整合"经济活动的功能。发生在实体经济和金融领域的这些重要的革命性的变化，不仅对全球经济运行方式产生了重大影响，同时对全球金融的时空集聚状态，以及金融城市的战略地位、竞争趋势、地理分布特征以及内在形成机理等方面，也产生了广泛而深刻的影响。另外，在颇具周期性国际金融危机的背景下，金融思维也需要创新，研究金融中心构建问题，更具有时代新意。

金融中心的一个重要功能是推进经济的转型。一些发达国家的实践经验表明，完善的和功能健全、安全高效的金融要素市场体系以及高度集群的金融产业体系，能对一个国家或地区的产业结构调整和经济转型起到重要的推动作用。另外，由于金融中心在全球（或区域）资源配置和定价中具有重要的战略意义，与一国（或地区）在全球或区域竞争中的战略地位密切相关，因此，随着经济金融全球化的迅猛推进，全球金融中心之间的竞争以及一国内部各地区或区域之间金融中心之争不仅未呈减弱的倾向，相反更趋激烈。

中国内地拥有巨大的经济规模并有较乐观的长期增长预期，并且经济腹地广阔，国内经济发展呈现出很明显的区域性和层次性，这使得中国金融业具有广阔的发展前景。近年来，中国开始强调实现经济转轨，并加速了与世界经济进行融合、接轨的步伐，这客观上使得国内处于区域经济中心的城市构建金融中心的竞争日渐激烈。自从将上海建设成为远东地区国际金融中心正式确立为一项国家战略以来，中国内地各地区旋即拉开了竞争金融中心的序幕。

目前，国内构建金融中心的总体竞争格局已初步显现。据最新不完全统计，国内有 32 座城市提出建设金融中心，13 个城市争做金融后台。例如，北京、深圳、广州、杭州、南京和天津等发达经济圈的城市以及武汉、重庆、成都、西安、沈阳等中西部和东北地区的城市，大都先后提出建设金融中心的设想，或者已经采取了众多措施大力促进其金融业的发展，其中，重庆建设长江上游地区金融中心的战略目标区域定位于涵盖重庆、西藏、青海、云南、四川、贵州、陕西、湖北等中西部 8 个省、自治区、直辖市的广大地域。表 0.1 展现了我国区域性金融中心建设的部分城市的城际竞争态势。

金融是政策性很强的资本密集型行业，同时，金融业作为撬动经济发展的支点，正契合了中国新一轮的区域经济发展大计，也与中国推进的金融业纵深改革和全球金融一体化大势息息相关，与中国正在谋求在国际经济体系中的重新定位紧密勾连。显而易见的是，谁抢占到金融中心这个有利位置，谁就是下一个崛起的中心城市。但客观上，不可能每个城市都有能力、都有必要成为金融中心，于

表 0.1　中国区域性金融中心之争

地区分布	竞争城市
东北	大连 *vs.* 沈阳
西南	重庆 *vs.* 成都
华南	深圳 *vs.* 广州
西北	西安 *vs.* 兰州
中部	长沙 *vs.* 郑州 *vs.* 武汉 *vs.* 南昌
长三角	杭州 *vs.* 南京
渤海湾	天津 *vs.* 青岛
台湾海峡	厦门
全国	北京 *vs.* 上海 *vs.* 香港

资料来源：① 根据网络媒体报道归纳整理而成。
　　　　　② 潘秀，孟令余. 2009. 兰州构建区域性金融中心的目标定位. 甘肃金融，(2)：20～23。

是就存在竞争——从宣传造势、城市规划，到地方政府对金融资源的争夺；从地方金融机构的竞相设立，到金融优惠政策的吸引；从金融前台到金融后台服务；从政策层面转向地方立法层面又上升到"国际"层面，都展开了竞争。

面对激烈的竞争，重庆如何取得先机呢？重庆无法与北京、上海、深圳争夺全国性金融中心的位置，但是重庆作为中国中西部唯一的直辖市，其金融辐射能力也相当强。在中国人民银行和中国银行业监督管理委员会出台的《关于进一步加强信贷结构调整促进国民经济平稳较快发展的指导意见》（银发〔2009〕92 号）中，我国首次将重庆明确纳入国家金融类战略规划，这一规划大大增强了重庆打造长江上游地区金融中心的信心和决心。但是，信心归信心，要实现长江上游地区金融中心的建设目标，正确把握时代背景下的战略机遇至关重要，但建立科学的金融发展战略，壮大金融实力，构建完善的区域金融体系，使之能更好地服务于实体经济是根本。作为中国西部地区的开放高地，作为西部地区金融业相对发达、金融体系相对完善的区域，重庆无疑有条件成为中国把握时代机遇、实施国家金融战略的重要区域。

为了贯彻落实胡锦涛总书记关于重庆经济社会发展导航定向的"314"总体战略部署——加快建成西部地区的重要增长极、长江上游地区的经济中心以及大力发展金融等服务业，提高服务业的比重和水平，一方面，重庆市制定了《重庆第十一个五年规划金融业发展重点专项规划》，确立了到 2015 年形成长江上游地区金融中心的基本架构和雏形（金融产业对重庆全市地区生产总值的贡献达到 8% 以上）、到 2020 年基本建成长江上游地区金融中心的战略目标和战略任务。近年来，重庆对金融进行了大刀阔斧的改革，积极推动金融体制改革，强化重庆金融资源的集聚与辐射功能，促进金融市场体系与功能建设，取得了显著成效。另一方面，中央政府也加大了对重庆金融发展的支持力度，进一步聚焦政策，将重庆建设长江上游地区金融中心提升为国家战略。2009年1月26日，中央政府在《国务院关于推进重庆市统筹城乡改革和发展的若干意见》（国发〔2009〕3号）中明确提出重庆要"完善金融市场体系，提升金融服务水平，促进金融产业健康快速发展，建设长江上游地区金融中心，增强金融集聚辐射能力"，并对重庆建设长江上游地区金融中心的总体目标、主要任务、战略措施等做出了精辟论述和部署，包括支持重庆建立统筹城乡金融体制，围绕服务重庆和西南地区经济发展，大力建设金融要素市场，完善金融市场体系。同时，在明确重庆的长江上游金融地区中心定位的基础上，国务院还推出众多政策支持，如适时将重庆纳入全国场外交易市场体系、支持研究设立产业基金、设立保险业创新发展试验区、优先考虑在重庆设立全国性电子票据交易中心、支持在重庆设立生猪等畜产品的远期交易市场、支持小额贷款公司试点，等等。所有这一切，都表明了党中央与国务院的立场、态度和战略部署，并同时也发出强烈的信号：将重庆建设成为有特色的"长江上游地区金融中心"，必须首先要立足重庆大城市大农村的城乡二元结构现状，依托重庆统筹城乡综合配套改革试验区先行先试的政策优惠，改革和完善统筹城乡的区域金融体系，推动长江上游地区金融中心的形成。

在金融发展的具体细节与地方政策支持上，重庆也成就斐然。重庆市农村信用社改革被纳入国家首批试点、西南证券被纳入国家重点支持的12家券商之一，等等。同时，先后推出了《重庆市促进金融业发展若干意见》、《关于促进重庆资本市场发展的意见》、《重庆市金融业发展激励政策实施细则》等政策。目前，重庆市农村信用社已重组为重庆农村商业银行；重庆市政府确立通过增资扩股的方式壮大地方金融机构，成立重庆渝富资产经营管理有限公司专门处置金融机构的不良资产；为了不断促进金融发展环境的改善和优化，规划建设并已初步形成了以"解放碑—江北城—弹子石"为中心地带和功能平台的金融核心区，这是进一步集聚金融机构、壮大金融规模、扩大金融辐射的重要步骤。另外，一些较大的区域金融要素市场也已形成，OTC（场外交易）市场、畜产品远期交易市场、农村土地交易所以及已有的重庆联合产权交易所等"四大金融要素市场"一并"聚首"作为金融核心规划区的解放碑中央商务区。此外，随着金融改革的不断深化，与经济发展和要求相适应的信用服务工具与手段不断推出,如形成西南地区最大的票据交易市场。上述这些,为建设长江上游地区金融中心奠定了坚实的物质与政策基础。

然而,我们也清晰地认识到,与北京、上海、武汉、深圳、香港等城市或地区相比,内陆重庆的金融规模较小、金融结构不尽合理、金融产业相对分散且缺少聚集效应、金融市场体系不发达、金融竞争力弱,距离一个区域性金融中心还有很长的路要走。作为老工业基地,重庆的工业基础比较好,但缺乏在全国范围内最强、最好的企业,与武汉、成都、西安等中西部城市相比,重庆的优势并不显著。并且,尽管近年来重庆在空气污染、安居环境改造方面取得了进步,但由于历史原因,重庆目前生活的综合成本较高,对聚集金融人才是个挑战。因此,对重庆来说,能否"构建"长江上游地区金融中心、"构建"什么样的长江上游地区金融中心、怎样"构建"长江上游地区金融中心,目前还缺乏严格的理论论证和经验总结。

不过,得益于国家宏观发展战略的调整,重庆的经济、金融和社会发展赶上了前所未有的历史机遇。在金融方面,2008年初中央金融工作会议上,国家提出了建设发展多层次金融体系的战略思路。全国多层次金融体系建设思路的确立,意味着我国金融市场发展开始进入一个更加细致、平衡、高效的发展阶段,为重庆构建区域性金融中心带来了机会。

世界经济论坛(World Economic Forum)对全球金融中心的整体实力进行评估时主要依托的是包含"制度环境、商业环境、金融稳定性、银行业金融服务、非银行业金融服务、金融市场,以及企业与个人获取各种资本和金融服务简易程度"等因素在内的指标体系。基于该评价指标体系,对评估内容进行归类,本书进一步将金融体系大致划分为三个子体系:金融的宏观调控与监管体系、金融的市场体系以及金融机构体系。由于金融中心是一种"关系"和"资源"的整合、配置,它由资本、资金、项目、人文、都市、时空、地域等要素构成,因此,从区域金融体系的构成来看,金融中心的形成大体需要一些基础性条件,如雄厚的经济实力、集群的金融机构、发达的金融要素市场、健全的金融制度体系以及完善的市场基础和市场机制等。研究金融中心建设问题,就应该从区域金融体系的层面和这些基础形成条件的角度去作分析、奠基础、夯实力。但从当前来看,学术界对重庆建设长江上游地区金融中心的研究过分偏重于宏观政策框架,对如何构建长江上游地区金融中心的具体细节和路径选择关注不够,缺乏从金融政策、金融监管、金融产业、金融市场、金融公司这样一个从宏观到微观的金融体系的研究。本书在审视长江上游地区经济与金融的竞争和发展格局的基础上，综合运用产业集群理论、金融要素市场理论、金融产业组织理论、公共管理理论中的重要思想、观点和方法，来研究建设长江上游地区金融中心的基本路径和解释框架，探讨重庆区域金融体系构建的理论、对策以及重庆市政府在市场主导作用下的适度介入问题。

二、研究思路

本书基于统筹城乡的区域金融体系构建视角，紧扣建设长江上游地区金融中心的内涵和目标，通过广泛挖掘、科学吸收利用已有的理论资源以及通过大量的理论研究和实证分析，在充分认识重庆金融发展的战略环境、理清重庆金融发展的战略思路的基础上，从重庆金融发展的现实基础、金融业集群、金融要素市场培育、金融控股集团打造、金融监管等角度，深入探索长江上游地区金融中心建设的理论框架和路径选择，并提出建设长江上游地区金融中心的对策措施和政策建议。基于上述研究思路，设计技术路线如图0.1所示。

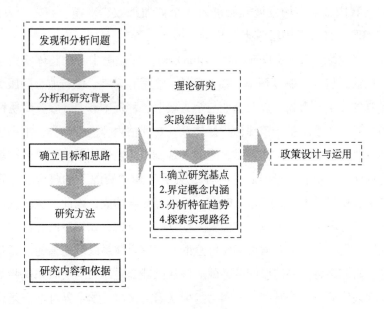

图0.1　技术路线

三、研究内容

本书基于区域金融体系构建的视角，通过重庆金融发展的现实基础、金融业集群、金融要素市场培育、金融控股公司运作、金融监管机制构建这样涵括宏观、中观和微观三个层面，来分析和研究建设长江上游地区金融中心的理论与实证问题，深入阐述重庆金融发展的现实基础、路径选择、监管机制和对策措施。除导论外，本书的主体部分包括金融基础篇、产业集群篇、要素市场篇、金融公司篇、金融监管篇和对策建议篇等六个篇章。

（一）金融基础篇

第一至四章属于第一篇"金融基础篇"，阐述的是重庆建设长江上游地区金融中心的现实基础。该篇就金融中心的内涵和金融发展水平、影响因素、动力机制等内容，进行了理论剖析和实证研究。重庆要构建长江上游地区的金融中心，必须以深厚的金融发展为基础。因此，重庆目前的金融发展水平如何、现实基础怎样、具备哪些进一步深入发展的条件、各影响因素的相关性如何等问题，都是该篇的主要研究内容。

（二）产业集群篇

第二篇"产业集群篇"涵盖第五、六章，主要基于金融业集群的视角研究建设长江上游地区金融中心的路径和集群基础。一个产业要成为中心，并辐射周边，前提是形成产业集群，金融中心亦如此。该篇基于长江上游地区金融中心的建设目标，以产业集群的理论为依据，定义了金融业集群，并深入地实证检验了重庆金融业集群的现实基础、竞争力状况等内容。

（三）要素市场篇

第七、八章属于第三篇"要素市场篇"。主要基于要素市场理论，分析金融要素市场的概念，研究金融要素市场的作用机制和国际金融中心的金融要素市场发展经验。另外，农村金融要素市场的培育也是该篇的重点研究内容。作为农村金融要素市场培育的重要补充，该篇还对重庆农村金融抑制的症结、重庆村镇银行的发展等问题进行了深入探讨。

（四）金融公司篇

第九至十二章为第四篇"金融公司篇"。主要是研究如何通过金融控股集团来整合重庆金融资源，如何构建一个有效的金融机构高级经理人员的激励约束机制，来提升、壮大重庆本土金融机构的实力和金融规模，为重庆本土金融机构有力支持长江上游地区金融中心建设提供理论依据。

（五）金融监管篇

第十三、十四章是第五篇"金融监管篇"。金融监管是金融业可持续健康发展的关键，是预防和化解金融危机的根本。重庆长江上游地区金融中心建设，离不开有效的科学的金融监管机制。该篇就重庆金融业风险监管机制进行深入分析，以规范金融市场、减少金融风险。

（六）对策建议篇

第十五至十八章是第六篇"对策建议篇"，含对策措施和政策建议。在前面篇章分析的基础上，对建设长江上游地区金融中心的功能定位和金融体制建设、路径、对策与政策建议等问题进行了探讨、归纳、总结。

四、本书的逻辑架构

全书采用系统的分析方法，从中观到微观，再到宏观层面，依次探讨建设长江上游地区金融中心的理论和实践问题。作为一个完整的区域金融体系，宏观层面主要阐述金融监管和国家的金融政策研究；中观层面主要从金融产业和金融市场两个角度上展开；而微观层面主要是从金融公司的角度来分析。图0.2展现的就是本书的逻辑结构。

五、研究方法

运用恰当的方法分析问题是研究成功的关键。系统研究重庆如何建设长江上游地区金融中心，需要运用规范研究与实证分析相结合的方法，以理论研究为基

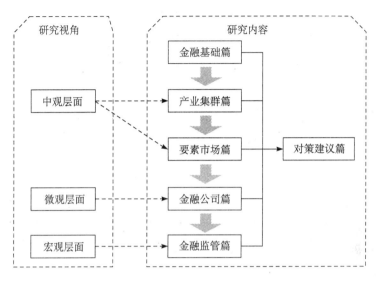

图 0.2　全书的逻辑架构图

础，以实证分析为佐证。

（一）回归分析法

为了深入研究重庆建设长江上游地区金融中心的现实基础、可行性、影响机制等，本书的实证分析多以重庆的国民经济统计资料为依据，按照既定的理论假设，运用合适的计量经济学方法进行处理，并由此得出研究结论。例如，分析重庆金融业发展的现实水平采用了因子分析的方法，探讨重庆金融发展的影响因素采用协整检验、因果检验等方法。

（二）问卷调查法

为了收集重庆农村金融数据，对重庆农村金融进行有效的实证研究，本书采用问卷调查法，针对重庆多个区县农村的农户进行了入户访问，取得了第一手的数据资料，为重庆农村金融要素市场的研究提供了真实的数据依据。

（三）层次分析法

为检验重庆市金融业集群竞争力，本书采用层次分析法。基于金融业集群竞争力构成，遵循全面性原则、可操作性原则和层次性原则，构建金融业集群竞争力的两大指标：金融企业竞争力指标和金融结构竞争力指标。

（四）博弈论分析法

重庆建设长江上游地区金融中心的过程中，政府扮演了非常重要的角色。金融控股集团的公司治理、金融监管机制的构建等，都运用了博弈论方法。

（五）比较分析法

测评重庆金融业发展水平，还用到比较分析的研究方法。本书选取了成都、西安、武汉等几个中西部地区中心城市的金融指标数据，就金融业的优势、劣势、制约因素等方面进行了横向比较，另外，还就上海、北京等国内金融中心的相关指标进行了借鉴分析，希望借此为重庆建设长江上游地区金融中心寻找新的突破口。

（六）系统分析法

打造区域性金融中心任重而道远，本书从宏观层面到微观层面，依次探讨重庆金融体系的各个环节和机制设计，综合运用系统分析法，力求为长江上游地区金融中心的构建提供一个系统的理论框架。

第一篇　金融基础篇

- 金融中心
- 重庆金融发展的现实基础
- 我们为什么研究：动因、制约和机遇

第一章

金融中心：基本概念及研究综述

第一节　金融业和金融中心：概念和内涵

一、金融业的概念与特征

　　一般的，金融业是指经营金融商品的特殊企业，它包括银行业、保险业、信托业、证券业、基金业和租赁业，等等。金融业具有指标性、垄断性、高风险性、效益依赖性和高负债经营性的特点：指标性是指金融的指标数据从各个角度反映了国民经济的整体和个体状况，金融业是国民经济发展的晴雨表；垄断性一方面是指金融业是政府严格控制的行业，未经中央银行审批，任何单位和个人都不允许随意开设金融机构，另一方面是指具体金融业务的相对垄断性，例如，信贷业务主要集中在四大商业银行，证券业务主要集中在国泰证券有限公司、华夏证券股份有限公司、南方证券股份有限公司等全国性证券公司，保险业务主要集中在中国人寿保险公司、中国平安保险（集团）股份有限公司和中国太平洋保险（集团）股份有限公司等公司；高风险性是指金融业是巨额资金的集散中心，涉及国民经济各部门、单位和个人，其任何经营决策的失误都可能导致"多米诺骨牌效应"；效益依赖性是指金融效益取决于国民经济总体效益，受国家宏观经济形势和财政、税收、金融政策的影响很大；高负债经营性是相对于一般工商企业而言，其自有资金比率较低。

　　由于金融业在国民经济和社会发展中处于牵一发而动全身的地位，关系到经济发展和社会稳定，具有优化资金配置和调节、反映、监督经济的作用。因此，建设金融中心，必须先考虑到金融业区别于其他产业的特殊特征和在国民经济与社会发展中的重要地位。

二、金融中心的概念特征

关于金融中心的含义，无论是学术界还是实践界，人们对金融中心的概念是不统一的，对其概念的阐述也有不同的标准。但是，无论是国际性的、地区性的，还是国内全国性、区域性的金融中心，一般都被认为是金融机构集中的地方和金融服务的中心区域以及一个特定城市或地区各类金融机构聚集的市场，当然通常也是资金集散和清算中心、金融产品创新中心以及金融人才的集聚中心，并一般有着规范化的金融监管体系以及拥有高度发达的通信和网络系统等基础设施，是建立在其他经济、贸易、航运等中心基础上的中心。

从本质上看，金融中心承担的是金融中介功能，当然这种中介功能又不同于金融机构的中介功能，它为金融机构提供集中交易和清算的场所。譬如，国际性金融中心的主要特征表现为：资金流通方便自由、有相当规模的证券和金融衍生品交易市场、金融服务业高度集中，同时自身又是所在国或地区的工商业中心，对周边区域乃至全球具有相当的经济辐射力和影响力等。

结合前述这些金融中心的基本特征，本书对金融中心所下的定义是：凭借优越的经济、政治和地理条件以及发达的交通、网络、通信设施，为诸多金融机构和实体企业提供复杂的金融交易和中介服务，成为区域性或跨国境的资金集散地和金融交易结算地。

三、金融中心的类型

根据不同的分类方法，可以将金融中心分为不同的类别。根据功能可以分为综合性金融中心和专业性金融中心。根据影响大小可以分为世界性金融中心、区域性金融中心、全国性金融中心、国内区域性金融中心。根据是否发生融资活动可以分为融资性金融中心和记账式金融中心。另外，根据其形成规律可以分为自然形成模式和政府主导模式。其中，自然形成模式的金融中心，是指金融体系的产生、形成、发展取决于经济发展和市场条件，经济发展自发产生了对金融的需求，金融机构和金融市场为适应这种需求而发展，最终形成金融中心；而政府主导模式，则是指在经济发展尚未达到特定水平时，政府抓住市场发展的某一契机，利用自身经济、地理等各方面优势，通过实行优惠的政府扶持政策，在较短时间内超前发展，形成功能性的金融中心。

四、金融中心的演化过程

金融中心一般要经历五个过程：直接腹地、腹地外更大区域、整个国家区域、邻国及政治属地、世界范围。从演化过程的内涵可以看出，金融中心确立的基础是它所依托的中心城市的经济支撑力、经济集聚和扩散能力、与相邻地区经济联系的紧密程度、本地市场经济体制发育程度、市场体系的完善程度、信息的透明度和经济政策调节的宽松度等因素。从演化过程形式可以看出，金融中心首先是以区域性金融中心为基础，逐步发展成为国际金融中心的。

从目前来看，世界范围内已经形成了以纽约、伦敦、东京为代表的国际金融聚集区和国际金融中心，如伦敦已拥有18%的全球跨境银行贷款业务、33%以上的全球外汇交易额、60%以上的全球债券交易额以及决定世界黄金价格的黄金市场和世界第二大金融期货市场。有数据显示，目前这三大国际金融中心集聚了全球外汇交易量的60%、国际银行贷款的40%、国际债券发行的30%（冯德连和葛文静，2004）。此外，20世纪90年代以来，亚洲一些新兴的国家和地区如新加坡、中国香港也出现了明显的金融企业集聚趋势。目前新加坡已有各类金融机构600余家，奠定了其亚洲财富管理中心的地位。中国香港借助其得天独厚的区位优势和内地庞大的市场，在90年代中期就已成为世界上重要的国际银行中心、亚洲最大的基金管理中心、世界举足轻重的黄金交易市场和金融衍生品交易市场。

五、中国建设国际金融中心的未来展望

在中国内地，伴随着金融企业空间集聚步伐的加快，金融机构集聚现象也是风起云涌。有金融资产总量占全国的60%以上、金融企业运营总资产达到13万亿元、控制着全国90%以上信贷资金和65%以上保险资金的北京金融街，还有聚集国内外600多家金融机构的上海陆家嘴CBD（中央商务区），以及正在迅速发展起来的深圳蔡屋围金融一条街。这些都是各类金融机构和金融要素市场的集聚地，为全国及其所在区域的经济发展提供强大的金融支持，成为国内或国际金

融中心的雏形。

总的来看，一方面，无论是区域性、全国性还是国际性金融中心，都以其雄厚的经济基础和人才力量为后盾，通过金融业集聚效应、规模积极效应、范围经济效应和学习经济效应的发挥，能够成为银行、保险、证券等金融机构开展区域服务的腹地，产生资金的辐射，发挥金融中心的带动力，对实体经济的发展产生深刻的影响；另一方面，也正是由于各不同层次的金融中心内不同金融企业的空间集聚和发展壮大，不同的国家、地区或城市出现了明显的经济发展差距。金融中心对经济发展的巨大贡献，使它成为繁荣国家或地区或城市经济发展的规模性的竞争力。

第二节　典型国际金融中心的实践与政策启示：一个概述

金融中心的发展与繁荣，固然取决于多方面的努力，但一个重要的方面在于我们要以开放的态度，了解、研究、学习和借鉴国外发达国家研究和实践的成果。国际金融中心的形成，很大程度上依赖于高度集中的金融机构和发达的金融要素市场以及充裕的高素质金融人才。原因在于：金融体系和要素市场越发达，金融机构和金融工具提供的选择就越多，金融产品和金融服务就越全，人们从事金融活动的欲望就越强，被有效地吸收到生产用途上来的闲散资金越多；而高素质的金融人才越多，金融创新也就越繁荣。

20 世纪中后期以来，国际金融中心在经济全球化过程中起到了难以替代的重要作用。伦敦、纽约和东京之所以成为全球城市体系中的顶级城市，主宰全球经济活动，其重要原因在于它们是国际金融中心，是金融体系以及金融功能最为完善的区域，是全球的金融、经济的最高决策和管理中心，它们的发展变化不仅对本地区和本国经济具有重要影响作用，同时也直接影响全球的经济、金融的发展和变化（如金融危机等）；它们不仅能实现金融资源在全球范围内更有效的整合，而且可以提升东道国经济实力与国际竞争地位。也正因为如此，Edwards（1998）在《经济学家》杂志上首次将这三个城市称为"资本之都"（capitals of capital）。

一、伦敦国际金融中心的发展过程

伦敦是世界上历史最悠久并一度是规模最大的国际金融中心，在长期的发展中逐步形成了一套相互补充而又相互竞争的完整的金融体系，包括各种类型的金融机构、专业金融市场，并具有广泛的国际联系和深厚的国际金融传统。这种全能型的定位，使得伦敦国际金融中心几乎可以获得任何想要得到的金融服务。不过，与纽约等国际金融中心相比，第二次世界大战后英国的经济实力日渐衰弱，仅仅依靠国内经济需求是远远不够的。因此，一直以来，伦敦充分利用自身的有利条件，强化其国际金融中心的功能。20 世纪 50 年代，伦敦国际金融中心积极把美国资金引入复兴中的欧洲大陆，建立了以伦敦为中心的欧洲美元市场。最近 30 年，伦敦的金融家们不断发扬创新精神，把欧洲美元市场发展成为欧洲货币市场，汇集了欧洲大陆的剩余资金、发展中国家的外逃资金、美国逃避利率管制的资金、石油美元等不同性质、不同来源的资金，并通过高效、有序的各类专业市场又重新投向世界各地。这种资金分配除了直接分配到自己最终需求者手中外，伦敦的金融机构还通过其在世界其他金融中心的分支机构或这些金融中心的金融机构在伦敦的分支机构，将大量资金批发到这些金融中心进行再分配，使其他许多金融中心成为伦敦国际金融中心地理上和时区上的延伸，这也使伦敦银行同业拆借利率成为世界资金供求最重要的"晴雨表"。从这种意义上，可以认为，伦敦国际金融中心是金融中心的中心。

二、纽约国际金融中心发展过程

纽约国际金融中心的形成是建立在其国内金融基础上的。在第一次世界大战以前，美洲大陆在地理上和时区上与欧洲隔绝，国内经济发展迅速，但基本上没有殖民地，海外贸易较少，纽约的金融主要是服务国内的企业，并在此功能基础上形成了一套有别于其他各国的完整金融体系。历经两次世界大战后，美国一跃成为世界第一强国，美国政府大量进行海外贷款，企业也积极进行跨国投资，美国成了世界第一债权国。纽约为了配合美国政府和企业的这种全球扩张，也向海外提供大量贷款，从而成为世界最大的金融中心和资本供应地。20 世纪 70 年代后，由于美国日益增加的国际贸易赤字和财政赤字，纽约又逐渐从资本供应中心转变为世界主要的资金输入中心，境外美元资金迅速增加。但由于受美国高利率诱惑，美元境外的持有者出于种种原因又不愿换为本国货币，他们在纽约大量购买和交易美国国债，使纽约又成为各国美元资金的最主要的管理中心。20 世纪 80 年代后，亚欧各国积极在美进行直接投资，纽约发达的股票交易市场为此提供了良好的条件；此外，各国银行为了支持本国企业在美的投资和运营资金需要，也纷纷进驻纽约。总之，纽约国际金融中心也是全能型的，但其各项主要功能都直接或间接地与国内经济相联系，单纯的国际金融中心功能较弱。事实上，20 世纪 80 年代以前，美国为了有效保持国内经济的稳定，对外国银行在美国设立分支机构严加控制。

三、芝加哥金融衍生产品交易中心：内陆地区开放型金融发展的典范

通过找准定位、突出差异化、扬长避短，美国芝加哥走出了一条适合自身特点的农产品期货等金融产业的发展道路。芝加哥位于美国伊利诺伊州的东北部、美国五大湖之一的密歇根湖西南岸，地处北美大陆的中心地带，是美国中西部地区最大城市、美国第三大城市。芝加哥交通运输业发达，芝加哥是美国最重要的铁路、航空枢纽。美国中北部 30 多条铁路线在此集结，城市铁路线总长 1.24 万多公里，年货运量 5.12 亿吨，均居世界各大城市之首。芝加哥机场是世界上最繁忙的机场之一，飞机流量、旅客人数、货物吨位均位于美国乃至世界的前列。芝加哥也是美国主要的金融、期货、制造业和商品交易中心之一。世界《财富》500 强企业中有 33 家、美国《福布斯》500 强企业中有 47 家在此落户。芝加哥是仅次于纽约的美国第二大金融中心，拥有 300 多家美国银行、40 家外国银行分行和 16 家保险公司，金融资产总额居美国联邦储备委员会管区的第三位。芝加哥是全球最大金融衍生产品交易中心，芝加哥的期货期权交易业务主宰了全美金融衍生产品交易市场。

四、东京国际金融中心发展状况

东京是全能型世界级金融中心的后起之秀，其地位可与纽约、伦敦鼎足而立。日本拥有全球排名第二的股票交易市场和债券市场，至 2000 年世界最大的 300 家银行中，有 75 家在东京设立了分支机构，其中 14 家银行的总部设在东京，

使东京成为当时世界上大银行最集中的城市，到了 2002 年，日本银行总资产已达到 153 500 亿美元（梁颖和罗霄，2006）。另外，与纽约、伦敦相比，东京国际金融中心受到的政府管制最为严厉。不仅国内各类金融中心仍有较明确的划分，对离岸金融市场的限制也较多，例如要征收地方税收和印花税，不准内外资金转换、不准经营证券交易等，对外国在日本市场上发行债券筹集资金等活动，也有很严格的控制。因此，在与内外金融市场沟通方面的功能及离岸金融功能方面，东京国际金融中心相对较弱。

五、香港国际金融中心发展过程

香港国际金融中心的形成是抓住了两次机遇。第一次机遇是抓住了其特殊的地位，在 20 世纪 60 年代成为亚太地区一个重要的转口贸易中心，由此形成的贸易款与华侨汇入款构成了中国香港重要的资金源；另外又依托香港英格兰银行的坚强后盾，逐渐发展成为离岸金融中心。第二次机遇是跟上了金融自由化的潮流，在 1965 ~ 1978 年，香港政府还没有撤销外币利息税和发放外资银行执照，1978 年，香港政府面临的国内外环境发生变化，一方面是新加坡迅速成为国际金融中心对香港的压力不断加大，另一方面中国内地的改革开放使香港与内地经济联系的增强以及香港本身的经济发展需要广泛的金融服务。于是，香港政府采取了诸如取消外币存款税、放宽银行执照限制等一系列金融自由化的政策措施，巩固和促进了香港国际金融中心地位。到 20 世纪 80 年代末，香港正式确立了亚太地区国际金融中心的地位。香港目前是世界重要的国际银行中心、亚洲第二大基金管理中心、世界第五大外汇交易中心、世界主要的黄金交易市场和金融衍生品交易市场。

六、上海国际金融中心的发展规划

当前国际金融中心的发展，逐渐呈现出多极化特征，除了纽约、伦敦和东京等传统中心之外，中国等许多新兴市场经济体也拥有了具备区域话语权的金融中心。从 1848 年英商东方银行（丽都银行）在上海外滩开设营业机构起的近 100 年间，上海曾经作为东亚闻名的国际金融中心和旧中国银行业、证券业及其他金融活动的聚集地而被世人所关注。近年来，上海作为中国经济中心，经济、金融业有了突破性的发展，金融业对上海的贡献已很显著，3 300 多家金融机构使金融服务业成为上海第三产业的"领头羊"，占上海 GDP 的比重已达 15%，上海已成为中国内地最具规模、辐射能力最强的金融中心。目前，上海是中国内地外资金融机构最多的城市，也是国内各类金融机构最集中的地区，拥有以陆家嘴和外滩为中心的全国最大的 CBD，以及国内最大的同业拆借市场、外汇交易市场、票据贴现市场、产权市场、证券和保险市场，其住房抵押市场、商品期货市场、白银市场（甚至黄金市场）是全国最规范的交易中心，是国内唯一比较完善的金融市场系统。当然，也有统计研究表明，制度因素可能是影响上海金融服务业地理集聚的障碍（刘卫，2007）。进入 21 世纪，上海这一日趋国际化的大都市，正在积极稳妥地推行金融市场化与开放化，尽快完善、提高金融中心的各项功能，目前，上海市政府预计用 10~20 年时间建设成为东亚地区乃至全球重要的国际金融中心。

七、全球经验提炼与对中国的政策启示

综观上述这些重要国际金融中心的形成、发展过程及其功能，可以归纳出一些具有规律性的经验和有价值的政策启示（倪鹏飞，2004）：

（1）金融中心的产生和发展有一些关键条件，并非任何城市都能成为金融中心。某些关键要素的存在和形成，可导致相应功能的金融中心的产生和发展。不同的优势条件将产生不同规模和功能的金融中心。其中：①信息优势是金融中心形成的基本条件，即在交通、经济和贸易的中心位置形成的信息优势；②拥有政治决策的信息优势可能成为金融中心的竞争优势，因此，世界上许多国家的政治中心同时是金融中心，譬如，北京具有建设金融中心的政治竞争优势；③由于许多区位因素都具有政治性，这使得一些偏僻的地区也有机会成为离岸金融中心，这为重庆市的内陆开放型经济发展中利用区位优势、抓住机遇、争取政治支持来建设长江上游地区金融中心奠定了实践基础。

（2）金融中心的形成和发展同时又是一个逐步积累的自然历史过程，并且，金融中心首先是银行业中心，它的基本功能是银行业，银行业发展是一个真正金融中心的基本和必要阶段；建设金融中心，应尊重经济规律和市场选择，因势利导，逐步推进。

（3）金融中心建设不存在排他性。经济大国的金融中心并非只能有一个，纵观世界各地金融中心的布局，一个国家可以建设一个或多个不同层次的金融中心（通常就是不同层次的经济中心城市），其中超级中心和较多的低级中心并存，且具有浓厚的地区特色。如美国除了纽约国际金融中心外，还有芝加哥、洛杉矶、圣弗朗西斯科、休斯敦等国内区域性金融中心；英国除伦敦国际金融中心外，还有曼彻斯特等区域性金融中心；日本除了东京国际金融中心外，还有大阪、名古屋、横滨等知名区域性金融中心。这些国家的金融中心建设经验说明，经济发展加速加快了金融中心形成，一个国家或者地区内可以拥有若干个功能互补、层次不同、各有个性的金融中心。因此，重庆提出建设长江上游地区金融中心，可以作为西部的区域性金融中心与北京、上海、深圳金融中心功能互补、协同发展，同时注意相互间的分工与合作，找准定位，突出差异化，扬长避短。

（4）强大的经济是金融中心坚实的基础。金融中心的发展与巩固是一个良性循环运作的过程，把握机遇很必要，但经济贸易的支持是基础、是根本。国际金融中心形成的经验表明，当一个国家或者地区人均 GDP 达到 3 000 美元后，经济增长出现加速发展时期，人均 GDP 达到 5 000 ~ 10 000 美元时，有一个较长时间的经济高速增长时期，表现出总体经济保持高速增长；于是，经济结构进一步优化，产业结构趋向高级化；与此同时，金融中心所在城市的城市化水平提高，第三产业进一步发展，金融对经济促进作用突现。

（5）政府监管制度和政策支持对金融中心具有重要的影响。即便是自发形成的金融中心，在以后的发展中也离不开政府的政策支持。在金融中心形成过程中，中央政府战略导向对城市能否健康发展具有重要影响，而有关地方政府在全国统一监管架构下提供比其他城市更优越的政策和制度环境，对加快金融中心的形成具有重要作用。

（6）政府对金融市场国际化的态度要积极，行动要谨慎。国际化的推进才导致国际金融中心的最终形成，但金融的脆弱性决定金融国际化要谨慎推进。中国政府对金融市场国际化和金融业务的态度应该既是积极的又是谨慎的，把握一个很好的"度"。

（7）行政体制对金融中心的发展有重要影响，经济一体化有利于金融中心的巩固。这就意味着，我国要推动各层次金融中心的建设，必须积极推进行政体制改革和国内统一市场建设。

另外，作为区域性金融中心，一般具有以下五种典型特征：一是规模性，即资金融通的数量在本区域占有举足轻重的地位；二是综合性，即各类金融机构和金融品种比较齐全；三是集散性，即金融的集聚和辐射能力在本区域内是最强的；四是有效性，也即金融产生的效益和发挥的作用在本区域内是最佳的；五是难以替代性，也就是在短期内其金融中心的地位和优势难以被取代。

总的来看，重庆应根据条件，权衡构建长江上游地区金融中心的可能性，考虑长江上游地区金融中心可能的具体功能和构建路径。由于目前距离长江上游这个区域性金融中心的条件还有所欠缺，重庆在创造基本条件等方面需要长期努力。

第三节　国内外金融中心研究：一个概述

金融中心的形成问题是一个介于空间经济学或区域经济学与城市经济学和金融学之间的交叉问题。在金融中心演进历程的研究中，以查尔斯·金德尔伯格（Charles Kindleberger）的经典论著为代表的国际金融中心研究展现了相当丰富的内容。查尔斯·金德尔伯格（Kindleberger，1974）从金融历史观的角度出发，借鉴早期国际金融中心相关研究，分析了欧美一些国际金融中心的形成和发展，从而在国际金融中心研究的很多方面做出了开创性贡献。他认为，金融市场组织中存在的规模经济构成了金融市场的聚集力量，而金融中心的聚集效益主要体现在跨地区支付效率的提高和金融资源跨地区配置效率的提高。同时，他强调了一些国家的主要金融中心在发展的过程中银行进入这些金融中心的渐进的活动，认为金融市场组织中的规模经济是国际金融中心形成的主要向心力（centripetal forces），其经济效应体现在支付体系和由此而来的交易结算中。

里德（Reed，1980，1981）运用识别分析方法，通过大量数据处理对20世纪70年代主要国际金融中心的地位进行了分析和排序。他根据国际金融中心的发展过程将金融中心分成5个级别：省市一级的金融中心、国内地区性金融中心、全国的金融中心、区域国际金融中心和世界性金融中心。这5个级别既可以是某个国际金融中心发展的不同历史阶段，也可以是世界上同时存在的金融中心的不同级别。大卫·斯科理（Scholey，1987）从金融组织的技术性分析角度阐述了对国际金融中心的本质特征。崔相闰等（Choi et al.，1986）就通过对全世界 14 个金融集聚区的实证分析，研究了金融中心集聚吸引力的原因，认为金融中心吸引力主要由以下因素决定：地区经济规模、已有银行总数、股票市场规模和交易头寸、与其他国家双边贸易关系以及银行业的机密保护程度。理查德·麦加希等（McGahey et al.，1990）从竞争力角度探讨了金融中心形成和发展的因素，指出区位成本和区域优势、劳动力和人力资源优势、通信和技术、法治与税收四个因素决定金融中心的竞争力。潘迪特等（Pandit et al.，2001）构建金融业集群的竞争力评估指标体系对于度量和评估现有的国际金融中心，预测其发展潜力，以及判别新的金融中心的产生都是非常有用的。萨格拉姆等（Sagaram and Wickramanayake，2005）从城市竞争力的角度研究区域金融中心定位，他根据 20 世纪 90 年代的有关资料、选择指标，选取集聚在国际金融中心的国内银行总部数、国际金融中心通过对国内银行总部数与外部国际金融中联系的个数、国际金融中心的国外银行总部数等指标分析了除美国以外的 37 个 IFC 国家的发展和竞争力状况，得出提高竞争力是促使金融资源集中的重要诱因。

约翰·科林·伊（Yee，2006）发展了查尔斯·金德尔伯格（Kindleberger，1974）对金融中心形成的理论，指出，对商业、政府、交通、重点行业和个人活动的集中关注，是理解与金融中心形成相关的金融活动的根本。米歇尔·弗拉蒂安尼（Fratianni，2008）重新审视了佛罗伦萨、威尼斯、热那亚、安特卫普、阿姆斯特丹、伦敦和纽约等七个国际金融中心的发展历程，找到了银行和金融是一个漫长进化链的证据；在现在和未来，金融的融合很可能成为推动国际金融中心持久发展的重要力量。伦敦金融城市长约翰·史达德认为，成熟、开放的金融市场是伦敦金融城成为世界顶尖的国际金融中心的三大主因之一（金蓓蕾，2007）。马尔科·希普里亚尼等（Cipriani and Kaminsky，2007）从金融中心所扮演的角色的视角来探讨国际金融市场发行量的波动性，发现国际金融一体化并没有导致金融市场更加不稳定，这表明，对一个金融中心来说，如果从长期上看市场利率平稳，重庆金融的开放和金融业的发展（进而增加资本市场发行总量）不会加大重庆金融市场的波动性，相反可以稳定经济的发展。

最近几年来，随着世界经济形势的变化，一些研究视角和研究对象不同的成果多了些来。Young 和 Mun（1990）在比较亚洲的三个国际金融中心——中国香港、新加坡和东京时设计了一个以影响国际金融中心的因素为构成要素的指标体系。他们将影响国际金融中心的因素分为 4 组 25 个指标，其中有数量指标（如金融产品的范围）、质量与结构指标（如政治环境、资本自由流动）等，并以此比较中国香港、新加坡、日本的国际金融中心优劣。赵晓斌等（2003，2005）研究证实，在社会主义市场经济中，由于大部分信息来源集中在少数行政或政府机构中，信息不对称对外国跨国公司在中国总部的选址和金融中心的发展有重要的影响，因此，与传统看法相反的是，根据信息不对称的标准和要求，作为中国政治中心所在地，北京由于其更突出的信息吸引力而比上海更适合发展成中国最大的服务和金融中心。这个结论对重庆金融业发展具有重要的借鉴价值，因为根据这一结论，培育和发展金融业，是重庆迈向地区政治中心的重要步骤，而这将进一步促进重庆建设成为长江上游地区金融中心。

国内关于金融中心的相关研究文献也非常丰富。唐旭（1996）分析了金融中心形成的条件，并通过衡量相关条件指标来测定我国的金融中心，基于当时的视野，他提出北京、上海和深圳最有可能成为全国性金融中心，而武汉、天津、西安、成都、广州、南京可能成为区域金融中心。潘英丽（2003）运用企业区位选择理论分析了金融机构选址决策的重要决定因素，并重点分析了在金融中心城市的竞争中，吸引金融机构空间聚集的地方政府有所作为的四大领域。胡坚和杨素兰（2003）在分析影响国际金融中心形成和运行因素的基础上，构建了国际金融中心的评估指标体系，并通过回归和参数检验的方法检验其显著性；倪鹏飞（2004）从全球视角审视金融中心的竞争和发展格局，提炼国际标准，并运用空间经济学理论构建国际金融中心发展和竞争的解释框架。陈品先（2004）在"金融地理与金融中心的研究进展——从专业社群运作来看"一文中分析了金融中心的作用和特征，她提出集群所扮演的正是处理信息与知识的转换的作用。金融中心里的社群活动至少有三项特征：①他们必须以其专业知识处理市场的大量信息；②当许多人拥有类似的理论知识和信息来源时，他们需要创新来牟取利润；③跨国公司、金融市场中人员的往来都已横跨各大洲，社群的活动也不限于一地，他们在不同尺度上产生连接。李成和郝俊香（2006）在"金融中心发展的理论、总结与展望"中总结了历来金融中心形成的原因，并把它们分成自然发展论、政府引导论、金融聚集理论、规模经济理论和区位优势理论。程婧瑶等（2007）基于金融服务的规模、层次和城市金融部门资金配置的空间尺度等金融中心与金融中心等级的判别标准，通过对银行、保险、证券的分析发现，拥有银行、保险公司总部，机构投资者汇集的城市在全国范围内配置资金，可能是全国性金融中心。银行省分行所在地在省域范围内配置资金，可能是省域金融中心。

综观国内外有关研究，可以总结出：①有关金融中心的研究大多隐含在研究金融与经济增长关系之中，国内外关于金融中心形成原理、作用功能、发展趋势、比较优势等方面的研究，为区域性金融中心建立和发展，奠定了深厚的理论、实践基础；②金融中心的形成受地理位置、地方政策因素、区域经济发展、金融公司组织结构等众多因素影响，形成金融中心，必须站在区域或地区金融体系构建与完善的角度，推动地区和城市的微观与宏观金融的发展；③尽管国内外就金融中心等相关问题的研究已经有了广泛讨论，并有可供借鉴的观点，但是，分析以重庆为依托、以统筹城乡改革为背景、以地区性金融中心为研究对象的研究尚不多，从区域金融体系构建的角度来探讨长江上游地区金融中心建设问题，剖析重庆金融业对经济社会发展以及城乡统筹金融改革与发展的关联和影响机制，迄今鲜有系统的研究文献。本书下文的分析将表明，重庆特殊的经济区位和政治地位，使得无论是理论界还是实务界都急于寻求合理的理论依据来设计相关政策，为重庆建设长江上游地区金融中心提供理论依据和政策支持。

第二章

建设长江上游地区金融中心的现实基础

第一节　重庆建设长江上游地区金融中心的现实条件

一个城市要成为金融中心，关键要看其是否具有建立金融中心的基础性条件，也即应该具备的要素包括：这个城市是金融机构密集的区域；有相当大的金融资产规模；有比较健全的金融市场（邓全伦和王海越，2009）。而从金融中心的形成所需要的区位优势、经济实力和金融发展三大基本要素来看（邱兆祥，2003），重庆拥有通过催化金融业集群和培育金融要素市场来构建区域性金融中心的诸多明显优势。重庆深厚的发展潜力、广阔的市场空间、西部富饶的资源为建设长江上游地区金融中心奠定了良好的基础。

一、区位优势

作为我国中西部地区唯一的中央直辖市以及我国统筹城乡综合配套改革试验区和全国统筹城乡商贸改革试验区，重庆市重要的政治地位、特殊的经济区位和地理位置决定了其在我国经济社会发展总格局以及西部大开发中突出的战略地位。

（一）地理位置的区位优势

从地理区位看，重庆市全境位于我国西南地区、内陆腹地，承接东、中部和西部，背靠人口资源和自然资源十分丰富的四川盆地。重庆市主城区和金融核心区位于"黄金水道"长江的上游，长江与嘉陵江的交汇处，两江环抱。依托长江主干，影响长江及各支流流域——嘉陵江、乌江、沱江等，承东起西，沟通南北，东连湖湘，西出川峡，南达云贵，北上中原。这种中西部结合部的地理，承东启西、左挟右带，控驭便捷。

正是由于地处中国东西部结合的关节点，重庆已成为西部大开发的桥头堡和内外部资本进入西部市场的窗口，成为西南乃至整个长江上游地区极具辐射力的中心城市，具有十分重要的节点作用。另外，境内众多的历史文化遗址和丰厚的自然资源也为重庆市添加了重要的区位砝码。

重庆交通运输优势也十分明显。重庆经过多年的投入和建设，水、陆、空交通网络相当完善，其中，重庆江北国际机场是国家重点发展的干线机场，率先在西部建成第二跑道，渐趋成为大型国际商业门户枢纽机场和西部航空门户枢纽；横贯中国大陆东西和纵穿南北的几条铁路干线在重庆交汇，使得重庆铁路交通网络布局完善；市内主城区轨道交通体系发达；有西部唯一的长江港口、内陆保税港区，5 000 吨级船舶可由长江溯江至重庆港；随着三峡工程的完工和"二环八射"高速公路网的建成，高速公路四通八达。整体上，重庆已成为长江上游地区的交通枢纽，是长江上游乃至整个西部地区唯一拥有"水陆空"整体优势的特大城市。此外，重庆还有在西部发展最快的管道运输；是长江上游和西南地区最大的邮政电信枢纽，是联系西南地区的邮电通信业务指挥调度中心；还是中国西部电网的负荷中心之一，煤炭、天然气产量大，能源供应的保障程度高。所有这些，为加强区域经济合作、辐射西部特别是长江上游地区提供了交通便利，为构建长江上游地区金融中心创造了得天独厚的地理区位和交通便利的优势。

另外，除已建成并趋向饱和的渝中区解放碑 CBD 外，重庆江北嘴 CBD 的打造，正在为重庆金融业集群增加重要砝码。目前，江北嘴 CBD 正在打造一个 5 平方公里的金融核心区，以此作为解放碑 CBD 的扩展和延伸，吸引各类金融机构及总部入驻，成为重庆新兴金融中心和区域总部基地的重要载体，为重庆成为长江上游区域金融中心起到有力的推动作用。

（二）政治地位的区位优势

在长江上游地区，以至整个西部地区，重庆市作为中央直辖市和全国统筹城乡综合配套改革实验区，其地区政治区位和影响力不言而喻，更具有政策上的灵活度。

在中央规划部署和政策层面：2007 年重庆市被批准成为统筹城乡综合配套改革试验区和全国统筹城乡商贸改革试验区；2008 年中央政府正式明确重庆"我国重要的中心城市之一，国家历史文化名城，长江上游地区经济中心，国家重要的现代制造业基地，西南地区综合交通枢纽"的五大定位；2009 年，在中国人民银行和中国银行业监督管理委员会共同出台的《关于进一步加强信贷结构调整促进国民经济平稳较快发展的指导意见》（银发〔2009〕92 号）中，首次将重庆明确纳入国家金融类战略规划；2009 年《国务院关于推进重庆市统筹城乡改革和发展的若干意见》（国发〔2009〕3 号）明确提出支持重庆建设长江上游地区金融中心，增强金融集聚辐射能力。

在重庆地方规划部署和政策层面：重庆已经确定建设区域性金融中心、抢占西部金融制高点的具体规划，确立了"到 2015 年建立长江上游地区金融中心"的基本框架、到 2020 年实现"长江上游地区金融中心"的战略目标；先后出台《重庆第十一个五年规划金融业发展重点专项规划》、《重庆市促进金融业发展若干意见》、《关于促进重庆资本市场发展的意见》、《重庆市金融业发展激励政策实施细则》。

此外，在上海召开的第四届中国国际金融论坛上，解放碑中央商务区荣获"2007 中国最具投资价值 CBD"称号，成为西部唯一获此殊荣的中央商务区。更为重要的是，重庆在掀起了新一轮的思想解放运动之后，确立了包括金融开放在内的内陆开放型发展模式，对外开放力度不断加大；2008 年，重庆市争取到中国第一个内陆保税港区也是第一个"水港＋空港"双功能保税港区落户重庆，不但增强了重庆聚集国内外资金的能力，而且加强了生产性服务业功能区建设。

二、经济实力

特殊的经济区位优势，也将为重庆金融业的纵深发展带来机遇和要求。重庆直辖 12 年，经济高速增长，经济活力空前增强，带动了企业、居民对金融服务需求的显著增长。

（1）重庆在经济发展方面取得了巨大成就。重庆已成为中国西部充满活力的重要工业基地、科研基地和西南地区的物资集散地，长江上游最具活力的商贸中心，已建立起面向全国、联动长江、辐射西南、层次清晰、结构紧密、由传统商业向现代商业发展的消费品市场体系，经济、社会已经步入协调发展的快车道，其综合经济实力在西部有举足轻重的作用。

（2）重庆工业基础雄厚，门类齐全，综合配套能力强。重庆是中国老工业基地之一，正着力壮大汽车摩托车、装备制造、化工医药、建筑建材、信息技术、能源等六大支柱产业，加快发展以服务外包、生物工程、环保工程为代表的高新技术产业。

（3）重庆科技教育力量雄厚，人才相对富集。拥有 1 000 多家科研机构，拥有包括国家"985"高校在内的各层次高等院校 34 所，有 60 多万科技人员。

（4）重庆市场潜力巨大。重庆是拥有 3 000 万人口（其中主城区近 1 000 万）的特大城市，人口数量众多，消费、需求市场庞大。人民生活由温饱向小康过渡、三峡工程库区移民和城镇工矿搬迁、城市化程度进一步加大、大规模的基础设施建设、生态环境保护和污染治理、老工业基地产业升级都将产生巨大的消费需求和投资需求。

（5）重庆的对外开放取得了进步。现有世界 500 强 93 家落户重庆，预计到 2012 年，重庆将引进 200 家世界 500 强，此外众多台资企业和沿海加工贸易产业向重庆转移，渝洽会已成为世界各国和国内各省（自治区、直辖市）寻求区域合作、商贸对接的桥梁，是中国西部最具影响力的投资合作展示平台。

（6）重庆城市建设已见成效，社会事业蓬勃发展。城镇化水平不断提高，城市功能日趋完善。重庆的社会事业也得到了蓬勃发展，作为特大城市的国内外知名度和城市地位有了显著提升。

（7）地区生产总值横向比较优势明显。从地区生产总值（GDP）来看，作为城市整体，2005 年，重庆的地区生产总值为 3 070.49 亿元，成都为 2 371 亿元，西安为 1 270.14 亿元，武汉为 2 238 亿元。可以看出重庆的地区生产总值是最高的，其次是成都，再次是武汉，西安是最低的（图 2.1）。这体现出了重庆的整体经济实力在中西部这个城市中是占有优势的。到了 2008 年，各个地区的地区生产总值都在增加，重庆达到了 5 095.66 亿元，成都为 3 901 亿元，西安为 2 190.04 亿元，武汉为 3 960.08 亿元。但是这几个城市在地区生产总值上的排名变化不大（图2.2）。重庆作为统筹城乡的大城市整体，在地区生产总值的数据上相比其他城市的优势在扩大。另外，根据估算，重庆要保持10%以上的GDP增长速度，未来数年内需要数万亿元的投资，解决这笔巨资来源，只有搭建强势融资平台作支点，而这将有利于重庆最大限度地争取金融政策来寻求发展并吸引中外金融机构有序进入和空间集聚，推动重庆长江上游地区金融中心的建设。

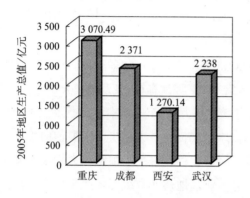

图2.1　2005年地区生产总值比较图

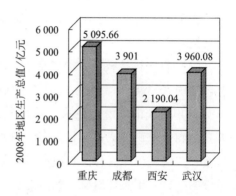

图2.2　2008年地区生产总值比较图

三、金融发展

（一）金融实力

1. 重庆的金融历史源远流长

早在1904年，西南地区首家银行——浚川源银行在重庆渝中区建立，随后中国银行（前身为大清银行）、普丰银行、重庆聚兴诚银行、美丰银行、中和银行、交通银行等相继落户解放碑打铜街附近，当时被称为重庆的"银行街"。抗日战争爆发后，在陪都时期，国民政府"四行一局"的总部及大批外地金融机构迁至重庆，到抗战胜利时，约有250余家银行坐落于解放碑附近，占当时国统区银行数的1/4。新中国成立初期，渝中区作为西南军政委员会的驻地，是西南地区的政治、经济、文化中心。基于这样的背景，重庆渝中区一直以来都有"银行比米铺多"的说法。

2. 重庆金融发展势头迅猛

1）金融机构体系完备

重庆直辖以后的12年间，在全国成立首家地方性资产管理公司，构建了八大投融资平台，重组重庆银行、西南证券、重庆国投、三峡银行，重庆农信社也整体改制为西部第一家省级农村商业银行；新建安诚保险、中新大东方人寿保险公司；与此同时，美国利宝财险、中美大都会人寿、荷兰银行、渣打银行等外资金融机构，纷纷入渝抢滩布点。一个相对完善的金融体系，已在重庆呈现。

秉承悠久的金融发展历史，重庆第一条金融街——解放碑CBD"十字金街"已经正式开街，实现了重庆最终成为长江上游地区金融中心梦想的第一个现实步骤，那里是重庆金融核心区的主体部分，聚集了中国人民银行重庆营业管理部、中国银行业监督管理委员会重庆监管局、中国证券监督管理委员会重庆监管局、中国保险监督管理委员会重庆监管局；各政策性银行分行、商业银行的分行、票据专营机构、证券期货经营机构管理总部、保险公司分公司、外资银行分行或代理处、信托投资公司总部、基金管理公司总部以及邮政储汇局等金融机构总部或地区分部以及金融中介机构，构成了一个庞大的金融市场体系，在长江上游地区处于名列前茅的地位。

另外，重庆金融业资产增长每年都在28%以上，不良率2%，资产质量在全国所有省（自治区、直辖市）排名第4位，在中西部地区排第1位。触角庞杂的金融服务业以及良好的政策软性环境将是重庆成为长江上游地区金融中心和国际都市的一个重要条件。

2）重庆银行业发展势头十分迅猛，成为各家银行争夺的战略要地

来自中国人民银行重庆营业管理部的数据显示，截至2009年9月初，重庆辖区内拥有中资银行业市级机构28家，其中地方法人银行3家、信托公司2家，外资银行10家、代表处2家、区县村镇银行3家；证券、期货和基金法人机构8家，证券公司营业部75家，保险业法人机构3家，市级保险分公司36家；金融业从业人员超过6万人（刘笑嫣，2009）。而各类金融机构的引入，股票债券类、担保类、金融衍生类、理财类、财险寿险类产品和网上融资、网上离岸金融、网上外汇交易等网上银行业务品种的迅速发展，使重庆的金融业更具国际化竞争氛围，金融行业正朝着多元化和国际化方向迈进。

以银行业为例，据中国银行业监督管理委员会重庆监管局的资料显示，汇丰银行（中国）有限公司将其工商业务部、信贷风险管理部、全球资本市场部、渠道市场部和个人理财服务部等 5 个西部中心迁至重庆，成为重庆外资银行中首家引进区域性中心的分行；而澳大利亚和新西兰银行集团、渤海银行、湛江市商业银行等，也向监管机关提交了筹建重庆分行的申请（张蕾，2009）。从现实来看，截至 2009 年 4 月末，重庆银行业本外币存、贷款分别为 9 592.1 亿元和 7 615.6 亿元，2009 年 1 ~ 4 月新增存款和贷款额均超过 2008 年全年。银行盈利也呈现蓬勃增长，2008 年税后净利润 137.7 亿元，同比增幅 23.1%，保持了自 2006 年以来利润快速增长的势头，净利润在西部排名第 2 位（曾庆文，2009）。目前，重庆已基本形成以政策性银行、国有商业银行为主体，全国性股份制商业银行、地方股份制商业银行和重庆农村商业银行并存，外资银行重庆分行为补充，功能齐备、分工合理的银行组织体系。

3）近期重庆金融增长令人瞩目，多项指标堪称优良

一方面，据《重庆晨报》2009 年 7 月 25 日报道，重庆经济发展充满活力，2009 年 1 ~ 6 月的 GDP 增速达到了 12.6%，位居全国第六位，其中，2009 年 1 ~ 6 月金融业 GDP 增速达到了 37.5%，不仅在全国金融业中最快，在重庆各行业中也是最快的。中国人民银行重庆营业管理部发布的金融运行简况是：2009 年上半年，重庆市各项存款余额突破万亿大关，各项贷款余额突破 8 000 亿元；其中人民币贷款余额同比增长 47.5%，已连续 5 个月增幅排名全国第一，且贷款余额与 GDP 的比例接近 1.5：1，金融产业对全市经济的拉动作用明显。另外，重庆银行业的不良资产率降到 2% 以下，仅次于上海、北京。另一方面，《重庆晨报》2009 年 7 月 10 日报道，2008 年重庆十大金融事件助力建设长江上游金融中心，分别是：①国务院调研组就重庆建设长江上游地区金融中心问题开展专题调研；②重庆在全国率先开展返乡农民工创业就业小额担保贷款试点工作；③西部首家外资村镇银行——大足汇丰村镇银行在渝开业；④农业银行重庆市分行引入西南信用卡中心；⑤重庆银行成都分行成立；⑥重庆农村商业银行挂牌成立；⑦西南证券成功上市；⑧安诚保险成功打造总部平台；⑨重庆国际信托有限公司 60 亿元信托资金助推危旧房改造；⑩全国首批小额贷款公司在重庆市开业。

4) 外资金融相关机构共推重庆金融的发展

除了国内的金融机构和重庆市属国有重点金融企业发展势头迅猛、主要经济指标持续向好外，一些外资金融企业或金融相关机构也推动着重庆金融的发展。例如，一些国际知名的投创机构、投资银行，如美国凯雷投资集团、美国万通投资银行集团、美国中经合集团、美国必百瑞、汉能投资集团、戈壁合伙人、涌金投资、汇丰银行、华兴资本等多次成功赴渝进行项目对接。再如，惠普在重庆设立的国内首个产销结算中心，也必将带动重庆金融发展。资金结算中心是办理企业内部各成员之间资金往来结算、资金调拨、运筹，以降低资金成本、提高资金使用效益的内部资金管理机构。惠普 2009 年 8 月再次西进重庆，确定将中国产销结算中心放到重庆，覆盖惠普在国内的所有企业，实现了同一外资公司将金融与制造业同时进驻一个城市的发展目标，这给重庆的金融发展带来巨大的机遇。

3. 重庆金融质量相对较优

另外，从重庆与上海、四川、陕西以及全国的金融质量的比较上看，重庆也具有相当的实力。表 2.1 是部分地区的金融资产规模、存贷款规模及其与 GDP 的比较。

表 2.1　2008 年部分地区金融资产、存款、贷款占 GDP 比重比较

地区	GDP 总额/亿元	金融资产/亿元	存款总额/亿元	贷款总额/亿元	存款−贷款/亿元	金融资产/GDP	贷款/GDP	存贷差/GDP
全国	300 670	623 912	478 444	320 049	158 395	2.08	1.06	0.53
重庆	5 096.66	10 320	8 021.95	6 320.81	1 701.14	2.02	1.24	0.33
上海	13 698.15	50 000	35 589.07	24 166.12	11 422.95	3.65	1.76	0.83
四川	12 506.3	18 300	18 661	11 163.4	7 497.6	1.46	0.89	0.60
陕西	6 851.32	9 929	10 790.87	6 056.82	4 734.05	1.45	0.88	0.69

资料来源：2009 – 03 – 30. 促进重庆金融业发展的思考. 重庆机关党建网. http://www.cqjgdj.gov.cn/html/2009 – 03/36472. htm

表 2.1 显示，相比较而言，重庆金融资产质量较高，金融市场比较活跃。重庆金融资产占 GDP 的比重，在西部属于最高的。2008 年重庆金融资产占 GDP 比重超过 2，略低于全国水平，但远高于四川的 1.46 和陕西的 1.45。另外，存贷差/GDP 是一个衡量区域金融市场活跃程度的指标，比重值与活跃程度负相关：金融市场越活跃，该指标值就越低。从存贷款差额占 GDP 比重来看，重庆为0.33，既远低于相对发达城市上海，也低于位于西部的欠发达的四川和陕西，还低于全国平均水平，这说明重庆金融市场非常活跃，金融市场发展潜力很大。而

从贷款占 GDP 比重指标来看，重庆的贷款/GDP 高于全国平均水平，也高于西部欠发达地区的四川和陕西两省，这表明重庆投资活动和经济发展非常活跃，大大高于全国平均水平，是西部地区最活跃的地区之一。

（二）金融要素市场

重庆金融的相对优势还在于对于各个金融要素市场已经有了一定的培育。这里主要以资本市场、土地交易市场、电子票据中心、商品期货交割仓库和远期交易市场以及物流中心保税区几个部分，阐述重庆各个金融要素市场的建设。

1. 资本市场

在我国的资本市场中，最主要的两个资本市场是上海证券交易所和深圳证券交易所。证券交易所是上市公司融资和产权转让的一个重要场所。由于上海证券交易所和深圳证券交易所的建立，上海和深圳理所当然地成为我国的两个资本中心。

中央已明确要大力发展资本市场，推动多层次资本市场体系建设。资本市场分为几个层次：在上海证券交易所和深圳证券交易所上市的公司组成的市场叫做"一板市场"，把创业板市场看作二板市场，而场外交易市场，全称"非上市公众公司股权交易市场或场外交易"，指在证券交易所以外进行证券交易的市场，即 OTC 市场，就可以称为"三板市场"。三板市场主要针对于没有达到上市资格的一些公司。三板市场为这些公司提供了融资和股权转让的场所。多层次的资本市场可以缓解我国现在的中小企业融资难、大部分中小企业单纯地依靠间接融资的问题。据截止到 2009 年的最新数据，重庆的上市公司数量已达 31 家。

至于创业板块，从目前来看，我国这方面的市场整体上都还不完善，但已经走出了关键性的一步。中国证券监督管理委员会发布的《首次公开发行股票并在创业板上市管理暂行办法》自 2009 年 5 月 1 日实施，标志着创业板正式开启。7 月 26 日，中国证券监督管理委员会开始受理创业板上市申请。作为一个市场创新主体，重庆在创业板块的相关创新方面可以走在全国的前面。2007 年重庆就向国务院提出了建立 OTC 市场的申请，但申请建立 OTC 市场的城市很多，如深圳、北京、上海都在积极申请建立 OTC 市场，竞争很激烈。2008 年春，国务院批复了关于在天津建立 OTC 市场的决议，这是天津滨海新区建设的一个重大利好。重庆也在积极筹建 OTC 市场，并预计在 2010 年元旦节正式挂牌对外营业。重庆市 OTC 市场建成后，可以实现高效流畅的双向互动，不仅为非上市股份公司搭建了股权交易平台，也让各种风险投资有了退出通道，对西南乃至西部地区企业的直接融资提供极大方便，带动股权投资产业发展，增加税收，带动相关产业发展。

2. 土地交易中心

重庆土地交易中心成立于 2003 年 8 月 29 日，位于渝中半岛，临近重庆市人民大礼堂。2008 年 12 月 4 日，新成立的重庆农村土地交易所挂牌，作为我国第一家农村土地交易所，即以"地票"也就是"农村建设用地指标"作为主要交易标的，以此实现远距离、大范围的农村建设用地减少与城镇建设用地增加相挂钩。另外，除了"地票"交易外，在"不改变土地集体所有性质、不改变土地用途、不损害农民土地承包经营权益"的前提下，重庆农村土地交易所也可为重庆的农村土地承包经营权流转提供服务，因此，农村土地交易所推动了土地的流转，提供了新的融资方式，同时也可以盘活土地，给农民带来收益，成为重庆农村金融发展方面的一个重要成果。

3. 电子票据中心

2009 年初，《国务院关于推进重庆市统筹城乡改革和发展的若干意见》中称将"依托全国金融市场中心建设整体布局，待时机成熟后，优先考虑在重庆设立全国性电子票据交易中心"。根据我国电子票据中心的现状，我国有 80% 的票据交易都发生在上海、江苏等沿海发达地区。在重庆搭建这样一个平台，企业和银行可以在上面报价、交易、背书，票据交易可以更安全，使资金流动更为充分。而重庆票据中心的现状是，已有中国工商银行在重庆设立了票据中心：2002 年，中国工商银行票据营业部在全国主要的区域票据中心设立了北京、天津、重庆、广州、西安、郑州和沈阳七家分部，搭建了以票据营业部为"龙头"、七家分部为"主干"、各分行票据中心为分支的全国票据业务经营网络，通过立足上海，辐射全国，实现了总分部一体化、网络化经营运作。另据中国农业银行重庆分行行长李先国介绍，中国农业银行西部票据中心将落户重庆，但目前还在审批中。

4. 商品期货交割仓库和远期交易市场

"国发〔2009〕3 号"文件称"支持期货交易所在重庆设立当地优势品种的商品期货交割仓库，支持在重庆设立以生猪等畜产品为主要交易品种的远期交易市场"。重庆主城区周边有很多区县，都有各自的特色产业，使用期货和远期等金融衍生工具，可以促进区县特色产业的发展，并丰富全国的市场，给广大人民带来实惠。另据重庆证券监督管理局局长叶春和在 2009 年 2 月 4 日的重庆金融工作会议上介绍，重庆将积极协调争取大连商品交易所在重庆设立西南片区管理总部，设计生猪交割库，进一步增强重庆期货市场在西部地区的辐射力。重庆证券监督管理局已经开展了期货交易所分布与设立调研，将提出工作建议，协助远期交易所的筹建。现在交易所已经进入工商登记注册阶段。

5. 物流中心保税区

保税区是中国继经济特区、经济技术开发区、国家高新技术产业开发区之后，经国务院批准设立的新的经济性区域。由于保税区按照国际惯例运作，实行比其他开放地区更为灵活优惠的政策，它已成为中国与国际市场接轨的"桥头堡"。因此，保税区在发展建设伊始就成为国内外客商密切关注的焦点。保税区具有进出口加工、国际贸易、保税仓储商品展示等功能，享有"免证、免税、保税"政策，实行"境内关外"运作方式，是中国对外开放程度最高、运作机制最便捷、政策最优惠的经济区域之一。

1990 年 6 月，经中央批准，在上海创办了中国第一个保税区——上海外高桥保税区。1992 年以来，国务院又陆续批准设立了 15 个保税区，它们分别是天津港保税区、深圳沙头角保税区、深圳福田保税区、大连保税区、广州保税区、张家港保税区、海口保税区、厦门象屿保税区、福州保税区、宁波保税区、青岛保税区、汕头保税区、深圳盐田港保税区、珠海保税区、重庆寸滩保税区。其中 2008 年年末获批的重庆寸滩保税区是中央在内陆建立的第一个保税区，重庆寸滩保税区的设立是中央对西部和对重庆直辖市建设的一个巨大支持。目前来看，中西部的成都、西安和武汉均无类似保税港区，仅成都在新都建设有一个物流中心。

第二节　重庆建设长江上游地区金融中心的金融业发展水平：基于因子分析

一、金融业发展的指标体系构建

本节将借鉴区域金融综合竞争力指标体系来测定重庆金融业的发展水平（彭

小兵和邓琳莹，2007）。暨南大学经济学院的吴聪和王聪（2005）在"我国金融中心竞争力的实证分析"中提出影响金融企业区位决策的因素有三个，它们分别是需求因素、供给因素和外部经济性因素，并基于这样的金融中心竞争力解释框架，将上述影响因素分别纳入经济、金融、城市发展这三个指标之中，构建了国内金融中心竞争力评估指标体系。另外，浙江大学经济学院的金雪军和田霖（2004）在"区域金融综合竞争力的模糊曲线分析"中也致力于建立经济、社会、金融三位一体的现代统计指标体系。本书在这两个指标体系的基础上，本着简洁性、可操作性等原则，确定了六个显性指标，并且考虑到重庆市在直辖前后的政策变化，用一个隐性指标来衡量。在表 2.2 所示的指标体系中，前六个指标是显性指标，最后一个指标是隐性指标，用以衡量重庆直辖这个政策因素。

表 2.2　金融业发展水平指标体系

目　标　层	类　别	指　标　层
国内城市金融业发展水平	金融	金融系统人民币存款余额（FTDB） 金融系统人民币贷款余额（FTLB）
	经济	地方生产总值（GDP） 农村居民家庭人均纯收入（RPDI） 城市居民人均可支配收入（UPDI）
	城市发展	外商直接投资（FDI） 政策因素

二、实证分析

（一）数据采集和因子提取

重庆金融业发展水平是一个多指标的综合测算问题。目前常用的测算方法主要有模糊综合评价法、层次分析法、人工神经网络法和主因子分析法等。考虑到评价指标之间的相关性，本书采用多元统计中的主因子分析法对重庆市的金融业发展水平进行测评。主因子分析方法的基本思想是把多项指标转化为少数几个综合指标，核心是通过主成分分析，在原始指标中提取几个主因子（如文中的 INNER、OUTER 等），然后对主因子进行因子分析，考察主因子与原始指标集之间的联系和数量关系（如可以考察各主因子与哪些指标关系密切等），从而确定各主因子的内部结构以及认定各主因子的经济含义。之后，用这几个主因子为指标作回归分析。

本节所涉及的所有原始数据均来自《重庆统计年鉴》（1978～2006 年）。首先，我们整理了重庆从 1985～2006 年的一系列样本数据，这里用重庆市的金融业总产值 FGDP 作为衡量重庆的金融业发展水平的指标，并提取了指标体系中的6 个显性指标来衡量重庆的金融业发展水平，分别是金融系统人民币存款余额 FTDB、金融系统人民币贷款余额 FTLB、地方生产总值 GDP、农村居民家庭人均纯收入 RPDI、城市居民人均可支配收入 UPDI、外商直接投资 FDI（表 2.3）。

表 2.3　重庆市金融业发展水平显性指标样本数据

年份	FGDP	FTDB	FTLB	GDP	RPDI	UPDI	FDI
1985	4.27	62.38	101.56	151.96	325.24	812.40	427
1986	4.99	84.57	131.70	170.34	358.86	983.99	790
1987	8.48	110.37	163.63	190.35	385.82	1 108.71	1 924
1988	10.12	123.47	183.32	240.05	457.54	1 277.89	2 069
1989	13.9	146.71	214.41	278.47	510.09	1 448.98	756
1990	14.6	198.00	268.40	299.82	586.73	1 691.13	332
1991	17.51	253.57	336.85	341.55	628.89	1 891.90	977
1992	22.14	315.70	408.64	420.18	677.46	2 195.33	10 247
1993	28.87	386.86	495.71	553.05	748.08	2 780.62	25 915
1994	40.59	518.27	596.96	755.96	1 018.24	3 634.33	44 953
1995	52.61	676.70	755.39	1 016.25	1 270.41	4 375.43	37 926
1996	55.49	846.43	913.93	1 187.47	1 479.05	5 022.96	21 878
1997	61.48	1 098.67	1 156.13	1 360.24	1 692.36	5 302.05	38 466
1998	66.75	1 306.04	1 358.61	1 440.56	1 801.17	5 442.84	43 107
1999	62.9	1 580.80	1 611.68	1 491.99	1 835.54	5 828.43	23 893
2000	61.61	1 904.71	1 881.36	1 603.16	1 892.44	6 176.30	24 436
2001	64.99	2 294.05	1 871.98	1 765.68	1 971.18	6 572.30	25 649
2002	68.96	2 821.04	2 244.72	1 990.01	2 097.58	7 238.07	28 089
2003	74.86	3 438.61	2 774.81	2 272.82	2 214.55	8 093.67	31 112
2004	82.1	4 039.61	3 246.28	2 692.81	2 510.41	9 220.96	40 508
2005	92.98	4 727.72	3 719.52	3 070.49	2 809.32	10 243.99	51 575
2006	106.56	5 519.75	4 388.28	3 491.57	2 873.83	11 569.74	69 595

对变量进行对数化处理，这样既可以消除异方差性，同时又能直接反映自变量和因变量之间的弹性关系。从自变量间的简单相关系数表（表 2.4）中可以看出，自变量间信息重叠程度较高，因此我们先利用因子分析方法提取公因子，避免多重共线性。

表 2.4 中的相关系数全部都通过了显著性检验,并且通过表 2.4 的检验可以看出对数处理后的各个指标之间的相关系数都很大,其中最小的系数是 lgFTDB 和 lgFDI,它们之间的相关系数也达到了 0.853,指标之间相关系数最大的 lgFTDB 和 lgFTLB 达到了 0.999。也就是说,这六个显性指标的相关性系数很高,这正好满足了作主因子分析的条件,因此可以通过主因子分析去除相关性,提取主因子。

表 2.4 简单相关系数表

		lgFTDB	lgFTLB	lgGDP	lgRPDI	lgUPDI	lgFDI
lgFTDB	Pearson 相关系数	1.000	0.999	0.993	0.990	0.992	0.853
	显著性水平（双侧检验）	0.000	0.000	0.000	0.000	0.000	0.000
	N	22	22	22	22	22	22
lgFTLB	Pearson 相关系数	0.999	1.000	0.994	0.992	0.993	0.859
	显著性水平（双侧检验）	0.000	0.000	0.000	0.000	0.000	0.000
	N	22	22	22	22	22	22
lgGDP	Pearson 相关系数	0.993	0.994	1.000	0.998	0.998	0.885
	显著性水平（双侧检验）	0.000	0.000	0.000	0.000	0.000	0.000
	N	22	22	22	22	22	22
lgRPDI	Pearson 相关系数	0.990	0.992	0.998	1.000	0.996	0.871
	显著性水平（双侧检验）	0.000	0.000	0.000	0.000	0.000	0.000
	N	22	22	22	22	22	22
lgUPDI	Pearson 相关系数	0.992	0.993	0.998	0.996	1.000	0.891
	显著性水平（双侧检验）	0.000	0.000	0.000	0.000	0.000	0.000
	N	22	22	22	22	22	22
lgFDI	Pearson 相关系数	0.853	0.859	0.885	0.871	0.891	1.000
	显著性水平（双侧检验）	0.000	0.000	0.000	0.000	0.000	0.000
	N	22	22	22	22	22	22

注:相关系数在 0.01 的水平下显著（双侧检验）。

表 2.5 用于检验对于这些样本数据因子分析是否具有适用性。进行因子分析,KMO 统计量为 0.847 > 0.7,说明因子分析的效果比较好。再由 Bartlett 球形检验,可知各变量的独立性假设不成立,故因子分析的适用性检验通过。

表 2.5 KMO 和巴特莱特球形检验

KMO 样本测度		0.847
巴特莱特球形检验	近似卡方值	445.201
	自由度	15
	显著性水平	0.000

表 2.6 解释了每一种指标对总方差的影响程度。可见成分 1 和成分 2 累积方差贡献率达到 99.715%,因此提取两个公因子。并且可以说这两个公因子对原始变量

的解释能力是很强的。然后进行因子旋转，旋转后的因子载荷矩阵如表 2.7 所示。

从表 2.7 中可以看出，第一公因子在 FTDB、FTLB、GDP、RPDI、UPDI 这些变量上具有较大的载荷，因此定义为产业发展的内生因子。第二公因子在 FDI 上的因子载荷比较高，因此定义为产业发展的外生因子。产业的发展和形成集群都离不开内生和外生因素，符合实际。

表 2.6　总的变量解释度

| 成　分 | 初始特征值 | | | 旋转后因子载荷的开方和 | | |
	总值	占总方差的百分比/%	累计百分比/%	总值	占总方差百分比/%	累计百分比/%
1	5.775	96.242	96.242	3.928	65.460	65.460
2	0.208	3.473	99.715	2.055	34.255	99.715
3	1.287×10^{-2}	0.215	99.929			
4	2.596×10^{-3}	4.326×10^{-2}	99.972			
5	1.164×10^{-3}	1.940×10^{-2}	99.992			
6	4.861×10^{-4}	8.102×10^{-3}	100.000			

注：提取方法为主成分分析法。

表 2.7　旋转后的因子载荷

| 因子 | 成　分 | |
	1	2
lgFTDB	0.877	0.477
lgFTLB	0.872	0.486
lgGDP	0.844	0.534
lgRPDI	0.856	0.511
lgUPDI	0.837	0.545
lgFDI	0.502	0.865

注：提取方法为主成分分析法。

（二）平稳性检验

为了避免"伪回归"现象发生，需要对变量的单整性以及变量之间的协整关系进行检验。单位根检验方法被广泛运用于检验总量是否具平稳性，如果变量是单整的且阶数相同，便可进行协整检验。同时 P-P 检验方法也是一种广泛运用的平稳性检验方法。当且仅当若干变量具有协整性时，由这些变量建立的回归模型才有意义。

首先对对数化的金融业总产值 lgFGDP、内生因子 INTER、外生因子 OUTER 之间的关系进行拟合，以研究各变量之间的关系和相互之间冲击的影响及反应程

度。在此之前，对数据的统计特征进行分析，表2.8提供了金融业总产值lgFGDP
等三个变量的统计特征。然后分别对三个变量进行平稳性检验，如表2.9、表
2.10、表2.11所示。

表2.8 描述性统计

	N	最小值	最大值	均值	标准差
lgFGDP	22	0.63	2.03	1.514 5	0.424 9
INTER	22	-1.44	1.44	-2.9143×10^{-16}	1.000 0
OUTER	22	-2.39	1.60	-1.5613×10^{-15}	1.000 0
有效样本（存在缺失值）	22				

表2.9 对于主成分1的平稳性检验

零假设：INTER 存在一个单位根			
外源性：常数项，趋势项			
滞后度：1（用 SIC 准则自动选取，最大滞后阶数 =4）		t 统计量	显著性水平
ADF 检验统计量		-4.241 979	0.016 5
检验关键值：	1%水平	-4.498 307	
	5% 水平	-3.658 446	
	10% 水平	-3.268 973	

表2.10 主成分2的平稳性检验

零假设：OUTER 存在一个单位根			
外源性：无			
宽带：0（Newey-West 的宽带选择采用巴特莱特核估计方法）		修正的 t 统计量	显著性水平
P-P 检验统计量		-1.962 172	0.049 6
检验关键值：	1%水平	-2.679 735	
	5% 水平	-1.958 088	
	10% 水平	-1.607 830	

表2.11 对 FGDP 的平稳性检验

零假设：FGDP 存在一个单位根			
外源性：常数项，趋势项			
滞后度：3（用 SIC 准则自动选取，最大滞后阶数 =4）		t 统计量	显著性水平
ADF 检验统计量		-4.149 779	0.021 8
检验关键值：	1%水平	-4.571 559	
	5% 水平	-3.690 814	
	10% 水平	-3.286 909	

从表 2.9～表 2.11 中可以看出，主成分 1、主成分 2 以及 FGDP 在 5% 的显著性水平上都是平稳的，这在一定程度上有效地避免了伪回归。

（三）回归分析

避免了伪回归之后，对提取出来的两个因子作回归分析，以确定这两个因子对重庆金融业产值的影响。用 SPSS 处理后，得到如下的回归模型：

$$lgFDP = 1.515 + 0.329INTER + 0.256OUTER \tag{2.1}$$
$$t \quad (83.44) \quad\quad (17.707) \quad\quad (13.805)$$

判定系数 $R^2 = 0.964$，拟合效果较佳。$F = 252.057$，回归效果显著。重庆金融业的产值对于第一公因子的弹性是 0.329，对于第二公因子的弹性是 0.256。从重庆近几十年的金融业发展经验来看，第一公因子起的作用比较大，也就是内生因子起的作用比较大。从内生因子的在各变量的载荷上来看，在 FTDB 上的载荷是 0.877，在 FTLB 上的载荷是 0.872，在 GDP 上的载荷是 0.844，在 RPDI 上的载荷是 0.856，在 UPDI 上的载荷是 0.837。可以看出，在载荷上贡献率最大的分别是 FTDB 和 FTLB。同时，其他三个指标对内生因子也有比较大的载荷，它们对重庆金融业的产值都有比较强的影响。第二公因子主要的载荷在于 FDI，说明随着重庆成为一个越来越开放的城市，FDI 对重庆的金融业发展也起了重大的影响。

（四）政策性因素对重庆金融业发展的影响

重庆直辖和西部大开发战略的实施给重庆带来了发展契机，政策因素在重庆的发展过程中起的影响也是本书研究的一个重点。政策因素是国内城市金融业发展水平的一个解释性指标。把重庆金融业总产值的数据分为直辖前和直辖后两个序列，1985～1996 年是直辖前的序列，1997～2006 年是直辖后的序列，用 Eviews 检验它们的均值是否有明显的差异。表 2.12 是直辖前后两个序列的描述性统计表。

表 2.12　直辖前后两个序列的描述性统计表

类别统计				
变量	数量	均值	标准差	标准均值误差
直辖前的序列	12	22.797 50	17.867 88	5.158 013
直辖后的序列	10	74.319 00	15.196 28	4.805 486
总数	22	46.216 36	30.913 95	6.590 876

从表 2.12 可以看出，直辖前的序列，重庆的金融业总产值的均值约为 22.80，直辖后的序列，重庆金融业总产值的均值约为 74.32，增加十分明显，成为中央直辖市这个政策因素对重庆的金融业发展起了积极的影响。

三、研究结论

本节基于区域金融综合竞争力指标体系，通过因子分析法来论述经济、社会、政策条件对区域金融业发展的巨大影响。就重庆金融业 20 多年的发展来看，内生因子起的作用比较大。也就是说重庆近年来的金融业的发展主要是区域内的因素在起作用，重庆的产业的发展还处于一个比较封闭的体系。

在外生因子中，FDI 占的载荷比较大，这说明了重庆的开放对金融业发展有着正面的影响。通过比较直辖前和直辖后重庆金融业产值的数值序列，可以看出直辖这个政策因素对重庆金融业发展的显著影响，这说明了政策的扶持对一个产业发展的好处，即良好的政策环境可以给金融企业们提供正的外部经济性，促进更多的国内外金融企业进驻重庆。同时，区域经济条件也是金融发展水平的重要指标，我国长江上游地区经济中心的定位将促进重庆金融业发展。

研究结论所蕴涵的政策含义包括：①在保障金融安全和提高抗风险能力的基础上，充分利用外生因素，加快推进重庆金融改革开放，加大吸引外资的力度，着力提高对外开放质量和水平，推动金融业持续健康发展。扩大开放程度，和周围的武汉、成都等城市形成信息共享，利用金融业发展的辐射作用，打造金融信息传播平台。加强西部地区各城市间的高层联系，研究制定经济金融发展规划，建立更为密切的协作关系。加强金融市场开放程度，融入区域经济一体化的进程中。合作改善区域金融环境，维护区域金融稳定。在区域内建造更加完善、更加和谐的金融生态环境，增强其承接产业梯度转移的综合竞争力，形成本地区要素流入和产业集聚的洼地效应。②加强地方经济的发展，促进城市和农村人均可支配收入的提高，为重庆成为长江上游地区金融中心打好经济基础。从因子分析可以看出，原始指标 RPDI、UPDI 占内生因子的载荷都比较高，通过加强地方经济的发展，进而使城市和农村人均可支配收入提高，可以使内生因子数值提高，最终促进重庆金融业总产值的增加。

第三章

建设长江上游地区金融中心的内陆开放基础

第一节　对外贸易基础：对外贸易对重庆金融发展的影响

一、对外贸易与金融发展关系的简单评述

第二章的因子分析表明，影响重庆金融发展的主要因素为外生因素、内生因素以及政策因素等几个方面，其中对外贸易发展状况是综合了内生、外生和政策因素的显性指标。

有关金融发展与对外贸易之间的密切关系得到了证实。金融和国际贸易在现代经济中不仅具有"核心"和"增长发动机"的作用，而且二者的相互关系对经济增长十分重要（Beck，2002）。因此，在贸易与经济发展的关系上，由于贸易能扩大市场、深化分工、提高效率、促进增长、革新制度、促进世界市场的形成，因而对外贸易促进了经济、金融发展，成为经济增长的发动机，在金融危机的形势下，同样要求扩大外贸来拉动就业与内需（陈德铭，2009）。另外，中国金融中介的规模和股票市场的规模与贸易开放度具有显著的长期相关性；贸易的开放促进了金融中介和股票市场的规模发展（梁莉，2005）。实证研究表明，中国金融发展与出口、进口贸易之间均存在长期均衡稳定关系，无论在长期还是短期，中国金融发展与国际贸易的强相关关系；金融发展通过技术创新、资源配置、分散风险等途径扩大了对外贸易规模，优化了进出口商品结构，提升了对外

贸易竞争力；同时，国际贸易的迅速发展又拓展了中国金融行业的业务量，促进了金融业的技术创新，催生了新的金融衍生工具，加速了中国金融业进军国际市场的步伐，提高了中国金融业适应国际经济环境的能力（熊德平和徐建军，2007）。金融发展通过外部融资支持提高了对外部融资依赖较强行业的比较优势（朱彤等，2007）。同样，在长期中，促进贸易规模增长最敏感的因素是金融发展的规模，而金融发展效率对出口结构优化的贡献大于金融发展规模的贡献；在短期内，金融规模扩张是贸易增长的 Granger 原因，工业制成品出口的增加带动了金融发展效率的提高（赵静敏，2008）。

自改革开放特别是重庆成为直辖市以来，重庆的经济确实取得了飞速的发展，外贸发展和金融发展也都取得了长足的进步。据中国海关总署通过《中国海关》杂志最新公布的数据（黄国华等，2009），2008～2009 年中国城市外贸竞争力 100 强城市中，重庆排名第 27 位，在整个西部地区位居第一，这是令人瞩目的成就。但是，通过结构对比发现，重庆的外贸发展还处于很低的水平。有数据显示，目前重庆市经济对外贸的依存度为 18% 左右（罗强，2009），但根据国家统计局公布的数据显示，2007 年中国外贸依存度为 66.2%，2008 年中国外贸依存度为 60% 左右，受金融危机的影响，2009 年一季度我国外贸依存度为 44.5%。这一方面表明重庆的实体经济和金融经济在金融危机面前可以有效抵抗来自外界的金融风险，但另一方面过低的外贸依存度制约了重庆经济社会发展的兴旺和对外开放交流的活力，表明重庆的金融开放程度和金融贸易交易存在缺陷。区域性经济中心和金融中心的形成，需要依靠相对发达的金融体系和完善的对外贸易体制作为支撑，并始终秉持开放的心态，促进进出口贸易和国际收支的基本平衡。因此，贸易的发展是提升重庆金融发展水平的关键一环，也是促进重庆长江上游地区金融中心建设的因素。接下去，以重庆的对外贸易为例，探讨对外开放和对外贸易状况对重庆金融业发展的影响。

二、重庆外贸发展对重庆金融业发展影响的实证研究

（一）指标选取与数据处理

1. 国际贸易指标

从理论上来说，有几个指标可供选择：外贸依存度、制成品出口占 GDP 的

比重、制成品进口占进口的比重。但是由于我们研究的是省际样本，考虑到数据的可获得性，本书选取外贸依存度的指标作为我国国际贸易发展水平的指标。外贸依存度反映的是国际贸易发展的规模，它是一国（地区）的进出口总额与一国（地区）国民生产总值的比值，用 OPEN 表示。

2. 金融发展指标

衡量地区金融发展水平至少包括银行和证券市场两个指标，金融发展作为一个专用术语，按照麦金农的解释，金融发展规模指标用 M_2（金融负债）/GDP，而按照戈德史密斯的观点，金融发展规模指标用全部金融资产比 GDP 来衡量。然而，前者指标受到众多质疑。正如国内学者普遍认为的那样，中国较高的 M_2/GDP 应该归因于投资渠道不畅、交易手段落后以及支付体系效率低下，而非较高的金融发展水平的表现。因此，考虑重庆具体情况，重庆证券市场对经济的影响程度还不能同银行相提并论，我们以银行的发展水平近似表示重庆金融发展的整体水平，我们用金融机构贷款占当地 GDP 的比重表示重庆的金融发展规模，它可以用戈尔德史密斯提出的金融相关率（financial interrelated rate，FIR）指标来近似替代。另外我们再选取一个金融发展效率的指标。在很多研究中的普遍做法是，以非国有经济获得银行贷款的比率表示整个金融系统的中介效率。但是，基于国有经济在整体经济中的地位，王志强和孙刚（2003）指出这种指标设计是有缺陷的。他们认为，可以用存款与贷款的比值来衡量金融中介将储蓄转化为投资的效率，本节遵从这一做法，用存款与贷款的比值 FE 表示金融发展的效率指标。样本区间为 1987～2006 年。本节的数据均来自《重庆统计年鉴》（2007 年）。

（二）实证分析过程

1. 数据统计的描述

图 3.1 反映的是重庆 1987～2006 年金融发展规模、金融发展效率以及外贸发展水平的变化情况。可以看出，在这期间，重庆金融业的发展基本上处于一个上升的趋势，金融发展的规模和效率都有明显的提高；但重庆的对外贸易水平一直处于一个很低的水平，并且在有些年份还出现了下降的趋势。进一步观察发现，重庆的外贸水平在 20 世纪 90 年代以前相对来说还处于高位，1992 年以后开始慢慢下降，到 2000 年后又略有回升。其原因可能是重庆一直是我国工业重镇，

国有企业占很大的比例，在 20 世纪 90 年代以前还处于改革开放初期，国有企业存在的问题还没有完全显现出来，国有企业在一定程度上推动了贸易发展，而随着改革的深入，国有企业的弊端逐渐显现出来，加上重庆又处在西部，外贸发展的区位优势相对薄弱，进而促使外贸发展水平相对降低。相比之下，这段时期的重庆金融发展规模，金融发展效率一直保持着增长的态势，只有在 90 年代初期金融发展的规模略有降低。1997 年以后，随着社会主义市场经济体制的逐步建立和完善，金融交易市场也逐渐确立，与此同时重庆也逐渐形成功能齐备的多元化的金融市场体系，加上重庆直辖以后国家政策的倾斜，使得重庆金融业的整体发展水平得到很大提高。接下来通过实证检验一下重庆金融发展和外贸发展之间的关系。

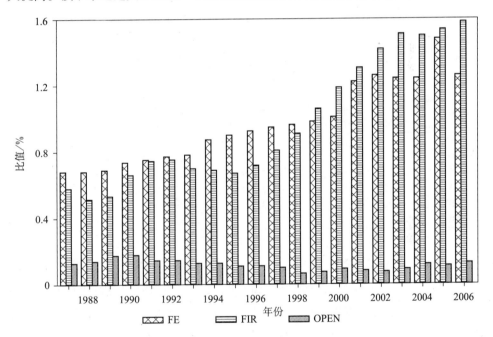

图 3.1　1987～2006 年重庆外贸发展水平（OPEN）、金融发展规模（FIR）
以及金融发展效率（FE）变化趋势

2. 贸易发展与金融发展的实证检验

在分析过程中我们选了三个指标：重庆外贸发展水平（OPEN）、重庆金融发展规模（FIR）以及重庆金融发展效率（financial efficiency，FE）。在建模时为了消除异方差的影响，分别对各个指标取对数，各变量取自然对数后分别为

lnOPEN、lnFIR、lnFE。

1）单位根检验

单位根检验方法很多，一般有 DF、ADF 检验和 Philips 的非参数检验（P-P 检验）。其中 Engle-Granger 的基于残差的 ADF 检验是最常用的检验方法，本书主要采用 ADF 检验，运用 Eviews3.1 对 lnOPEN、lnFIR、lnFE 进行平稳性检验。对于 ADF 检验中最优滞后期选取标准，我们采用在保证残差项不相关的前提下，同时采用 AIC 准则与 SC 准则，作为最佳时滞的标准，在二者值同时为最小时的滞后长度即为最佳长度。在 ADF 检验中回归中包括常数、常数和线性趋势，或二者都不包括三种情况。本书选择标准：通过变量的时序图观察，如果序列好像包含有趋势（确定的或随机的），序列回归中应既有常数又有趋势。如果序列没有表现任何趋势且有非零均值，回归中应仅有常数。如果序列在零均值波动，检验回归中应既不含有常数又不含有趋势。检验的结果如表 3.1 所示。

表 3.1　变量的单位根检验结果

变量	ADF 检验统计量值	检验类型 (c, t, l)	5% 显著性水平的临界值	10% 显著性水平的临界值	AIC	结论
lnOPEN	−1.411 428	$(c, 0, 0)$	−3.029 4	−2.655 2	−0.315 324	不平稳
ΔlnOPEN	−3.865 943	$(c, 0, 1)$	−3.052 1	−2.667 2	−0.170 598	平稳
lnFE	−3.177 178	$(c, t, 1)$	−3.692 0	−3.285 6	−2.721 619	不平稳
ΔlnFE	−4.039 202	$(c, t, 1)$	−3.711 9	−3.296 4	−2.226 755	平稳
lnFIR	−1.612 751	$(c, t, 2)$	−3.711 9	−3.296 4	−2.623 100	不平稳
ΔlnFIR	−3.505 381	$(c, 0, 1)$	−3.052 1	−2.667 2	−2.661 198	平稳

注：检验类型中 c、t、l 分别表示带有常数项、趋势项、滞后阶数。

由表 3.1 的检验结果，得到 lnOPEN、lnFIR、lnFE 均为 $I(1)$ 非平稳序列，但是它们的一阶差分序列 ΔlnOPEN、ΔlnFIR、ΔlnFE 在 5% 的显著性水平上均为 $I(0)$ 平稳序列。为了避免因检验方法本身的局限对结果带来的负面影响，本书利用 Eviews 3.1 提供的 P-P 检验对上述变量重新进行单位根检验。在进行 P-P 检验时选取滞后截断数为 2。P-P 检验的结果与 ADF 检验的结果一样，在此从略。因此可以认为它们具有同阶单整性，可以进行协整分析。

2）协整检验

在 Granger 检验中，如果变量之间是协整的，那么至少存在一个方向的 Granger 原因；在非协整的情况下，任何原因的结果的推断都是无效的。因此在检验两个变量之间的因果关系之前，我们需对两个变量之间的长期稳定性进行检验，也就是对两个变量之间的协整关系进行检验。变量序列之间的协整关系是由 Engle 和 Granger 首先提出的。其基本思想在于：尽管两个或两个以上的变量序列为非平稳序列，但它们的某种线性组合却可能呈现稳定性，则这两个变量之间便存在长期稳定关系即协整关系。如果两个变量都是单整变量，只有当它们的单整阶数相同时才可能协整；两个以上变量如果具有不同的单整阶数，有可能经过线性组合构成低阶单整变量。协整的意义在于它揭示了变量之间是否存在一种长期稳定的均衡关系。满足协整的经济变量之间不能相互分离太远，一次冲击只能使它们短时内偏离均衡位置，在长期中会自动恢复到均衡位置。

本节主要探讨三个变量之间的协整关系，因此用 Johansen 协整检验的分析方法。根据 SC 准则、AIC 准则确定最佳滞后阶数的方程形式，最终选取滞后阶数为 1，检验结果如表 3.2 所示。

表 3.2　变量间的协整关系检验结果

零假设：协整向量数目	Trace 检验值	迹统计量	临界值	
			5% 显著性水平	1% 显著性水平
0	0.739 731	40.434 39	34.91	41.07
至多 1 个	0.543 394	16.205 66	19.96	24.60
至多 2 个	0.109 864	2.094 855	9.24	12.97

表 3.2 的检验结果显示，在 5% 的显著性水平上拒绝了并不存在协整方程的原假设，而接受了存在一个协整方程的原假设。这表明 OPEN、FIR、FE 三个变量在 5% 的显著性水平上至少存在一个协整方程，且在最优滞后期内，各变量之间至少存在一个长期稳定的关系。将协整关系处理成数学表达式，则可以得到

$$\ln OPEN = -0.61\ln FIR + 9.30\ln FE + 1.66 \tag{3.1}$$

从协整关系的数学表达式可以看出，重庆金融发展的效率与外贸发展水平呈正相关关系，而金融发展规模与外贸发展水平呈现出负相关关系。一般而言，从前文的分析可以得出，贸易发展与金融发展应该是一种正相关关系，金融的发展为资本积累和技术进步提供了资金支持，促进了贸易的发展，而贸易的发展又为金融发展提供了条件和平台，因此，贸易发展和金融发展应该是一种相互促进、相互制约的正相关关系。而针对重庆的金融发展与外贸发展水平协整关系的解释是：一方面，从进出口的主体来看，重庆近年来参与进出口的主要是民营企业，据重庆市对外经济贸易委员会介绍，2006 年民营集体企业出口已占全市出口总

额的 57.9%，而国企、三资企业分别占 22.5%、19.6%；可是，作为金融业主体的银行对民营企业的资金支持却极其有限，民营企业融资难的问题非常严峻，这在相当程度上限制了重庆贸易的发展，于是，尽管重庆金融业的规模有了很大的增长，但重庆金融发展规模对贸易发展的影响还不是很大，甚至有抑制作用；另一方面，现在已经有相当多的实证结果表明，金融发展效率提高对一国或一地区的经济发展有正向的促进作用，而经济的发展肯定能带动贸易的发展，所以重庆金融发展效率水平对外贸发展水平具有正向的促进作用。

3）Granger 因果检验

现已有文献做因果关系研究，一般都是采用的 Granger 检验，它是基于系统的自向量回归（VAR）来定义的，假定每一变量的预测信息全部包含在这些变量的时间序列之中，它主要用于考察两变量之间在时间上的先导和滞后关系。以时间序列 X_t、Y_t 为例，如果用过去的 X 和 Y 的值来进行预测比只用 Y 的过去的值进行预测产生的误差更小，则认为 X 对 Y 具有 Granger 因果关系；反之，则认为 Y 对 X 有 Granger 因果关系。

由前面的协整检验结果可以知道，lnOPEN、lnFE 和 lnFIR 之间存在长期的均衡关系。但是这种均衡关系是否构成因果关系、因果关系的方向如何，尚需进一步验证。为了进一步验证重庆的 OPEN、FE 以及 FIR 的相互关系，我们对 lnOPEN 分别与 lnFE 以及 lnFIR 按照两个变量一组的方式进行 Granger 因果关系检验，滞后期为 4，检验结果见表 3.3。

表 3.3　OPEN 与两个变量之间的 Granger 因果关系检验

变量	零假设	F 统计量	P 值	结论
FE	FE 不是 OPEN 的原因	0.216 16	0.920 04	接受
	OPEN 不是 FE 的原因	5.295 58	0.035 09	拒绝
FIR	FIR 不是 OPEN 的原因	0.562 58	0.699 36	接受
	OPEN 不是 FIR 的原因	1.797 64	0.248 03	接受

在 5% 的显著性水平下，滞后四期的 Granger 因果关系检验表明，OPEN 不是 FE 的 Granger 成因的假设，拒绝它犯第一类错误的概率是 0.035 09，表明至少在 95% 的置信水平上，可以认为外贸发展水平是金融发展效率的 Granger 成因，而其他几组均不构成 Granger 因果关系。一个可能的解释就是重庆贸易部门的发展和金融部门的发展并没有实现协调互促的良性循环机制，金融部门对外贸部门的

发展支持乏力，在实体经济优先发展的发展战略条件下，外贸部门的进一步发展迫切需要金融部门的发展，而重庆金融产业还难以成为重庆的主导产业，甚至连重要产业都算不上。图 3.2 是重庆金融业在重庆整体经济中的地位趋势图。

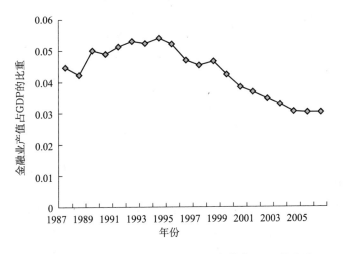

图 3.2　1987～2006 年重庆的金融业产值占 GDP 的比重

从图 3.2 中可以看出，重庆金融业产值占 GDP 比重虽然在 20 世纪 90 年代略有上升，但在直辖前后的十多年间却呈下降趋势，2006 年略有回升，并逐步保持在一个很低的水平，而同期上海的金融业占 GDP 的比重比重庆高一倍还多，重庆金融产业对国民经济的贡献率偏低，金融产业化程度较低。因此，重庆金融发展对外贸发展的影响不显著也就不难理解了。

三、研究总结

综合上述实证结果，可以得到四点结论：①由协整检验可以看出，重庆 OPEN、FIR 以及 FE 之间存在着长期稳定的协同互动关系；尽管重庆 OPEN、FIR 以及 FE 都不具有稳定性，但就长期而言它们在统计上是相关的；②Granger 因果关系检验进一步告诉我们，重庆 FIR 和 FE 对 OPEN 的提高没有显著的影响，重庆金融的发展不是贸易发展的原因；③重庆 OPEN 对 FE 的影响显著，OPEN 的提高会促进 FE 的提升；④重庆 OPEN 对 FIR 的影响也不显著。以上结论表明，重庆外贸发展中金融支持乏力的问题，但外贸发展是影响重庆金融发展的一个因素，重庆过去的外贸发展已经取得了成绩，进出口贸易量保持了长期递增趋势，但离区域性金融中心还是有相当大的差距，对外贸易发展的力度和深度都有待挖掘。

上述研究结论所蕴涵的政策含义包括：建设长江上游地区金融中心，重庆得加强其航运中心、贸易中心的地位，大力对外开放和发展国际贸易；同时，重庆金融业还要加快金融产品的创新，银行、保险等金融机构要在贸易领域进一步加大"拓荒"力度，推出一些新型国际贸易融资手段，政府则要推出政策，强化与进出口银行、进出口信用保险公司等金融企业的合作与交流，为商业性金融机构参与扶持出口创造更好的外部空间，进而为贸易和金融发展之间架起一座桥梁，共同推动重庆外贸和金融的良性互动发展。

第二节   FDI 基础：FDI 与重庆金融发展关系的实证研究

IMF（国际货币基金组织）对 FDI 的定义为："在投资人以外的国家所经营的企业拥有持续利益的一种投资，其目的在于对该企业的经营管理具有发言权。"但对中国而言，利用外资实际上泛指使用内地以外的，包括外国和港澳台地区的资金、机器设备、技术以及其他无形资产。考虑到中国官方统计口径和标准，本书对"重庆的 FDI"定义为：外国的或港澳台地区的资金持有者（以下简称"外商"）在重庆投资、创办企业时所利用的一切货币、有形资产或无形资产；其中外商参与利润分配，而利用外资的重庆所属的一方却不用负担任何债务。在一定意义上，FDI 是资金持有者的异地经营。

第二章有关重庆金融业现实发展水平的因子分析已经初步揭示，FDI 占的载荷比较大，重庆的开放对金融业发展有着正面影响。这一节，本书进一步阐述 FDI 水平、质量与重庆金融业发展状况之间的内在关系，从金融发展的层面上探讨重庆对外开放程度和质量以及建设长江上游地区金融中心的对外开放基础（彭小兵和张保帅，2008a，2009）。

一、指标体系构建

戈尔德史密斯（Goldsmith，1969）认为，一国或地区金融工具与金融机构之和构成了该国或该地的金融结构，而金融结构、金融工具存量和金融交易流量的经济因素的相互作用及其变化就形成了金融发展；戈尔德史密斯通过纵向的历史比较和横向的国际比较研究，发现金融结构的变化形成金融发展道路，金融结构的异同是可比的，金融发展道路是有规律可循的。在该研究的基础上，麦金农（Mckinnon，1973）和肖（Show，1973）分别提出"金融抑制论"和"金融深化论"，认为金融发展就是指在消除金融抑制的过程中实现金融自由化。在上述金融发展理论的基础上，同时针对重庆的二元金融结构、金融市场不完善、金融体制效率低和政府的金融管制严格等特点，笔者认为金融发展的变化轨迹应该是双向的，既可能是前进和增长，也可能是后退和衰退，甚至于在某个时期内不增也不减而保持相对稳定。因此，本书关于重庆的"金融发展"是指：一定时期内，由一个或多个内在和外在因素而引起重庆地域范围内的整个金融有机体自身各相关要素及其整体功能的变动轨迹或变化规律。基于科学性和合理性原则与上述关于金融发展的概念界定，建立如图3.3所示的指标体系来具体描述重庆的金融发展程度。

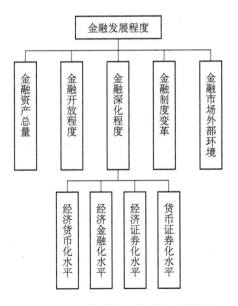

图3.3　金融发展指标衡量体系的框架

二、变量选择与样本数据说明

(一) 变量选择

本书主要涉及 FDI 和金融发展这两个对象。对于 FDI 的统计我国相关部门有明确标准和确切数据，实证过程中就不再另选其他数据和指标衡量 FDI 这个变量了。至于金融发展这个变量，则根据前面建立的指标体系进行选择。衡量金融发展的指标体系中，金融制度变革和金融市场外部环境很难量化，并且现实中重庆的金融制度改革主要与政府的宏观调控而非 FDI 有关；金融资产总量反映的是某地金融部门的总体规模，是一个量性的绝对水平指标，尽管重庆金融规模迅速增长，积累了可观的金融资源存量，但是由于金融效率低及不良资产比例高等弊端的存在，金融规模与金融发展之间不是正相关的，规模大不一定说明金融发展良好；金融开放程度一般用外贸依存度来量化，本书着重分析 FDI 与金融，而贸易对 FDI、金融的相关影响则暂不作考虑；用金融深化程度描述金融发展就符合本书的内容。

根据金融发展理论，可用经济货币化水平、经济金融化水平、经济证券化水平和货币证券化水平等指标从不同角度代表金融深化程度。经济货币化是金融深化程度的外在直接反映，麦金农用 M_2 与 GDP 之比定义经济货币化比率；经济金融化能反映金融发展的整体水平和质量，戈尔德史密斯用金融相关率（FIR）表示，即金融资产总量也同期 GNP 或 GDP 之比；经济证券化和货币证券化主要是反映金融发展的货币证券关系。中国现代金融服务业起步较晚、发展滞后，但经济货币化 M_2/GDP 却处于较高水平，国内学者普遍认为 M_2/GDP 较高主要归因于投资渠道不畅、交易手段落后及支付体系效率低下，并不是金融发展水平良好的表现，所以不能严格地参照麦金农和戈尔德史密斯的定义来量化指标。

此外，目前重庆证券市场对经济和金融的影响程度还不能同银行相提并论，因此金融发展的整体水平可近似衡量为银行发展水平，以此替代戈尔德史密斯的金融相关率（FIR），通过计算金融机构贷款占当地 GDP 的比重就可得到 FIR。传统的金融服务主要以存贷款服务为主，所以国内很多研究都以非国有经济获得银行贷款的比率作为衡量金融发展的服务效率，但王志强和孙刚（2003）指出，中国现行的以国有经济为主体的经济体制使这种指标的设计有缺陷。于是，本书采用储蓄投资转化率来衡量金融发展效率（FE），计算存贷款的比值就可以得到 FE。

综合上述分析，本书选择 FDI、FIR 和 FE 这三个变量进行实证检验，FIR = LOAN/GDP，FE = DEPOSIT/LOAN（LOAN 和 DEPOSIT 分别表示金融机构贷款余额和存款余额）。

（二）样本数据描述

本书的样本数据均来源于《重庆统计年鉴》(2007 年)，样本区间是 1985～2006 年。所选择的样本数据都是时间序列数据，计量检验借助 Eviews 完成。原始数据如表 3.4 所示。

表 3.4　1985～2006 年重庆的 FDI、FIR 和 FE

年份	FDI/万美元	DEPOSIT/亿元	LOAN/亿元	GDP/亿元	FIR	FE
1985	427	62.38	101.56	151.96	0.668 3	0.614 2
1986	790	84.57	131.70	170.34	0.773 2	0.642 1
1987	1 924	110.37	163.63	190.35	0.859 6	0.674 5
1988	2 069	123.47	183.32	240.05	0.763 7	0.673 5
1989	756	146.71	214.41	278.47	0.770 0	0.684 2
1990	332	198.00	268.40	299.82	0.895 2	0.737 7
1991	977	253.57	336.85	341.55	0.986 2	0.752 8
1992	10 247	315.70	408.64	420.18	0.972 5	0.772 6
1993	25 915	386.86	495.71	553.05	0.896 3	0.780 4
1994	44 953	518.27	596.96	755.96	0.789 7	0.868 2
1995	37 926	676.70	755.39	1 016.25	0.743 3	0.895 8
1996	21 878	846.43	913.93	1 187.47	0.769 6	0.926 1
1997	38 466	1 098.67	1 156.13	1 360.24	0.849 9	0.950 3
1998	43 107	1 306.04	1 358.61	1 440.56	0.943 1	0.961 3
1999	23 893	1 580.80	1 611.68	1 491.99	1.080 2	0.980 8
2000	24 436	1 904.71	1 881.29	1 603.16	1.173 5	1.012 4
2001	25 649	2 294.05	1 871.98	1 765.68	1.060 2	1.225 5
2002	28 089	2 821.04	2 244.72	1 990.01	1.128 0	1.256 7
2003	31 112	3 438.61	2 774.81	2 272.82	1.220 9	1.239 2
2004	40 508	4 039.61	3 246.28	2 692.81	1.205 5	1.244 4
2005	51 575	4 727.72	3 719.52	3 070.49	1.211 4	1.271 1
2006	69 595	5 519.75	4 388.28	3 491.57	1.256 8	1.257 8

资料来源：《重庆统计年鉴》(2007 年)，其中 FIR 和 FE 是根据本书定义的相关公式计算得到。

图 3.4 直观地反映了 1985～2006 年重庆 FDI、FFR 和 FE 的趋势变化,从图中可以看出这 20 年来三者总体上保持着极为相似的增长态势。20 世纪 90 年代初以前重庆 FDI 基本无变化,1992 年以后才逐渐上升并一直保持着稳定快速的增长,其原因是 20 世纪 80 年代中国处于改革开放初期,全国经济刚刚起步,而重庆地处西部,相对于东部地区来说 FDI 吸引力偏小。重庆 FIR 和 FE 在这 20 年间持久增长,仅在 90 年代初期 FIR 略有降低。1990 年以后,随着中国社会主义市场经济体制的建立和完善,重庆逐渐形成了多种金融机构并存的多元化金融市场体系;1997 年重庆直辖以后受国家政策的大力扶持,当地金融业的整体发展水平取得长足的进步。

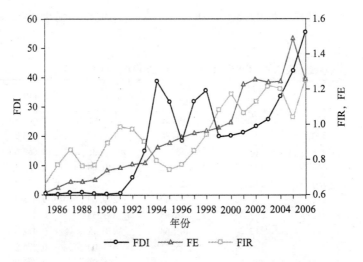

图 3.4　1985～2006 年重庆 FDI、FIR 以及 FE 的变化趋势

三、实证检验

为了消除异方差,在实证检验之前先对先前选择的三个变量 FDI、FIR 和 FE 分别取对数,即 lnFDI、lnFIR 和 lnFE。

(一) 平稳性检验

选用时间序列数据进行计量分析时,时间序列必须是平稳的;若选用的数据是非平稳的,就难以通过已知序列掌握时间序列整体上的随机性。本书中变量

lnFDI、lnFIR、lnFE 平稳性检验主要采用 ADF 检验法。首先，根据 AIC 准则与 SC 准则确定最优滞后期，判定标准是：在保证残差项不相关的前提下，同时采用 AIC 准则与 SC 准则，作为最佳时滞的标准，当 AIC 和 SC 两者的值同时最小时，其滞后长度即为最佳长度。然后，通过观察变量的时序图，确定在 ADF 检验中是否包含常数项 C 或时间趋势项 TREND，判断标准是：如果序列好像包含有趋势（确定的或随机的），那么检验回归中应同时有常数项和趋势项；如果序列没有表现任何趋势且有非 0 均值，则回归中仅有常数项；如果序列在 0 均值波动，那么检验回归中既没有常数也没有趋势。最后，ADF 检验的结果如表 3.5 所示。

表 3.5 变量的单位根检验结果

指标	ADF 值	检验形式 (c, t, l)	AIC	5% 显著性水平的临界值	10% 显著性水平的临界值	结论
lnFDI	− 2.630 5	$(c, t, 1)$	2.063 6	− 3.659 1	− 3.267 7	不平稳
lnFIR	− 2.599 4	$(c, t, 1)$	− 1.760 6	− 3.659 1	− 3.267 7	不平稳
lnFE	− 3.043 0	$(c, t, 1)$	− 2.769 4	− 3.659 1	− 3.267 7	不平稳
ΔlnFDI	− 3.786 4	$(c, t, 1)$	2.153 9	− 3.674 6	− 3.276 2	平稳
ΔlnFIR	− 4.074 1	$(c, t, 1)$	− 1.580 0	− 3.674 6	− 3.276 2	平稳
ΔlnFE	− 4.341 5	$(c, t, 1)$	− 2.352 1	− 3.674 6	− 3.276 2	平稳

注：检验类型中 c、t、l 分别表示带有常数项、趋势项、滞后阶数。

从表 3.5 可以看出，重庆的 FDI 与 FIR、FE 取自然对数后的一阶差分变量的 ADF 统计量均小于 5% 显著性水平下的 MacKinnon 临界值，拒绝变量 ΔlnFDI、ΔlnFIR 和 ΔlnFE 具有单位根的假设，认为变量 lnFDI、lnFIR 以及 lnFE 都是一阶差分平稳的序列，因此，lnFDI、lnFIR 和 lnFE 具有同阶单整性，可以进行协整检验。

（二）协整关系检验

本书主要运用约翰森（Johansen）协整检验来分析三个变量之间的协整关系。先根据 SC 准则、AIC 准则确定最佳滞后阶数的方程形式，最终选取的滞后阶数为 2，协整检验结果如表 3.6 所示。

表 3.6 的检验结果显示，在 1% 的显著性水平上拒绝了并不存在协整方程的原假设，而接受了存在一个协整方程的原假设，表明 FDI、FIR、FE 这三个变量在 5% 的显著性水平上至少存在一个协整方程，并且在最优滞后期内各变量之间

至少存在一个长期稳定的关系。变量间的协整关系检验结果如表 3.6 所示。这三个变量间的协整关系可以用以下数学模型表示：

表 3.6 变量间的协整关系检验结果

零假设：协整向量数目	Trace 检验值	迹统计量	临界值 5% 显著水平	临界值 1% 显著水平
0	0.769 275 674 326	49.491 234 081 2	42.44	48.45
至多 1 个	0.584 735 733 539	21.627 132 228 2	25.32	30.45
至多 2 个	0.228 508 745 159	4.929 168 907 72	12.25	16.26

$$\text{lnFDI} = 29.12\text{lnFE} + 8.07\text{lnFIR} - 1.65\text{TREND} + 20.41C \tag{3.2}$$

上述结果表明：FIR、FE 与 FDI 之间存在协整关系，协整系数分别为 8.07、29.12，这些系数说明 FIR、FE 都与 FDI 正相关，即重庆的 FDI 与 FIR、FE 之间存在长期稳定的协进关系。

（三）Granger 因果关系检验

前面协整检验的结果表明，lnFDI、lnFIR、lnFE 之间存在长期的均衡关系，但是却不能说明它们的因果关系。究竟这种均衡关系是否构成因果关系？如果是，那么因果关系的具体怎样？这些都需要进一步验证。为了检验重庆的 FDI、FE 以及 FIR 的相互因果关系，本书按两两组合的方式对 lnFDI、lnFE 和 lnFIR 分别进行 Granger 因果关系检验，滞后期为 2。Granger 因果关系检验的结果如表 3.7 所示。

表 3.7 FDI 与变量 FIR、FE 之间的 Granger 因果关系检验

变量	零假设	F 统计量	P 值	结论
FIR	FIR 不是 FDI 的 Granger 原因	0.008 27	0.991 77	接受
	FIR 不是 FIR 的 Granger 原因	0.063 53	0.938 72	接受
FE	FE 不是 FDI 的 Granger 原因	0.378 64	0.691 60	接受
	FDI 不是 FE 的 Granger 原因	2.959 45	0.084 73	拒绝

在 10% 显著性水平下，Granger 因果关系检验的结果表明：①1985～2006年，假设重庆的 FDI 不是 FE 的 Granger 原因，那么拒绝该假设犯第 Ⅰ 类错误的概率是 0.084 73，这说明认为 FDI 是 FE 的 Granger 原因的置信水平至少是 91.527%；②FIR 不是 FDI 的 Granger 原因的概率至少是 99.177%；③FDI 不是

FIR 的 Granger 成因的概率至少是 93.872%；④FE 不是 FDI 的 Granger 原因的概率是 69.16%。也就是说，除了 FDI 可以看做是 FE 的 Granger 成因之外，其他几组都不能互相构成 Granger 因果关系。

（四）检验结果分析

（1）尽管 ADF 单位根检验的结果表明重庆的 FDI、FIR、FE 都不具有稳定性，但是协整关系检验的结果表明它们具有稳定的协同互进关系。这意味着，三者之间就长期而言确实存在高度的正相关关系；换句话说，重庆的 FDI 对其金融发展存在着一种作用机制，这种机制使 FDI 变动与 FIR、FE 呈现出共同的随机正向趋势。

（2）Granger 因果关系检验结果表明在 FDI、FIR、FE 之间，只有 FDI 可以看做是 FE 的 Granger 成因，除此以外，其他几组都不能构成 Granger 因果关系。换言之，重庆的金融发展对 FDI 变动没有显著影响，金融发展不是推动 FDI 增加的主要原因；而重庆的 FDI 对金融发展水平具有非常明显的影响，这种影响机制主要是通过 FDI 对 FE 产生作用来实现，即 FDI 增加则 FIR 变大，而 FE 却不一定提升。

四、研究结论

第一，重庆 FDI 与地方金融发展之间是一种相互促进的正相关关系，即存在"协进"作用；这种作用机制主要表现在重庆金融的发展为资本积累和技术进步提供了资金支持，促进了贸易的发展，而贸易的发展又为 FDI 提供了条件和平台。

第二，尽管 FDI 与金融发展有正的变动关系，但是当前重庆的 FDI 和金融发展并没有实现协调互促的良性循环机制。转轨时期重庆金融发展对 FDI 互补作用机制确实存在，而且金融发展程度越高，FDI 利用率越高。这意味着引进 FDI，不能仅仅局限在基础设施、人力资本、法律政治制度环境等方面采取相关措施，还应当重视地方金融体系的完善与健全；反之，引进 FDI 也能够活跃当地的金融市场，推动地方金融发展。

第三，在我国实体经济优先发展的发展战略条件下，资源通常流向实体部门优先配置，所以现阶段 FDI 大多进入的是实体部门，进而推进实体部门所在的行业比其他部门的增长快。实体部门的迅速发展又迫切需要与之相适应的金融市场，尽管近年来重庆 FDI 取得了跨越式发展，但相当长的一段时间内，金融部门被弱化和边缘化的现象存在于宏观经济之中并将可能长期存在。最近几年，重庆市政府一直倡导各相关经济单位积极引进外资，并取得一定成效。

第四，重庆目前的这种外资利用状况利益与弊端共存。众所周知，跨国公司尤其是跨国垄断财团是当今 FDI 的主要载体，金融体系不健全、衍生品市场发育缓慢、对外开放度较低等原因，在一定程度上制约了跨国公司来渝投资，因此，重庆引进大宗外商直接投资的成功案例并不多见。但是，我国四大国有银行上市引进海外战略投资者改革并没有达到预期效果，"力拓间谍案"也表明，跨国公司在中国的情报交易已形成利益链条，境外跨国垄断资本与国内"买办"掮客的合谋已经实现了对中国产业链的"围剿"，这种外资渗透活动对中国经济和金融安全的威胁无处不在。我们在审视 FDI 对地方金融发展的作用机制时，必须具有洞察这种风险的战略远见。

上述研究结论所蕴涵的政策含义是：①处于新的历史阶段的重庆经济要实现平稳高速增长，争取实现 2015 年建成长江上游地区经济中心和 2020 年建成长江上游地区金融中心的远景目标，在坚持现有的吸引外商投资政策不变的情况下，必须正确把握金融部门发展与外商直接投资之间互相影响、互相作用的机制及其内在规律，逐步实现金融部门和外商直接投资的良性互动，不断提高偏向金融发展政策力度，最终形成实体部门与金融部门的相互协调促进的良性循环机制，吸引大量 FDI 来重庆投资，促进重庆金融业的繁荣发展。②从制度上保障金融市场化运作机制。为了更好地发挥 FDI 的积极作用，加快贯彻落实金融发展战略，引导重庆金融体系走向"推动经济增长"的发展道路，必须尽快完善金融机构的市场化运作机制，使其承担起以市场机制为核心的资源配置职能，将最优的系列均衡制度安排推向一个效率更高的经济增长轨迹，实现新的历史条件下的制度耦合与制度安排的动态一致性。③创新招商引资方式，提高利用外资的规模与质量。引资制度与方式的多样化已成为发展中国家从国际资本市场分享更多份额的重要手段。跨国并购、股权转让现已逐步成为外商在华投资的重要方式。于是，从创新入手，在稳步推进已具备条件的部门及领域开放的同时，拓展新的投资领域，逐步开放资本市场、完善产权交易制度，提高资本市场的国外资本吸纳能力。④完善投资软环境。将完善市场经济制度及增强投资环境总体竞争力作为利用外资战略的重点。这种软环境包括法律制度，市场机制，政府服务，信息披露机制和中介机构的独立化、市场化运作机制。⑤理顺 FDI 与金融发展的互动通道。针对金融发展对引进 FDI 支持乏力问题，重庆金融业要加快金融产品的创新，发展各类金融要素市场。

第四章

建设长江上游地区金融中心的动因、障碍与机遇

第一节 建设长江上游地区金融中心的动因：为统筹城乡改革和发展提供金融支撑

一、理论根据

重庆构建长江上游地区金融中心的动力机制，首先表现在长江上游地区经济中心对金融业发展的相互倚赖和相互促进关系上。经济与金融相互之间的双向促进关系，理论上已经比较完备，为重庆构建长江上游地区金融中心奠定了坚实的理论基础和理论根据。

（一）金融发展与经济增长理论

对金融发展与经济增长关系进行开创性研究的是戈尔德史密斯。1969 年，他采用金融相关比率，即金融中介的资产对 GNP 的比重这一指标来代表金融发展水平，其前提是金融体系的规模正相关于金融服务的供给与质量。戈尔德史密斯运用 35 个国家从 1860 ~ 1963 年的有关数据，得出结论：经济增长与金融发展是同步进行的，经济快速增长的时期一般都伴随着超常水平的金融发展。其他有影响的理论还包括以下几种。

1. "金融深化" 理论

肖（Shaw）从分析金融中介与经济发展之间关系的角度提出了 "金融深化"

的概念，即金融资产以快于非金融资产积累的速度而积累。他指出，发展中国家的经济改革首先应该从金融领域入手，减少外界因素对金融市场的人为干预，同时，借助市场力量来实现利率、储蓄、投资与经济增长的协调发展，消除所谓的金融抑制。

2. 金融发展的"供给导向"和"需求导向"理论

传统经济理论研究认为，金融体系仅仅是为了迎合实际经济部门融资的需要，以配合这些部门的自主发展，因而金融的作用是被动的。但现代金融研究理论提出，金融发展对经济增长有着因果影响。帕特里克（Patrick，1966）为这种因果关系理论的研究设计了一个有用的参考框架，提出了金融发展中"供给导向法"和"需求导向法"之间的区别。"需求导向"是实体经济部门发展的结果，这就意味着金融市场的不断拓宽和金融产品的不断增长必然更有效地分散风险以及更好地控制交易成本；因此，金融发展在经济增长过程中起了一个更好的推动作用。另外，"供给导向"的金融发展先于金融服务的需求，因而对经济增长有着自主的积极影响，对动员那些阻滞在传统部门的资源，使之转移到能够积极促进经济增长的现代部门，并确保投资于最有活力的项目方面，起到奠基作用。帕特里克提出，"供给导向"的金融发展对早期的经济发展有着支配的作用，意味着金融中心建设初期的金融发展政策导向或政府主导可以从一定程度上推动经济发展，而一旦经济发展趋于成熟，"需求导向"的金融发展就发生作用了。另外，帕特里克指出，发展中国家同发达国家之间的经济差距越大，则越有可能遵循"供给导向"的金融发展模式，这种现象在中国随处可见。当然，一些其他研究进一步证实，"供给导向"的金融发展可以加速经济增长，但"需求导向"的金融发展并不仅仅是金融体系被动适应实际经济部门的发展需求；反之，实际的经济增长使得金融体系能够完成自身的自由发展，因为实际收入的持续增加，为昂贵的和日益广泛应用的金融中介的建立奠定了基础、产生了需求、提供了手段。

3. 金融发展的成本节约理论

莱文（Levine，1997）则从交易成本的角度对金融体系的作用作了全新的解释，他认为由于交易成本与信息成本的存在而产生了市场摩擦，金融中心中统一、便利的金融中介，可以消除这些市场摩擦，起到融通储蓄、优化资本配置等作用。同时，莱文还认为，在一个金融不断深化的经济体中，金融体系所能起到的润滑作用将不断地得到增强，获取信息与从事交易的费用促成了金融市场与金融中介的诞生，金融体系则便利于储蓄流动、资源配置、风险管理、公司控制及产品交换，最终通过"资本积累"和"技术创新"这两条途径来影响经济增长。显而易见，金融中心降低了信息与交易费用，使得消费者通过多元化投资组合化解了流动性风险，使得资金投向回报率较高的项目，使得那些最具潜力的投资者能够得到足够的资金进行技术变革和产品生产，从而提高了储蓄率、储蓄-投资的转化比率及投资的生产效率，进而影响储蓄水平、投资决策、技术创新及长期增长速度——这些都是经济发展的标志。总之，金融系统的功能主要表现在从时间和空间角度引导资源配置，而金融中心能够有效地满足这种低成本的资源配置要求。

（二）金融结构与经济增长理论

考察金融结构与经济增长的关系，实际上是在回答不同的金融结构在经济中有何不同的作用等问题。早期的研究倾向以银行为基础的金融结构，认为它更适合经济增长，银行与产业间的密切关联减少了获取有关企业信息的成本，因此，金融体系就能很容易地识别好的投资项目，进行企业控制和为有前景的企业动员储蓄。如果银企关系不那么密切，则在引导实际投资上显得较弱，损害了经济的长期增长。Carrington 和 Edwards（1979）比较了英、美、德、法、日诸国的金融结构，批评了英、美以金融市场为主的所谓盎格鲁·撒克逊模式。

但是，1997 年亚洲金融危机和 2008 年从美国引发的全球金融危机，使得支持以银行为主的金融结构的观点和证券市场导向中过分发展金融衍生工具的金融体系受到严峻挑战。事实上，在一个经济体系中，金融市场与金融中介各自发挥不同的优势，对经济增长的贡献也各有侧重，从而没有必要一般性地寻求哪种金融结构更适合经济增长。既然金融市场与金融中介共同解释了未来的经济增长，且由于金融中心不仅包括集群了完善的金融机构，也包括建立和健全了充分发达的金融市场，那么，构建金融中心成了地区中心城市经济发展的逻辑结果。上述研究结果也表明，长江上游金融中心构建过程中，应该打造符合地区特征的金融结构和创新金融工具。

（三）增长极理论

增长极理论认为在区域开发的区域经济运行中，增长级具有两种效应：极化效应和扩散效应。极化效用指在增长级形成时，对周边地区的资金、人才、技术等生产要素的向心吸引力；扩散效应是指增长级形成与发展壮大后，资金、人才、技术等生产要素逐渐向周边地区渗透流动，从而将经济动力和创新成果传导到广大腹地地区，促进整体区域经济的发展。无论是西部大开发，还是统筹城乡发展，都具有对增长极扩散效应的热忱追求。但由于西部大开发和统筹城乡发展不可能也难以同时全面铺开，因此，构建或培育增长极是非常必要的、首要的。更何况，极化效应和扩散效应是相辅相成的，二者从不同侧面带动整个地区经济的发展。

金融发展过程中的金融增长极也同样具有这两种效用。换言之，作为区域金融增长级，随着金融中心的发展，不但会产生极化效应从而使原有金融组织实现规模经济，同时由市场因素驱动，金融资源、金融机构自发向某些有着相对发展优势的中心城市聚集，以此为基础形成一系列区域性金融中心，而且还会依托该金融中心所产生的辐射效应带动周边地区的经济、金融发展。

显而易见的是，长江上游地区金融中心的建立，将使大量金融资本和由此驱动的各类生产要素集中于该地区，极大地带动城市群的经济发展，并辐射长江上游地区，带动其经济和社会的迅猛发展。

二、现实要求

经济社会发展的现实也有着对构建区域性金融中心的强烈渴求。具体地说，建设长江上游地区金融中心，是国家深入实施西部大开发战略、重庆加快统筹城乡改革和发展、长江上游地区推进经济社会协同发展的需要，也是形成东部沿海与内陆腹地联动开发开放新格局的重要内容。

（一）深入实施西部大开发战略的现实需求

产业振兴是深入实施西部大开发战略的阶段性成果和未来目标，金融振兴则是长江上游地区全面振兴新阶段的迫切要求。产业成长离不开两个要素：一是技术；二是资金。目前，用高新技术改造重庆和长江上游地区传统工业、提升装备制造业已广泛展开，但如何将金融发展与产业成长联系起来，形成产业成长的金融支撑机制，还需要进一步加大探索力度。目前，长江上游地区以汽摩业、现代装备设备制造业和矿产、铝业等原材料工业为主形成了传统产业优势，这些传统产业的技术改造、技术创新，实现做大做强、形成规模，需要金融的强有力支撑。因此，深入实施西部大开发战略，需要适度优先发展金融，依靠金融和技术两个轮子，加快传统产业振兴的步伐。

（二）推动"内陆开放型经济"发展，参与全球竞争的内在需要

经济的活力主要来源于资源配置的高效率。在现代市场经济中，金融在资源配置中发挥着核心作用，是搞活经济的关键环节。重庆如何在世界经济和新一轮国际竞争中把握机遇，完成从传统初级制造加工基地到国务院定位的现代制造业中心与现代经济中心并重的战略转型，并形成我国长江上游地区金融中心的腹地优势与辐射效应，推动"内陆开放型经济"发展，是事关提升长江上游地区综合竞争力和统筹城乡改革与发展的重大战略性问题。从推动"内陆开放型经济"发展和内陆开放高地建设深化的战略任务来看，面对经济、金融全球化的挑战，提高区域国际竞争力，掌握发展的主动权，必须加快建立长江上游地区金融中心。

首先，金融活跃是经济活跃的基础。经济建设需要大量资金投入和资源优化配置，建设长江上游金融中心，可以最大限度地为重庆经济建设提供有效资金支持。其基本逻辑是，金融市场是连接商品市场和其他各种要素市场的枢纽，也是贯通生产、流通、分配和消费各个环节的桥梁；在市场经济条件下，通过金融市场配置资源，资金将会向效益好、有前景的产业和企业集中，可以实现资源的优化配置，企业在竞争中优胜劣汰，社会生产力也因此加快发展。

其次，金融强盛是内陆开放型经济强盛的保障。金融是促进消费增长的"助推器"，通过发展消费信贷，推进各层次群体融资和投资，可以活跃市场，更加公平、公正地促进国民收入、社会资源的分配和再分配，推动城乡居民消费增长，实现消费、投资协调拉动经济增长的目的。另外，金融业发展不仅可以直接增加第三产业产值，而且可以带动信息、物流、商贸等服务业的发展，提升服务

业的整体水平，从而更好地实现第一、第二、第三产业协同带动经济增长。

最后，金融稳定是开放型经济稳定的直接体现。金融是高风险行业，金融的不稳定可以放大或加剧经济波动，影响实体经济的发展。在复杂的国际国内经济形势和周期性国际金融危机形势下，重庆经济能否抗得住当前国内外宏观经济风险的冲击，关键要看金融是否稳定。

（三）促进重庆市统筹城乡改革与发展的迫切要求

重庆市统筹城乡的改革与发展对长江上游地区金融中心建设提出了新要求。按照中央经济工作会议精神，统筹城乡就是要把挖掘农业自身潜力与工业反哺农业结合起来，把扩大农村就业与引导农村富余劳动力有序转移结合起来，把建设社会主义新农村与稳步推进城镇化结合起来，加快建立健全以工促农、以城带乡的政策体系和体制机制，形成城乡良性互动的发展格局。当前，重庆正处于落实"314"总体部署和中央经济工作会议精神的关键阶段。《国务院关于推进重庆市统筹城乡改革和发展的若干意见》（国发〔2009〕3号）文件中，也明确要求重庆推进金融体制改革，健全金融市场体系，改善城乡金融服务，建设长江上游地区金融中心。

在重庆，统筹城乡发展一方面要求充分发挥主城区的综合服务功能和辐射带动作用，培育核心经济板块和区域经济增长极，建设产业集群、吸收农村剩余劳动力和以工哺农的战略平台；另一方面把要带动区县农村地区、库区和渝东南少数民族区发展与农民就业问题作为城乡统筹发展的最重要工作。而投资完成这些建设与发展的任务、目标所需要的庞大的资金需求，以及在投融资体制和金融发展机制方面的改革创新，都是建设长江上游地区金融中心需要着力解决的问题。但农村金融又是一个难题，其难点在于：金融资本具有追逐利润的偏好，而农村地区风险高、收益低，风险和收益不能平衡。

显然，当前重庆统筹城乡金融改革与发展需要解决好两个问题：一是金融产业如何实现自身率先发展的问题；二是在促进重庆区域及长江上游地区城乡经济、社会协调发展，重点惠及农村金融支持的过程中，金融产业功能如何定位、作用如何发挥的问题（洪虹，2007）。具体来讲，统筹城乡改革与发展对长江上游地区金融中心建设提出了三大需求：

（1）统筹城乡改革需要金融业强化重庆及长江上游地区的城乡就业和产值创造功能。金融业产值创造是统筹城乡产业结构升级的内涵要求。产业结构高级化是经济发展的趋势，即第一产业比重下降，第二产业比重先升后降，第三产业（包括金融服务业）比重持续上升，这也是衡量一国或地区的经济发达程度的重要标志。第三产业内部也有高级化趋势，即第三产业的第一层次（传统商业等）比重稳定降低，第二层次（金融业、信息业等）比重持续上升，第三层次（科教文卫等）比重略有增加，第四层次（政府机关等）比重略有下降。显而易见的是，金融业化本身是城乡统筹产业合理布局和产业结构升级的内在要求。

（2）统筹城乡发展需要金融业优化资源配置、经济调节和风险规避等功能。金融业是现代市场经济的核心产业，功能健全的金融机构体系、金融市场体系、金融制度和监管体系对实体经济的增长大有裨益。统筹城乡发展既要打造区域性经济中心这一战略平台，又要发挥以工哺农、以城带乡功能，促进欠发达农村地区和少数民族地区的发展。这就要求在二元经济十分突出、金融资源稀缺、金融市场瞬息万变、金融危机周期性地发生、农村地区经营风险和自然灾害风险频频出现的情况下，妥善处理好统筹城乡金融资源配置问题，优化金融业的资源配置和经济调节、风险规避功能。形成并建设好长江上游地区金融中心，有助于着力解决这些问题。

（3）统筹城乡建设需要促使强力破解金融支农的困局。资本稀缺是包括重庆在内的欠发达地区农村经济发展的最主要障碍。解决农村金融问题，目前最关键的就是破解金融支农的困局，想办法让更多的资金和资本回到农村。这就要求：①推动金融支持新农村建设，推动金融机构加强对"三农"的金融服务，尽快建立起区域性金融市场和服务农村经济的投融资体系，将城市金融强大的辐射力延伸到农村，引导金融资源在城乡合理流动，推进城乡统筹发展；②强化金融对城乡统筹发展的支撑能力，大力发展各种农村金融要素市场，探索推进服务统筹城乡的金融组织体系创新，探索推进服务统筹城乡的金融产品体系创新，探索推进服务统筹城乡的金融中介体系创新，探索推进服务统筹城乡的金融信息体系创新；③破解金融支农困局需要正确处理农村多元化金融需求与金融支农方式单一、农村地区风险担保机制缺位与金融支农创新难，以及农业贷款不良率偏高与农贷损失补偿机制缺失的矛盾；④建立或完善农村金融制度与机制，包括农业巨灾保险制度、信贷风险补偿机制、"三农"贷款税收优惠政策。所有这些，至少是区域性金融中心才能担当得起。

（四）推动、提速"五个重庆"建设的内在要求

重庆提出了加快推进"五个重庆"（宜居重庆、畅通重庆、森林重庆、平安重庆、健康重庆）建设的奋斗目标。目前，重庆的经济、消费、文化、社会的结构都发生了深刻变化，人们住、行、文化休闲等新的消费方式将替代过去吃、穿、住、用的传统消费方式，这就要求城市功能必须与这种变化与需求相适应。"五个重庆"的提出、打造和建设，成为一次城市发展理念的深刻变革，即由外延式发展向内涵式发展转变，代表了中国城市发展的未来方向。而围绕"五个重庆"的建设，所需要资金量庞大，资金压力巨大。以建设"宜居重庆"为例，发展低碳经济、走低碳能源的发展道路是"宜居重庆"的未来趋势和必然选择，但走低碳经济的发展道路取决于重庆未来新能源技术研发的融资保证问题，必须在引导合理的消费模式、大力推进新能源技术开发以及建立完备的公共交通设施与基础设施等方面投入巨大的人力、物力和财力。非常显然的是，化解上述"五个重庆"的融资困境这一难题，同样也需要紧扣"银根"（金融资本）和"地根"（土地资本）两个城市经济加速器，通过打造区域性金融中心来解决。另外，在"五个重庆"的建设过程中，政府引导社会资本的参与和跟进，也需要通过金融中心来进行。

（五）符合长江上游地区协同发展的共同利益

目前，在长江上游地区，各产业间发展极不协调，城乡发展差距较大。农业由于自然地理环境原因而比较落后，传统加工制造业占较大比重，第三产业的服务业发展滞后，金融业对经济发展的贡献度比较低。在统筹城乡改革中，迫切需要通过加快金融产业的发展，来带动地区产业结构调整与优化升级。而建设长江上游地区金融中心，有利于充分利用现代市场经济运行工具，有利于通过以金融为纽带促进长江上游地区各省（自治区、直辖市）之间、城乡之间良性互动和一体化协同发展，有利于在更高层面和更宽范围内优化与配置资源，并为长江上游地区统筹城乡改革和推动沿海与内陆联动开发，注入金融资本的活力和创

造力。

（六）建设长江上游地区经济中心的配套需求

金融中心是金融企业活动和聚集的中心，是金融机构、金融家和相关企业自发选择的结果。同时，拥有收集、交换、重组和解译信息的能力，是云集了国内外金融机构（或分支机构）的区域性金融中心最根本的特征。因此，金融中心能吸引巨额资金流动，刺激商务的扩张和多样化。此外，金融中心良好的金融和商务运营环境，能够有力地吸引全国性或跨区域性金融机构，跨地区、跨疆域的公司总部与分部落户。金融中心还能扩大地区金融总量，增强区域金融聚集能力、辐射能力和调控能力，成为一个城市参与国内外经济、金融竞争的战略武器。

上述分析其实意味着金融中心能够影响金融企业净收益及供给、需求和外部经济等诸多方面，因而构建金融中心就可以解释与预测一个城市金融功能的过去和未来，进一步推动区域经济的发展。作为长江上游地区工商业重镇和要建设成为长江上游地区经济中心的重庆，有着对这种金融市场效益的强大需求。这是重庆构建区域性金融中心的触发因子。基于此，重庆构建长江上游经济中心并实现经济的长期可持续健康发展，必须建设长江上游地区金融中心作为配套。

（七）实现金融业集群的本质要求

在产业集群中，企业或机构之间某种溢出共生关系导致的经济效益超过了竞争关系导致的经济损失。现代金融业的发展趋势表现为政府减少管制、技术变化加快和金融全球化，这三个因素加剧了金融机构的竞争。为了在竞争中加强合作，要求强化金融业集群。因为金融业的技能在很大程度上是由多方共同参与完成的，产业集群可以形成金融机构之间的生产性服务网络。事实上，生产性服务网络就集中表现在具有竞争优势的金融业和金融相关产业的集聚上。

在构建金融中心过程中，一方面可以通过政策，引导或促使金融机构和金融相关产业的集聚，使金融业自身得到规模经济和专业化经济的效益，改善金融信息流动、提高效率、增加流动性（王朝阳和陈凯元，2008）；另一方面还可以促进金融业集中、有效、方便和低成本地为产业实体经济部门提供大量的服务。因此，长江上游地区金融中心的构建还是重庆实现金融业集群的要求。

总而言之，重庆构建长江上游地区金融中心，一方面，使得云集于长江上游区域内的各金融机构将通过重庆金融中心的凝聚作用加强合作与交流，寻求规模经济、范围经济和强大的溢出效应、协同效应，寻求在金融服务业价值链上新的机会和更有影响力的位置，进而带动整个长江上游地区经济的发展；另一方面，可以满足重庆市统筹城乡改革与发展、深入实施西部大开发战略的要求，并对完善和创新现代农村金融制度、规范农村金融机构、支持开展商业性小额贷款公司试点、建立农村信贷担保机制、探索建立农业贷款贴息制度、提高农村地区支付结算业务的便利程度、加快农村信用体系建设、扩大政策性农业保险覆盖面，都将产生积极、深远的影响。

第二节　重庆构建长江上游地区金融中心的制约因素

从国内外经验来看，金融业的发展状况是衡量一个国家或地区或城市经济发展水平的重要标志之一。目前，在我国西部大开发和统筹城乡建设中，重庆及长江上游地区要实现跨越式、赶超式的发展，首先遇到的将是资金短缺和资金"瓶颈"的问题，需要金融业的大力支持。但如何优化金融业，从而引进和激活资金又是一个多维度的难题。本书在下面的章节中将表明，对于一个有影响力和辐射力的区域中心城市来说，形成金融产业集群、推动构建区域性金融中心是发展该地区金融业的重要的、根本的方面。但是，金融中心的形成与发展要具备很多条件，需要多种措施。

从目前来看，重庆市的综合经济实力在西部地区虽然有一定的优势，经济、社会和城市建设等各方面都得到了长足的发展，但在与全国一些中心城市的比较中总体实力还不突出，与西部地区的成都、西安等城市相比，优势也不十分明显，甚至在不少领域还存在一定的差距。譬如，在金融业领域，金融实力整体不强、产业化进程缓慢、防范与化解金融风险任务艰巨、金融改革相对滞后等现象始终存在，制约着重庆建设长江上游地区金融中心。

一、典型的二元结构制约了城乡金融协调发展

(一) 城乡金融严重失衡

近年来，重庆市的金融发展是以城市金融为支撑的，发达的金融业主要集中在主城区。农村金融资源存在发展空白和"金融贫血"。农村金融资源流失是造成农村"金融贫血"的主要症结。自 1998 年以来，国有四大商业银行实施"抓大促重"战略和贷款权限上收的管理战略，逐步从县及县以下退出，在农村金融中留下了巨大的真空。过去邮政储蓄只存不贷的资金分流，大量的农村资金通过邮政储蓄从农村流向城市，减少了农村的金融资源，加剧了农村金融市场的资金供求失衡。

重庆的农村金融市场相对不发达，可资利用的金融工具种类稀少。农村资金需求方在提供抵押物、资金需求规模等方面存在明显的缺陷。农民的房产没有产权证，不能作抵押；农民土地经营权也由于在教育、医疗、养老、户籍、迁徙（城市准入）上的城乡二元体制和配套制度不健全而难以盘活。另外，金融要素市场的滞后和我国金融制度的缺陷，成为农村金融发展中的关键性难题，农村的利率管制政策也使得贷款利率远低于市场均衡利率。很明显，城乡金融严重失衡对重庆金融业健康发展提出了挑战，需要富有创新性的金融统筹规划和建设。

(二) 城乡收入差距明显扩大

重庆是大城市、大农村、大库区，"大城市带大农村"的环境特征非常明显。重庆市 3100 多万人口中农村居民占 80% 上，城乡居民收入比为 4：1，存在严重的农业、农村和农村问题（"三农"问题），制约着重庆金融发展和长江上游地区金融中心的构建。在西南地区，成都和重庆同为改革城乡综合统筹实验区，成都市也存在农村的问题，但重庆农村问题更大、形式更加复杂。表 4.1 和图 4.1 是重庆 1997～2007 年城乡人均可支配收入情况及恩格尔系数的变动情况。从图 4.1 中可以看出，重庆农村居民家庭的恩格尔系数高于城市居民的恩格尔系数，并且在逐年下降，这说明重庆的城市居民和农村居民的经济情况都在改善，但城市居民的生活富裕程度远高于农村。另外，从城乡家庭居民人均可支配收入的变化情况来看，虽然城乡居民的绝对收入都在增加，但是两者的绝对差距却在

不断拉大，且拉大的趋势非常明显。这说明重庆城乡收入差距存在拉大的趋势。

表 4.1　重庆市城乡家庭人均可支配收入

年份	城　市		农　村	
	家庭人均可支配收入/元	恩格尔系数/%	家庭人均可支配收入/元	恩格尔系数/%
1997	5 302.05	46.7	1 692.36	65.8
1998	5 442.84	45.6	1 801.17	61.3
1999	5 828.43	42.8	1 835.54	60.7
2000	6 176.30	42.2	1 892.44	53.6
2001	6 572.30	40.8	1 971.18	54.1
2002	7 238.07	38.0	2 097.58	55.8
2003	8 093.67	38.0	2 214.55	52.5
2004	9 220.96	37.8	2 510.41	56.0
2005	10 243.99	36.4	2 809.32	52.8
2006	11 569.74	36.3	2 873.83	52.2
2007	13 715.25	37.0	3 509.29	54.5

资料来源：《重庆市统计年鉴》（1998～2008 年）。

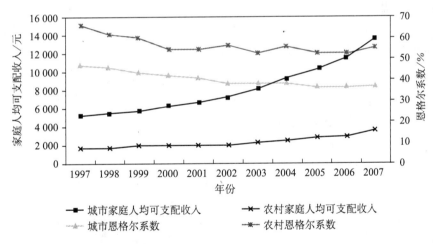

图 4.1　重庆城乡居民人均可支配收入及恩格尔系数（1997～2007 年）

另外，长期以来，由于资源要素流动和农村劳动力转移配套制度不合理，农民就业环境改善缓慢，城乡就业差距扩大。根据发达国家的经验，当土地、资金等要素向城市快速流动时，如果农村剩余劳动力向城市转移快于或者能与这些要素流出保持同等速度，则农村人口与资源、财富的占有关系要么得到改善，要么保持不变。我国及重庆市的实际情况恰好相反，在土地、资金大量流出的同时，农业、农村的剩余劳动力向城市转移受到了结构和制度两方面的限制：一方面，工业等非农产业的结构升级，使非农产业产值增长快于劳动就业的增长，由此造成农村剩余劳动力进入非农产业领域就业难；另一方面，受城乡二元结构约束，城市的现代化建设与发展虽然把大量的土地、资本吸进城市，却将大量的农民排斥在城市化之外。当农村人口向非农产业和城市转移受阻时，农村人口与土地、资本等资源的占有关系就会恶化，财富分配矛盾也越来越尖锐。

　　总而言之，由于重庆是典型的城乡二元的经济结构，解决好"三农"问题对重庆经济、社会发展和优化金融资源配置都至关重要，甚至如果解决得好，可以作为我国农村金融发展的试点。

（三）城镇人均可支配收入相对较低

　　与中西部城市的比较，重庆的城镇人均可支配收入比较落后，相对东部沿海城市差距就更大。城镇人均可支配收入体现了城镇居民的生活水平和消费能力，直接影响了金融资源的配置，这也是城市发展水平的指标之一。如图 4.2 所示，从 2008 年我国及中西部四个城市的城镇居民人均年可支配收入（由于武汉市城镇居民相关数据未搜集到，以武汉的城市居民人均年可支配收入近似代替，各种数据均来源于网络媒体报道）可以看出，全国城镇居民人均年可支配收入为 15 781 元；作为城市来比较，最高的成都达到了 16 942.62 元，超过全国平均水

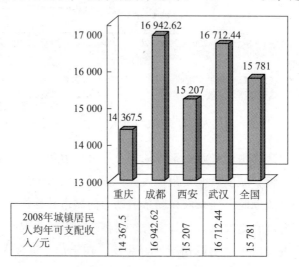

图 4.2　城镇居民人均年可支配收入比较

平，最低的重庆有 14 367.5 元，低于全国平均水平；西安（略低于全国水平）和武汉都处于中间。这说明成都的城市居民生活水平是最高的。导致这一状况出现的客观原因是重庆的特殊市情，作为一个大城市带大农村的省级市，除了主城区和部分较发达的区外，城市化水平整体上并不高，各种城镇遍布于不发达的各区县，重庆全境城镇的人均可支配收入较低是可以想象的。另据《重庆日报》2009 年 2 月 6 日报道的数据，2008 年重庆城市居民人均可支配收入为 15 709 元，略低于全国城镇居民年可支配收入，而重庆农民人均纯收入也只达到 4 126 元。

（四）农村居民家庭人均纯收入比较低

农村年人均纯收入体现了农村居民的生活水平和消费能力。图 4.3 显示了 2007 年、2008 年重庆、成都、西安、武汉和全国农民人均纯收入状况，其中重庆、成都和全国的情况用的是 2008 年的数据，而西安和武汉用的是 2007 年的数据。从对这些城市农民数据的比较可以看出，成都和武汉的农村年人均纯收入明显比重庆要高。重庆的农村年人均纯收入不足 3 000 元，而 2008 年的成都和 2007 年的武汉的农民收入要高于全国水平，而重庆稍微低于全国水平，表明重庆农村居民生活的总体水平还很低。诚如前述，重庆的特殊市情是大城市带大农村，呈城乡二元结构，农村问题十分突出。重庆农村不但地域广大，且多分布在经济发展条件和自然环境较差的山区，受客观地理条件的制约，很难与成都、武汉地处平原、相对富庶的农村匹敌。

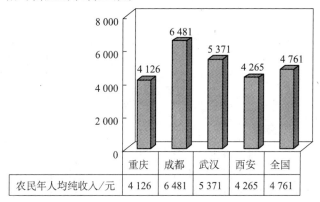

	重庆	成都	武汉	西安	全国
农民年人均纯收入/元	4 126	6 481	5 371	4 265	4 761

图 4.3　农村居民年家庭人均纯收入比较图

（五）重庆城市发展起步比较晚，综合实力和经济总量比较落后

　　应该说，重庆自直辖以来，经济社会保持着比较高的增长势头，2008年的全市生产总值实现了14.3%的增长速度，达到5 098亿元。区域联动发展，渝东北、渝东南经济增速均快于全市平均水平。在国际经济环境恶化、国内经济困难增大的情况下，重庆经济仍保持着平稳较快发展态势。农业、农村投入势头良好，2008年"三农"投入增长26.4%。农村土地规模经营集中度达到17%，农业耕种收割综合机械化水平提高到17%，国家级龙头企业发展到24家。农村绝对贫困人口大幅度减少，全市基本养老金、失业保险金、最低工资、最低生活保障标准、优抚对象补助、农村五保供养水平均有提高。新型农村社会养老保险试点继续推进。新型农村合作医疗财政补助标准提高1倍，参合率达到85.3%。26个区县开展城乡居民合作医疗保险试点。图4.4显示了直辖以来重庆地区生产总值和农民人均纯收入的增长情况。

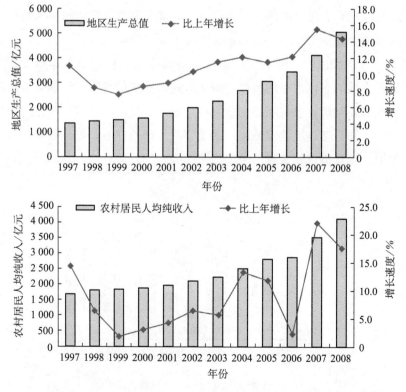

图4.4　直辖以来重庆生产总值、农村居民人均纯收入及其增长速度

　　但是，单就中西部四个正在规划发展为区域性金融中心的城市比较而言，重庆的综合实力并不算强。对于部分城市的综合实力的对比，牛凤瑞和潘家华（2007）经过数据的收集，作出了如表4.2所示的研究。在表4.2展现的各个指数中，发展指数代表了经济发展水平、社会发展水平；协调指数代表了城乡协调、经济社会协调、发展与资源环境协调的水平；支撑能力指数代表了基础设施、环境条件、科技研发和体制的支撑。根据这些学者的研究，重庆的各个综合实力指标相比其他几个城市都比较落后，其中协调指数偏低，这集中体现了重庆市目前存在着各种矛盾，如城乡和经济社会等的矛盾，这都需要通过努力解决改善。重庆只有支撑能力指数略高于西安，这说明重庆可持续发展的能力可能要高于西安。但是综合指数与其他三个城市相比还有差距，原因在于重庆的发展起步比较晚，直辖前重庆作为非省会的地方直辖市，其发展一直受到不公正的抑制。另外，重庆目前最大的问题是经济总量太小，即使是与近在咫尺的竞争对手成都相比，重庆也并不占多少优势。2008年，重庆GDP突破5 000亿元，但成都GDP达3 901亿元，以其为中心的四川省GDP达1.25万亿元。

表4.2　中西部城市综合指数比较图

地区	发展指数	协调指数	支撑能力指数	综合指数
重庆	47.89	46.99	48.87	47.91
成都	55.80	51.56	50.20	52.85
西安	49.28	54.97	47.51	50.46
武汉	51.91	53.70	50.15	51.92

　　资料来源：牛凤瑞，潘家华. 2007. 城市蓝皮书：中国城市发展报告. 北京：社会科学文献出版社

二、经济发展程度较低，制约金融发展

（一）金融资产总量相对不足

　　金融资产体现为一国货币和金融工具的总和。衡量一国金融资产相对量的宏观指标主要有三个：①金融资产占国民总资产的比率（国民总资产为一国所有现存财富的总计，主要分为金融资产和有形资产两大类）；②金融相关率，即一定时点上，一国金融资产总值同该国有形资产的比例；③金融资产同国民生产总值的比例。衡量一个地方是否是区域性的金融中心，这三者的比例是重要指标。

一般来说，一个国家或地区经济越发达，这三个比率就越高。与我国发达地区相比，重庆市金融资产总量不足，这是重庆金融相对滞后的主要标志。目前，重庆的金融 GDP 比例只接近达到 6%，低于能成为金融中心的金融 GDP 比例为 10% 的通常标准。另外，总体上看，相比于全国和上海等发达城市，重庆的金融资产规模偏小，重庆金融资产占 GDP 的比例低于全国平均水平，存贷款规模在全国看来都不算强。

(二) 区域经济一体化程度不高，重庆辐射带动能力低

金融中心的重要功能是对区域经济的集聚和辐射，但没有一体化的区域经济支持，金融的集聚和辐射行为就会受到很大限制。周边地区之所以乐于赋予某座城市金融中心的地位，取决于它们能从该城市得到什么好处。目前长江上游地区经济一体化程度还远未强大到能够持续、有力地支撑重庆金融业集聚力和辐射力的地步；长江上游地区城乡之间的巨大差异也造成了金融结构失衡，制约重庆金融业集聚和辐射效应的发挥。反过来，地区间的利益差异以及横向经济联合松散，阻碍了长江上游地区的经济一体化进程，使得重庆金融业集群缺乏金融腹地的强力支撑。

(三) 重庆经济发展程度较低，影响着金融产业集群形成

现代金融理论研究表明：经济决定金融，金融反作用于经济。金融内在于经济，经济融合金融。金融与经济的相互融合与渗透使金融扩散于经济，金融成为经济本身，成为现代经济的核心。金融中心的金融产业集群是金融产业化发展的一种高级形态，其必然要依赖于现代经济发展。重庆是我国国有企业分布最集中的地区之一，虽然国有企业数量多，但包袱沉重、冗员过多、机制不活、效益低下，致使重庆的经济发展缺乏足够的活力。同时，重庆的非公有制经济发展滞缓，特别是具有较强竞争力的民营企业过少，外资企业不多。与东部的上海、广东、江苏、浙江等地相比，重庆的公司通过上市筹集到的资金份额非常低，且上市公司数量少。并且，尽管近年来重庆在空气污染、安居环境改造方面取得了进步，但由于历史原因，重庆生活的综合成本较高，对聚集金融人才是个挑战。没有金融业务量和金融人才作为支持，金融中心的形成就没有了现实依据。重庆经

济发展水平限制了金融机构规模和金融业务扩张，也就制约了金融中心的形成与成长。

（四）重庆总部经济特征不明显

总部经济是城市经济发展的重要增长极，对推动产业优化升级、提升区域创新能力、增强对周边区域的辐射带动、促进区域经济协调发展等具有重要的作用。但是，重庆市总部经济吸引力不强，聚集能力不够，缺少建设总部经济以推动金融业快速发展的先天条件和后天优势，主要表现为以下两个方面：

其一，从金融机构的层次上看，重庆金融分支机构多而法人机构少、注册地在重庆的大型企业集团偏少。分支机构实力偏弱的特征使得它们不具备为区域内大型项目融资的能力，为数不多的法人金融机构竞争力有限，不具备跨区域开展金融服务的条件；而外来企业的投融资行为往往由公司总部决定，相关金融业务也在公司总部所在地进行，客观上降低了重庆本地的金融业务量。

其二，从形成总部经济的基础条件、商务设施、研发能力、专业服务、政府服务和开放程度等条件上看，重庆市总部经济发展能力整体上低于中西部地区的成都市和武汉市，仅与西安相当（赵弘，2007，2008，2009）。

（五）经济开放度不够高，外向型经济发展相对滞后

只有将重庆置身整个中国、整个世界，重庆才能对自己的开放经济发展水平作出准确客观的判断。第三章对外贸易基础和 FDI 状况的实证研究结果表明，重庆的经济开放度不够高，外向型经济发展相对滞后，制约了重庆金融的发展。另外，1997 年直辖以来至 2008 年的 12 年间，重庆对外开放水平有所提高，进出口总额从 15.9 亿美元增加到 95.21 亿美元，直接利用外资从 2.2 亿美元增加到27.37 亿美元；但与国内发达地区比，甚至与部分西部地区兄弟城市比，无论进出口规模、吸引外资数量，还是城市的开放程度，都有较大差距。重庆市经济对外贸的依存度为 18% 左右，比 2008 年约 60% 左右的中国外贸依存度低了 42 个百分点。

三、统筹城乡的投融资体制不健全

尽管重庆目前投融资体制机制建设取得明显成绩，但是以科学发展观检验，

仍然存在体制僵化、制度缺失等的问题。从投资决策到实施过程尚未能建立体现统筹兼顾、全面协调、可持续发展的促进机制。投融资规划引导乏力，政府管理越位、缺位、错位时有发生；投资运行调控依靠行政命令，"头痛医头，脚痛医脚"，尚未走出"一放就乱，一乱就放，一收就死，一死又放"的怪圈。

（一）投融资规划引导机制不健全，投资决策机制不完善

目前，重庆投融资规划引导机制不完善，引导科学发展的作用还不充分。无论是产业发展规划、基础设施规划、区域发展规划，还是城乡建设与土地利用规划，明显缺乏前瞻性、科学性。基础设施建设要么太超前，发展的机会成本过高；要么太短视，建成之日就承载力饱和。产业领域同构现象严重，重复建设、恶性竞争，缺乏总量平衡和总体布局考虑。城乡建设对城镇化发展明显估计不足，城镇扩张不断侵蚀农田的趋势总体上仍未得到遏制。城乡建设规划、土地利用规划等相互之间缺乏协调，综合性被割裂，未能有效起到统筹平衡、引导投资的作用。经济社会发展总体规划与行业发展规划缺乏衔接，专业发展规划与行业发展规划各行其是，各项发展规划之间互不搭界，往往造成投资性行为盲目增加，损失浪费严重。此外，规划约束乏力，协调性较弱，在"换届"和"换人"综合征的影响下，包括投融资在内的金融规划往往缺乏刚性约束。

另外，实践中，一些公共事务责任划分与财权/投资权并不匹配，下级政府倒逼上级政府投资、政府资金使用的预算软约束现象普遍存在，上级政府过多干预下级政府投资等现象还普遍存在。

（二）直接融资不畅，间接融资渠道单一，地方融资平台风险增大

据《21世纪经济报道》消息，中国的地方政府融资平台授信风险正在急剧增长，表现在：地方融资平台负债率高、偿债能力不乐观，且银行难以监测融资平台借款的资金流向，而所有这些对许多地区的地方财政偿付能力构成了威胁（陈昆才和蒋云翔，2009）。同样，在重庆市，政府投融资平台在取得显著成效的同时，也存在直接融资不畅、间接融资渠道单一等问题。土地增值收益是投融资主要资金来源，但受制于国家宏观调控政策、土地指标、房地产等多种因素影响。譬如，引以为豪的重庆渝富模式其最大特征就是：政府使用土地资源作为基

础支撑，土地成为化解不良资产的基础性填充料，土地成为城市发展投融资的重要支撑。但问题是，土地资源禀赋是有限的，土地资源过度开发利用，将耗竭未来的生存发展空间。并且，同样作为资源，土地资源的政府配置与市场配置，谁将更有效率呢？目前似乎无法证实。但是，土地配置权力基本掌握在政府及其官员手中，而不是由市场机制进行配置，那么，作为市场配置资源的重要工具和重要手段的价格，将在行政定价权力的支配下变得扭曲（通常是各种要素价格、资源价格都定得过低），这种强政府、弱市场的政策取向，将使得企业在选择生产决策时发生扭曲。

重庆政府投资主体的主要融资渠道其实就是银行贷款，但如果投融资平台负债过高，潜在的投资风险和金融风险也将很大。《经济观察报》2009 年 8 月 8 日报道，重庆政府开始面临债务危机。

2003 年年初，重庆市政府创建了"八大投资集团"——重庆水务控股（集团）有限公司、重庆城市建设投资公司、重庆高速公路发展有限公司、重庆市地产集团、重庆市开发投资有限公司、重庆市水利投资（集团）有限公司、重庆市交通旅游投资集团有限公司、重庆市江北嘴中央商务区开发投资有限公司。其经营模式是，以政府划拨的土地获得"充足"的本金，然后将这些土地抵押给银行获得贷款，所得的贷款用于基础设施或者项目建设，由于土地增值可期，或者是这些项目的未来收益可期，重庆政府再将这些项目股权卖出或者自营以用于偿还银行贷款。截至 2007 年年底，重庆市"八大投资集团"共向金融机构贷款 948 亿元，占其负债总额的 70.9% 以上。

在 2008 年之前，由于重庆楼市的火爆带动了土地的增值，这种城市投资模式是良性的，政府未来收益永远大于目前基建投入的资金；但在 2008 年金融危机发生后，由于土地增值速度下降，甚至一些地方出现土地无人购买的情况，地方政府的土地财政不再有效，而财政收入又无法有效支撑这些项目的建设。到 2009 年，重庆市级"八大投资平台"这一地方性基础设施建设融资平台受到了前所未有的考验——"八大投资集团户"均资产负债率近 60%，形成了一个完整的债务链（张晓晖，2009），严重制约着重庆的银行、非银行金融机构的自主发展，使重庆市地方政府陷入财政困境。

另外，农村经济体制、经济规模、经营方式、发展速度等和过去相比有了根本性的转变，但沿袭传统制度安排的农村金融体系的整体功能明显不适应农业和农村经济的发展需要，表现为总量基本匹配、结构严重失衡、布局不尽合理，形成农村金融体系制度残缺、层次单一、产品稀少、功能不全的现状。无论是从农业的重要性，还是从金融运行自身特点来看，农村金融体制在总体布局、组织结构和金融产品三个方面存在较大缺陷。

四、金融公司实力尚需增强

（一）金融组织体系不健全，制约金融产业集群的形成

金融产业竞争优势在某种程度上是指金融企业组织体系的竞争优势和金融市场的发展优势，它要求培育多元化金融产业主体，促进银行业、证券业、保险业全面协调发展。重庆在金融组织体系方面存在诸多不利因素，如典型的银行主导型金融市场体系、国有银行垄断、非国有金融机构弱小、缺乏有效竞争力和效率、金融产品和金融服务与国民经济发展的需求不相适应，影响国民经济的发展。与重庆市经济发展的要求相比，重庆市从事信贷业务的金融机构数量太少，实力不强，造成资金存量不足，也使得他们为区域内大型项目进行融资的能力羸弱。重庆没有足够的金融机构吸收境内和境外的资金，也就不能满足未来重庆市经济快速发展和产业结构升级的巨额信贷资金需求。同时金融分支机构多，法人机构少，使得金融机构在业务审批、信贷权限、产品创新、资金调配等方面的自主权都受到限制，再加上总分行制的组织特征又使得发展资金大量外流，不能为重庆金融业提供强大的资金支持，延缓了重庆地区金融业的发展，进而阻碍了重庆长江上游地区金融中心的建设速度。

（二）金融机构创新能力不足，实力有待提高

据 2008 年《上海统计年鉴》，截至 2007 年年底上海有各类金融机构 604 家，其中外资金融机构 140 家；深圳有各类金融机构 140 家，其中证券公司近 20 家、基金管理公司 14 家，数量位居全国第一。相比之下，重庆不仅缺乏实力强、辐射范围广的大型金融机构，如全国性股份制商业银行、证券公司或保险公司，而且缺乏专业的机构投资者以及资产管理公司、金融公司、财务公司、基金公司

等。银行业务主要集中在资产负债业务，高附加值的中间业务所占比重较小。银行业新业务、新品种开发和推广不及国内其他城市。证券业主要集中在经纪、自营和委托理财三项业务，受证券市场波动的影响较大，且存在过度竞争现象。债券市场局限于国债，货币和同业拆借不够发达。保险业缺乏分保、再保和经理人市场环境，保险产品较为单一，主要集中在寿险和普通产险上，风险过于集中，信用保险、保证保险、责任保险等相关险种有待拓展。信托公司缺乏专属业务和品牌，竞争力不够强。此外，部分金融机构资产质量不高，赢利能力和竞争能力偏弱，抵御风险能力不强，对外辐射功能有限。另外，从目前来看，一大批停业整顿的中小金融机构还没有退出市场，部分地方金融机构仍然处于高危状态，相当比例的地方金融机构法人治理结构不合理，资产质量低下，抗风险能力弱，历史包袱沉重，外汇管制也缺乏科学性、灵活性和协调性，部分风险隐患处于冷冻状态，随时有复发的可能性。

（三）高素质金融专业人才欠缺

金融中心的重要特征之一是数量庞大的高素质金融专业人才。纽约华尔街的金融人才大概是 38 万人，伦敦是 25 万人，上海是 18 万人，但重庆目前仅为 6 万人左右。既在数量上存在着差距，同时在专业素质上也存在着很大的差距，尤其是缺乏具有国际视野、熟悉国际金融市场运作的高级专业人员。高素质金融人才缺乏将是重庆金融深入发展、建设长江上游地区金融中心的最大软肋。

五、金融市场体系不健全

成熟的金融市场是金融产业集群形成的基本条件，现代金融中心大都以发达的金融市场作为标志。因此，重庆要实现构建长江上游地区金融中心的目标，就必须大力发展包括短期资金的货币市场和长期资金的资本市场和外汇市场，甚至包括黄金市场在内的门类齐全的金融市场体系，并不断完善整个金融市场的功能。重庆只有建立起功能完善、设施健全、运作高效的金融市场体系，才有可能在西部地区的资金流动中发挥龙头和枢纽的作用。但是，重庆的金融市场还存在以下问题：

（1）重庆金融市场的整体状况不完善。重庆既没有全国性的金融交易市场，也缺少区域性的综合金融交易市场，重庆的信贷市场、货币市场、资本市场和保险市场发展程度也不高，在一定程度上限制了重庆金融业的集聚和辐射能力的发挥。

（2）重庆金融市场的产品还不丰富。现阶段金融市场产品功能定位过于狭小，不能满足重庆经济的发展要求，各项建设所需资金短缺，延缓了重庆实行跨越势发展的步伐。再加上重庆地区金融垄断特征明显，重庆金融市场的竞争机制还没完全建立，极大地削弱了优胜劣汰的生存法则，影响了重庆金融机构的整体水平，恶化了金融体系。如证券业的整体不景气、国有商业银行不良资产较高等。

（3）金融机构数量相对较少与种类单一。世界各国经济发展的实践表明，金融机构的数量和形式的多样性是同金融活动的广泛性与多样性联系在一起的，是金融发达的一个标志，包括：各类商业银行或存款互助会（信用社）、储蓄与贷款协会、保险公司、金融公司、养老基金、共同基金、投资公司、信托机构、证券公司、期货公司、经纪人公司、证券和期货交易所，等等。从目前来看，重庆市的金融机构的资产业务构成比例严重失调，尤其缺少从事资本投资运作的金融机构。重庆现有金融机构体系状况制约了重庆长江上游地区金融中心的建设。

（4）金融产业链不完整。目前重庆在包含主板和中小板、创业板、新三板的多层资本市场体系尚无一席之地，金融市场仍以银行为主导，证券、保险和信托资产规模较小，融资力度有限。据 2008 年《重庆统计年鉴》，2007 年年底重庆市通过证券市场筹集资金仅 20 亿元（不包括 H 股），保费收入仅为 124.68 亿元，这些不仅远远低于东部的北京、上海、广州等城市，也远远低于东部宁波、无锡等中小城市，还低于西部的成都市。有实力的证券法人机构只有西南证券一家，证券期货经营机构规模小、综合实力弱。各种金融机构在渝设立总部或地区总部的较少，金融机构区域辐射力不强。其他金融产业链的不完整性还表现在信用体系、担保体系建设和金融法制建设滞后。

六、金融生态环境发展滞后

金融生态环境是金融业赖以发展的外部环境，金融生态环境的发展水平直接影响到金融业的发展，进而影响到金融产业集群的形成。促进重庆城乡统筹发展和加快长江上游经济和金融中心的建设，一个重要的方面是重庆经济与金融的和谐发展以及金融生态环境的改善。中国社会科学院于 2006 年对全国城市的金融生态进行综合评价，从金融生态环境综合指数来看，重庆位列全国 30 多名，金融生态环境与全国总体水平相比仍然处于较低水平。不过，由于金融生态环境是一个比较难以把握的专业性概念，因此，为了更好地阐述重庆金融生态环境的状况，本书还得先分析有关金融生态的概念体系。

（一）金融生态系统的结构体系

1. 金融生态系统的核心要义

金融生态是近几年国内理论界针对我国金融发展的特殊性，如区域间金融发展差异悬殊、间接金融发展滞后等状况提出来的仿生概念。现阶段国内理论界关于金融生态概念有两种不同的理解，即金融生态环境观和金融生态系统观。笔者认为，这两种观点其实是统一的，前者是后者研究的重要组成部分，后者是在前者研究基础上的进一步拓展和完善。2005 年《中国城市金融生态环境评价》总报告将其界定为"由金融主体及其赖以存在和发展的金融生态环境构成，两者之间彼此依存、相互影响、共同发展的动态平衡系统"（李扬等，2005）。

由于金融生态系统是对金融的一种拟生化概括和比喻，是运用生态学的方法和成果来分析与考察我国金融体系，因此可以把金融生态系统的核心要义概括为金融组织为生存和发展，通过分工、合作所形成的具有一定结构特征，执行一定功能作用动态平衡系统。金融生态体系是由金融子系统和与之相关联的其他系统所组成的生态链，是对金融的生态特征和规律的系统性抽象，本质反映金融内部外部各个因素之间相互依存、相互制约的有机的价值关系。

周小川在 2005 年首届中国金融论坛上运用了例子来帮助人们理解金融生态这一概念，他说："比如动物园的水族馆作为一个生态系统，其中最重要的是鱼，就像我们金融生态系统中的金融机构。金融机构自身必须健康，才能生存和自如地'游动'，其自身的改革是最重要的。在金融机构自身改革的同时，确实有一个外部环境的生态环境问题。这个环境就像水族馆里的水草、浮游生物和氧气等一样，是鱼类生存和茁壮成长的必备条件。如同水族馆中各种生物构成的这个生态系统需要适当的规则来维系，金融监管对于金融系统的健康运行也是不可缺少的。最后宏观调控就好像是水的温度，不能太冷，冷了有些鱼会存活不了；也不能太热，否则氧气会跑掉；还不能忽冷忽热。"在这个有关金融生态系统的形象比喻中，可以明确金融生态系统主要由三个部分组成，即金融生态主体、金融生态环境及金融生态调节，并且，这三者是相辅相成的，缺一不可。

2. 重庆金融生态系统的构成体系

虽然金融生态系统的概念和组成部分较易理解，但要确定并理解区域金融生态系统中各组成部分的要素构成及其评价指标，还有一定难度。中国社会科学院《中国城市金融生态环境评价》报告认为，城市法治环境（贡献弹性0.194 961）、地区经济基础（贡献弹性0.176 118）、地方金融发展（贡献弹性0.135 523）、金融部门独立性（贡献弹性0.121 773）和诚信文化（贡献弹性0.121 435）等五项因素对城市金融环境的影响力的总和达到75%左右；中国人民银行广州分行课题组和中国人民银行洛阳市中心支行课题组分别在《广东区域金融生态实证研究》和《构建区域金融生态环境评价的指标体系》中也提出了金融生态评价指标体系。本书结合重庆金融发展特点，选取几个影响重庆金融生态系统的关键因素（图4.5），并在下文运用它们来考察重庆金融生态的现状。

在图4.5中，金融生态主体是指具有自身生存动机和利益追求的、为了自身的生存与发展，不断地调整自身以适应环境和根据自身需要去作用环境的行为主体或组织单位。金融生态主体的发展状况是衡量地区金融主体实力和金融生态进化演变动力的重要方面。金融生态环境是指作用和影响金融生态生存与发展的各种因素，可分为金融产品、服务的消费者和社会、经济、法律、政治、文化环境。前者主要从居民、企业、政府（作为消费者）三方面进行分析，后者主要从法治环境、地区经济基础、诚信环境、地方行政环境、金融发展氛围及文化环境等方面进行分析。而金融生态调节主要由内部调节与外部调节组成。内部调节主要是金融主体自身生长、破产衰败等调节对金融生态的影响；外部调节主要是宏观当局各种政策和金融监管对金融生态的调节。

（二）重庆金融生态系统现状

重庆经过了几十年的经济发展，为金融的发展奠定了基础，特别是近几年来，由于政府的重视，金融生态得到了很大的改善。但是，我们也清晰地认识

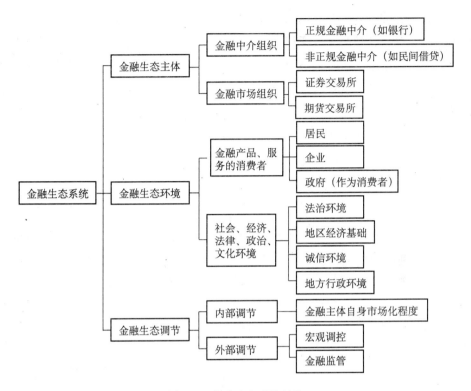

图 4.5　金融生态系统结构

到，长期以来作为非省会城市这一客观因素以及经济长期的粗放型发展使重庆在金融体制、环境等方面积累了许多问题。以下主要从金融生态主体、生态环境、生态调节等金融生态系统的三个方面来考察重庆金融生态现状。

1. 金融生态主体发展状况

对金融主体状况的分析，从金融中介组织（银行机构、民间借贷）、金融市场组织（证券、期货交易所）这几方面来加以考察：

（1）金融中介组织。从银行机构类别和数量看，已基本形成以政策性银行、国有商业银行分行为主体，全国性（区域性）股份制商业银行分行、城市商业银行和农村信用社并存，外资银行重庆分行为补充，功能齐备、分工合理的银行组织体系。但是，重庆银行金融业务运作不甚理想，诸多问题不容忽视：其一，近年来存贷差额绝对值比较大，高额储蓄的背后是大量资金闲置，银行机构应继续有效配置资金，加大信贷投入，避免造成资金浪费；其二，外资银行还没有完全发挥其应有的优势，业务范围比较局限，目前集中于外汇贷款、公司业务，而个人外汇业务门槛较高，规模较小，且外资银行间发展不平衡，如汇丰银行外汇贷款业务已占据了重庆外汇贷款余额的绝大多数，而日本住友银行是第一家进入重庆设立办事处的外资银行，但至今尚未升级为分行；其三，商业银行的资产结构比较单一，在盈利资产中90%以上是贷款，中间业务收入在总收入中的份额普遍较低；其四，从重庆银行机构贷款构成看，国有企业、城市基础建设贷款和房地产开发贷款占总体贷款余额80%以上，中小企业贷款难的问题尤为突出，这对占重庆GDP 50%的民营企业无疑是个打击。

（2）重庆农村金融主体发展状况。从总体上看，农村正规金融中介组织不完善，无法向农村经济提供足够的金融服务，而且事实上成为农村资金外流的主要渠道。首先，在农村开展业务的国有银行分支机构寥寥无几；农村的邮政储蓄过去只吸收储蓄不发放贷款，只剩下农村信用社，农村信用社已经改组为重庆农村商业银行。其次，改组后的重庆农村商业银行仍独自难当"支农"重任。2007年，正规金融提供的贷款仅为重庆农村资金需求的25%，乡镇企业信贷需求满足率也只有52%；在农村信用社获取小额贷款、联保贷款等信贷支持的农户数仅占重庆市农户总数的30.8%；农业产业化龙头企业信贷需求满足率也较低。最后，连续几年金融机构从农村地区退出力度加大，国有银行资金上存、邮政储蓄分流和农村商业银行资金运用"非农化"，引致重庆农村资金外流。

（3）非正规金融中介组织。非正规金融中介组织特别是民间借贷，具有广泛的灵活性，不受时间、投资和规模的限制，在资金使用上不存在事前事后的监督，借贷手续简便快捷，受到中小企业的欢迎。来自国家统计局重庆调查总队的一项调查报告显示：民间借贷已成为当前重庆农村资金流通的重要渠道，正日益影响着农民的生产生活。但是，长期以来非正规金融机构处于非法地位，没有被纳入金融监管框架，以地下金融的形式存在和活动，借贷双方仅靠所谓的信誉维持，借贷手续还不完备，缺乏必要的担保抵押。民间借贷的随意性、风险性、高利贷、监管缺位等问题，容易破坏市场经济秩序，造成诸多社会问题。

（4）金融市场组织。重庆的证券、期货服务体系初步建立，保险金融机构的发展态势较好，全国性和外资保险公司加快进入重庆保险市场的步伐。不过，由于直接金融发展的滞后性，与京、沪、深等发达地区相比，重庆金融市场组织数量少，资产较少，在资金融通上的作用远不及金融中介机构，处于起步阶段。随着重庆资本市场、货币市场、保险业市场、期货市场和票据市场的逐步发展，重庆金融市场组织也在朝着规模化、多元化方向发展。

总体上，重庆多元化的金融机构组织体系基本建成，金融资产增长迅速，金融资产回报率高，这在全国范围内也较靠前。但是金融机构的体系还不够完善，银行、证券、保险数量多，创业投资、基金公司、信托公司少；货币经济公司、证券融资公司、金融租赁公司、创业风险投资公司、财务公司有的还是空白；内资金融机构多，外资金融机构少，外资证券、基金、信托、投资银行等还没有大的突破。加之上述各个金融主体存在的问题，重庆金融生态主体建设还有待加强。

2. 金融生态环境发展状况

1）金融产品、服务的消费者

居民、企业、政府作为金融产品和服务的主要消费者，其消费能力消费结构直接影响到金融主体的经营能力和风险，关系到区域金融的发展潜力。而资本缺乏是包括重庆在内的西部地区经济发展的最主要障碍，其很大程度上就是因为金融消费市场的消费疲软以及消费结构不合理。

居民消费能力分化，期待更多元化的金融服务。近年来随着重庆经济的发展，居民生活水平普遍提高，收入差距也逐步拉大，人们在消费取向上呈现出多元化趋势。中高等收入阶层的消费者更加关注个性的、时尚的代金融工具。而目前银行在个人业务上主要还是存贷款。显然，重庆个人金融服务业务的消费市场巨大，有待进一步开发。

企业金融消费结构不合理，消费能力被限制，导致金融风险增大。目前重庆有89.8%的企业主要融资渠道是银行贷款，对银行的依赖性大，而且融资的金额有限。从金融市场看，通过借款、上市融资和发行债券等方式融资的企业很少。企业这种消费结构不仅影响重庆金融市场的良性发展，同时增加了银行风险。此外，中小民营企业对资金需求旺盛，但由于银行机构贷款手续复杂，信用担保机构数量少、规模小，所以更偏好民间借贷，但民间借贷的不规范性增大了金融风险。本书认为，政策体制缺陷，导致储蓄率居高不下、中小型民营企业和个体私营经济遭遇严重融资"瓶颈"，而国有企业生产性资金使用效率严重低下，是包括重庆在内的我国消费结构不合理的主要表现，这使得有限的金融资产不能发挥应有作用，不仅从资金流向上限制其他所有制企业通过金融杠杆来获取发展资金，又限制优胜劣汰机制的发挥和产业结构的调整，阻碍了经济发展。

政府金融消费过多，不利于金融的持续发展，严重影响地方行政环境。直辖以来主要靠政府拉动金融需求，通过财政及政策性金融渠道筹措资金，加强基础设施和基础环境建设，但这种以政府为主导的金融增加了地方政府的财政负担，随着地方政府债务与财政风险不断积累，并最终转嫁给地方经济系统和金融系统，直接威胁到重庆的金融生态系统。《中国城市金融生态环境评价》报告指出：重庆地方政府债务负担沉重，导致了地区银行机构独立性不强。地方政府的消费能力有限，而且后续问题复杂，不能过多依赖，重庆金融消费需市场主导，政府促进。

个体金融消费的服务满意度较低。外部客户的满意度、忠诚度和服务口碑，可以提高金融品牌的市场份额，从服务的角度优化金融生态环境。以银行消费服务为例，有随机调查银行服务细节满意度数据和记者的体验显示（浩浩，2009），与民生银行、招商银行、兴业银行和交通银行相比，中国工商银行、中国农业银行、上海浦东发展银行等传统国有商业银行和老牌股份制银行的顾客满意度很低，而重庆银行等重庆本土银行的金融服务细节的满意度居中，表明重庆个体金融消费的服务满意度存在差距，重庆银行业一线柜台从业人员的职业素质、服务理念等金融发展的服务软环境欠缺，影响了重庆市金融机构的整体形象。

2）政治、法律、经济、文化等各种宏观环境

经济、政治、法律、文化环境是金融生态外部环境的重要组成部分，很大程度上影响金融主体的运行和金融资产的质量。目前：

金融法治环境建设滞后。法治环境主要从金融债权保护的法制制度建设，司法公正、公正程度和执法效率，以及对金融违法犯罪的打击力度等角度来衡量。我国金融法治环境普遍较差，经营失败的地方金融机构迟迟不能有效地处置，造成金融风险不断增加，金融生态日趋恶化。这一问题在重庆也比较突出，《中国城市金融生态环境评价》报告指出：重庆法治建设相对滞后，特别是产权保护意识薄弱、执法难问题突出。

重庆腹地经济基础不扎实，不能有效支撑金融业的发展。近几年来，重庆的

经济迅猛发展，在西部城市中遥遥领先，建设西部金融中心自信心增强。但是长江上游地区经济一体化程度不高，制约着重庆金融资源的进一步聚集和整合。这使得重庆金融业的发展缺乏金融"腹地"的强力支撑。重庆在自我发展的同时应大力支持周边城市经济发展，跳出行政壁垒，加强成渝合作，推进长江上游地区的经济一体化进程。

社会诚信意识薄弱，金融系统的信用体系没有建立。政府公信力和社会信任度下降是近年来我国较为恶劣的社会现象。一方面，政府部门、企业、社会居民的诚信意识比较薄弱，逃废金融债务、恶意欠债的情况时有发生。千方百计用会计、审计、资产评估等不实信息骗贷，大量转移资产的现象还存在。另一方面，重庆金融系统信用体系没有建立。中小企业融资难的问题始终得不到解决就与银行信贷中介服务体系不健全、不规范有直接关系。

地方行政重视和支持金融发展，但对干预金融运行的度的把握还需完善。重庆市政府近年来为金融发展进行了许多有益的探索和大幅度的动作，如重组了重庆国际信托投资公司、成立了重庆渝富资产管理经营公司作为金融控股集团、成立了全国最大的信用担保公司——三峡担保等，但同时在这些金融市场的建设中无不烙下了政府的痕迹，行政干预的度还没有完全把握好。

金融发展的良好氛围初步形成，但还没建立与金融中心相适应的金融文化。重庆发展金融业有着得天独厚的政策优势，中央的各种国策给重庆带来旺盛的投融资需求和发展金融业的机遇。但是金融发展政府只是引导者，真正决定市场的是企业和广大消费者。但重庆金融市场不活跃、上市企业数量少，创业投资少，居民金融消费需求不足，这既说明重庆缺乏对消费者金融知识的普及以及对企业金融文化的培育，也表明重庆金融人才缺乏，知名的金融家不多，无法为重庆金融中心建设提供足够的智力支持。重庆金融发展氛围和金融文化环境有待改善。

3. 金融生态调节状况

重庆金融生态调节问题主要是重庆金融生态主体内部调节能力较差，市场竞争机制不健全。外部环境因素（如地方行政干预、法治不健全等）对金融业的过度保护和管理措施，极大地削弱了优胜劣汰生存竞争规则对金融主体功能作用的强化和创新推动，也极大地破坏了金融生态竞争规则。经营不善的乃至失败到严重资不抵债的金融机构无法及时退出金融市场，恶化了金融生态体系，最终导致有问题的金融机构污染正常的金融机构。

七、区域城际竞争激烈

作为西部内陆腹地开放的城市，重庆建设长江上游的区域性金融中心，既要与北京、上海、深圳等金融中心错位发展，又面临来自毗邻城市的直接挑战。在长江中上游以至西部地区，成都、西安、武汉都在积极筹划建设区域金融中心，而成都、西安的区域金融战略势必会同重庆直接争夺金融资源和金融市场。如成都市金融业也迅速发展，目前其银行机构数、保费收入和保险公司机构数均列中西部第一，上市公司数量和证券机构数也名列中西部前茅，目前金融软环境教之重庆优越。国际金融机构在成都设立区域性总部或分公司的比较多。此外，中国人民银行成都营业部下辖川、贵、云、藏四省（自治区），在金融政策影响力和辐射力上更具优势。因此，重庆面临着中西部多个城市建立区域性金融中心的竞争压力。

（一）成都

在构建面向我国西南地区或长江上游地区的区域性金融中心方面，成都市是与重庆市直接构成激烈竞争关系的城市，也是我国西部地区最具构建区域性金融中心潜力的都市之一。目前，成都市的目光紧紧盯住了西部、西南金融中心这一重要目标，并相应制订了金融要素市场建设规划和金融蓝图构想：以建立健全多元化、多功能的金融服务体系为基础，以金融产品创新为核心，形成以投融资为主要内容的区域性金融资本集散中心、金融活动交易调控中心、金融信息中心和中介服务中心。2008 年，成都召开了"首届中国成都金融街论坛"，这个论坛盛况空前。论坛围绕"中国西部华尔街成都金融核心区建设的重大意义"、"金融核心区建设发展的成功经验"、"建设核心金融区的政策支持"、"核心金融中心的重点工作和引导思路"、"建设东大街金融中心的优势和吸引力"五个专业模块，邀请来自全国的大师级金融专家、学者及金融街建设者和重量级商务人士作了引人入胜的讲演。论坛为加快西部区域性经济中心建设步伐，探索东大街金融中心建设的有效措施，促进成都与西部其他城市群的融合互动、共同发展作了积极有益的探讨，并且作出了以下的规划。

1. 以东大街金融核心区为载体建设西部金融中心

为抢抓城乡综合配套改革试验区的历史机遇，积极顺应省、市发展战略定位，同时最大限度地实现锦江和东大街自身优势，锦江区根据成都市的产业发展规划和定位，确定以自身建设为载体，将锦江区建设成为服务于中国西部的金融中心。通过五年努力，成都希望基本建成适合国内外投资者共同参与、在西部有影响力的金融市场体系，基本形成适应西部经济社会发展需要的金融产品创新和交易中心。目前，通过管理和运行机制、体制、配套政策的出台和空间形态的再造，招商力度的加强，已经取得了较好的实效。下一步，锦江区计划争取省、市更大的关心支持，加快基础配套设施建设，加大招商引资和项目供地的力度，深化金融创新，大力推进非传统金融市场体系建设，要进一步提升政府的政务服务和引导发展的水平，大力实施人才资源战略，把成都打造成培养、吸引和聚集国内、国际金融人才的人力资源高地。

2. 致力于体制上的突破，吸引金融人才

中国经济当前所处的特定转型和周期回落阶段，给金融业改革的突破和体制转型提供了现实的需求。要顺利渡过转型期，金融必须创新运作模式，这是新兴金融中心的机会。成都在金融中心建设上的定位是：没必要跟北京比决策信息的资源、和上海比多样化的金融机构，而致力于能在体制上有突破，把金融街的规划一步步实现。同时，利用成都轻松休闲的氛围，吸引金融人才。

3. 利用土地的流转来建设金融中心

作为国家确定的成渝城乡统筹发展试验区的西部重要板块，城乡统筹发展也是成都金融改革发展的重要切入点。在土地制度变革上寻求大的进展，把土地流转出去，成为农民增加财富的工具，这可以成为成都金融中心设计一系列金融产品的重要方向。

必须指出的是，尽管重庆和成都势必存在一个竞争西南金融中心的问题，但无论是重庆还是成都，最终要能够成为区域性金融中心，加强两个城市全方位的区域合作是前提、是条件。没有两个城市的通力合作，重庆和成都两个城市独自发展建设成为名副其实的金融中心可能性很小。这是个城际博弈的问题，重庆要在博弈中胜出，必须在硬环境和软环境上超越对手。

（二）西安

西安市是中国西部的重要中心城市和历史文化名城。在西安市"十一五"规划纲要中提出了关于西安金融发展的一系列规划措施，其中明确提出要"加快形成区域性金融中心"，并已经有了相应的研究规划（刘贵生，2007）。在2008年的西安市政府工作报告中，提出要积极培育金融市场，启动浐灞金融商务区建设，并在具体建设过程中，推出了系列政策措施。例如，促进金融体系的多元化、积极创造条件引进外资银行和其他金融机构到西安开办分支机构，向中央机构申请降低银行准入西安的条件，争取更多的银行进入西安。争取在西安组建区域性股份制商业银行，鼓励非国有金融机构和其他金融机构在西安开立分支机构。推进西安市农村信用社体系改革，促进尽快增资扩股，壮大实力。完善金融资信评估、信用担保、金融咨询、保险、公估等中介业务。通过多元化的体系实现金融机构的多样化，健全西安金融的市场功能。推动投资渠道的多种化、扩大直接投资，大力发展资本市场。以国家优惠的财政政策、货币政策和产业政策为诱导，广泛吸引国内外各种资本，特别是民间资本参与到西安的经济金融的建设中来。推进金融企业的管理现代化、金融产品的多样化和信用秩序的规范化。

2009年西安的"天水—关中经济区"规划方案获国务院批准后，由国务院发展研究中心金融所参与调研、制订了一份旨在打造西部区域金融中心的方案，该方案的核心是：今后用10年左右的时间，将浐灞金融商务区建成一个聚集各类金融机构和配套服务机构、服务于全省的金融功能区，最终目标是使得各类金融机构功能互补，金融功能能够辐射西北五省（自治区）。

在金融基础上，西安还有上市的信托公司陕国投，有总部在西安的永安保险和西部证券，西安市商业银行目前是西部经营规模最大的城市商业银行，也是西部唯一引进国际战略投资者的商业银行。

（三）武汉

武汉市为中国中部地区的重要中心城市和交通枢纽，率先提出了中部崛起的大武汉城市群发展战略。在"十一五"规划中，武汉市提出："围绕区域金融中心建设，推进金融资源重组整合。以武汉市商业银行等为重点，大力发展地方性金融机构。积极培育和引进中外金融机构，加快金融国际化进程，促进各类金融机构聚集。建立多层次的资本市场体系，巩固发展武汉票据贴息市场、同业拆借市场、国债市场，健全融资中介服务体系，完善证券、期货、信托等各类金融市场要素体系。积极争取在武汉设立中部银行票据交换中心。建立健全企业资信评估机构和企业、个人征信体系，设立武汉金融生态试验区，优化金融发展环境。"

从 2008 年起，武汉立足地理、交通、商业、人才及生活成本和人力成本较低的优势，瞄准新兴金融后台服务业，谋划建设成为上百家金融后台服务中心大本营的"光谷金融港"，并以此为突破口，打造全国性的以金融后台服务、工业设计、服务外包等为特色，集金融数据处理、创新研发、呼叫、灾备、培训功能于一体的区域性现代金融中心。

同时，学术界也不失时机地提出了关于武汉金融业的发展策略，如刘秀清（2008）认为武汉是中部崛起战略的重要支点，随着武汉金融资源的丰富，应该加强建设武汉这个区域性金融中心，并提出了政府适度引导和支持、优化区域金融生态环境、加快推进金融创新等措施。

八、研究总结

综上所述，在社会主义市场经济条件下，由于金融企业的产业集群行为（选择活动和空间聚集）都以利润最大化为准则，一个城市所有影响金融企业成本收益的因素都将成为影响金融中心形成的因素。因此，金融企业的选址或者金融业集群能否实现，关键是看区域位置综合条件的比较。金融业选址考虑三个方面因素，即供给条件、需求条件和内外部经济性，其中，供给因素是那些金融机构运行所需的（如企业家才能等）生产要素和商业环境，需求因素是指金融服务的需求规模，而内外部经济因素则主要包括金融体系的规模、健全性和发达程度。但从目前来看，重庆金融中心建设还存在诸多制约因素，重庆金融无论是供给条件还是在需求规模或内外部经济性方面，都表现出一定程度的欠缺，制约着重庆金融资源的进一步集聚和整合以及金融规模与金融业务的扩张，制约着重庆金融业集群的发展，进而也影响着重庆长江上游地区金融中心的建设。

第三节   重庆建设长江上游地区金融中心的历史机遇

一、借力"新特区"国策

2007 年 6 月 7 日，国家发展和改革委员会下发《国家发展和改革委员会关于批准重庆市和成都市设立全国统筹城乡综合配套改革试验区的通知》，正式批准重庆市和成都市设立全国统筹城乡综合配套改革试验区，这是继上海浦东、天津滨海新区之后的第三个"国家综合配套改革实验区"，也是中西部地区目前唯一的一个。2008 年 12 月 31 日国务院常务会议研究部署推进重庆市统筹城乡改革和发展，并下发了《支持重庆城乡统筹试验的意见》。2009 年 1 月 26 日，中央政府又推出了《国务院关于推进重庆市统筹城乡改革和发展的若干意见》（国发〔2009〕3 号），这份文件明确支持重庆建设长江上游地区金融中心，重庆的区域性金融中心建设已经上升为了国家战略。

"国发〔2009〕3 号"文件强调了金融体制改革对统筹城乡的意义，并明确要求建立现代农村金融制度，规范发展多种形式的新型农村金融机构和以服务农村为主的地区性中小银行，支持开展商业性小额贷款公司试点，大力推进农村金融产品和服务创新；建立农村信贷担保机制，探索建立农业贷款贴息制度。提高农村地区支付结算业务的便利程度，加快农村信用体系建设。积极推进"三农"保险，扩大政策性农业保险覆盖面；支持重庆与国际金融组织加强合作；要求重庆市促进金融产业健康快速发展，建设长江上游地区金融中心，增强重庆金融集聚辐射能力。其他支持性计划与规划包括：加快发展多层次的资本市场，适时将重庆纳入全国场外交易市场体系，支持符合条件的企业上市融资；推进企业债券、公司债券发行及机制建设，探索发行用于市政基础建设的项目收益债券；研究设立产业投资基金，探索设立中外合资产业基金管理公司；设立保险业创新发展试验区，开展保险资金投资基础设施等试点；开展外汇管理体制改革试点，允许一两家符合相关条件的重庆非金融企业进入银行间外汇市场；加快研究重庆大企业集团开展外汇资金集中运营管理有关方案；依托全国金融市场中心建设整体布局，优先考虑在重庆设立全国性电子票据交易中心；等等。可以这么说，"国发〔2009〕3号"文件对重庆金融改革和率先发展寄予了很高的希望，也为重庆建设长江上游地区金融中心提供了契机和条件。

二、世界经济发展中心向中国转移，国内部分产业西移

经历了改革开放以来的持续快速发展，加上北美和欧洲受金融危机重创，国外投资者纷纷看好新兴市场，中国市场更是备受关注。与此同时，随着我国产业结构升级的加快，东部沿海地区的部分产业正在向中西部地区转移，这必将带来巨大的金融需求。国际知名金融机构先后在中国开设区域总部、分行或代办处，重庆如果能够抓住世界经济增长中心东移的时机，适时释放优惠政策，加大吸引外资力度，积极融通国内外资金，支持带动中西部地区经济发展，使沿海部分产业、资金、技术和人才向西部转移，充分利用丰富的自然资源和劳动力，将有利于带动该地区经济的持续快速增长，从而为金融发展扩大经济基础，拓展更大的金融市场。

三、国家金融体制改革提供了有利条件

多层次资本市场体系正在积极筹建；中央推进分税制改革有利于打破地区经济分割，为资金的自由流动提供了有利条件；利率机制改革允许以全国经济中心城市为核心，结合资金供求状况进行浮动，以市场供求为基础的管理浮动汇率制度促进了金融市场主体、金融市场机制、金融市场体系的完善；人民币国际化迈开了步伐——2009年4月8日国务院决定将在上海、广州、深圳、珠海、东莞五个城市开展跨境贸易人民币结算试点。

国务院总理温家宝在2009年3月5日的政府工作报告中提到：推进金融体制改革；深化国有金融机构改革；稳步发展多种所有制中小金融企业和新型农村金融机构；积极引导民间融资健康发展；推进资本市场改革，维护股票市场稳定；发展和规范债券市场；稳步发展期货市场；深化保险业改革，积极发挥保险保障和融资功能；推进利率市场化改革；完善人民币汇率形成机制，保持人民币汇率在合理均衡水平上的基本稳定；健全金融监管协调机制。

2009年上半年，我国金融体制改革取得了新进展：经过股份制改革，中国

农业银行股份有限公司挂牌成立；新型农村金融机构试点扩大到全国 31 个省（自治区、直辖市），已设立新型农村金融机构 118 家；《关于进一步改革和完善新股发行体制的指导意见》发布实施，新股发行体制得到改革和完善；《首次公开发行并在创业板上市管理暂行办法》发布，创业板市场主要制度基本确立。

上述所有这些改革和目标，对重庆金融发展既是挑战，但也同时提供了有利条件，重庆市完全有机会在国家整体金融改革进程中大显身手，在某些方面取得突破性进展。

Part Two

第二篇 产业集群篇

- 金融业集群
- 构建长江上游地区金融中心的路径
- 重庆金融业集群基础、竞争力状况
- 为什么要培育金融核心区：规划布局

第五章

金融业集群的理论基础

第一节 产业集群的产生：一个理论概述

一、产业集群：概念辨析

集群（cluster）是产业呈现区域集聚发展的态势。从历史上看，产业集群（industrial cluster）研究经历了从观察到的产业地理集聚现象出发，描述、分析、比较这一现象；到引入产业聚集、产业集群概念，分析集群竞争优势及原因；再到探索集群形成机制，探讨集群演变机制等过程。沿着这一历程，有关集群的概念研究形成了不少研究成果，但由于研究角度、研究范围不同以及对界定产业边界还是地理边界的模糊性，研究同时也引发了许多争议。表5.1 总结了部分文献关于集群的概念。

产业集群是指在某个特定产业中相互关联的、在地理位置上相对集中的若干企业和机构的集合。按照波特（Porter，1998b）的定义，产业集群是一组在地理上靠近的相互联系的公司和关联的机构，它们同处或相关于一个特定的产业领域，由于具有共性和互补性而联系在一起。产业集群是在国际上经济、技术、组织、社会等一系列结构变化的背景下应运而生的，它的崛起是产业发展适应经济全球化和竞争日益激烈的新趋势、为创造竞争优势而形成的一种产业空间组织形式，具有的群体竞争优势和集聚发展的规模效益。在工业化后期的信息时代，世界各地的产业集群大量崛起，试图利用集群所特有的专业化分工与相互协作功能，加强自身的竞争力，参与全球经济的分工体系，在全球化的市场中占据一席

表 5.1　部分学者关于集群的概念界定

学者	对集群概念的界定
Porter（1998b）	集群是相关企业和机构在某一特定区域的地理集中现象，由一系列相关联的企业及其他对竞争有重要影响的实体组成
Crouch 和 Farrell（2001）	一个集群是指在某一特定领域，由于共同性和互补性，由相互联系的企业和相关的机构所形成的一个地理上集中的群体
Rosenfeld（1997）	集群仅被用于代表那些因为地理集聚性和相互依赖性而能够协同生产的企业的集中，即使它们的就业规模可能并不突出
Feser（1998）	经济集群不仅是指相关的和支持性的产业与机构，更应该指那些由于关联性而更有竞争力的相关和支持性机构
Swann 和 Prevezer（1996）	集群在这里被定义为基于一个地理空间上、同一产业内企业的群体
Swann（1998）	一个集群是指在某一特定区域中相关产业的一个大企业群
Simmie 和 Sennett（1999）	将创新型集群定义为：主要通过供应链，在相同市场条件下运作的、具有高层次协作的大量相互关联的产业中的企业和（或）服务性企业
Roelandt 和 Den Hertog（1999）	集群的特征是在一个价值增值生产链中相互联系的、具有强烈相互依赖性的企业（包括专业化供给者）组成的生产者网络
van den Berg 等（2001）	目前流行的名词"集群"是一个主要与网络中地方或区域维度相连的概念；大多数定义都有这一观念：集群是那些生产过程由于商品、服务和（或）知识的交易而紧密关联的专业化组织的地方化网络
Enright（1996）	一个区域集群是一个产业集群，其中成员企业相互之间紧密集聚

资料来源：Martin R，Sunley P. 2003. Deconstructing clusters: chaotic concept or policy panacea? Journal of Economic Geography, 3（1）：5～35

之地。在经济全球化的今天，产业集群构成当今世界经济的基本空间构架，产业集群发展已成为全球性的经济发展潮流。

　　一个与产业集群相似的概念是产业集聚。产业集聚（industrial agglomeration）是指某一产业在地理空间上的集中，侧重于某个产业的区域分布与工业整体的区域分布的对比，描述了某个产业的空间分布状态。而产业集群是指在某一特定领域中（通常以一个主导产业为核心），大量产业联系密切的企业以及相关支撑机构在空间上集聚，形成一个有机整体，并形成强劲、持续竞争优势，其核心是企业之间及企业与其他机构之间的联系和互补性，也即产业集群内部的共生机制，这种机制既有利于获得规模经济，又有利于互动式学习和技术扩散。显然，产业集聚不等于产业集群。产业集聚仅描述了某一领域相关的企业在地理上的集中和接近（张元智，2001），而产业集群则是一个类似于生物有机体的产业群落，它是企业自组织或有组织的综合体，它揭示了在一些地方相关企业集结成群，从而获得竞争优势的现象和机制（王缉慈，2002）。概括地讲，特定产业的空间集聚是产业集群形成和发展的基础，但并非任何产业集聚都一定能发展成为一个产业集群。产业集聚与产业集群不是同一概念，产业集聚是形成产业集群的必要条件，产业集群与产业集聚的关键区别在于产业集群内部的共生机制。

二、产业集群的产生机制：理论纷争

在产业集群产生问题的研究上，国内外学者关注的焦点并不完全一致，各学科的研究思路与研究方法也不尽相同，这使得这一研究略显体系庞杂。总体上看，经济学家通过外部经济、专业化分工、交易成本等理论或概念来解释产业集群的形成和发展机制；社会学家则强调非正式社会网络关系和人际关系网络以及本地的社会文化环境对于区域经济发展的关键影响；而地理学家则强调产业柔性专业化基础上的空间集聚对区域经济发展的作用，强调地理空间对产业的集聚和发展过程的影响。此外，还有从竞争优势方面研究产业集群竞争优势的理论学派。

（一）基于外部经济、范围经济、交易成本等的经济学解释

1. 外部经济理论

马歇尔（Alfred Marshall）从新古典经济学的角度，通过研究工业组织，间接表明了企业为追求外部规模经济而集聚。马歇尔把经济规模的一种定义为产业发展的规模，称之为外部规模经济。这个概念是他于 1920 年在《经济学原理》中提出的，在韦伯（Weber, 1909）的大工厂吸引小工厂的概念上更进了一步。马歇尔发现了外部规模经济与产业集群之间的密切关系，他认为产业集群是因为外部规模经济所致。他认为生产和销售同类产品的企业或存在产业关联的上中下游企业集中于特定的地方会使用专门人才、专门机构、原材料而产生很高的使用效率，而这种使用效率是处于分散状态下的企业所不能达到的，这种高效率形成外部规模经济，从而促进企业集中在一起，形成了产业集群。马歇尔把地方性工业在产业区的集聚归结为企业追求外部规模经济，即企业层面的规模报酬不变、社会层面的规模报酬递增，并且指出这种外部经济给集聚企业带来如下几个方面的好处：形成中间投入品市场、共享劳动力池和产生知识外溢。另外，金德尔伯格（Kindleberger, 1974）认为金融市场组织中存在着规模经济，形成了金融市

场的积聚力量，认为局部信息与时区不同都是金融市场集聚的主要原因。

2. 区位经济理论

韦伯（Weber，1909）的《工业区位论》首次提出集聚与集聚效应概念。集聚效应是一种"优势"，是生产在很大程度上被带至某一地点集中所产生的优势，即成本降低的优势。韦伯认为产业集聚的一般原因是因为多个工厂集中在一起与各自分散时相比，能给各工厂带来更多的收益和节省更多的成本，所以工厂有集中的愿望。进一步地，韦伯认为，实际对区位起作用的区位因子主要是运输成本（运费）与劳动成本（工资）因子及集聚、分散因子。所谓集聚因子就是一定量的生产集中在特定场所带来的生产或销售成本降低；而分散因子则是随着消除这种集中而带来的生产成本降低。韦伯以此解释集群成长的原因，也就是说，随着企业在空间上的集聚，企业可以得到成本节省的好处。不过，韦伯的集聚效应只考察了成本节约，因而只是产生于厂商内部的规模经济。

当然，这里韦伯所讨论的集聚理论（包括下文还要提到的集聚理论）与严格意义上的集群理论还不一致，但集聚是集群的基础和前提条件，因此，他所揭示的产业集聚的区位经济理论对分析集群理论也具有重要的意义。

3. 交易费用理论

科斯（Coase）在 1937 年发表的"企业的性质"（*The Nature of the Firm*）一文中认为，企业是作为市场的替代物而产生的，并通过形成一个组织来管理资源，可以节约市场运行成本。他进一步认为，在企业外部靠市场价格机制协调控制生产，在企业内部，由于交易被取消，市场交易的复杂过程和结构将由企业内部的管理者来代替控制生产，这些都是协调生产过程的不同方式，本质上是一样的。科斯提出交易费用理论并用它来分析了组织的界限问题，其目的是说明，企业或其他组织作为一种参与市场交易的单位，其经济作用在于把若干要素所有者组织成一个单位参加市场交换，这样减少了市场交易者单位数，从而减少信息不对称的程度，有利于降低交易费用。科斯运用交易费用理论较好地解释了产业集群的成因。由于产业集群内企业众多，可以增加交易频率，降低区位成本，交易空间范围和交易对象相对稳定，这些均有助于减少企业的交易费用；同时聚集区内企业的地理接近，有利于提高信息的对称性，克服交易中的机会主义行为，并节省企业搜寻市场信息的时间和成本，大大降低交易费用。

格里克（Gehrig，1998）专门分析了金融中心向城市中地理集中的原因，格里克根据证券的流动性及其信息敏感程度研究金融活动，认为对信息较为敏感的金融交易更可能集中在信息集中与交流充分的中心地区，从而形成金融产业集群；对信息不敏感却对监管成本差异更为敏感的金融交易，也由于信息网络技术的进步与交易限制的放宽而金融资产交易成本下降，偏好于产业集聚区域。

（二）基于产业柔性专业化的空间集聚等经济地理学范畴的解释

1. 克鲁格曼的研究

克鲁格曼（Krugman，1991）以规模报酬递增、不完全竞争的市场结构为假设前提，在迪克西特－斯蒂格利茨（Dixit-Stiglitz，简称 D-S 模型）垄断竞争模型的基础上，认为产业集聚是由企业的规模报酬递增、运输成本和生产要素移动通过市场传导的相互作用而产生的。克鲁格曼在《政治经济学杂志》上发表的"递增收益与经济地理"一文通过一个简单的模型说明了一个国家或区域为实现规模经济而使运输成本最小化，从而使得制造业企业倾向于将区位选择在市场需求大的地方，但大的市场需求则又取决于制造业的分布。所以，中心－边缘模式的出现依赖于运输成本、规模经济与国民收入中的制造业份额。新经济地理学最重要的基石和理论假定是任何制造业产品都具有运输成本，其核心思想是报酬递增、运输成本与要素流动之间相互作用所产生的向心力导致两个起先完全相同的地区演变成一个核心与外围的产业集聚模式，其中的关键是保持对劳动力流动的高度弹性。显然，新经济地理学的产业群模型是基于以下事实：企业和产业一般倾向于在特定区位空间集中不同群体，不同的相关活动又倾向于集结在不同的地方，空间差异在某种程度上与产业专业化有关。现实中的产业区的形成是具有路径依赖性的，而且产业空间集聚一旦建立起来，就倾向于自我延续下去。克鲁格曼的模型为人为的产业政策扶持提供了理论依据。

2. 皮艾尔的技术极理论

技术极（techonopolis）及其理论是描述硅谷现象的一种经济学理论。皮艾尔（Preer，1992）的《技术极的出现》一书中定义了技术级的概念。狭义的技术级是指通过知识的产生和商品化，产生可持续发展的经济活动区域。广义的技术级不仅仅是高技术企业研究发展机构的中心，而且是新技术转化为商品的中心，其创新过程使得在该地区能够持续地产生新企业，老企业不断地发展，并不断吸引其他老企业迁入本地区。在皮艾尔理论体系中，技术极的核心是科学与工业的相互作用产生新产品和新工艺；企业家精神是技术级的关键因素，它推动技术创新、技术扩散、组织创新、管理创新；营造良好的创新环境是形成技术极的必要条件；技术极能够产生企业衍生现象；技术极的增长辐射到周边地区，能够促进周边经济的增长。技术极理论摆脱了区域经济发展必须依靠区域资源的传统概念，较充分地考虑了企业集聚与技术创新之间的内在联系，是利用政府力量通过产业集聚促进企业经济、技术发展的一种方法。

（三）基于创新环境、根值性、非正式社会网络等社会经济学范畴的解释

社会经济学的解释范畴强调社会资本（指非正式契约关系）在经济发展中的作用，认为在中小企业集群的新产业区内，由于企业之间地理接近，彼此熟悉，且拥有共同的产业文化和社会背景，从而可以有效降低交易费用、促进创新，并提高资源的利用率。主要观点如下：

（1）"根植性"概念。格兰诺维特（Granovettor，1973，1983）提出的"根植性"（eddedness）概念在社会网络理论中占有重要地位。企业集群是一种地方根植性网络组织，经济行为是植根在网络与制度之中，这种网络与制度由社会构筑并有文化意义。企业之间非贸易的相互依赖，提供了通过非正式安排来增强创新和地方才智的途径。在不完全的信息世界里，寻找合作伙伴的过程在很大程度上取决于企业最初的关系以及其他企业之间的相互关系。通过企业在本地的扎根和结网所形成的地方集聚，可以使企业构筑起交流和合作的系统，从而增强技术创新的能力和竞争力。

（2）强调资源依赖和资源共享。社会网络学派认为由于存在成本、法律等限制因素，企业无法通过市场和企业内在化获得自己所需的全部资源（包括技术、人力资本），只有跨越自身的边界，实现资源共享和优势互补，才能确保企业的持续成长与发展。在该学派看来，由于个别企业能力有限，企业只是从生产和服务过程中截取某些阶段从事分工活动，而把其他活动留给市场。由于企业只从事某种分工活动，因此企业间是相互信赖的；互补性密切的活动在企业之间需要协调。另外，该学派还认为，企业是多层次的，它们把活动联结在一起，使行

为主体相互结合，并形成资源纽带。这些关系是由企业自发地创造的，而它又形成对相关企业的约束力量。

（3）强调信任在经济发展中的作用。该理论认为基于威权的控制，比如内部激励和处罚，不应当取代信任。当拥有决策权力的个体之间存在信任关系时，群体中的个人或集体的行为会不同于纯市场－契约或等级组织关系下的行为。在合同不完全的情况下，非正式的人际信任的约束力往往能保证在合同规范的内容之外，双方在秉承善意的基础上，继续以适当的形式履行合约。

（4）强调产业区内的创新主体的集体效率及协同作用。创新环境理论以马歇尔有关知识和组织的论述为主要理论渊源，但是，相对于马歇尔强调企业家个人主义的自由发展、反对政府干预的倾向，创新环境研究更强调产业区内的创新主体的集体效率，强调创新行为的协同作用。

（5）将社会经济活动置于广阔的现实背景下。网络组织理论的分析重点是企业内部或外部能够诱导和实际存在的各种交互作用的网络关系及其构造。网络关系不仅包括交易主体之间的贸易行为，也包括非贸易的相互依赖——根植性。

（四）基于竞争优势理论的解释

波特（Porter，1998a）从竞争优势的角度分析了产业集群的形成原因，他认为决定一国或一个地区的竞争优势取决于以下四个因素，即市场需求、生产要素条件、相关支持产业以及企业战略，并由此构建了国家竞争优势来源的"钻石"模型。1998年波特在《哈佛商业评论》上发表"产业集群与新竞争经济学"一文将钻石体系与产业集群理论结合起来，解释了产业集群的形成与发展过程。波特认为，产业集群形成的原因在于该地特定历史条件下，形成钻石体系部分条件的成立。崔相闰等（1986）通过对全世界14个金融中心的实证分析，研究了世界金融服务和金融中心的格局动态，以及金融中心集聚吸引力的原因。其研究表明城市吸引力主要由以下竞争因素所决定：城市地区经济规模与经济活动；已有的银行总数；股票市场规模大小和交易头寸；与其他国家的双边贸易关系，如国际资本流动、FDI；银行企业的机密保护程度。

（五）国内研究的其他相关解释

国内学者范方志等（2004）在"国内外银行业聚集上海动因的实证研究"

一文中通过实证检验，得到了外国银行聚集上海的主要原因是服务原有的客户。这种银行选址的决策是典型的"追随客户型"：其一，银行选址一般在产业密集的地方，这样方便银行开展各种存贷款业务；其二，银行的分支机构的选址一般在人流量大的地方，这方便银行吸纳存款。连建辉等（2005）专门分析了金融企业集群的经济性质，认为金融企业集群是复合性金融产品生产与交易的中间网络组织。这种中间网络组织是介于金融企业组织和金融市场组织之间的一种组织形式。现代金融产品的复合性特征强化，即金融消费者多元化金融需求的发展和金融供给者获取合作准租的内在驱动；金融企业的资产专业性较高、金融企业的异质性、交易频率较高和不确定性程度较大使得金融企业越来越多的采用集群形式。王步芳（2006）在分析首都金融产业集群优势时也认为金融产业集群综合了金融市场和金融企业科层组织功能，能够形成一个稳定、持续、有序的金融生态系统，形成整体的竞争优势。但是，大量的金融业空间集聚并不是一种偶然的自发现象，而是规模经济、合作竞争、政策引导等多种因素交互融合的结果。

综上所述，经济的发展改变了传统的经济运行方式、企业行为和区域经济的发展模式，那种依靠资金、劳动力、自然资源的发展模式所能取得的经济优势已经越来越弱。通过产业集群调动资源成为获取竞争优势的新的发展模式。而金融企业，一方面，就像一般企业一样，可以采用集群的形式节省交易费用，获取规模经济和范围经济的外部效应和协同效应；另一方面，金融企业自身同时又具有异质性、资产专业性高、风险大等特性，这些更促使金融产业集群的发展。

三、重庆的摩托车产业集群和公共服务业集群

在《国务院关于推进重庆市统筹城乡改革和发展的若干意见》（国发〔2009〕3号）文件中，中央明确提出支持重庆着力构建特色优势产业集群。在充分发挥现有工业基础优势，培育发展新兴产业，增强主导产业的优势和活力的基础上，集中发展壮大汽车摩托车、装备制造、石油天然气化工、材料工业和电子信息五大支柱产业，形成实力雄厚、关联性强的优势产业集群。

摩托车行业是重庆市最重要的支柱行业之一，重庆是我国摩托车生产和出口的重要基地，在全国具有较强的竞争优势。目前，重庆市已初步具备了"摩托车之都"的雏形，形成了摩托车产业集群，对重庆乃至我国的摩托车行业具有很大

影响。据最新统计，重庆现有摩托车整车目录内生产企业 19 家，有生产许可证的发动机生产企业 18 家，上规模的零部件生产企业 400 余家；有摩托车重要品牌 5 个，占全国的 71%；已形成 700 万辆整车、800 万台发动机生产能力，摩托车产销量占全国 1/3。

另外，在重庆市渝北区，也已初步形成了重庆市政府公共服务业集群。位于重庆市主城的渝北区，最近几年以来，聚集了一大批重庆市级主要政府行政管理部门，如重庆市发展和改革委员会、重庆市人事局、重庆市科学技术委员会、重庆市工商行政管理局，是重庆市政府部门的聚集地，成为重庆市的行政中心。同时，其他与政府公共行政服务相关的行业也聚集在那里，与政府行政部门一起，彼此之间相互联系，相互影响，共生共长，具有典型的公共服务集群特征。

第二节　金融业集群：概念与特征

有必要指出的是，前述波特的产业集群定义主要指生产、制造性实体经济领域里的产业集群。但是，随着世界经济的发展和国际大都市中央商务区功能结构的提升，现代服务业集群也逐渐成熟起来，并主导着都市中央商务区的发展，成为决定城市经济繁荣与否及其国际竞争力高低的重要因素。随着现代服务业地位的上升以及对产业集群现象研究的深入，金融业集群问题近年来也受到了国内外学术界越来越多的关注。实际上，在经济金融全球化、市场化以及信息化不断发展的时代背景下，金融机构的空间集中趋势日益凸显，越来越多的金融机构采用企业间协调的方式来组织交易和生产活动，集群已经成为现代金融产业组织的基本形式。譬如，众多的保险公司、证券公司、储蓄和非储蓄银行聚集在一起联合提供金融服务，共同利用信息、通信、交通等基础设施，金融人才及其培养也随之聚集。在美国的纽约、英国的伦敦、爱尔兰的都柏林、印度的孟买等地区，金融企业聚集的趋势十分明显。

在有关金融业集群的国内外相关研究中，潘迪特和库克（Pandit and Cook，2003）对英国三大金融产业集群进行了分类和评级；泰勒（Taylor，2003）对伦敦金融产业集群的优势、劣势等进行了深入、系统的研究；连建辉等（2005）深入研究了金融企业集群的经济性质和金融企业集群四个维度（资产专用性、企业能力、不确定性和交易频率）的效率边界以及竞争优势；滕春强（2006）也探讨了金融企业集群的经济性质，以及内源动力和激发动力两个方面的金融企业动力机制与竞争优势；而曾刚和司月芳（2008）则对上海陆家嘴金融产业集群的内部联系、行业协会作用、人员交流等进行了分析，认为陆家嘴金融产业集群属于比较典型的轮轴式产业集群。

　　本书认为，与生产性实体企业集群相比，金融产业集群的内涵相对要丰富和深刻，因为金融业的产业集群既是金融资源、金融系统在机构、结构、功能、规模、等级上的时空有序演变的结果，又是金融资源与地域地理环境、人文环境及其他产业相互融合、相互影响、相互促进的结果。从重庆区域金融体系来看，要建设成一个富有活力的西部中心城市，建立长江上游地区金融中心，形成金融业集群是实现目标的重要途径。下面先从五个方面来考察金融业集群的形成机制、主要特征，然后概括总结出金融业集群的概念、内涵及其功能作用。

一、金融业集群的形成机制：基于特征分析

（一）金融业集群的产业特征：产业区域化或专业化

　　金融系统作为一国国民经济体系重要而又特殊的组成部分，不仅要直接反映经济的区域性特点，从而金融运行和发展本身必须呈现明显的区域性特征，而且经济发展的区域性很大程度上要借助于金融的区域化运行得以实现。在金融业集群内，这一特征通过两方面来得以表征：一是金融产业的经济规模占所在区域总体经济规模的较大比重，它从微观角度显示地域金融专业化的程度；二是当地金融产业的经济规模或市场占有率占全国甚至世界此产业经济规模或市场份额的较大比例，它通过描述金融业集群产业在该地区的集中程度来从宏观上显示经济的地域分工状况。梁琦和詹亦军（2006）构造了一个比较好的测度指标，即地方专业化指数（区位商），并用它对我国的情况进行了实际测算，其计算原理是通过测度集群所在区域的生产结构与全国平均水平之间的差距，或者集群所在产业在各地区的分布不均衡程度，对产业集群的地方专业化程度进行描述。

　　从斯密开始，分工和贸易成为主流经济学的核心思想，并先后经历了斯密的

绝对优势理论、李嘉图的比较优势理论、赫克歇尔-俄林的要素禀赋理论以及当代克鲁格曼的规模经济模型。这些理论凸显其地理纬度,形成区际分工与贸易理论中关于个别区域对不同产业的替代选择理论,但无法在一般均衡的意义上讨论众多产业在广袤地理上的空间配置问题。对后一问题进行讨论的是区域经济学的两位重要人物——杜能和勒施:前者在1826年完成的《孤立国》中讨论了不同农作物最终形成专业化的地理圈层布局结构的地租的竞价均衡机制;后者在1939年明确提出将一般均衡理论应用于空间,并提出五组方程作为抽象描述一切区位相互依存的一般均衡模型。这些理论将有助于我们理解金融业集群的地方专业化或产业区域化特征。

(二) 金融业集群的空间特征:经济活动的空间集聚

关于空间特征,需要强调以下两个方面的意思:其一,经济要素、组织、行为的空间接近性或对地理与空间的集约使用;其二,集聚或集中的要素与活动必须达到一定规模。换言之,集群经济在单位地理空间的选择上要有高密度,在总体区域的经济规模上要有大容量。这是金融业集群之“集群”二字最重要的外在表现形式,也是产业集群又一个非常明显的特征。如伦敦已拥有18%的全球银行借贷额、33%的全球外汇交易额、60%以上的全球股票成交额,以及决定世界黄金价格的黄金市场和世界第二大金融期货市场。

(三) 金融业集群的制度特征:网络组织及其社会植根性

网络组织及其社会植根性作为产业集群的制度特征,是对其本质内容的更深一步刻画。而金融业集群不仅仅是一个从事区域专业化的聚集经济规模体,更是一个内部各主体之间存在复杂相互作用并有强烈金融文化同质和植根性的社会有机系统。金融企业丰富的社会资本使集群经济关系具有较强的社会根植性和文化同质,表现在:一方面,就信任和规范而言,区域内的金融企业与机构的空间接触使金融企业具有相同的社会文化背景,进而形成共同的路径、概念和标准以及共同的区域文化为基础的行为规划、一致的语言和集群内的隐性知识,这培育了区内金融企业之间的信任关系;另一方面,由于创造虚拟产品(特别是金融衍生产品)、具有在交易和空间上的特殊性,金融企业之间表现出一种更为密切的网络交互特征。

社会资本的概念提供了解释群体行为及绩效的新范式。为了获取柔性专业化的动态效率（包括规模经济、对复杂多变的市场环境的快速反应等），为了避免刚性一体化制度在面对如此复杂多变环境时产生的很高的内部管理成本，金融业集群内部各主体之间的产权联系并不很紧密，而它们之间的资产专用性和交易频率却很高。为了阻止由此可能带来的交易费用的快速上升，迫切要求影响交易费用的另一个重要变量（即交易不确定性）的大幅度降低，而这又强烈依赖彼此间的高度信任和较低的机会主义行为。此时，社会资本的作用就凸显出来了，因为网络组织的运行需要这样一种社会基础设施的支持。正如福山（Francis Fukuyama）所说："当一个社群分享同一套道德价值观，借此建立对彼此规律与诚实行为的期望以后，这个社群的信任度也就会跟着提升。"总之，优良、巨额的社会资本构成金融业集群经济集聚、结网、扎根的深厚基础和肥沃土壤。

（四）金融业集群的生产特征：复合性金融产品

伴随着金融功能的逐步演进，金融体系变得越来越复杂，金融发展程度也越来越高。金融功能作用的发挥是以一定的机构为载体的，在金融功能逐步扩展的情况下，单一金融企业由于其资产专用性程度较高无法满足金融效率提升和经济发展的要求，因而需要一种功能更为全面的组织形态来适应金融功能演进的要求。同时，由于金融机构存在较大的异质性，即使是提供同一产品的金融企业（如不同的银行）也由于各自的知识生产和配置路径不同积累各自不同的能力、经验和技能。在这种情况下，采用一体化进行多元生产的成本特别是不同能力之间的磨合成本是昂贵的。此时，在金融企业能力不相似但存在互补的情况下，通过企业集群的形式来进行金融交易，使不同的金融机构可以根据特有的生产要素嬗合要求和经营流程路径以及资源管理禀赋进行生产，最终能够形成各自特有的知识能力集聚通道和不相似的核心能力，有利于金融机构吸收更多的知识进行创新，进而形成鲁特布的"认知范围的外部经济"。也即是说，在需要形成高效率的复合型金融功能而金融企业能力不同但需要互补时，采用企业集群的形式将更有利于形成范围经济。这就意味着，金融业集群从根本上说是复合性金融产品趋势强化的根本要求。当前的银行业务外包、银信合作的出现充分表明金融机构已经加快了跨线提供服务的步伐。

（五）金融业集群的动因特征：良性反馈机制

在金融业集群中，良性的反馈机制对产业集群的形成和发展起着关键的作用。对作为厂商的金融机构自身来说，由于集群内部企业与孤立的企业比较起来在供给和需求方面有较好的集聚经济与外部经济的作用，因此促进了集群内部新进入厂商的增长，并吸引新厂商进入。新厂商的进入和增长又增强了集群的实力，从而进一步加速了厂商的进入和增长。当然，其他因素也促进了产业集群的形成，如集群内部厂商有较高的生产率和较高的创新率也是促进产业集群形成的原因。当金融机构作为投融资的中介时，如支付手段复杂且信息灵敏度高的股票和金融衍生工具，集群可以使投资者与通过银行借贷而经营的企业家之间信息交流充分，或者说投资者和券商在地理位置的接近有利于掌握更丰富的金融信息。这就是金融业集群的动力机制（徐全勇，2004）。当然，集群内的良性反馈的发展不是无限地发展下去的，当集群的规模达到一定的饱和点以后，过于拥挤和过度竞争将减少厂商的进入和集群内部企业增长。这就是下文的边际效用递减特征。

（六）金融业集群的供给特征：集群的形成机制

其一，金融业集群是金融专业人才资源的"蓄水池"，能及时为金融机构、金融组织或金融公司的发展输送大量、高素质的专业人才和人力资源。前面的相关分析中可以看出，这是伦敦、纽约、法兰克福等金融中心能够吸引商业银行和投资银行的共同原因。尤其是，由于金融业的技能在很大程度上是由多方共同参与完成的（如欧元的交易知识是在更高级的交易员的监督下实现的），因此，产业集群是许多金融产业发展的必要条件。

其二，现代金融业的金融创新步伐正在加快，交易中的默会知识（不能明言的或不能系统表述的知识，或者说只可意会，不可言传的经验式的知识）大量增加，交易往往需要在面对面的情况下完成，对近距离的空间位置要求严格，而金融业集群解决了默会知识交流的空间基础。

（七）金融业集群的边际效用递减特征：存在最优的集群规模

正的外部性是金融业产业集群的分析方法中分析的关键。前已论及，经济外部性使得金融业集群内形成的供需条件优于分散的产业分布，促使金融企业的成长并吸引新进入者。当集群达到一定规模时，金融企业的成长和新进入者会加强集群力度，从而加速金融产业内的集群优势，并提高生产率与创新能力。然而，当集群达到一定的饱和度时，市场内的拥挤和竞争会阻碍金融企业的成长和进入，影响金融产业内的集聚与集群，直到金融产业内达到一个动态的均衡，这时金融业集群规模和集群效趋于稳定。

由于金融企业的质量与数量相互影响又相互制约，集群内庞大的金融机构数量将制约着服务质量的提高，因此，破坏该均衡，将妨碍金融现代化。基于古诺均衡模型，可以导出：当集群规模达到某一程度时，需求有限而导致市场拥挤，加深了集群内金融企业之间的市场竞争，增加了金融产品销售广告费用和市场服务成本，这时，集群效益并不是一直处于增加状态，成本开始加速上升，进而影响公司业绩。

金融业集群带来的成本主要表现为：①投入要素市场的拥挤和激烈竞争。②市场进入成本与协调。不管是分散或者集中的交易，都会产生协调问题，投资者需权衡市场进入成本与市场参与期望效用。③寻租行为。由于金融中心的集聚优势，第三方受利益驱动也参与分配收入和利润，如收取 Tobin 税，或工会提出更高工资要求，这些寻租行为都会降低集群的吸引力。④集群本身的负外部性。宁钟和杨绍辉（2006）的金融服务产业集群演进研究证实，虽然金融服务集群内银行、非寿险、非银行金融中介（信用评估、租赁、风险投资）三个部门促进本部门金融机构的成长，对本部门具有较强的集群正效应，但是，这些部门对其他部门则产生较强的负外部性，从而阻碍其他部门金融机构的成长。

上述分析就意味着，目前金融中心金融业集群的打造，要同时注重金融机构数量和金融服务质量的提高，科学好处理两者之间的关系，实现最佳耦合。

二、总结：金融业集群的概念与内涵

基于上述关于金融业集群的形成机制与特征，以及连建辉等（2005）关于金融企业集群是"新制度经济学意义上复合性金融产品生产与交易的中间网络组织"的界定，金融业集群就是具有空间地理接近性、行业接近性、社会接近性的金融企业以及相关中介服务机构（如法律、会计、咨询等市场中介机构），通过金融资源与地域条件协调、配制、组合形成相互竞争、相互合作的联系，并在空间上高度集聚且达到一定规模和密集程度的空间集聚体。

深刻理解金融业集群的内涵至少还应该完整考虑如下几个因素：①与金融产业领域相关，产业集群内的金融企业和其他非金融机构往往都与金融产业领域相关，这是金融业集群形成的基础；②金融业集群内的金融组织或金融机构及其他机构之间具有密切联系，各金融企业及相关机构不是孤立存在的，而是整个联系网络中的一个个节点，这是金融业集群形成的关键；③金融业集群内部不仅包括证券、银行、保险等领域里的金融企业，而且还包括相关的商会、协会、市场中介机构等，是一个复杂的有机整体，这是金融业集群的实体构成；④金融业集群的内在的经济逻辑是现代金融产品复合性趋势的强化——金融消费者多样化金融需求的发展，以及金融供给者获取合作准租的内在驱动；⑤在金融业集群内，金融产业中相互联系的金融机构、金融公司和金融相关企业，通过价值链和各种联系渠道，相对集中在特定的地理空间（常常是一个金融核心区，金融 CDB），形成一个有机的群体，集群内的金融企业既有竞争又有合作，既有分工又有协作，彼此间形成一种互动性的关联，而由这种互动形成的竞争压力、潜在压力有利于构成集群内金融企业持续的创新动力，带来一系列的金融产品创新，促进金融产业升级。

那么，是不是所有金融产业的聚集都可以称为产业集群呢？也并非如此。对金融业集群的判断，根据上述内涵剖析，至少遵循以下两个标准：其一，看各金融机构、金融公司、金融业关联机构等企业之间相互联系的紧密程度。如果仅是相似企业的临近而没有交往和资源与信息共享，配套和市场都依赖区域外的机构，那么这种缺乏联系的金融产业集聚构不成产业集群。其二，看技术扩散的容易程度。集群内金融机构间的信息传递应当是非常便利的，很容易相互学习和模仿，"飘浮着行业秘密的空气"。

第三节　典型国际金融中心的金融业集群：
模式比较与特征认知

基于杨亚琴和王丹（2005）关于国际大都市中央商务区现代服务业集群发展模式、形成途径与机制、发展类型和结构特征等的比较研究与认知，本节首先对纽约、伦敦和东京三个国际金融中心的金融业集群发展模式进行概述，然后从金融业集群的视角来认知金融中心的建设，为重庆建设长江上游地区金融中心的产业集群路径奠定理论与实践基础。

一、宏观审视：典型国际金融中心的金融业集群模式的比较

（一）纽约金融业集群发展的曼哈顿模式

在美国纽约，世界闻名的曼哈顿 CBD 位于纽约市中心区，主要分布在曼哈顿岛上的老城或下城（Downtown）、中城（Midtown）和上城（Uptown），占纽约市总面积 7%。老城的华尔街 CBD 金融区，集中了大银行、保险公司、交易所及上百家大公司总部和几十万就业人口，是世界上就业密度最高的地区之一，形成了以金融商务服务业为主导产业的集群发展模式。

曼哈顿 CBD 的金融服务业集群是在纽约产业结构大调整、商务服务业迅速上升的背景下逐渐形成发展起来的。纽约市服务业的快速发展有效地提高了服务产品的供给能力，也刺激了面向全球的市场需求，从而诱导了曼哈顿金融商务服务业集群的形成。到 20 世纪 90 年代后，纽约的金融、保险、房地产业（FIBE）所占 GDP 的比例大幅度上升，银行业和证券服务的发展最为显著，并在空间布局上构成了以华尔街为中心的金融贸易集群，成为大银行、金融、保险、贸易公司的云集之地。

纽约金融业集群发展，源于良好的外部环境和要素支撑：①经济集聚是曼哈顿不断向前的动力。曼哈顿一直是投资家优先考虑的区位，巨额的公共和私人投资不仅投放于街道、码头等基础设施，而且投放于高级住宅区和办公大楼，使曼

哈顿一直保持先进和现代的设施，为金融业集群创造了良好的外部条件。②曼哈顿存在大量提供金融服务和消费金融服务的人群。曼哈顿的居民，大多为经理人员和专业技术人员，受过高等教育，成为金融服务供求的主要客体。此外，曼哈顿收入水平和就业人数的上升也保证了金融服务的消费；而就业人口又向金融保险等部门集中，反过来又推动着金融服务业的发展，从而吸引了更多的金融服务消费企业在曼哈顿集聚。③政府规划和适时调控对曼哈顿金融业集群也起了关键性作用。在曼哈顿金融业集群发展过程中，纽约市政府进行了积极规划和有力调控，如对格林尼治街和第五大街采取调控手段，改善投资环境，增强吸引力，如写字楼、住宅楼、展览馆、高速公路和地铁交通以及世界贸易中心等设施的建设。这些措施，为曼哈顿金融业集群发展创造了适宜的环境。

（二）伦敦金融业集群发展的金融城模式

英国伦敦也是全球国际金融中心，金融业和金融区的发展对大伦敦地区和英国经济发展具有重要的牵引作用。伦敦大都市区分为伦敦城、内伦敦和外伦敦地区，伦敦商务区主要集中在伦敦城（The City）和内伦敦西区的西敏寺区（Westminster）两个相对独立的中心节点区。与纽约不同的是，伦敦金融业集群在模式上形成了城市中心、内城区、郊外新兴商务区的多点发展模式，而且伦敦金融区的发展不仅突出了现代中心城市对管理决策、金融控制和要素集聚的要求，更强调产业集群功能的可持续发展，即强调综合功能和生态功能。

伦敦是金融业很发达的城市，为金融业集群发展创造了深厚的历史底蕴和良好的外部条件：①早在 17 世纪，伦敦的一些金融服务供求原则被提出，率先成为欧洲的国际金融中心，1870～1914 年伦敦金融中心达到鼎盛，使得伦敦金融业集群发展具有深厚的历史底蕴。②后来，英国产业结构和产业分布的调整给伦敦金融业的发展提供了有利的外部条件，如大量的人才储备。③伦敦城市规划引导着金融业集群，譬如，在伦敦城市规划中突出了金融中心的特点，在西敏寺城区形成与伦敦城金融中心相对应的以公司总部和专业服务业为主体的商务活动集中区，形成以泰晤士河码头区城市更新为代表的新城市化中心区。④金融创新成为推动伦敦金融业集群发展的不竭动力。作为全球金融中心，伦敦主要是靠金融创新和保险技术创新，以及与金融相关产业的全球标准来维持金融中心的前卫性。伦敦金融城的金融创新，即新的金融工具、金融市场和金融技术（如金融期货、金融买卖特权）的不断出现，使金融业集群发展的内在动力不断得到加强。

（三）东京金融业集群发展的新宿模式

日本东京是国际金融中心的后起之秀。东京市中心由千代田区、中央区和港区三区构成，千代田的丸之内是东京 IFC（international finance centre，国际金融中心）的主体，国际金融机构高度集中。

东京丸之内金融区的金融业集群具有网络化的发展模式：①城市发展模式为东京金融业集群发展提供了广阔空间。东京城市中心区的发展实施的是市中心区膨胀化发展和外围地区多点截留双元战略。这种不同的城市发展模式影响了产业集群方向，金融产业已经成为东京大都市区城市功能转型和集群的重要特征，使东京的金融业集群呈现多样化、多层次、网络化的结构特征。②产业融合和产品研发、技术创新来推动金融业集群发展。在日本"贸易立国"和"技术立国"并重的背景下，东京在金融业迅速发展的同时，仍是日本发达的工业城市。工业产业向生产服务业延伸，实现产业融合，是东京金融业集群的主要特点。③政府政策支持。日本政府为东京的城市发展制定了框架，将东京定位于全球金融和商务中心，支持东京金融服务基础设施建设，扶持具有高附加值的金融服务业的发展。此外，政府的政策信息源作用和拥有的审批权，也促进了各种政府办公功能和大公司总部集中于东京，其良好的信息技术基础设施为金融、银行、保险、物流等的发展提供了重要条件。④专业人才优势是金融业集群发展的重要支撑。东京广布的高等院校、集中的研究和文化机构、丰富的人才储备，为东京金融业集群的发展提供了智力支持。

二、微观拓展：从集群的角度来认知金融中心

从金融业集群的角度来理解金融中心，可以把金融中心看做是高层次金融功能和高水平金融服务集中的地区，该地区通常是一座城市，并且往往是城市内的某个区域，即金融核心区，如纽约的华尔街、伦敦的金融城和东京的丸之内。在金融中心中，所集中的服务不仅是零售性金融服务，如银行分支机构、当地居民的金融服务，而更主要的是专业化、高水平服务。这些高水平的专业化金融服

务，是为了满足更大范围内的需求，除了覆盖本市、本地区之外，还可能涵盖全国甚至是全球经济。

考虑到金融中心是金融及相关服务集群地区这一本质，可以从金融从业人员、金融公司总部数量、票据清算量、股票交易量、外资银行数量等方面来把握金融中心的关键特征（王朝阳和刘东民，2008）。

（1）在金融中心所处的城市，金融服务行业就业人员往往占有较高的比例，通常大部分集中在 CBD 所在的金融核心区。当然，这不是绝对的。随着信息化和网络技术的发展，金融业的产业重组导致远离核心区的郊区和边缘城市与区域就业也在增加。

（2）金融公司总部的数量及其所控制的资产规模。以银行总部为例，银行中很多重要的金融功能都在总行一级完成，银行总部区位通常更接近于高层次金融部门就业人员，由此，银行总部的数量能够表明金融中心的层级。在经济地理学上，大公司总部的数量和资产规模就是一座城市控制能力的体现。当然，也有少量特殊情况，如金融机构注册地不是其主要业务开展地，因此总部数量多并不必然意味着当地金融业务发达。但这种特殊性不改变金融中心的总部经济特征。另外，谈到总部经济，实体企业的总部数量也可以反映金融中心城市的重要性，因为银行和其他金融服务机构会选择接近于其主要客户，而客户也会选择尽量靠近提供金融服务的供应商。

（3）金融市场发展以及相应的票据清算和股票交易量。一座城市的票据清算量能够反映出该地区金融活动的规模以及银行清算系统的结构，因为银行清算系统往往决定了相关的支付是在什么地方进行的。譬如，重庆就是西南地区的票据中心，其支付系统的集中能够产生明显的规模经济效应。但是，信息通信技术的进步和新型支付工具的出现，电子货币以及信用卡已经开始取代支票成为主要的支付手段，这使得支票清算额的作用仅局限。这对于深刻理解长江上游地区金融中心的构建具有重要意义——不能以早期的金融中心来理解未来的金融中心及其发展。

从资本市场来看，股票交易额是通常被采用的指标，它基本上反映了与之相关的一些专业化金融活动，如股票经纪和基金管理、外汇交易情况以及衍生产品市场发展情况，等等。不过，由于前述这些金融活动数据往往仅停留在最高等级金融中心的统计中，因此，长江上游地区金融中心的建设级别也必须被考虑，必须重视资本市场的完善。

(4) 外资银行的数量。空间聚集的外资银行数量通常被用来作为国际金融中心排名的重要参考依据，事实上同样也适用于考察国内金融中心的发展情况。一般来说，外资银行在进入东道国时有足够主动权来选择对其发展最有利的区位（如信息流规模、商业机会），一座城市拥有大量外资银行至少能够说明该城市在当时的重要地位。

第四节　构建长江上游地区金融中心的路径：打造金融业集群

一、金融业集群对金融中心建设的作用

前已述及，产业集群依靠内部联系网络，可以有力推动当地区域经济迅速发展。同样，培育地方金融业集群，也可以使本地金融系统的内力和国内外资源的外力有效结合，提高了区域金融竞争力。总结起来，金融业集群对长江上游地区金融中心建设的影响，主要表现在如下几个方面。

（一）金融业集群是一个城市构成金融中心的微观基础

前述金融业集群的概念与内涵表明，金融业集群综合了金融市场和金融企业科层组织的功能，形成一个稳定、持续、有序的金融生态组织，从而在金融整合力、竞争力、吸引力和影响力等方面具备金融市场或金融机构科层组织所不拥有的整体竞争优势。另外，作为复合性金融产品生产与交易的中间网络组织的金融业集群，其存在的内在经济逻辑是现代金融产品复合性趋势的强化——金融消费者多样化金融需求的发展，以及金融供给者获取合作准租的内在驱动。此外，金融业集群所具有的区域金融创新优势、风险缓释优势以及生产经营效率优势，能够为区域内金融企业带来租金，也能够为区域经济金融发展提供强劲的成长动力，由此成为现代金融活动的基本组织形式和栖息地，构成金融中心的微观基础（连建辉等，2005）。此前，潘迪特等（Pandit，2001，2002）也认为金融服务业

总是以集群的形式出现并形成金融中心概念，认为集群效应影响公司的成长以及新进入者的数量，同一金融服务中心的不同的金融部门之间存在着相关性。而金德尔伯格（Kindleberger，1974）也认为银行和高度专业化的金融中介的集聚，形成了今天的金融服务中心。

（二）金融业集群是推动区域金融发展和经济增长的重要方式

金融业集群实际上是通过分工专业化与交易的便利性，把金融产业发展与区域经济有效地结合起来，从而形成一种有效的服务方式，是推动地方金融发展和区域经济增长的重要方式，进而推进区域金融中心的建设。

（1）发展金融业集群，可以提高区域金融服务效率。大量的金融企业集聚于一定区域，可以进一步加深区域金融产品生产的分工和协作。在这种金融业集群内发展，除了可以分享因分工细化而带来的高效率外，而且还由于空间的临近性，大大降低因金融机构之间频繁交易而产生的交易成本。此外，金融业集群内，金融机构的合作交易能够在社会文化背景和价值观念上达成共识，形成社会网络信任，减少金融企业之间的相互欺诈，维持了集群稳定和提高了效率。

（2）发展金融业集群，可以产生集聚效应，吸引更多的金融机构和相关企业到此集聚。金融业集群的雏形一旦形成，便进入了内部自我强化的良性循环过程，吸引更多的金融相关部门与单位向该集群聚集，而新增的金融机构与单位又增大了集群效应，推动区域金融快速发展。

（3）发展金融业集群，可以促进集群内新的金融机构的快速衍生与成长。在集群内部，有很多相应的研发服务机构及专业人才，新的金融机构在此发展，可以面临更多的市场机遇，获得更丰富的市场信息及人才支持，从而降低风险，推动金融中心的形成发展。

（三）金融业集群是区域金融创新系统的重要实现方式

创新是区域发展最根本的内在动力，但是由于创新活动的复杂性，单个企业很难开展创新活动，往往需要多个相关机构及部门的共同参与。这一创新要求恰好为金融业集群的网络特性所体现。首先，在金融业集群内部，容易产生专业知识、服务技能、金融信息等方面的累积效应和同行竞争的压力，这既为实现金融创新奠定了物质基础，又使金融企业时刻保持创新动力。其次，集群内金融机构之间紧密的网络关系，使得各相关机构之间更容易形成一个相互学习的整体，促进更多有金融创新产品的活动发生。如此，长江上游地区金融中心，才充满着活力与创新。

（四）金融业集群是提升区域金融竞争力的重要方式

区域竞争力理论研究与实践均表明，一个国家或地区竞争优势的获得来源于产业在其内部集聚过程中的所获得的优势。以柔性专业化为特征的金融业集聚群体，它们彼此之间通过分工与合作而结成稠密的金融网络组织，共同面对快速变化的外部市场环境和技术条件，创新活动不断涌现，服务效率不断提高，从而呈现很强的竞争力。在信息化合区域经济联系网络化时代，金融企业很难追求个体利益最大化，而要求在合作中追求整体利益最大化，然后从整体利益中分成，于是金融机构之间的合作也不断加强，形成了联系密切的金融产业集群。通过金融产业的柔性集群而快速发展起来的金融中心，也往往具有更强的金融创新功能和金融竞争力。

二、从金融业集群的角度建设金融中心

上述金融业集群对金融中心建设之诸方面作用的阐述，对于理解长江上游地区金融中心构建的路径是非常重要的。金融产业总是以集群的形式出现并形成金融中心。金融部门、金融相关部门在地理上的集聚并形成集群，同时又强化实体部门集聚，是通常作为经济中心和金融中心的大城市的重要特征。产业集群有助于推动形成金融中心，金融中心的金融产业同时又是集群的——金融中心和金融业集群是一个统一体，集群的规模、范围制约着金融中心的功能、级别、层次、影响力、辐射力。

对于重庆，其金融业总体发展水平还偏低，从优化金融业地理布局的角度来看，只有先通过金融业集群来进一步提高重庆金融业产业规模和交易效率，才谈得上建设一个西部地区金融中心并朝着全国金融中心的方向发展；同时，只有通过大力发展金融及法律、会计等相关的现代服务业，形成吸引金融机构和银行家进入的条件，才谈得上建设区域性的金融中心。显而易见，金融业集群成为构建

长江上游地区金融中心的重要路径。

（1）促进作为区域中心城市（同时也是潜在金融中心城市）的重庆的金融服务集群发展，可以提高集群区内金融企业的微观效率和行业竞争力，并通过市场信息传播和金融交易行为推动创新知识的扩散，实现由中心向外围的辐射和拉动作用。

（2）金融中心的功能、企业活动与产业布局特征，符合金融业集群的基本定义与特征。前已述及，金融中心作为各种金融机构高度集中的大都市区，是金融产业发展和金融活动的中间和心脏带。金融中心的金融要素市场齐备，聚集着主要的银行、证券公司、证券交易所和大量的基金、保险公司，开展借贷、证券发行和金融交易、资金管理、保险等金融活动，同时，在这个核心功能的周围又围绕着大量的支持性服务业和其他相关行业，如会计、律师、信息出售商和出版商等，拥有收集、交换、重组和解译信息的能力。可以这么认为，催化形成金融业集群，是通往成功构建长江上游地区的区域性金融中心的重要的、关键性、前提性步骤；本书的后文又将表明，培育金融核心区又是推动金融业集群的重要路径。

（3）金融中心的评价体系要求催化金融业集群。金融机构体系和金融市场体系是金融中心的两大基本构成要素，其中金融市场体系是金融机构体系的土壤和温床，而金融机构发展对于金融中心的形成起基础性作用。构建金融中心的基础评价指标有：①经济规模。只有大规模的经济总量才能产生足够强大的金融需求，才能促进金融相关机构的集群（金融业作为核心的主导产业、大量产业联系密切的企业以及相关支撑机构在同一地理空间上集聚）和金融资产规模的扩张。②金融聚集程度。包括金融组织的聚集、金融市场的聚集和金融规模的聚集。金融中心显然应该有金融和其他相关机构的大量聚集，通过聚集效应发挥规模优势和外部效应。③经济区位力。区位因素是金融中心形成的自然条件，也是选定金融中心的首要考虑因素，它包括自然区位、商务成本两个指标，且金融机构往往将商务成本高低作为聚集的重要因素。显然，从这三个评价指标来看，建设金融中心，其首要途径也是催化金融业集群。

（4）加强金融合作也要求考虑金融业集群。今天的国际金融竞争日趋激烈，在金融中心中，金融企业要在国内外金融竞争中立于不败之地并有效地防范金融风险，必须加强金融合作。而要在竞争中加强合作，也可以通过强化金融业集群进行。前已述及，产业集群把区域经济视为相互依赖（尤其是非贸易的相互依赖）的企业和机构的地理集聚；在产业集群中，企业或机构之间某种溢出共生关系导致的经济效益超过了竞争关系导致的经济损失。由于金融业的技能在很大程度上是由多方共同参与完成的，而具有某一方面竞争优势的金融业和相关产业向某个地理或空间区位上集聚的金融业集群，可以形成金融机构之间互补的生产性服务网络，这样既最大限度地避免了趋同性金融竞争，又加强了非趋同方面的金融合作。

（5）从实践经验借鉴上看，构建金融中心需要催化金融业集群。譬如，从国外看，聚集在国际金融中心的美国纽约华尔街金融投资集群和英国伦敦金融业集群，便是当前世界金融服务业产业集群发展缩影。而在中国内地，现代金融业集群分布在北京、上海、深圳，并已经形成金融产业集群优势：北京作为政治中心，在国家宏观经济决策中心的财政部、中国人民银行总行以及三大金融监管委员会周围聚集了一大批金融机构的总部，金融机构空间上的集聚促使信息链的形成；上海作为中国经济中心积淀了深厚的经济基础，作为金融发展的开拓者，优越的投资环境吸引了大量外资金融机构的进驻，形成以陆家嘴为中心的金融产业集群；深圳是南中国经济发展最快的城市，其开放的经济政策、毗邻国际金融中心香港的区位优势，也迅速成为一个金融集群地。因此，金融业集群成为重庆长江上游地区金融中心建设的重要路径。

（6）通过金融业集群来培育长江上游地区金融中心，既能充分利用多种金融业组成的产业集群时所形成的促动效应，利用因此而形成的共同的金融资源、金融技术和金融生态环境条件，以及由此产生的政府、教育机构、非金融企业和个人对金融生产要素的投资动力，又能有效利用金融业集群的磁性效应，使重庆市乃至整个长江上游地区的经济、金融资源自动远离单打独斗，转向产业集群中，进而又有助于促进形成区域性金融中心。

总而言之，金融业集群能够使云集于长江上游区域内的各金融机构通过重庆金融中心的凝聚作用加强合作与交流，寻求规模经济与范围经济和强大的溢出效应、协同效应，寻求在金融服务业价值链上新的机会和更有影响力的位置，带动整个区域经济的发展。因此，金融业集群是重庆培育和打造长江上游地区金融中心的重要路径。换言之，重庆构建长江上游地区金融中心，应该遵循上述经济规律和市场选择，在政府政策倾斜基础上，注重金融服务业产业集群引导。

第六章

建设长江上游地区金融中心的
金融业集群基础：以重庆为视角

　　地处我国西南内陆腹地和长江上游地区的重庆经济起步始于 19 世纪末，那时重庆被开辟为长江沿岸通商口岸，部分工厂在这里开办，大量货物在这里运进运出，重庆逐渐成为长江上游地区充满活力的经济中心城市。20 世纪抗日战争时期，重庆作为国民政府的陪都，更是商贾云集，成为抗战大后方金融中心。21 世纪的今天，重庆将建成长江上游地区经济中心的基本框架。与此同时，重庆在构建长江上游地区金融中心进行了许多有益的探索，特别是直辖以后，重庆经济迅速崛起，为重庆金融发展奠定了实业基础；同时，重庆金融服务业也得到了空前发展：金融资产平均每年都以 20% 以上的速度增长，金融机构数量快速增长，外资银行陆续进入重庆，金融市场建设也已取得了较好成绩，其长江上游地区金融中心的地位逐渐凸现。但是，重庆要建设长江上游地区金融中心，是否已经具备了构建金融业集群的现实基础呢？本章下面的研究将表明，尽管重庆金融已经具有初步的集聚力和辐射力，具备了金融业集群的初步基础，但离区域性金融中心的集群要求还有一定距离，重庆尚需要在促进金融业集群竞争力方面下工夫、筑基础、夯实力、改制度。

第一节　重庆金融业集群的现状：一个综述

　　总的来看，重庆是长江上游地区金融机构门类齐全和集聚效应明显的城市，金融助推经济快速发展基本条件已经具备，金融机构的集聚效应显著。另外，近年来对重庆市及周边地区的辐射和影响不断增强，如降低周边区市县金融体系运行的交易费用，对周边区市县产生规模经济效应，提高了资金供给规模，对周边区市县产生市场创新的外溢效应，提高了与周边区市县金融业专业化分工程度。但是，相对于北京、上海、深圳，重庆金融业集群还有不小的差距（彭小兵和杨雯雯，2007）。

一、金融机构门类齐全，金融组织体系完整，金融集聚效应初显

（一）金融机构层次和数量

以金融核心规划区为例。规划并处于培育中的重庆金融核心区，已经初步形成了以中国人民银行重庆营业管理部、各金融监管机构在渝派出机构为核心，国有和股份制商业银行重庆市分行为主体，各家证券公司、保险公司和票据（专营）机构等其他金融机构共同发展，功能辐射全市及周边地区的金融组织体系。具体来看，该区域汇集了中国人民银行重庆营业管理部和中国银行业监督管理委员会重庆监管局、中国证券监督管理委员会重庆监管局、中国保险监督管理委员会重庆监管局，是金融监管中心；全部全国性商业银行或政策性银行的省级分行，成为重庆市银行业管理中心、银行业资金营运中心和商业票据交易中心；集中了重庆市全部证券机构的（管理）总部、重庆近三分之一的证券营业部，是证券营业部分布最密集、交易最为活跃、竞争最为充分的区域，是重庆证券市场管理中心和信息中心；聚集了重庆市全部保险公司的管理总部，成为重庆市保险市场的高地；吸引了全部进入重庆的外资金融机构；集聚了重庆最主要的非银行金融机构和会计师事务所、管理咨询、评估公司等金融中介机构；汇聚了近400个国内外银行、证券、保险机构及分支机构；汇聚了源源不绝的人流、物流、资金流和信息流。

（二）金融要素市场发展基础

资本市场的发展，在一定程度上决定了一个国家或地区金融中心的地位和经济的强盛，而其中金融要素市场建设是发展资本市场的重中之重、是各大城市建

设金融中心的焦点。金融要素市场的发展除了是指金融市场规模的扩大外，还更多的表现在金融市场整体效率的提高和金融市场影响地区经济生活程度的深化和对周边区县经济发展水平的促进。以重庆金融核心规划区为例，金融要素市场的发展基础主要表现在：近年来金融要素市场发展迅速，如农村土地交易所、联合产权交易所、非上市股份公司股权 OTC 市场、农畜产品交易所等四大交易所2009 年底前将同时进驻主城解放碑洲际酒店。其他的，如：区域信贷市场高速增长、对周边区县辐射能力进一步增强，在全重庆市各区县中的居于领先地位；区域内证券市场的集聚效应十分明显，是证券机构的集聚中心，并通过自身集聚效应所产生的信息优势正在对全市证券业和证券市场发挥主导作用；区域内保险市场快速发展，保险市场规模扩大和效率提高使保险的社会保障功能日益凸显；区域内货币市场的发展，集中了全市全部银行票据专营机构，成为西南地区最重要的票据集散地；拥有网上信用拆借、债券回购、现券买卖资格的金融机构全部集中于渝中区。

二、票据市场交易活跃，证券市场和保险市场的辐射效应显现

近几年重庆金融市场稳步发展，市场不断扩充，规模不断壮大，部分子市场对周边区域已形成相当的影响力和辐射力，有力地促进了区域经济持续稳定发展。以票据市场为例，目前重庆拥有一个集聚辐射效应明显的票据市场，各商业银行纷纷在此设立票据专营机构，票据承兑和贴现业务量在长江上游地区均占有较大市场份额，票据跨地区流动日益频繁，重庆已逐渐成为西部地区票据业务中心。重庆票据市场上的银行承兑汇票发生余额、银行承兑汇票累计额、票据贴现年末余额以及累计贴现额分别在长江上游地区占有较大份额。另外，重庆证券市场和保险市场的集聚和辐射效应也十分明显，重庆证券市场上的交易总额、开户数等，在长江上游地区为最高水平，保险深度和保险密度分别居长江上游地区最高水平。

三、金融机构配置资源的能力提高，金融业务集聚辐射效应显著

金融机构配置资源的能力大大提高了，以下四个方面具有代表性和说服力：其一，重庆经济快速增长吸引了异地资金持续流入，异地金融机构向大幅度重庆

市企业贷款。其二，重庆金融机构对周边地区的资金供给逐渐增长。目前，四川省是重庆金融机构资金的主要输出地，而重庆金融机构投向外地资金主要是贴现。其三，有些金融业务以重庆为中心、业务覆盖周边区域甚至辐射全国，如中国工商银行在重庆设立的西南票据中心，中新大东方人寿保险公司将总部设在重庆，已形成业务辐射全国的经营格局。其四，惠普公司正在重庆设立的国内首个产销结算中心，并覆盖惠普在国内的所有企业。而此前惠普在中国境内并未设立结算中心，他们在上海、苏州等地生产的电脑，相关资金统一交由惠普设立在新加坡的亚太结算中心进行结算。惠普在重庆建结算中心这一举措将带动重庆市金融发展。

四、离区域性金融中心的金融业集群要求还有一定距离

目前，重庆金融业的整体实力、创新力和政策支撑力还有所欠缺，金融要素市场整体上还不齐全。且从区域金融地位来看，金融竞争激烈，与成都相比，重庆赢得区域金融中心地位竞争的金融业集群优势不十分明显。

（1）重庆本地银行的发展目前面临不少难题，制约了集群集聚力和辐射力的发挥。重庆地方所属银行业金融机构主要有重庆银行、重庆三峡银行、重庆农村商业银行。重庆农村商业银行的改革经验得到中国银行业监督管理委员会认同，一定程度上理顺了管理体系和法人治理机制；重庆银行近几年也在不断地进行增资扩股，完善了包括外资在内的多元投资体系和公司治理结构。但这两家银行离现代化银行的要求和支撑金融中心的地位的差距还很大。而重庆三峡银行经历了由原重庆三峡银行重组成为重庆发展银行和三峡银行的变革历程，内耗较大。由于推进城市商业银行跨区域经营时相关各方利益难以协调，重庆银行、重庆三峡银行从地方银行成为全国性股份制银行的路还很遥远，辐射长江上游地区的能力还不足。另外，外资银行在中国的重点还是放在上海、北京、深圳以及中部的武汉等地，对西部的重庆还没有给予足够关注，如何让已进入重庆的外资银行设立经营性机构开展经营性活动，也是通过金融业集群建设金融中心必须要着力解决的问题。

（2）证券、保险业的发展有限，阻碍了金融业集群的发展。从证券业来看，目前注册地或总部在重庆的证券公司不多，重庆对券商机构的培养还存在较大差

距。当然，重庆市近几年进行了一系列与当地上市公司进行重组的资本运作，通过以股换债、债转股、剥离不实债务、股权重组和资产置换等方式，剥离性重组并盘活了一大批上市公司。但即便如此，离区域性金融中心的差距还十分明显。从保险业来看，拟成立的重庆地方保险公司目前进展还不大；在引入外资保险上，已有美国利宝集团、加拿大永明人寿保险公司、日本安田海上保险公司等多家外资保险在重庆设立办事处，但资本支撑力度、金融资产规模都还很不够，离区域性金融中心的要求还很远。

（3）政府公共政策的作用机制还未充分发挥效益，推动金融业集群的力度还不够。从金融机构发展的政府政策和公共机构作用上看，重庆金融机构、金融公司的政府公共行政作用显著，而民间机构活力不足。在各类社会服务机构中，一般的，金融企业与"相关行业协会"及"政府机关"的关系密切，大多数金融企业受惠于政府的优惠政策，行业协会发挥着企业同行之间、企业与政府监管机构之间的交流桥梁作用，金融企业得益于行业协会发布的金融信息。但是，与纽约华尔街、伦敦金融城、北京金融街、上海陆家嘴等国内外知名金融业集群区域相比，重庆市内的社会服务机构（律师、会计、审计、管理咨询）、教育机构（大学）、学术科研机构对金融企业的吸引力要小得很多，或者没有得到政府的足够重视，或者有关支撑政策尚未发挥作用。

第二节　重庆金融业集群的现实基础：一个实证研究

一、影响重庆金融业集群的现实因素

金融市场和金融企业集聚产生的经济外部性必使得金融业集群内的供需条件优于分散的产业分布，并进一步促使金融机构的成长以及吸引新进入者。显然，区域性金融中心发展的高级阶段是形成成熟的金融服务业的产业集群。由于经济发展水平、金融市场发育程度和政府政策的支持是区域金融发展水平的重要因素，因此，重庆金融业集群的影响因素，也可以通过影响区域金融业集群的集聚与辐散程度的经济、金融和政策等因素的来加以分析。

（一）经济因素

前已述及，作为全国六大老工业基地之一，直辖后重庆的经济发展和城市建设方面更是取得了重大成就。统计数据显示，2008 年，重庆城市居民人均可支配收入为 15 709 元，较 2007 年同期增长 14.5%，扣除价格因素实际增长 8.4%，重庆城市居民人均可支配收入增幅在西部 12 个大中城市中排名第 3 位；2008 年重庆农民人均纯收入增长达到 4 126 元，同比增长 17.6%，增幅位居西部地区第 2 位。目前，重庆成为我国西部充满活力的重要工业基地、国防军工基地、科研基地和商贸中心，经济社会已经步入协调发展的快车道，其综合经济实力在西部有举足轻重的地位。

另外，"客户追随"是跨国企业对外投资的最重要原因之一，也是金融产业集聚地变迁转移的核心因素。2007 年重庆市实际利用外商直接投资 10.89 亿美元，增长 55.1%；实际利用内资 430.03 亿元，增长 44.2%，利用内外资增速均创历史最高水平。2008 年重庆市实现进出口 95.21 亿美元，实际利用外资 27.37 亿美元，比 2007 年增长 1.51 倍。进入 2009 年，尽管国际金融危机对我国经济的影响逐步加深，全球经济衰退进一步蔓延，重庆对外贸易、利用外资的下滑态势明显，但 2009 年 1~5 月，重庆实际利用外资依然达到 8.14 亿美元。因此，当前的对外贸易和利用外资形势，也是重庆吸引外资金融企业集群重庆、构建长江上游地区金融中心的经济基础。

（二）金融因素

金融要素市场的集聚产生了强大的外部经济。目前，重庆无论是金融机构数量与种类、金融资产规模与质量、金融产业发展潜力与速度，还是金融要素市场的数量与创新力度等方面，都排在了西部 12 省（自治区、直辖市）前列。各金融中介机构与金融机构之间分工合作，业务交融，共同形成金融业良性发展的有力支撑。目前，重庆渝中区解放碑的金融业在全市占绝对优势地位，具有成为金融中心的良好基础，按照解放碑 CBD 的总体功能定位，位于重庆市主城区的解放碑周边至朝天门、江北嘴周边和弹子石组成的"金三角"一带，约 10 平方公里的范围内，是规划中并正在逐步实现的重庆中央商务区——解放碑商贸中心区、江北城商务中心区和弹子石滨江地带功能配套区，并建设成为长江上游地区的金融服务中心。

（三）政治因素

重庆直辖的升格和西部大开发战略的实施后各项政策的出台，重庆建设区域性金融中心正式上升为国家战略，重庆城乡统筹试验区的建立拉开了重庆"求突破、上台阶、大发展"的序幕，为重庆发展导航定位——"加快建成西部地区的重要增长极、长江上游地区的经济中心"和"大力发展金融等服务业，提高服务业的比重和水平"的"314"总体战略部署，以及2007年重庆市金融工作会议和中共重庆市第三次代表大会报告明确提出要"加快规划建设和培育金融核心区，引导金融机构集中向中央商务区布局"，2008年重庆全市金融工作会议上提出"实现要素市场快速发展，力争在渝建设西部银行票据电子交易中心、证券交易场外市场、期货交易所、航运交易市场、物流中心和贸易市场"，都为重庆金融业集群提供了强大的政治条件，构成了重庆形成金融业集群的政治和政策基础。

二、构建重庆金融业集群的现实基础的实证检验

（一）理论基础

美国学者谷盛（Yamori，1998）的地理位置选择、潘迪特和库克（Pandit and Cook，2003）的政府政策支持、我国学者曹群（2006）的 FDI 对产业集群发展的溢出效应分析等研究，都表明国家或地区间的贸易流量、FDI、当地的商业机会和政策支持、距离远近以及文化差异等因素都可能影响产业集群的形成与发展。如果把所有的影响因素（X_1，X_2，…，X_n）作为自变量，把金融业产业的发展程度作为因变量 Y，用 S 表示经济制度，则可写出如下函数：

$$Y = f(X_1, X_2, \cdots, X_n; S) \tag{6.1}$$

对以上函数求全微分：

$$dY = \frac{\partial f}{\partial X_1}dX_1 + \frac{\partial f}{\partial X_2}dX_2 + \cdots + \frac{\partial f}{\partial X_n}dX_n + \frac{\partial f}{\partial S}dS \tag{6.2}$$

等式两端同时除以 Y:

$$\frac{\mathrm{d}Y}{Y} = \frac{X_1}{Y} \cdot \frac{\partial f}{\partial X_1} \cdot \frac{\mathrm{d}X_1}{X_1} + \frac{X_2}{Y} \cdot \frac{\partial f}{\partial X_2} \cdot \frac{\mathrm{d}X_2}{X_2} + \cdots + \frac{X_n}{Y} \cdot \frac{\partial f}{\partial X_n} \cdot \frac{\mathrm{d}X_n}{X_n} + \frac{S}{Y} \cdot \frac{\partial f}{\partial S} \cdot \frac{\mathrm{d}S}{S}$$

$$(6.3)$$

令 $\beta_i = \frac{X_i}{Y} \cdot \frac{\partial f}{\partial X_i}$、$\beta_0 = \frac{S}{Y} \cdot \frac{\partial f}{\partial S}$。对数化处理上述函数，不但可以消除异方差，而且可以直观地表示出各因素的总出弹性系数，即简化为以下公式：

$$\lg Y = \beta_0 + \beta_1 \lg X_1 + \lg X_2 + \cdots + \beta_n \lg X_n + \mu \qquad (6.4)$$

其中，β_i 可以表示影响产业集群形成的第 i 个因素的对总产出的贡献，即总产出弹性系数。

（二）实证分析

下面借助统计软件 Eviews 处理重庆市 1987～2006 年近 20 年的时间序列数据，包括重庆直辖前 10 年和直辖后 10 年的数据，所有数据均来源于重庆市历年的统计年鉴。为了减少和消除异方差，首先对以上数据分别进行对数化处理，再对各变量进行多元线性回归，得出相关模型，最后对模型进行修正和分析（彭小兵和蒋静梅，2008）。

1. 变量选取和数据说明

1）因变量的选择

笔者认为，一般可以采用以下几种指标来描述一个地区某个产业的发展程度或规模：①该产业在该地的所有企业的年末总资产；②该产业在该地的所有企业的数量；③该产业在该地的总产值。基于数据的可获得性和完整性，用当地的金融业产值（FGDP）作为因变量。以 1987～2006 年的重庆市金融业产值作为因变量，包括内资银行、外资银行及其代表处、内资保险公司、外资保险公司及其办事处等所有在渝的金融机构的总产值（表 6.1）。

2）自变量的选择

根据前面的分析，FDI、进出口总额（TRADE）、文化差异、当地的商业机会和金融企业选址的距离远近等因素都对金融业集群的形成有影响，但鉴于数据的可量化性、真实性和可获得性，本书仅选取了重庆累计的 FDI 以及 TRADE 两个指标作为影响金融业产值的影响因素并分别对其求对数值（表 6.2），而暂时

表6.1 重庆市金融业产值（1987～2006 年）

年份	FGDP/亿元	lgFGDP	年份	FGDP/亿元	lgFGDP
1987	8.48	2.137 710	1997	61.84	4.124 550
1988	10.12	2.314 514	1998	66.75	4.200 954
1989	13.90	2.631 889	1999	62.9	4.141 546
1990	14.60	2.681 022	2000	61.61	4.120 824
1991	17.51	2.862 772	2001	64.99	4.174 233
1992	22.14	3.097 386	2002	68.96	4.233 527
1993	28.87	3.362 803	2003	74.86	4.315 620
1994	40.59	3.703 522	2004	82.1	4.407 938
1995	52.61	3.962 906	2005	92.98	4.532 384
1996	55.49	4.016 203	2006	106.56	4.668 708

资料来源：《重庆统计年鉴》（2007 年）相关数据及计算得到。

不考虑不易量化的文化差异、当地的商业机会和金融企业选址的距离远近等因素。且就长江上游地区而言，文化差异不大，地理自然条件趋同。由于直辖、统筹城乡综合配套改革试验和统筹城乡商贸改革试验、国务院给重庆的定位、中央的高度重视，重庆的商业机会是很大的；又由于重庆地处东西部结合的关节点，是长江上游乃至整个西部地区唯一拥有"水陆空"整体优势的大城市，享有得天独厚的地理区位和特殊的经济区位优势，城市发达的交通便利的优势等，因此有金融企业选址优势。另外，重庆 1997 年成为直辖市，因此引入虚拟变量 DUM-MY，并将直辖前的 1987～1996 年赋值为 0，直辖后的 1997～2006 年赋值为 1。根据经验和经济现实，可以预期包括虚拟变量在内的所有自变量的符号均为正。

表6.2 重庆市的 FDI 及贸易额（1987～2006 年）

年份	FDI/万美元	lgFDI	TRADE/万美元	lgTRADE	年份	FDI/万美元	lgFDI	TRADE/万美元	lgTRADE
1987	1 924	7.562 2	29 681	10.298 3	1997	38 466	10.558	167 843	12.030 8
1988	2 069	7.634 8	41 078	10.623 2	1998	43 107	10.671	103 386	11.546 2
1989	756	6.628 0	60 299	11.007 1	1999	23 893	10.081	121 044	11.703 9
1990	332	5.805 1	68 095	11.128 7	2000	24 436	10.104	178 547	12.092 6
1991	977	6.884 5	61 950	11.034 1	2001	25 649	10.152	183 384	12.119 3
1992	10 247	9.234 7	74 244	11.215 1	2002	28 089	10.243	179 401	12.097 4
1993	25 915	10.163	85 470	11.355 9	2003	31 112	10.345	259 488	12.466 5
1994	44 953	10.713	123 957	11.727 7	2004	40 508	10.609	385 735	12.862 9
1995	37 926	10.543	141 859	11.862 6	2005	51 575	10.851	429 283	12.969 9
1996	21 878	9.993 2	158 543	11.973 8	2006	69 595	11.150	547 013	13.212 2

资料来源：《重庆统计年鉴》（2007 年）相关数据及计算得到。

2. 实证检验结果

将重庆本地的金融业产值 lg FGDP 作为因变量，当地累计的外商直接投资 lg FDI、进出口总额 lg TRADE 和虚拟变量 DUMMY 置于同一个模型中，运用普通最小二乘法（OLS）来估计各个参数及相关统计量。模型 Ⅰ：

$$\lg FGDP_i = c + \beta_1 \lg FDI_i + \beta_2 \lg TRADE_i + \beta_3 DUMMY_i + \mu_i \qquad (6.5)$$

其中，i 表示年份，$i = 1987, 1988, \cdots, 2006$。利用 OLS 估计得出如下回归结果：

$$\lg \hat{FGDP}_i = -4.043\,222 + 0.188\,719 \lg FDI_i + 0.491\,251 \lg TRADE_i$$
$$+ 0.310\,752 DUMMY_i$$

$$s.e. = (0.995\,760)(0.042\,709)(0.102\,968)(0.128\,079) \qquad (6.6)$$

$$t = (-4.060\,439)(4.418\,675)(4.770\,903)(2.426\,248)$$

$$R^2 = 0.948\,338 \quad F = 97.902\,18 \quad DW = 0.936\,460$$

该模型中 lg FGDP 、lg TRADE 和 DUMMY 的符号与预期符号一致，均为正；且 t 检验的显著性很好，对应的显著性水平分别为 0.000 4、0.000 2 和 0.027 4；拟合优度达 94.833 8%，修正后的样本可决系数也达到了 93.865 2%。但是 DW = 0.936 460 < 1.00（其中 1.00 为在 0.05 检验水平下，样本容量为 20 时的 DW 检验的下临界值），说明误差项 μ_i 存在着自相关。所以，模型 Ⅰ 并不能说明重庆金融业产业发展的相关影响因素。

运用广义最小二乘法（GLS），以消除误差项 μ_i 的自相关。令

$$\lg FGDP_t^* = \lg FGDP_t - \rho \lg FGDP_{t-1} \qquad (6.7)$$

$$\lg FDI_t^* = \lg FDI_t - \rho \lg FDI_{t-1} \qquad (6.8)$$

$$\lg TRADE_t^* = \lg TRADE_t - \rho \lg TRADE_{t-1} \qquad (6.9)$$

其中

$$\rho = 1 - (DW/2) = 0.531\,770 \qquad (6.10)$$

对模型 Ⅰ 进行以上广义差分变换，可得到模型 Ⅱ：

$$\lg FGDP_i^* = c^* + \beta_1^* \lg FDI_i^* + \beta_2^* \lg TRADE_i^* + \beta_3^* DUMMY_i + \mu_i^*$$
$$(6.11)$$

为了保证样本容量保持不变，假设如下成立：

$$\lg FGDP_{1987}^* = \lg FGDP_{1987} \sqrt{1 - \rho^2} \qquad (6.12)$$

$$\lg \mathrm{FDI}_{1987}^{*} = \lg \mathrm{FDI}_{1987} \sqrt{1 - \rho^2} \tag{6.13}$$

$$\lg \mathrm{TRADE}_{1987}^{*} = \lg \mathrm{TRADE}_{1987} \sqrt{1 - \rho^2} \tag{6.14}$$

利用 GLS 估计得出模型 II 的回归结果如下：

$$\lg \widehat{\mathrm{FGDP}}_i^{*} = 0.888\,497 + 0.153\,794 \lg \mathrm{FDI}_i^{*} + 0.009\,756\,1 \lg \mathrm{TRADE}_i^{*}$$
$$+ 0.335\,092 \mathrm{DUMMY}_i$$

$$s.e. = (0.287\,808)\ (0.050\,053)\ (0.060\,547)\ (0.078\,638) \tag{6.15}$$

$$t = (3.087\,112)\ (3.072\,620)\ (0.161\,136)\ (4.261\,175)$$

$$R^2 = 0.747\,685 \quad F = 15.804\,30 \quad DW = 1.046\,634$$

运用 GLS 方法估计模型参数及其相关统计量，样本容量仍然保持为 20。经过检验，回归结果中三个自变量的符号与预期的一致，DW 值较模型 I 有所改善。但是，进出口总额的 t 检验不显著，其显著性水平为 0.874 0，且样本可决系数有所下降。这说明模型 II 不是最优的。

把 lg TRADE 从模型 II 中去掉，进一步优化模型，得到模型 III：

$$\lg \mathrm{FGDP}_i^{*} = c^{*} + \beta_1^{*} \lg \mathrm{FDI}_i^{*} + \beta_2^{*} \mathrm{DUMMY}_i + \mu_i^{*} \tag{6.16}$$

模型 III 的回归结果为

$$\lg \widehat{\mathrm{FGDP}}_i^{*} = 0.923\,775 + 0.158\,486 \lg \mathrm{FDI}_i^{*} + 0.333\,383 \mathrm{DUMMY}_i$$

$$s.e. = (0.181\,389) \qquad (0.039\,525) \qquad (0.075\,655)$$

$$t = (5.092\,779) \qquad (4.009\,755) \qquad (4.406\,635) \tag{6.17}$$

$$R^2 = 0.747\,276 \quad F = 25.133\,53 \quad DW = 1.088\,992$$

该模型的回归结果中的各个自变量均与理论符号一致，t 检验的显著性也很好，其显著性水平分别为 0.000 9 和 0.000 4；修正后的样本可决系数比模型 II 的大；F 统计值为 25.133 53，对应的显著性水平仅为 0.000 008，说明因变量与自变量之间的线性关系是显著的；在显著水平为 0.05 时 DW 值落入不确定区域。可以利用 LM（BG）自相关检验，Eviews 的输出结果为 LM = 3.777 844 < 3.84（其中 3.84 为 0.05 显著水平下的临界值），该模型的误差项已经不存在一阶正自相关了。所以，可以认为模型 III 是三个模型中最优的。

因此，回归模型的结果如下：

$$\lg \widehat{\mathrm{FGDP}}_i^{*} = 0.923\,775 + 0.158\,486 \lg \mathrm{FDI}_i^{*} + 0.333\,383 \mathrm{DUMMY}_i + \mu_i^{*}$$

$$\tag{6.18}$$

3. 对回归结果的经济含义的解释

（1）进出口总额没有被纳入模型中，说明 1987～2006 年重庆的外贸交易对金融业的产值增加的贡献率并不显著，这在一定程度上说明了重庆对外贸易的发展规模还远远不够，尚不足以带动重庆区域金融的发展。这与本书第三章第一节的研究结论相似。事实上，前已论及，国际贸易的发展能促进一国（或地区）储蓄增加和扩大资本积累，从而推动其金融部门发展，可尽管重庆是我国西部重要的工业基地、国防军工基地、科研基地和工商业重镇，但重庆的开放度和外贸发展水平相对比较落后，外贸依存度相对过低了。显然，尽管过高的外贸依存度并非是好事，但如此悬殊的差距意味着重庆要建成长江上游经济中心，就必须建设"内陆开放型经济"，通过加大开放力度来促进重庆国际贸易的发展，从而增大外贸对重庆市金融业发展的影响力度，为打造成熟的金融业集群提供外部推动力。

（2）重庆金融业发展水平受到 FDI 的影响十分明显，在其他条件不变的情况下，FDI 每增加 1%，金融业产值就增加 0.158 486%。这说明 FDI 是重庆金融业产值增加的主要经济因素之一，进一步验证了本书第三章第二节的研究结论。一国或地区的 FDI 影响金融部门中的银行进入或转移到该国（或地区），形成"客户追随"的正效应（梁颖和罗霄，2006）。这种效应不仅是跨国企业对外投资的重要原因之一，更是金融产业集聚地变迁转移的核心因素。笔者认为，重庆 FDI 对当地金融业的显著促进作用，主要是通过影响国际资本流动和金融活动来起作用，即重庆金融业发展在一定程度上得益于"客户追随"效应。

（3）重庆直辖对金融业的发展具有正效应，且从模型Ⅲ中可以看出这个政治因素的影响效力超过了 FDI。这说明重庆直辖的升格和西部大开发战略实施后各项政策的出台，为重庆构建长江上游地区金融中心提供了强大的政治条件。可以预计，2006 年 11 月提出的"一圈两翼"发展战略，2007 年 3 月的"314"总体战略部署，2007 年 5 月提出"加快培育金融核心区，引导金融机构集中向中央商务区布局"，我国首次在重庆设立统筹城乡综合配套改革试验区，以及中央支持重庆设立内陆保税港区，等等，如此明确的国家宏观定位和政策导向将为重庆未来发展带来更多的商机，也将在很大程度上带动重庆当地金融业的发展和壮大，这对促进重庆金融业集群，建设长江上游地区金融中心是至关重要的。

总之，实证检验结果表明了影响重庆形成金融业集群的主要的现实基础有经济基础（以 FDI 为指标）和政治基础（以 DUMMY 为指标）；而重庆现有的触角庞杂的金融体系也成为重庆构建金融业集群的一个重要的金融条件。

（三）研究结论

重庆在建设长江上游地区金融中心的过程中，地方经济基础、金融基础和政治基础等直接或间接的作用于区域性金融市场，其中：经济增长速度和规模决定投资消费，从而影响资本流动和金融活动活动；金融因素则考虑金融制度完备、金融产品与金融创新、金融交易和金融基础设施的先进程度；而政治因素是国家的宏观定位和政策导航。重庆直辖后不断提升的区位优势、经济实力、金融条件和政治基础等共同构成了向成熟的金融服务业产业集群这一高级阶段发展，进而建设成为长江上游地区金融中心的现实基础。金融中心的产生和发展有一些关键条件和标准，是一个逐步积累的自然历史过程，不同的优势条件将产生不同规模和功能的金融中心。

以上研究表明，市场自发演进的基础作用以及金融业相关的产业政策、区域性经济发展战略是构建重庆金融业集群最重要的现实基础，成为促进其金融业产业发展的主要因素。特别地，FDI 形成的"客户追随"效应尤为突出。重庆应尊重这种金融业集群的经济规律和市场选择，在权衡构建金融中心的可能性基础上，考虑长江上游地区金融中心建设的具体功能和实现路径。

第三节　重庆金融业集群竞争力：基于与上海、武汉、成都的对比分析

构建长江上游地区金融中心重点是塑造重庆的金融业集群竞争力。金融业集群竞争力主要体现为产业集群利用外部市场资源、组织金融机构内部资源的能力。影响重庆金融业集群竞争力的因素包括：①重庆本地的金融力量，包括重庆本地金融机构的企业家精神、金融企业公司治理能力；②金融业集群基础设施提供能力，包括中介服务机构的完善程度，金融业协会、商会发展情况等；③金融

分析技术和金融业投资能力、政策支持力度。

这一节，本书在系统科学"分析－重构"方法论原理指导下，对金融业集群竞争力评价体系进行分析与设计，构建了一套涵盖 7 个中间指标、23 个基础性指标的测评体系，然后运用层次分析法，对金融业集群竞争力综合评价，最后以重庆为例，通过指标体系测评重庆金融业集群的竞争力和对比分析，探讨如何增强重庆金融业集群的竞争力，为重庆金融业集群的发展提供量化依据。

一、金融业集群竞争力的构成

金融业集群通过非正规学习、合作竞争以及网络协作等方式所形成的规模经济、范围经济、高度专业化、降低交易费用等，能够有效提升金融业的竞争力和强化集群区域的竞争优势。其表现为一定区域内的以金融规模、金融产业运行的效率和发展潜力、金融创新等为代表的金融企业竞争力，还有包括金融基础设施完备性和集群内金融企业间的组织结构的宏观竞争力。金融业集群竞争力都是针对特定区域而言的，因为金融业或金融体系是一个涵盖内容十分广泛的概念，它不仅与银行、证券公司、保险公司、财务公司等这样的现实金融机构有关，而且还涉及它所处的环境的经济发展状况、制度完善水平、社会文化传统、自然地理位置等。很显然，一个地区的金融业集群竞争力，不仅包括该地区金融业或金融体系的发展状况和效率水平，也包括该地区特定的经济社会环境以及金融体系与这些特定环境因素之间的相互关系。也就是，金融体系的竞争优势决定着金融竞争力的高低，该区域特定的经济社会外部环境也对金融业集群竞争力产生重要影响，而金融体系与特定外部环境之间协调状况对金融业集群竞争力的影响更是不可低估。

运用系统科学理论来分析产业集群竞争力，强调的是整体概念，也即明确该系统主要由哪些成分构成，这些成分是按照何种方式相互关联起来形成一个统一整体。产业集群竞争力是一个复杂的系统，包含组成元素（主要是企业）、组成要素的相互作用和功能发挥三个属性，组成元素的质量水平是提升集群竞争力的基础（Chiles and Meyer，2001）。而产业集群是拥有经济属性、社会属性和自学习属性的网络组织，具备很强的结构能力。于是，基于上述金融业集群竞争力的构成，根据系统科学的观点，将金融业集群竞争力分解为金融企业竞争力和集群结构竞争力。其中，前者针对集群内企业的平均而言，而后者侧重集群整体性特征。

二、金融业集群竞争力影响因素的层次框架

产业集群既是一个有组织结构的生产系统，也是非正式的市场集聚体，其发展绩效受到许多相互联系的因素影响和制约，还有一些集群与所在地区的经济和社会环境有关，也有直接来源于政府的干预。然而，增强集群竞争力的有效方式还是通过市场渠道去有效竞争，行业协会与市场中介对于集群内部信息流通和共享、激活集群市场竞争、发掘市场新机会等都是至关重要的。因此，集群竞争力的直接影响主体主要是政府、企业和中介机构，其他外部作用力量，如外部竞争对手、外部投资者、外部客户等都是通过这三种主体对集群发挥作用的。

金融业集群也不例外，即影响金融业集群竞争力的主体也包括政府、金融企业以及中介组织。

政府——公共投入、管理协调、政策引导。一般的，政府行为首先，为金融业集群的发展创造良好的环境条件，包括划拨土地、投入资金、建立基础设施、给予税收优惠等，稳定的经济、政策环境有利于降低集群交易成本和赋予集群更多的发展机会；其次政府参与集群管理，制定一些正式制度，以解决集群形成和发展中的市场失灵和系统失灵问题；最后提供金融、生产、创新、教育和培训等服务，公共采购，鼓励融资体系，以引导企业行为有利于促进集群和良性竞争互动的环境，培育优势集群，加快区域发展。

金融企业——生产经营、竞争合作、集体学习。金融企业的生产经营是集群发展的质量基础，企业的扩张和新企业的出现是集群成长的基本形式。创新活力强的金融企业可激发集群的学习网络，从而保证金融企业之间的技术传导和共享、信息交流、联合 R&D 等，并形成集群创新系统。

金融中介组织——沟通信息、制定标准、开拓市场。中介组织包括行业协会与市场中介，它们的行为方式，包括协调管理、制定行业标准、促成金融企业的联合行动等，保障了企业的信任、邻近性、高技能劳动力的集中、技术扩散和溢出，是获取集体效率的关键，有利于减少集群的市场交易成本，整顿和规范市场秩序，培育社会诚信体系，并进行统筹规划，将分散经营的企业有效地组织起

来，提高集群组织化程度。金融相关市场中介对于推进金融业集群内市场信息的收集、编译、流通和共享，激活集群市场竞争，发掘市场新机会等都是至关重要的。

当然，上述三个主体对金融业集群的作用有时不是孤立的，明显的方式是政府、金融企业和中介组织基于目标一致的基础上有组织的相互协作。因此，基于上面的分析，我们将在下面构造金融业集群竞争力指标体系，进而实证检验重庆金融业集群竞争力的状况（彭小兵和张保帅，2008c）。

三、金融业集群竞争力指标体系构建及说明

基于金融业集群竞争力构成，遵循全面性原则、可操作性原则和层次性原则，构建金融业集群竞争力的两大指标：

（1）金融企业竞争力。金融企业竞争力包括金融规模、金融创新和金融效率，主要反映金融机构集聚资金、开展业务的能力，它着重反映该区域金融业集群的现实竞争力。这里选取的指标因子包括代表金融组织规模的金融机构的个数、金融业从业人数、代表金融资产规模的金融业生产总值、金融机构存贷款总额、保险公司保费收入和金融市场交易总量、代表金融创新竞争力的研发投入占GDP的比重、代表金融业竞争效率的储蓄投资转化系数、金融业产值对经济增长的贡献、贷款占GDP的比重以及保险密度和深度。

（2）金融结构竞争力。结构竞争力包括该区域的经济实力、对外开放水平、该区域的区位水平、信用水平以及政府的综合服务能力，主要反映该区域的金融机构在未来一段时间开拓金融业务的能力。另外，经济决定金融，经济发展的态势在很大程度上决定该地区金融竞争力，而人均可支配收入水平的高低有很大程度上决定金融业务的需求规模，于是可以选取地方GDP、城市居民可支配收入以及固定资产投资等指标因子来表示地区经济实力；地区进出口总额和累计利用外资表示对外开放水平；选择地区人口、城市外向功能量、城市流强度、城市级别表示区位水平，其中，城市外向功能量是衡量城市聚集与辐射能力的指标，城市流强度主要是衡量城市群之间人流、物流、资金流等双向或多向流动的数量指标，反映该区域的市场化程度；最后就是区域信用指数和地方政府综合服务指数。

接下去基于系统科学的"分析－重构"方法，构造金融业集群竞争力指标体系。首先，设定金融业集群竞争力为目标层（用 A 表示）；在此基础上，将金融业集群竞争力分解为两个中间目标，即企业竞争力 B_1、结构竞争力 B_2。其次，金融企业竞争力是通过金融规模竞争力、金融效率竞争力和金融创新竞争力表现的，金融规模反映量的优势，金融效率反映质的优势，金融创新反映潜在的优势，因此在评价金融企业竞争力时，我们再把 B_1 分成金融规模竞争力 C_1、金融创新竞争力 C_2、金融效率竞争力 C_3。另外，由于金融体系是依赖于外部金融环境而发展的，传统上总认为竞争力是一个地区或行业所具有的舍弃掉外部环境因素后的东西，但是外部金融环境是短时间内无法改变的，它直接对金融体系的规模与效率产生促进或者制约作用，金融业集群竞争力评价必须将其纳入其中，因此，我们又把 B_2 进一步分解成经济实力 C_4、开放水平 C_5、区位水平 C_6、信用水平 C_7、政府综合服务能力 C_8。再次，由于金融规模竞争力主要体现在金融组织规模和企业资产规模上，因此又可以把 C_1 分为组织规模 D_1 和资产规模 D_2；而金融效率竞争力主要表现在金融业的整体效率和金融机构局部效率上，因此可以把 C_3 分为整体效率 D_3 和局部效率 D_4。最后，对于指标因子的选择，我们在参考了国内外对金融业集群竞争力评价的前提下，选取了 23 项基础性比较强的指标项，并在对这些指标因子进行必要的归类和组合之后，分列到了上述的各准则之内，构成因子层，因子层统一用 E_i（$i=1，2，3，\cdots$）表示。这样就得到了一个完整的金融业集群竞争力的评价指标体系，如图 6.1 所示。

四、重庆金融业集群竞争力的实证检验

（一）指标初期处理

1. 数据的来源

本节采用的数据主要来自《中国金融年鉴》（2006 年）、《中国统计年鉴》（2006 年）、《中国城市年鉴》（2006 年）以及相关研究成果等。

2. 对照分析的城市的选取

选择若干城市或地区，与重庆进行对照研究，以测算并判断重庆市的金融业集群竞争力状况：①在长江上游地区的城市当中，与重庆市经济发展水平相当的

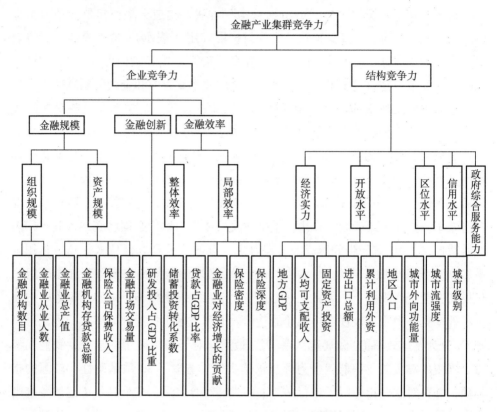

图6.1 金融业集群竞争力指标体系

主要或重要城市，主要是成都；②上海作为我国的金融中心，代表我国金融业集群的最高水平，被选入参照分析系统，对比分析重庆的差距；③长江流域的武汉作为金融发展迅速的代表也被选入比较分析系统。

特别说明，这里没有选择太多的城市是基于以下原因：①考虑到研究的目的，本章是以研究重庆金融业集群竞争力为目的，为重庆建设长江上游地区金融中心提供一些量化的指导依据；②选择的城市的代表性，上海作为我国金融实力最强的城市，已经发展成为我国的金融中心，是标杆；③武汉作为金融新兴发展城市的代表，又处在长江中游，有着协调沿海与内地、接应东部与西部的区位优势，和重庆金融的发展有着遥相呼应的关系；④通过经济发展水平以及金融业产值的初步比较，发现在长江上游能和重庆金融发展相抗衡的也只有成都了，并且武汉和成都也确立了金融发展的方向为建立区域性金融中心的目标。

另外，在分析比较之前，必须先指出的是，重庆是一个省级行政区域的整体（在行政区划角度上，重庆市是一个相当于拥有大量城市和大片相对不发达的农村片区的省）来进行比较的，重庆市既有相对较发达的主城区和一些分散的中心城区（如万州、涪陵、黔江），又包括大量不发达的区县和农村，但终归地盘庞大，经济总量要超越单纯作为城市的成都和武汉（拥有少量的农村领域）。

3. 数据的无量纲化

由于各个方面的指标往往具有不同的量纲，为了消除由此产生指标的不可公度性，所以必须对数据进行无量纲处理。这里主要采用 SPSS 对数据进行标准化。

（二）权重的确定

确定权重的方法有很多种，主观赋权法、客观赋权法、层次分析法等。主观赋权法因为主观意识的成分居多，通常容易引起争议；客观赋权法是最为简单直接的方法，可我们选取的数据不合适；层次分析法虽然操作过程比较复杂，但理论上讲较为合理，而且有数学推导证明，本书就用层次分析法确定各因子指标的权重。利用层次分析法确定权重的步骤如下四个步骤，但具体计算过程和计算方法可以参见有关"层次分析法"的教材（姜启源，2005）。

1. 建立递阶层次结构体系

采用层次分析法，根据影响金融业集群竞争力的各因子建立层次结构体系，其结构体系如图 6.1 所示。

2. 建立"判断矩阵"

通过"两两比较法"量化各指标因子金融业集群力的相对重要性，可以得出指标重要性矩阵 $E = (e_{ij})_{n \times n}$，$e_{ij} \times e_{ji} = 1$，其中 e_{ij} 表示指标因子 i 与指标因子 j 的相对重要程度比值。若大于 1，则表示因子 i 比因子 j 更重要。具体数值大小可根据"判断矩阵比较标度表"理性获得。

3. 计算各个因子的权重

根据判断矩阵提供的信息，可以用幂法得到任意精度的最大特征根和特征向量，特征向量就代表该因子对金融业集群竞争力影响的权重。在实际应用中，采用更为便捷的近似求法，完全可以应用实际应用的要求。在后面的实证中，我们使用方根法求解。

4. 一致性检验

由于判断矩阵是人为赋予的，故需要进行一致性检验，即评价判断矩阵的可靠性，其计算步骤参见有关"层次分析法"的教材（姜启源，2005）。

（三）模型构建

由层次分析法得到各因子对金融业集群竞争力影响的权重后，就使用加权平均法计算金融业集群竞争力得分，计算公式为

$$A = \sum A_i W_i \tag{6.19}$$

其中，A 为金融业集群竞争力得分；A_i 为第 i 个因子的标准化值；W_i 为第 i 个因子对金融业集群竞争力的影响权重。

（四）重庆金融业集群竞争力的比较分析

1. 数据列表

通过运用上面介绍的方法，首先确定各个指标因子的权重，然后运用 SPSS 对数据进行标准化处理，最后运用竞争力评分模型［式（6-19）］测算出重庆、上海、武汉、成都四个城市的金融业集群竞争力，所得的结果如表6.3所示。

表 6.3　金融业集群竞争力得分

指标因子	重　庆	上　海	武　汉	成　都	权　重
金融机构数量（个）	− 0.008 737	0.021 911 5	− 0.009 222	− 0.003 952	0.014 8
金融机构从业人数（人）	− 0.006 651	0.028 633 5	− 0.013 414	− 0.008 568	0.019 3
研发费用占 GDP 的比重	− 0.040 988	− 0.011 613	− 0.020 721	0.073 322 9	0.050 4
金融业产值（亿元）	− 0.002 918	0.008 096 6	− 0.002 62	− 0.002 559	0.005 4
金融系统存贷总额（亿元）	− 0.007 003	0.023 233 3	− 0.008 439	− 0.007 792	0.015 5
保险公司保费收入（亿元）	− 0.001 723	0.005 958 2	− 0.002 648	− 0.001 588	0.004
金融市场交易量（亿元）	− 0.021 557	0.064 95	− 0.021 64	− 0.021 752	0.043 3
储蓄投资转化系数	0.178 160 7	− 0.205 937	− 0.028 04	0.055 816 3	0.163 6
贷款占 GDP 比率	0.003 209 8	0.006 916 1	0.000 384 6	− 0.010 51	0.007 5
金融业产值占 GDP 比重	− 0.017 931	0.038 350 6	− 0.012 623	− 0.007 797	0.025 9
保险密度（万元/人）	− 0.003 664	0.007 043 2	− 0.002 124	− 0.001 255	0.004 8
保险深度（万元/人）	− 0.000 829	0.003 863 5	− 0.002 802	− 0.000 233	0.002 8
地方经济状况（GDP）（亿元）	− 0.044 844	0.191 076 5	− 0.075 888	− 0.070 345	0.128 1
居民人均可支配收入（万元）	− 0.039 903	0.090 850 4	− 0.028 564	− 0.022 384	0.061

续表

指标因子	重　庆	上　海	武　汉	成　都	权　重
固定资产投资（亿元）	0.002 855 7	0.084 729 2	− 0.059 751	− 0.027 834	0.062
进出口总额（亿元）	− 0.027 039	0.080 098 9	− 0.026 396	− 0.026 664	0.053 4
累计利用外资（亿美元）	− 0.007 094	0.015 506 4	− 0.001 264	− 0.007 149	0.010 7
区域人口（万人）	0.010 011 8	− 0.001 221	− 0.005 505	− 0.003 286	0.006 9
城市外向功能量	− 0.014 137	0.048 009 6	− 0.006 729	− 0.027 143	0.033 1
城市流强度	− 0.029 757	0.083 456 2	− 0.015 653	− 0.038 045	0.056 4
城市级别	0.004 856 8	0.024 283 8	− 0.014 57	− 0.014 57	0.018 6
信用水平	− 0.022 274	0.044 547 6	0	− 0.022 274	0.031 5
政府综合服务能力	− 0.013 694	0.260 211	− 0.123 257	− 0.123 257	0.181
标准化得分	− 0.111 65	0.912 965	− 0.481 49	− 0.319 82	1

为了更好地分析影响金融业集群竞争力的影响因素，综合算出四个城市金融业集群竞争力指标体系二级指标的得分情况。结果如表 6.4 所示。

表 6.4　各个二级指标的得分

指　标	权　重	得　分			
		重庆	上海	武汉	成都
金融规模竞争力	0.102 3	− 0.048 4	0.152 4	− 0.058 4	− 0.123 1
金融创新竞争力	0.050 4	− 0.409 9	− 0.011 61	− 0.020 72	0.073 323
金融效率竞争力	0.204 6	0.158 947	− 0.158 974	− 0.045 2	0.036 022
地方经济实力	0.251 1	− 0.081 89	0.036 665	− 0.164 2	− 0.120 56
开放水平	0.064 1	− 0.034 13	0.095 605	− 0.027 66	− 0.033 81
区位水平	0.115 0	− 0.024 58	0.151 945	− 0.043 39	− 0.083 97
信用水平	0.031 5	− 0.022 27	0.044 548	0	− 0.022 27
政府综合服务能力	0.181	− 0.013 69	0.260 211	− 0.123 26	− 0.123 26

2. 比较结果分析

从表 6.3 中可以看出，金融竞争力得分有负数，说明该城市的金融业集群竞争力低于平均水平。在四个城市中，上海的金融业集群竞争力最高，并且优势特别明显。从中可以发现，上海的开放水平、金融规模竞争力、区位竞争力以及作为老牌直辖市所具有的服务能力在金融业方面是其他三个城市所不能比的，上海表现出了较强的金融业集群竞争力，与现实是相符合的。就全国范围看，目前上海的金融市场体系已趋于完备，外汇市场日趋活跃，短期资金拆借市场容量不断扩大，上海证券交易所成为全国最大的证券交易中心，初步形成以陆家嘴 CBD 为中心的金融集聚区，它表现出很强的金融业集群竞争力。

重庆作为西南以及长江上游地区重要的经济中心和工商业重镇，是西部地区唯一的直辖市，其金融业集群竞争力得分在四个城市中排名第二，但和上海明显不是一个量级，差距是全方位的，从金融的规模竞争力、地方经济实力、开放水平再到政府的服务能力，和上海的差距都非常大。另外，表6.3还表明，尽管重庆金融业集群竞争力得分排名第二，但低于平均集群竞争力水平，且对比成都、武汉，其优势也不是特别明显。这些都反映出重庆金融业发展的现状：尽管重庆拥有种类比较齐全的金融机构，并且金融发展已粗具规模，但金融行业的结构和发展并不理想，既表现在金融机构资金不足，结构单一，金融机构规模小，吸引外资能力低，资金外流严重，也表现在重庆的金融规模竞争力不足，金融生态发展落后；另外，重庆区位优势也没有充分发挥，政府对金融业的综合服务水平与中央直辖市的地位不相称，对外开放还处于一个很低的水平上，这些都在很大程度上都抑制了重庆金融业集群竞争力的提升。总的来说，重庆金融业有了一定的集群基础，比成都、武汉的金融业集群竞争力稍高，但专业化集聚程度有待进一步提升，金融业集群竞争力有待进一步提高。

再看成都和武汉，成都排在第三位，武汉排在第四，不过基本和重庆处在同一水平，武汉的区位水平和开放水平为其金融业集群竞争力的优势所在，但是它整体的经济实力限制金融业的整体竞争力，成都是重庆金融发展的主要竞争和合作对手，尽管得分排重庆后面，但其金融创新竞争力以及金融效率竞争力都有明显的优势，只是整体竞争力有些差距而已。

3. 重庆金融业集群竞争力的进一步分析

地区间经济发展的不平衡和由此所带来资金分布的不平衡，客观上要求各城市在确立金融中心发展战略规划时，一方面要考虑自己潜在优势条件，另一方面要考虑与周围城市之间的"互动效应"。因此在明确了重庆金融业集群竞争力的大致情况之后，制定具体的金融中心建设规划之前，要明确重庆的金融业集群竞争力在长江上游以及全国范围的竞争格局的定位，从中发现重庆金融业集群竞争力的差距和相对优势所在，为重庆金融政策的制定提供了理论依据。

重庆金融业集群竞争力在长江上游，乃至整个西部都排在前列，但其竞争优势并不明显，并且和国内金融中心的差距比较明显，因此，如何通过对重庆金融资源的有效整合和组合金融工具的运用，以进一步增强重庆金融业集聚力和辐射力，是增强重庆金融业集群竞争力的关键。下面根据表6.3的四个城市金融业集群竞争力得分和前述各个指标的权重、表 6.4 金融业集群竞争力指标体系二级指标的权重以及相对应的四个城市金融业集群竞争力指标体系二级指标的得分情况，来具体分析影响重庆金融业集群竞争力的关键因素。

（1）我们看到地区经济实力占的比重最大，为 0.251 1，其主要有地区 GDP、人均可支配收入和固定资产投资等指标组成，其着重反映了该地区的金融资源力，对金融业务的需求力以及金融服务力。因此金融业集群要有现实的经济基础作为依托，包括国内经济和地区经济。重庆经济实力的得分为 - 0.081 89，和上海的 0.366 56 差距相当明显，和武汉与成都的优势又不明显，这是作为一个省级行政区域整体（即在行政区划角度上，重庆市是一个相当于拥有大量城市和大片相对不发达的农村片区的省）的城市的劣势所在。重庆要成为长江上游地区的集聚与辐射中心，同时也是整个西南地区的集聚与辐射中心，要求其具有较高的城市总体实力无疑是必要的。因此大力发展重庆的经济，将是未来提高重庆金融业集群竞争力的一个关键要素。

（2）政府的综合服务能力是影响金融业集群竞争力的又一个关键要素，所占的权重达到了 0.181。作为西部地区唯一的直辖市，重庆的经济发展在一定程度上还不能完全释放出重庆金融业发展的集聚力和辐射力，这就要重庆市政府抓住统筹城乡综合配套改革试验这一契机，利用所在地理区位和经济环境等优势，实行优惠政策，在较短时间内超前发展，提高重庆金融业的集聚力和辐射力，进而提高其金融业集群竞争力。另外，重庆的区域的信用水平，根据社科院于 2005 年对全国城市间的金融生态进行过的综合评价，从金融生态指数来看，重庆位列全国 30 名，金融生态环境总体水平在全国横向比较中仍然处于较低的水平，说明重庆的信用水平和其所占的 0.038 7 的权重很不相称，重庆的金融生态环境建设还有很长的路要走。

（3）区位水平和基础设施状况对金融业集群竞争力影响也比较大。重庆东连湖湘，西出川峡，南达云贵，北上中原，是西部开发的桥头堡、外资进入西部的窗口。地理位置对金融业集群形成起重要作用，良好的基础设施也是金融业集群形成的必要条件，能够吸引海内外金融机构集聚在金融中心，形成示范吸磁效应，并辐射四周城市群。重庆的综合区位水平的得分为 - 0.024 58，说明重庆还没有发挥其现有的区位优势，这也是提高重庆金融业集群竞争力的一个突破口。

（4）区域的金融业集群不仅要加强与集群内经济的关联度，还要扩大与集群外的经济联系，加强与外界的资金往来，在充分利用外资的同时，也要抓住机会对外投资，充分发挥资本的流动性，而重庆总体的经济对外开放水平在取得显著进步的同时，又与发达地区相比较开放力度很低，在利用外资方面，在进出口总额方面，所占全国的份额都是非常低的。因此，进一步深入、全方位地扩大重庆的对外开放水平，也是提高重庆金融业集群竞争力的一个方面。

（5）金融产业集群竞争力的根本是金融企业的竞争力，所以其总权重占到了 0.332 8。重庆金融业的现实情况是，历史纵向比较取得了重要成就和巨大的进步，活力和潜力也是有的而且还不小，但历史横向的比较，重庆市整体的金融企业竞争力不强，有些方面甚至很脆弱，如金融体系不健全、创业投资不活跃、上市公司资源不足、资本市场"短腿"严重、三峡库区金融体系脆弱、缺乏造血功能、金融人才缺乏、知名的金融家不多，等等。以上情况严重制约了重庆金融业集群竞争力的提高，因此，提高金融企业的竞争力是提升重庆金融业集群竞争力的根本。

（五）研究小结与政策含义

金融业集群竞争力的来源与提升不仅取决于金融企业的整体竞争力，还取决于区域经济发展的实力以及区域经济发展过程中对资金和金融服务的强大需求，这是金融业集群竞争力提升的基础。同时，政府政策的推动也是金融业集群竞争力提升的重要因素。另外，区域的区位水平、开放水平以及信用水平在金融业集群竞争力中也起着重要的作用。重庆金融业集群竞争力的实证研究表明，重庆金融业有了一定的集聚基础，但专业化集聚程度有待进一步加强，金融业集群竞争力仍需进一步提升。该研究结论所蕴涵的政策内涵是，要强化重庆金融业集群竞争力，就要求：①构建政府指导的、主要通过市场来形成的金融核心区，通过各种措施来改善对金融业的综合服务能力和金融宏观环境；②重庆的金融企业要深化组织体系改革，强化金融机构的管理水平和整体素质，为金融业集群实力的提升提供更好的平台；③将金融业集群与区域金融创新体系建设紧密结合起来，在长江上游区域范围内从金融产业政策转变为金融业集群和区域创新政策，建立以产业集群为基础的金融科技创新平台，形成具有较强创新能力的金融创新网络，并努力整合区域金融资源，消除长江上游地区金融业集群的制度壁垒，推进长江上游地区金融业集群融入全国产业价值链体系中。

第四节　重庆市培育金融核心区：基础与规划布局

众所周知，作为区域金融发展的重点——金融核心区，在区域金融的发展和催化金融业集群中起重要作用，成为反映一个城市区域和空间金融政策方向的关键因素和成为一个金融中心的形象展示。作为我国内陆经济最活跃的地区，重庆推进现代金融核心区的培育及在金融核心区内发展知识密集和资本密集型的现代金融业集群，有利于重庆及长江上游地区经济金融的一体化，有利于抓住国际资本向中国转移的有利时机，提升重庆市产业能级，促进重庆传统产业的升级换代和产业结构的调整，同时也为生产高附加值产品的现代产业的建立发展奠定资本和金融基础。目前，重庆市政府和有关职能部门已经提出要在重庆渝中区解放碑、江北区的江北嘴和南岸的弹子石所在的 10 平方公里左右范围内，进行高起点空间规划，分阶段推进，高标准建设环境优美、设施齐全、功能完善的金融核心区，引导主城区金融机构相对集中布局，并形成功能齐全、国际接轨、辐射力强的金融信息产业功能区、区域金融机构总部区、金融研发区、金融服务中介区、金融配套服务区等若干个金融功能区，进一步把重庆打造成长江上游地区的金融服务中心、资金集散中心、金融信息中心和金融监控中心。这一部分，重点阐述重庆培育金融核心区过程中的一些理论与实践性问题：从概念界定出发，探讨重庆培育金融核心区的重要性、优势劣势以及整体规划布局和发展思路，为下文培育金融核心区之对策措施的提出奠定基础（彭小兵和冯宗茂，2008）。

一、金融核心区：概念及功能

在金融实践中，与金融核心区相关的概念或提法还有金融核心聚集区、中央金融区（CFD）、核心金融区。本书认为，这几个概念其内涵是一致，都暗含着"核心-外围地区"的关系，都是模仿经济学"协同效应"的一种模型。其中，核心区是指研究对象的领域，而边缘区则是指研究对象能影响的领域。"核心"

按增长极理论来理解，它是"增长中心"或"增长区域"，不是一个点，而是有一定尺度的地域范围，表现为高层建筑、紧密的内部商业联系、步行式交通、有限的停车空间和几乎全部利用了的各种场所。基于这样的理解，金融核心区具有组织、指挥、推动周围地区金融发展"领袖"作用，突出强调了其对大区域经济和金融可持续发展的驱动作用，而不仅仅是说明金融布局的单元名称。同时，金融核心区还是一个城市或区域金融资源密度高值区。由于金融发展在时间和空间上是不平衡的，而每个时期，都有适应当时经济技术水平的优势区位，该区位积累了或蕴藏着非常大的"金融势能"（通常是无形的创新能力），吸引了大量的金融机构聚集其中。因此，金融核心区一般选自金融资源稠密地区，成为大银行、金融、保险、贸易公司的云集之地。综上所述，金融核心区通过政府选定和推动并主要由市场形成的、对地区金融发展和经济增长有重大贡献并能带动周围地区发展的重点建设地区；而主要服务业基地、资本富集区和特殊区位等是金融核心区形成的关键因子。

在金融核心区的功能上，首先，依据"扩散理论"（diffusion theory），核心区具有很大的经济势能，因而具有扩散效应，特别是信息扩散。显然，金融核心区在"金融势能"的作用下表现出很强的金融扩散作用。金融核心区一般是信息源地，各种原始或经过加工的信息，由核心区向外围地区扩散出去，对外围地区起着信息渗透作用。其次，金融核心区的创新能力也非常明显。"金融势能"通常的表现是无形的创新能力，在这种势能的作用下，一些金融更为成熟、发达的中央区，具有比其他地区更大的金融创新能力，即金融核心区可以依靠自身进行技术创新或创造性地吸收、消化国外先进技术，并通过信息输出、人员交流等形式，带动周边地区的金融技术和管理的进步。

二、培育金融核心区：必要性和规划布局

（一）重庆金融核心区培育的必要性

1）促进形成金融业集群的需要

金融核心区能充分发挥产业集群内顺畅的互动机制，使金融信息的流通更顺畅，缓和金融机构之间的利益冲突，为金融机构之间垂直或水平的连接创造合作

与信任的空间，推动金融业集群的形成。具体地说，重庆市培育金融核心功能区，既能充分利用多种相关金融机构集聚时所形成的促动效应，利用因此而形成的共同金融资源、金融技术和金融生态环境条件，以及由此产生的政府、教育机构、非金融企业和个人对金融生产要素的投资动力，又能有效利用金融机构集聚的磁性效应，使重庆市乃至整个长江上游地区的经济、金融资源自动远离单打独斗，转向金融业集群中，进而又促进形成、发育金融核心功能区。

2）降低金融交易成本的需要

金融业是服务业中附加值极高的行业，具有信息不对称和明显的外部效应特点。金融业的经营运作，不仅依靠先进的技术和完备的基础设施，也依赖于自身的信用、公众的信任以及外部法制环境的完备。其中，获取公众广泛的认知和信任，必须尽可能减少信用推介成本、增强信息交流。而金融机构在空间布局上的集中并形成核心区域，不仅有利于提升经济总量、共享金融政策优惠和金融基础设施与技术、共受金融传统文化积淀的熏陶，使金融机构自身得到规模经济和专业化经济的效益，而且方便金融监管规范与金融信息交流、共享，进一步改善金融信息流动、提高效率、增加流动性，降低金融交易成本，并产生巨大的集聚效应和辐射效应。世界上最重要的金融中心城市，都有金融机构云集的金融核心区域，如纽约的华尔街、东京的丸之内和新宿、香港的中环湾仔、上海的浦东陆家嘴等。相反，如果不能集成金融核心区并集中提供很好的跨区域的金融服务，那么由于财务成本上升，企业的跨区域投资无法正常进行，效益就会下降。

3）企业发展的需要

实现重庆统筹城乡改革与发展战略目标，壮大企业、发展经济是根本。重庆城市建设、企业跨区域经营、上市公司异地融资等，都对区域内的金融互动提出了越来越迫切的要求。许多企业财团不仅需要银行提供一般性的贷款、存款等传统的金融服务，更要金融核心区域集中为其提供跨区域的结算、咨询、理财、保险、证券、财务顾问、担保、投资银行以及其他全方位的金融服务。这种被称为"量身定做"的"一站式"服务方式已经成为国际金融服务的主流。因此，培育并建设金融核心区，既是以客户业务范围为基础、按照经济区域划分选择客户并实现区域内的金融互动的现实需要，也是重庆和长江上游地区内企业实现金融和经济信息资源的共享以及企业诚信、经济和金融发展的等方面数据共享的现实需要，对于打破因行政区划、金融监管和金融机构内部垂直管理所造成的金融资本的割裂状况，都具有积极现实意义。

4）世界趋势和国际潮流

发展现代服务业集群，发展金融机构和金融组织集群的金融核心功能区，也是一种世界潮流和发展趋势。金融核心区发轫于20世纪70年代，代表着国际大都市CBD功能结构的提升。现代金融服务业集群的金融核心区，主导着国际大都市CBD的发展，决定着城市和地区经济的繁荣及其国际竞争力的高低。以美国纽约为例，在曼哈顿，总面积约58平方公里，占纽约市总面积的7%，人口150万人。但它的经济增长量占纽约市的82%，地产估价约占纽约地产总额的53%。曼哈顿的华尔街金融区，集中了大银行、保险公司、交易所及上百家大公司总部和几十万就业人口，是世界上就业密度最高的地区。单证券、商业经纪和交易业的就业岗位就增加到129 000个，银行业的就业岗位超过65 000个，还集聚了金融研究部门、专业团体、房地产事务所、广告公司等，并带动了商业服务业。

5）满足统筹城乡建设对金融需求的要求

特别地，重庆都市经济圈的形成与辐射型发展，以及统筹城乡建设对金融的强烈需求，都对金融核心区的形成与发展提出了迫切的要求，也增加了金融核心区培育的重要性和紧迫性。重庆城乡统筹发展的基本思路可以用"一圈两翼"发展战略来概括。实施这个战略，需要城乡统筹地推进产业合理布局和产业结构升级、促进区域经济协调发展和城乡二元经济结构转换，实现城乡金融资源优化配置和强化金融产业的风险规避。显然，由于培育和建设金融核心区，有利于金融机构错位竞争，实现联动发展，提升整个地区的金融服务业层次和档次，进而也就推进了重庆统筹城乡产业合理布局和产业结构升级。

总的来看，培育重庆金融核心区，既是金融业和企业自身发展壮大、不断增强市场竞争力、强化金融业集群的现实需要，也是促进重庆经济社会发展、构建和谐重庆不可或缺的重要内容。

（二）重庆金融核心区的空间布局

金融核心区是重庆长江上游地区金融中心的内核和形象展示。目前，位于重庆市主城区的解放碑周边至朝天门、江北嘴周边和弹子石组成的"金三角"一带，约10平方公里的范围内，是金融业发展条件最好、基础最雄厚的地区，这里汇聚了源源不绝的人流、物流、资金流和信息流，具有把解放碑"十字金街"建成"重庆的华尔街"、把江北嘴建设成"重庆的陆家嘴"的潜力。该金融核心区的具体布局（以下称重庆金融核心规划区）是规划中的重庆CBD——解放碑商贸中心区、江北城商务中心区和弹子石滨江地带功能配套区。

按这个布局来规划重庆的金融核心区，在总体上呈现出中心性、整体协调性、相对独立性、动态发展性和金融文化传承性等特征；它既是一个地理空间范围，又是社会空间范围。就地理空间范围而言，金融核心区一般会被人为地划定或限定在城市一定的区域中，以人为划定的边界形成相对独立和完整的系统；而就社会空间范围而言，金融核心区同时又是一个特殊的社会空间区域，是在市场经济下组成的金融机构、人和工商业、经贸交往的聚落群体，除了建筑实体的反映外，金融核心区在某种程度上也是城市居民人文精神的体现，反映了城市的社会、经济、金融、政治与文化的核心内容。

三、重庆培育金融核心区的优势与限制条件

（一）金融核心规划区的金融核心优势

目前，重庆正在致力于建设长江上游地区的金融中心，其作为区域性金融中心的基本框架已经成形，由证券、外汇、货币、期货、资金等市场组成的跨区域性金融市场体系基础已经奠定，并正在不断吸引中外金融机构将总部设在重庆。随着这些金融市场规模实力、技术水平、集聚力和辐射力日益加强，重庆培育和发展金融核心区也日益可行。总体上看，金融核心规划区的金融发展呈现出以下优势，并表现出强烈金融服务集群优势，具备培育并建设金融核心功能区的潜力：

（1）高层次金融机构汇集，金融业集群明显。前已论及，该区域已经初步形成了以中国人民银行重庆营业管理部、金融监管机构在渝派出机构为核心，国有和股份制商业银行重庆市分行为主体，各家证券公司、保险公司和票据（专营）机构等其他金融机构共同发展，会计师事务所、评估公司等金融中介机构协

同参与，功能辐射全市及周边地区的金融组织体系。

（2）金融业务总量绝对占优，金融市场辐射作用突出。目前，金融核心规划区金融机构的高度集聚、金融市场的快速发展、金融辐射能力的不断提高，成为重庆市的金融业务中心。金融市场的发展除了是指金融市场规模的扩大外，还更多的表现在金融市场整体效率的提高和金融市场影响地区经济生活程度的深化与对周边区县经济发展水平的促进。从整体上看，无论从汇集金融机构的层次，还是汇集金融机构的数量来看，或者金融市场发展情况来看，规划区域已经初步奠定了重庆金融核心区的基础。各金融中介机构与金融机构之间分工合作，业务交融，共同形成金融业良性发展的有力支撑。

（3）重庆也具备了支持金融发展的商贸、环境、交通优势。与金融业发展密切相关的商贸、写字楼、交通基础设施、生态环境、交通等，是培育金融核心区的重要环境支撑。目前解放碑—江北城—弹子石片区具有良好的地理位置优势和重庆市重要的商务和商贸中心，基本上具备了金融核心区的发展条件和交通要件。

（二）培育金融核心区的限制条件

当然，与国内外较发达地区金融城市相比，重庆金融业发展情况还存在一定差距，影响了金融核心区的培育与发展。目前，重庆金融业整体发育程度不高，金融核心规划区金融结构不平衡，这是重庆培育或打造金融核心区最严峻的挑战；而金融产品单一、创新能力不强、金融业发展的政策支撑不够等，也是重庆在打造金融核心功能区过程中必须予以重视并得到解决的难题。

（1）认识、观念的问题制约金融核心区培育与发展。与我国市场经济发展进程和金融体制改革进程相对应，在过去相当长的历史时期，政府以及各个公共管理主体，甚至各金融实体部门对金融产业存在认识不足，金融产业一直仅被当作社会服务行业对待，处于社会产业的边缘地带。由于认识的偏差，金融产业的发展严重缺乏系统规划，从而造成金融产业运行无序，各种结构性、体制性障碍层出不穷，进而影响了金融核心区的培育。培育金融核心区，必须认识到金融产业所经营的对象是货币、资金、资本，这就使其在具备其他产业共同特征的同时，具有其他各产业的广泛需求、依赖其他各产业生存的特性。金融产业与其他产业相互制约、相互促进：金融产业是其他产业发展的支柱，其他产业是金融产业发展的前提和基础；金融产业发展要依靠其他产业提供闲置资源，同时也提供市场需求；其他产业要依靠金融产业的发展和其所提供的金融产品与服务来推动和完成自身的产业生产与升级。

（2）经济一体化程度不高，延缓了重庆培育金融核心区的步伐。金融核心区的培育需要一个一体化的经济发展环境，也只有这样才能使金融业的集聚和辐射效用最大化。重庆地区由于行政区域广阔，发展极不平衡，各行政区域经济发展水平差距巨大。经济区域内的城乡二元经济结构特征明显，一元化发展举步维艰。加之长江上游受地域影响，各方面发展都依附于行政区域背后的行政壁垒，受地方利益驱使使重庆地区经济发展始终没有跳出以行政区域经济为主体的发展模式。各地区由于实际发展状况的不同，地区"利益差异"明显，缺乏横向互动，再加之经济利益主体多元化，各项政策措施适用范围有限，培育金融核心区缺乏后备力量。

（3）重庆经济发展水平较低，影响着金融核心区培育。经济决定金融，金融反作用于经济；金融内在于经济，经济又融合金融。金融与经济的相互融合与渗透使金融扩散于经济，金融成为经济本身，成为现代经济的核心。金融核心区是金融产业化发展的一种高级形态，其必然要依赖于现代经济发展。作为我国老工业基地之一，重庆国有企业分布集中，国有企业数量多，但包袱沉重、冗员过多、机制不活、效益低下。同时，非公有制经济发展滞缓，特别是具有较强竞争力的民营企业过少，外资企业不多。与东部的上海、广东、江苏、浙江等地相比，重庆通过上市筹集到的资金份额非常低。没有丰富的金融业务量作支持，金融核心区的培育就没有了现实依据。重庆经济发展水平限制了金融机构规模和金融业务扩张，也就制约了金融核心区的培育与成长。

（4）重庆现有金融组织体系、金融市场体系和金融交往体系的缺陷制约了金融核心区的培育。要建设重庆金融核心区，就要促进重庆金融企业与金融市场协调发展。但是仍存在一些问题：①在金融组织体系方面存在诸多不利因素。如国有银行绝对垄断，非国有金融机构弱小、缺乏有效竞争力和效度，金融产品和金融服务与国民经济发展的需求不相适应、影响国民经济的发展；与重庆市经济发展的要求相比，重庆市从事信贷业务的金融机构数量太少，实力不强，造成资金存量不足，也使得他们还不具备为区域内大型项目进行融资的能力；重庆没有足够的金融机构吸收境内和境外的资金，也就不能满足重庆市经济快速发展和产业结构升级的巨额信贷资金需求；同时金融分支机构多，法人机构少，使得金融机构在业务审批、信贷权限、产品创新、资金调配等方面的自主权都受到限制；再加上总分行制的组织特征又使得发展资金大量外流，不能为重庆金融业提供强大资金支持，延缓了重庆地区金融业的发展，进而阻碍了重庆地区金融核心区培育的速度。②金融市场的整体状况不完善。重庆的信贷市场、货币市场、资本市场和保险市场发展程度不高，重庆既没有全国性的金融交易市场，也缺少区域性的综合金融交易市场，在一定程度上限制了重庆金融业的集聚和辐射能力的发挥；成熟的金融市场是金融核心区培育的基本条件，现代金融中心大都以发达的金融市场作为标志，但重庆金融市场的产品还不丰富，现阶段金融市场产品功能定位过于狭小，不能满足重庆经济的发展要求，各项建设所需资金短缺，延缓了重庆实行跨越势发展的步伐；再加之重庆地区金融垄断特征明显，重庆金融市场的竞争机制还没完全建立，极大地削弱了优胜劣汰的生存法则，影响了重庆金融机构的整体水平，恶化了金融体系。③金融机构联系不足。目前，金融企业之间以垂直联系为主，水平联系不足。证券、期货、产权、同业拆借市场等多种类型的市场组织和银行、保险公司、信托投资公司、证券公司、基金公司，产业集聚力已初步显现，但各金融企业的垂直联系较为紧密，且作为地区分部其决策能力弱，在经营决策、人员配置等方面受重庆以外的母公司、总行或总部直接控制，而与该地同行金融企业的水平联系少，金融机构自主创新的空间较小，金融企业创新网络尚待建立。

（5）金融生态环境滞后，阻碍了重庆金融核心区的形成与发展。金融生态环境是金融业赖以发展的外部环境，金融生态环境的发展水平直接影响到金融业的发展，进而影响到金融核心区的培育。前已论及，从中国社会科学院2006年关于全国城市的金融生态环境综合评价指数来看，重庆金融生态环境与全国总体水平相比较仍然处于较低水平。基于第四章的研究，金融生态滞后主要表现在：①金融人才缺乏。金融业是以人为中心的知识密集型产业，金融人才对金融业起着至关重要的作用。一个新开业的银行，是否具备了合格的高级管理人员就成了关键问题之一。世界各国在对银行市场准入规定中，特别重视拟任职的高级管理人员的资格和水平，几乎都对拟任职的高级管理人员的资格提出具体要求，包括规定银行的董事长、总经理、总会计师需要的金融专业知识的水平或学历、需要从事银行业实际工作的时间长短、个人的商业信誉或良好的从业记录等。但从重庆地区金融人才的学历层次和业务能力来看并不十分理想，缺乏具有一定实战经验的高层次人才，金融企业缺乏创新，金融产品和服务与发达地区存在巨大差距。②缺少有利的金融法制环境。法制环境是金融生态环境中的核心因素，完善的法律可以有效保护债权人、投资人的合法权益，打击金融违法行为，树立诚信意识和道德规范。在这方面，重庆与全国都存在一些共性问题。我国金融机构在司法维权中存在执行难、变现难、诉讼费用高等问题突出。而对重庆来说，金融依法保全债权难，挪用客户资金、利用虚假信息骗取贷款等不良行为层出不穷，少数企业借改制之机，悬空、逃废金融债务。同时对金融违法犯罪行为的有效打击是金融生态环境自我调节、自我净化机制的基础。但现行有关国家法律法规尚不能满足打击金融犯罪行为的要求。金融法制问题是导致重庆金融一度风险高发的一个根本原因。金融法制的不完善，导致金融监管的滞后，使得金融机构纷纷陷入粗放经营、违规经营的泥潭。③诚信环境问题。政府、企业、社会居民的诚信意识都比较淡薄，逃废金融债务、恶意欠债的情况时有发生。千方百计利用各种违法手段骗贷，大量转移金融资产的现象还存在。信用中介服务行业的市场化、规范化还不够，社会信用体系标准化建设有待加强，信用监督和失信惩戒制度有待健全。吸引更多的金融资源，还需树立良好的区域诚信形象。④行政体制问题。行政体制是金融核心区培育的重要环境因素，重庆是个内陆城市，金融产业和金融核心区的培育发展离不开政府部门的推动。我国由于过去长期处于计划经济体制管控，市场经济体制在我国虽已建立，但还存在许多不完善、不合理的地方，同时旧有体制对现行体制仍有不小影响，行政决策不科学、行政手段过于简单化、司法与行政未完全分离等问题仍然突出。银行等金融机构的高不良资产率主要由于直接或间接受行政体制的影响。⑤金融基础设施滞后。如技术设备质量差、设备落后、不适应形势发展的要求。近几年金融系统发生的犯罪活动和案件，不仅集中反映了社会治安形势的严峻性，而且反映了因金融设施不完善、不健全，而造成安全保卫工作存在严重隐患的问题。金融从业人员自身的现代化管理水平、操作水平不高，影响金融运作的效率和绩效。要重视金融业的基础设施建设，加大金融设施投入力度，以适应现代化金融核心区的发展需要。⑥市场中介组织不健全。金融核心区的培育，还需要各种金融中介服务机构辅助，如市场调查、技术咨询、资产评估、会计、法律、职工培训等。重庆地区中介组织的发展速度缓慢，缺乏各种金融合作与信息沟通平台，缺乏科学合理的技术培训、技术支持的服务能力。如银行信贷中介服务体系不健全、服务不规范造成中小企业的融资问题始终得不到有效解决；行业协会在金融中介服务中没有起到很好的机构联结作用，信息不能共享；信用担保机构很少、品种单一、风险分散机制不健全，信用担保机构风险较大，或缺乏专门的资信、项目评估等中介机构，使得信用担保机构无法发挥应有的作用。

四、重庆培育金融核心区的基本思路

（一）建设目标

重庆金融核心区的培育目标是，把解放碑—江北嘴—弹子石一带建设成辐射长江上游地区、面向全国的，与重庆长江上游地区经济中心、长江上游地区金融中心相匹配，成为西部重要增长极和统筹城乡建设的重要支撑的中央金融区，成为资金密集、市场完善、交易活跃、信息通畅、功能齐全、环境优美的长江上游地区国际化的金融中心区，成为资本的聚集地、配置地、发散地，成为吸引、集聚金融企业、金融中介组织和高层次金融监管机构的金融组织发育中心，成为证券市场、信贷市场、保险市场、信用市场等金融市场的培育中心以及地区金融财税资源的优化配置中心，是区域性金融风险的预测、防范、化解基地。

（二）发展思路

金融核心区是重庆金融保险等服务业集聚区域，是金融业集群的土壤和温床。为实现金融资源最充分集聚、金融功能最充分发挥的目标，其发展思路是：继续完善金融核心功能区的整体规划，整合规划区的金融资源，与其他周边区县联动发展，发挥核心功能区的辐射带动作用，使之成为带动区域经济发展的重要引擎与促进重庆市和长江上游地区金融产业发展的重要平台；同时，强化金融产业服务功能，吸引更多的国内外金融机构和大型企业总部入驻，做好使重庆成为长江上游地区的金融决策监管中心、金融资产管理中心和金融信息汇聚中心以及国际交流中心的各项建设服务。

Part Three

第三篇　要素市场篇

- 金融要素市场
- 金融要素市场对经济增长的贡献与作用
- 农村金融要素市场的培育模式
- 村镇银行的市场定位及市场运行

第七章

金融要素市场理论：相关研究

第一节 金融要素市场的概念分析

一、金融要素市场：内涵剖析

远在金融要素市场形成以前，信用工具便已产生，它是商业信用发展的产物。但是由于商业信用的局限性，这些信用工具只能存在于商品买卖双方，并不具有广泛的流动性。

随着商品经济的进一步发展，在商业信用的基础上，又产生了银行信用和金融要素市场。银行信用和金融要素市场的产生和发展反过来又促进了商业信用的发展，使信用工具成为金融要素市场上的交易工具，激发了信用工具潜在的重要性。在现代金融要素市场上，信用工具虽然仍是主要的交易工具，另外，具有广泛流动性的还有反映股权或所有权关系的股票以及其他金融衍生商品，它们都是市场金融交易的工具，因而统称为金融工具。

一般的，金融要素市场是指资金供应者和资金需求者双方通过金融工具进行交易而融通资金的市场。或者广而言之，是实现货币借贷和资金融通、办理各种票据和有价证券交易活动的市场。金融要素市场主要包括货币市场和资本市场，是资金融通市场。所谓资金融通，是所有金融交易活动的总称，指在经济运行过程中，资金供求双方运用各种金融工具调节资金盈余的活动。在金融要素市场上交易的是各种金融工具，如股票、债券、储蓄存单等。

由于金融要素市场对经济活动的各个方面都有直接的深刻影响，如个人财富、企业经营、经济运行效率，都直接取决于金融要素市场的活动。因此，金融要素市场是建设金融中心非常重要的一个组成部分。屠光绍（2008）就认为国际金融中心建设核心是金融要素市场体系建设。另外，金融要素市场建立以后，大量的资金流出流进带来巨大的交易量，并产生大量的价格、信号以及信息。因此，金融要素市场的发展，对一地区的金融业和金融机构的发展都是很好的市场支持。

目前，国家级金融要素市场主要分布在北京、上海和深圳。建设长江上游地区金融中心，重庆也要建设一批区域性金融要素市场。在《国务院关于推进重庆市统筹城乡改革和发展的若干意见》中，国务院明确提出支持重庆金融要素市场的建设与发展，如支持在重庆设立全国性电子票据交易中心、在重庆设立全国场外交易市场（OTC市场）、支持期货交易所在重庆设立当地优势品种的商品期货交割仓库、支持在重庆设立以生猪等畜产品为主要交易品种的远期交易市场等。当前，在建立全国性电子票据交易中心方面，重庆市政府金融工作办公室正在加强与中国人民银行重庆营业管理部及中央银行的对接沟通，加快技术、资金、人才、管理等各项准备工作；在OTC市场建设方面，重庆市政府金融工作办公室与重庆证券监督管理委员局成立专门的工作小组，积极对接中国证券监督管理委员会和深圳交易所，开展各项筹备工作。在畜产品远期交易市场建设方面，重庆市商业委员会正在牵头加快以生猪为主的畜产品远期交易市场的建设，争取早日开业运行。

二、金融要素市场的基本分类

金融要素市场的构成十分复杂，它是由许多不同的要素市场组成的一个庞大体系。中国首部推进国际金融中心建设的地方性法规明确金融中心的核心要素是证券、期货、黄金、产权等完备的金融要素市场（《上海市推进国际金融中心建设条例》，2009年月1日起实施）。

一般来说，根据金融要素市场上交易工具的期限，可以把金融要素市场分为货币市场和资本市场两大类。货币市场是融通短期资金的市场，资本市场是融通长期资金的市场。货币市场和资本市场又可以进一步分为若干不同的子市场。货币市场包括金融同业拆借市场、回购协议市场、商业票据市场、银行承兑汇票市场、短期政府债券市场、大面额可转让存单市场等。资本市场包括中长期信贷市场和证券市场。中长期信贷市场是金融机构与工商企业之间的贷款市场；证券市场是通过证券的发行与交易进行融资的市场，包括债券市场、股票市场、基金市场、保险市场、融资租赁市场等。鉴于上面的分析，可以把金融要素市场的分为证券市场、货币市场、外汇市场、黄金市场、期货市场、保险市场、产权市场等。

当然，这些要素市场又可以进一步细分下去，如重庆已经和正在培育、打造的四大金融要素市场——重庆联合产权交易所、重庆农村土地交易所、OTC 市场、畜产品远期交易市场，它们共同打造重庆资本市场"第四极"，加速了重庆形成多层次的资本市场体系。

三、金融要素市场的功能

金融中心建设核心是金融要素市场建设（屠光绍，2008），没有一个发达的、健全的和富有弹性的金融要素市场的体系，发展金融业，包括发展金融机构就没有一个市场的支持。金融要素市场在市场体系中的这种特殊的地位，加上该要素市场具有明显不同于其他市场的运作规律和特点，使得这个金融要素市场具有多方面功能，其中最基本的功能是满足社会再生产过程中的投融资需求，促进资本的集中与转换。但具体来看，对于区域金融体系构建以及长江上游地区金融中心的建设，金融要素市场具有以下三方面的功能：

（1）金融要素市场的价格信息传递功能。金融资产的价格除了显示资金的稀缺性（价格）和风险分析外，更重要的是显示了资产的信息集成。一个竞争性的、有效的金融要素市场是一个非常独特的信息整合场所，具有极为重要的信息处理、信息显示和信息提取功能。单个投资者所拥有的私人信息可以反馈到价格之中并利用价格进行传递和整合。金融资产价格反映了大范围内投资者的投资选择。因此，对投资者而言，资产价格对如何更有效地增值保值提供了多种观点反馈的一个平台，而金融要素市场提供的信息将逼近资产的真实信息集合和资产真实价值。这种信息显示的有效性为社会融资提供了经济基础。

（2）金融要素市场的流动性功能。关于流动性的界定，一个最直接、最基本的观点就是指资产的变现能力。现代金融发展理论认为，金融中介和金融要素市场存在的一个最主要因素就是其能为参与者提供较好的流动性，满足其流动性需要。

（3）金融要素市场的联系纽带功能。在整个市场体系中，金融这个要素的市场是市场体系的最基本组成部分之一，是联系其他市场的纽带。无论是消费资料、生产资料的买卖，还是技术和劳动力的流动，其交易活动都要通过货币流通和资金运动来实现，离不开金融市场的密切配合。

（4）金融要素市场的风险分担功能。金融要素市场通过其特有的风险分担机制大大减少了单个投资者的投资风险，从而缓解了风险厌恶所导致的融资约束。金融要素市场的风险分担机制主要表现为金融要素市场将多个分散的投资者集合起来投资于一个项目，使得该项目的投资收益和投资风险由众多的投资者共同分担，从而减少了单个投资者的投资风险。另外，金融要素市场还允许投资者构建不同的资产组合来分散不同投资项目的风险，提供了期权、期货等众多的金融衍生产品来帮助投资者对冲风险。

（5）促进金融中心建设的功能。对重庆来说，如果在建设各层次符合重庆市情的金融要素市场方面取得突破性进展，不仅会产生巨大的交易量，为重庆市增加大量税收，带动 GDP 增长，还能带动相关金融机构发展和产业增长，吸引金融人才来渝，增强重庆金融业的集聚和辐射能力。更重要的是，金融要素市场建设的突破，将大大加快重庆建设长江上游地区金融中心的进程。

第二节　国外金融中心金融要素市场发展的经验借鉴

一、国外金融中心金融要素市场的发展：一个概况

早在 19 世纪，随着欧洲及北美国际贸易和国际投资的发展，对金融服务的跨国需求开始增加。国际性的融资、保险、外汇交易活动的规模在欧洲一些大城市如巴黎、柏林，及美国一些城市日益扩大，尤其是集中于占地 2.6 平方公里的伦敦城。从 20 世纪开始，随着国际分工的深化和世界大市场的形成，国际贸易与投资在世界许多地方渗透，国际金融活动也在世界一些主要地区相对集中，这

导致一批地区性和全球性国际金融中心的出现。

20 世纪 70 年代之前，只有少数国家如美国、瑞士，对外开放其金融市场。欧洲许多国家金融对外开放度并不大。国际金融中心此时处于缓慢发展阶段。70 年代以后，随着许多发达国家开放资本账户和金融创新的日新月异，跨国投资、融资规模迅速扩大。在这一时期，除了原有的、自然发展起来的国际金融中心，如伦敦、纽约、巴黎、苏黎世、法兰克福等开始迅速扩张外，在政府推动下又建了一批国际金融中心，如新加坡、巴林、巴哈马、开曼等。同时在较为自发的状态下，东京、中国香港等国际金融中心也开始崛起。因此，到 80 年代，国际上已开始形成多元化、多层次的国际金融中心。

20 世纪 90 年代，一些亚洲国家城市如曼谷、马尼拉、吉隆坡等也开始致力于成为地区性国际金融中心。90 年代以后，国际金融自由化发展迅速，同时金融自由化又使衍生金融业务快速增长。根据巴塞尔银行的报告，从 20 世纪 80 年代中期到 90 年代初，全球境外资产增长了近 1 倍，而衍生金融业务交易量却增长了近 10 倍；从 90 年代初期到中期又增长了近 9 倍。金融自由化的发展尤其是衍生金融业务的快速膨胀，要求国际金融中心要有先进完备的基础设施、高素质的金融人才以及科学规范的管理制度，而这些条件只有那些经营金融业务历史悠久、实力强大的金融中心才具备。至于发展中国家的一些金融中心如巴哈马、开曼等在这些条件方面显得先天不足，所以衍生金融业务的开展使这些金融中心受到冷落乃至消失，大量的金融业务重新回到几个大型国际金融中心。根据国际货币基金组织的统计，从 20 世纪 70 年代中期到 80 年代中期，离岸金融市场的资产和增长率均为 16% 左右，而 80 年代中期到 90 年代中期，两者的增长率均下降为 10% 左右，其中一些金融中心如巴哈马还呈现负增长。相反，最老牌的国际金融中心——伦敦拥有 18% 的全球银行借贷额、33% 的全球外汇交易额、60% 的全球股票成交额，以及决定世界黄金价格的黄金市场和世界第二大金融期货市场。与之齐名的还有美国的纽约和日本的东京。据统计，目前外汇交易量的 60%、国际银行贷款的 40%、国际债券发行的 30% 以上集中于这三大国际金融中心。作为国内的金融中心，金融要素市场在上海的集中度非常高（罗新宇，2004），金融要素市场体系的构建上已经基本具备国际金融中心的要求，这是上海国际金融中心建设的最大优势，但是某些要素市场在规模上还有一定的欠缺。

基于上面的阐述，可以发现国际金融要素市场经历由单一向多元发展，基本形成了一个由股票、债券、货币、外汇、商品期货、金融期货、黄金、保险等构成的多层次金融市场体系，并且金融机构进一步集聚，金融产品创新步伐加快，金融生态环境进一步优化。由此可见，金融要素市场的培育和完善是建设金融中心的重中之重。

二、金融中心建设中培育金融要素市场的经验借鉴

纵观国际金融中心成长历程，我们能从中发现一些金融中心金融要素市场深化的规律：①强大繁荣的经济基础。包括大规模的经济腹地、快速的经济和贸易增长、健康活跃的经济体系。强大繁荣的经济基础，能保证腹地对金融中心形成巨大资金需求和供给。②发达健全的金融体系和源源不断的金融创新。金融市场规模大、体系完善、品种多样，能保证金融中心的健康发展、规模经济和专业化效率。而金融创新能保证其金融活动更有效率，不断创造最新技术、制度、管理和金融产品，保证金融中心获得创新利润。③开放自由的经济体系。经济市场化和外向度高，生产要素和产品的流动自由，商务活动公平、稳定，使进入金融中心要素和产品能得到最有效的配置和利用。④透明适度的法制监管。规则的健全、条例的简明、监管的适度、管理的公正，既能有效吸引外资企业，又能维护金融秩序。⑤先进配套的服务也非常重要，包括便捷的交通通信基础设施、健全的金融中介服务组织。⑥金融要素市场体系的健全和完善，不仅包括上海金融要素市场的规模和数量，更重要的是金融要素市场的结构和功能，所以，围绕深化金融要素市场体系在结构和功能方面的建设，除了不同要素市场之间的结构关系，还要进一步在完善、深化市场功能和作用方面下工夫，既要深化这个市场的改革，同时还要扩大这个市场体系的开放。

总而言之，一个具有完备的金融要素市场的金融中心应该包括货币市场（同业拆借市场、回购协议市场、票据市场、大额可转让定期存单市场、短期政府债券市场等）、资本市场（股票市场、债券市场、基金市场、保险市场、融资租赁市场、金融衍生工具市场等）、外汇市场和黄金市场等要素市场，并实现这些要素市场有重点但又协调均衡的发展。因而，金融中心形成过程，也是金融要素市场不断完善的过程。金融中心金融要素市场的培育和完善要以金融市场体系建设

为核心，以金融创新、金融发展的和优化金融发展环境为重点。为此，需要充分发挥金融市场体系的服务、辐射和带动功能，完善市场结构，深化市场改革，扩大市场开放，加快集聚更多的金融资源，提升金融服务水平，进而不断完善金融要素市场，促进金融中心的建设。

第三节　金融要素市场对金融中心形成的作用机制

黄蓉（2007）在"国际金融中心评价指标的实证分析"一文中指出：金融中心的存在不仅在于其经济体的强大程度，以及当地宽松的制度环境，也许其重点更在于金融中心应该有能力提供金融的专业化服务，具有完备的金融市场，使金融机构在金融中心所在地可以获取在其他地方不能获取的利益。因此，欲拥有金融中心的地位，就应当重视金融要素市场的发展：在大力发展金融产业，提高金融部门产值的贡献率的同时，加快金融要素市场的建设，构建多层次金融要素市场体系，提高金融市场容量。显然，金融中心形成的过程，也是金融要素市场不断完善的过程。

但问题是，既然完善金融市场要素是金融中心建设的核心（屠光绍，2008），那么金融要素市场在金融中心形成过程中究竟发挥怎样的作用？金融中心的形成需要怎样的金融要素市场？

一、基于国际金融中心形成模式的视角

从金融中心形成过程的视角可以分析这种作用机理。根据西方发展经济学的理论，金融体系的产生有两种途径，分别为需求反应和供给引导。与之相对应，前已述及，国际金融中心的产生也有了两类不同的模式，即自然形成模式和国家（地区）建设模式（表7.1）。

自然形成的国际金融中心是指在需求反应金融体系的产生与发展过程中逐步建立起来的金融中心。其主要途径是：经济增长（决定）→金融市场发展（决定）→金融制度变化（决定）→金融供给变化（催生）→金融中心形成。这类国际金融中心的产生模式可称为自然形成模式，典型的有伦敦与中国香港。以伦

敦国际金融中心为例，其产生即为经济发展所导致的金融供给变化的结果。17世纪末 18 世纪初，伦敦是英国的国际贸易中心，英国进口商品的 80% 与出口商品 70% 都是经由伦敦进出的。贸易的发展引起结算与融资的需要，大小银行相继产生并有很大的发展。而伦敦货币市场由此兴起，票据贴现活动尤为活跃，到英法战争结束之后，伦敦利用国际汇票这一机制发展成为对世界贸易进行融资的一个中心。另外，政府战争借款的需要刺激了银行业务的参与并发展了证券市场。到第一次世界大战前夕，随着英国成为世界上最重要的国际贸易大国，伦敦超越当时的阿姆斯特丹，确立了其作为世界上最主要的国际金融中心的地位。

表 7.1 金融中心形成的模式

特　点	自然渐进模式	政府推动模式
目标任务	与经济发展相联系	带动经济与金融的发展
作用发挥	被动式的反作用	主动、积极、目标明确
政策取向	自由度和开放度高	干预程度高
发展动力	经济发展自然形成的原动力	人为制定政策产生的推动力
例子	伦敦、纽约、法兰克福	新加坡、巴林等多数新兴经济体金融中心

注：按金融中心形成过程模式分类比较。

金融体系产生的另一途径是供给引导。其金融体系并非经济发展到一定阶段的产物，其产生和发展具有一定的超前性，是通过国家或地区有关部门的人为设计、强力支持而产生的。金融体系的超前产生和发展刺激了经济的发展，对经济发展能有先导作用，即供给刺激需求，而不是靠需求引发供给。而在刺激经济发展的金融体系的变动中，金融制度的变化又处于先导作用。在供给引导的途径中产生的国际金融中心，是一国或地区有意识建设的结果，其产生模式称为国家（地区）建设模式，典型的有东京与新加坡。在这种模式下，金融业的国际化带动国内金融业的发展，进而促进经济各部门的发展；国际金融业与国内金融业及国内经济其他部门的发展在此基础上产生互动效应，最终产生了国际金融中心。

从表 7.1 的金融中心形成过程中可以看到，无论是自然形成模式还是国家（地区）建设模式，金融中心的成长过程也是金融要素不断丰富和完善的过程。完善的金融要素市场结构、规模空前的成交量，是一个国际金融中心所必须具备的。一个成熟的金融中心，其市场结构需要非常完善，资本市场、货币市场、保险市场、票据市场、期货市场、外汇市场、黄金市场和衍生金融工具市场充分发育，这有利于发挥金融中心的规模经济与集聚效应，扩大金融中心的辐射深度与广度。另外，国内外金融机构的大量聚集，金融中介服务体系发达，也是金融中心成长的必不可少的条件之一。如伦敦国际金融中心光外资银行就有 500 多家，纽约有 380 多家。只有多元化市场主体的存在，即多层次、多元化的金融要素市场的形成，才能促进各金融主体的竞争，不断进行金融品种的创新，提供多元化的金融服务，充分发挥金融中心的集聚效应。

二、基于金融市场体系的要素建设视角

上述分析表明，金融要素市场是通过需求反应和供给引导相结合的作用机制对金融中心的发展起影响作用的。进一步地，由于金融中心是拥有包括政策银行、商业银行、投资银行、保险公司、信托公司、证券公司、租赁公司、证券交易所、期货交易所等多门类在内的金融机构系统，因此，一个金融中心的金融要素市场的特征，不仅有完善的服务功能，还有足够的承受能力。这样，从市场体系的要素建设视角上看，完善的金融要素市场，意味着：①金融市场上金融工具、金融品种的深化以及市场深度的丰富；②金融市场参与主体的扩大和市场容量的增大——有更多的市场参与者，有境内外的更广泛的市场参与者；③金融市场体系的平衡发展、各个要素市场的平衡发展，以及市场参与者的平衡交易（如发展机构投资人）；④金融要素市场对外开放的积极推进；⑤金融市场的服务体系更加完整和健全（包括各类的服务、金融市场的中介服务的建立和健全）；⑥金融市场的规范和符合国际惯例；⑦种类齐全的金融机构服务体系、多样化的金融产品和金融服务创新，进而为发展小额贷款公司和股权投资企业提供良好的基础。

上述七个方面，是形成公认的金融中心的前提和基础，也是一个成熟金融中心的能力、力量、魅力和完善的"人格"的体现。推动金融要素市场的建设与完善，就促进了金融中心的形成和发展。

第八章

重庆农村金融要素市场培育研究

农业问题、农村问题、农民问题，即是中国大江南北耳熟能详、颇具中国特色的"三农"问题。"三农"问题的解决，是我国迈向现代化进程中的难点，也是长期以来我国政府工作的重点。2004~2009 年，连续六年的"中央一号文件"都事关"三农"问题，但是，直到今天，解决"三农"问题依然困难重重。重庆是一个有着 3 100 万人口的大城市带大农村的特殊直辖市，其中农村人口占三分之二强，突出的"二元"结构是制约重庆市经济社会发展的体制路障。统筹城乡的改革与发展，就必须要从根本上解决"三农"问题。解决"三农问题"，即促进农业发展、繁荣农村经济、增加农民收入，重要的措施包括优化农村的资源配置、培育或完善农村的要素市场、推动农村剩余劳动力的转移。而所有这些问题的解决都有赖于农村金融的发展，离不开财政与农村金融的支持（童伟，2005；周萃，2007；谢利，2009），都符合"三农"问题产生的金融逻辑。在《中共中央国务院关于 2009 年促进农业稳定发展农民持续增收的若干意见》（2009 年"中央一号文件"）中提出了 28 项措施，其中"增强农村金融服务能力"就被放在了非常重要位置。事实上，农村金融问题的根源是政府办金融以及过度管制，在组织体系、产权模式、服务方式以及监管政策等方面不适合农村特点；因此，使金融有效支持"三农"，需着眼于构建一个竞争性的农村金融市场，以商业金融为主导，合作金融参与，资金能够回流，国家政策支持引导（李勇，2005）。显而易见的是，作为统筹城乡改革与发展的金融支撑，建设长江上游地区金融中心必须高度重视农村金融改革与发展问题。本章，首先重点研究重庆市农村金融要素市场的基本状况和培育模式，其次分析重庆农村金融发展的制度性约束，最后，作为建设和完善农村金融要素市场的一个具体内容，本章在深刻剖析村镇银行现状的基础上，深入研究重庆村镇银行的市场定位和运营模式。

第一节　重庆农村金融要素市场的现状

农村金融受农业经济和农业产业结构的影响和制约，因此，农村金融要素市场并不及城市金融的体系庞大和结构复杂。但是，农村金融是市场经济的重要组成部分，农村金融要素市场是社会主义市场体系的重要构成部门，农村金融发展及农村金融要素市场体系的完备，对农村经济社会发展、"三农"问题的解决和统筹城乡金融改革与发展，具有重要的意义。不过，通常能涉及的较为常见的农村金融要素市场主要是农村信贷市场、农村保险市场、农村金融衍生市场（农产品期货、期权、远期、掉期市场）等。从目前来看，重庆农村金融市场基本只有传统的存贷款业务，结算、保险、咨询、外汇等其他服务很少。为了深刻了解和理解重庆市农村金融基本状况，2009 年 1 月我们对重庆江津、荣昌、石柱等几个区县的农户融资状况进行了抽样调查。由于江津、荣昌、石柱这三个区县在距离重庆主城区（以渝中区为中心）远近以及经济发展水平高低方面呈梯度层次，因此其在反映重庆区域经济特点上具有典型性。此次调研采用问卷形式，总共发放问卷 400 份，最终回收问卷 370 份，其中有效问卷有 362 份，问卷有效率达 97.8% 以上。另外，还有部分数据来源于各类权威文献以及重庆市统计局公布的官方数据。

一、重庆农村信贷市场的现状

（一）农村信贷资金投入不足

金融机构对农业和乡镇企业的贷款所占比重较低。近年来，农业贷款占金融机构贷款总额的比重略呈下滑趋势。如图 8.1 所示，2003 年重庆市农业增加值占 GDP 的比重是 14.9%，但是农业（农、林、牧、渔）在整个金融机构中占用的贷款余额的比重仅为 5.5%。到 2007 年，重庆农业贷款占金融机构贷款余额的比重较 2003 年还下降了 1%，仅为 4.5%；但是同一年，农业增加值占 GDP 比重高达 11.7%，超过 10%。

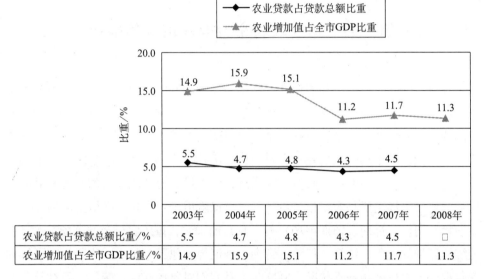

图 8.1　重庆农村信贷资金投入比重

数据来源：根据《重庆统计年鉴》（2008 年）相关数据计算所得

（二）农户从金融机构获得贷款难

目前，在重庆涉农信贷服务的金融机构主要有四大国有商业银行、国家开发银行、农业发展银行、重庆农村商业银行（原农村信用合作社，以下简称"农商行"）、重庆三峡银行（原万州银行）和邮政储蓄银行。在四大国有商业银行中，除了中国农业银行外，其他的三大国有商业银行（中国工商银行、中国银行、中国建设银行）涉及农业的业务很少。中国农业银行成立的初衷是为了支持农产品的生产和销售，但实际上中国农业银行的业务基本上与农业农户无直接关系，其贷款的绝大部分都投入了国有农业经营机构（如粮食局和供销社）和乡镇企业。农业发展银行是一家政策性银行，是农村金融体制改革中为实现农村政策性金融与商业性相分离的重大措施而设立的，它的业务也不直接涉及农户，而是承担国家规定的政策性金融业务并代理财政支农资金的拨付，其支援农业的作用是十分有限的。农村邮政储蓄机构在农村只吸收储蓄，而不进行放贷，其结果是更大程度上促进了农村资金的外流。大量农村资金通过邮政储蓄转存中国人民银行进而从农村流向了城市，直接导致农村资金供给不能满足农业和农村经济发展的需求。农商行是分支机构最多的农村正规金融机构，也是所有农村正规金融机构中唯一与农业农户具有直接业务往来的金融机构。目前，农业新增贷款85%以上都来自于农商行，但是，仅仅靠这一家金融机构根本无法完全满足所有农民、农村企业的金融服务需求。对重庆江津、荣昌、石柱三个县的农户进行调查问卷的数据显示，农民的资金借贷来源主要是亲戚朋友、金融机构、借高利贷等渠道；在农民借贷资金中，分别有28%的农户将借贷资金用于子女学费和建房、17%用于医疗、15%用于生产、9%用于生活、3%用于婚丧（图8.2）。其中，从农村金融机构得到贷款的农户仅有132户①，所占比例仅占1/3左右，约为33%（图8.3），而这132户中，就有58户是农户子女的助学贷款，并非实际用于农业生产、生活（图8.4）。向亲戚朋友借是农民的首要选择方式，当他们有小额度的资金需求时，鲜少通过向正规金融机构贷款，原因主要是大部分农民普遍认为向金融机构贷款手续较为烦琐，审批效率较低，耗时较长，贷款不易；而农户大部分的借款期限一般在一年以下（图8.5）。

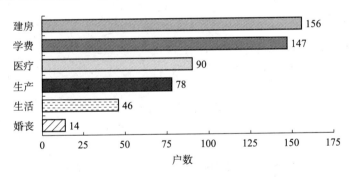

图8.2　重庆农村农户借款用途抽样调查结果

（三）小额信贷无法完全满足农户需要

农户小额信贷无法满足农民发展规模化种植、养殖业和发展农产品加工等产

---

① 因贷款用途不限于一项，故调查问卷统计借款对象的数据总和大于被调查农户的总户数。下同。

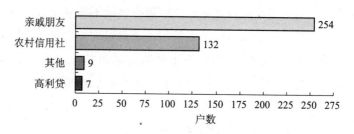

图 8.3　重庆农村一般借款对象抽样调查结果

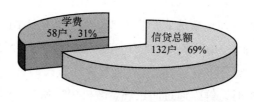

图 8.4　重庆农村农户向金融机构借款用于子女学费所占的比重

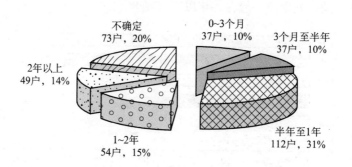

图 8.5　重庆农村农户借款期限抽样调查结果

业化经营。这些生产经营所需资金量较大，生产周期也较长，有的甚至要三五年，初期投入多、风险大。而农户小额信贷，一是还款期短，一般是半年至一年，有的只有两三个月，与林业、养殖业的生产周期不适应；二是额度太小，一般在 5 000 元以下。抽样调查结果显示，重庆农村的农户借款额度在 5 000 元以下的，高达 70%（图 8.6）。

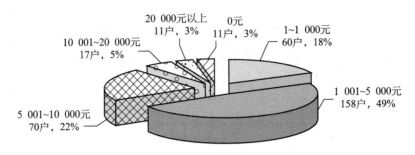

图 8.6　重庆农村农户的借款需求数额抽样调查结果

二、重庆农村保险市场的现状

(一) 重庆农业保险发展缓慢

1. 重庆农业保险覆盖面小, 险种单一

直辖 10 年后 (即 2007 年), 重庆才开始正式启动政策性农业保险试点, 农业保险起步较晚。除了全面普及全国范围都在开展的"能繁母猪保险"之外, 仅仅选择四个区县 (渝北、黔江、合川和忠县) 作为农业保险试点, 试点的保险品种为奶牛、生猪和柑橘 (包括柠檬、柚子), 具体安排为: 在渝北区试点生猪和奶牛保险, 在合川区试点生猪、奶牛和柑橘保险, 在黔江区试点生猪保险, 在忠县试点生猪和柑橘保险, 在天友乳业公司试点奶牛保险 (表 8.1)。之后不久, 江津等区县也逐步开展生猪保险等农业保险。

表 8.1　重庆农业保险 (含财政补贴) 试点险种以及分布情况

试点险种	保险内容		分布区县
生猪保险	能繁母猪补贴	能繁母猪每头补贴增加到 100 元 (2008 年)	渝北 合川 黔江 忠县 江津
	能繁母猪保险	主要对饲养 200 日龄以上、4 周岁以下的能繁母猪实施保险, 保险金额按母猪品种分为两个档次, 本地母猪 (荣昌猪等地方品种母猪) 保险金额 600 元/头, 良种母猪 (二元杂交或 PIC 等优质瘦肉型母猪) 保险金额 800 元/头	
	生猪奖励补贴	存栏 50 头以上的生猪规模养殖场户圈舍的新建每平方米补贴 40 元, 沼气池每立方米补贴 150 元, 引进良种母猪每头补贴 400 ~ 600 元, 贷款贴息 50%	

续表

试点险种		保险内容	分布区县
奶牛保险		一个农户养10头以上奶牛，每头奶牛一次性补贴500元	渝北
		保险责任就是奶牛被盗、生病、死亡	合川
柑橘保险	柠檬	保险金额1 000元/亩①。保险费率在招标方案中明确基准费率，最终以招投标的结果来确定保险费交纳的具体标准	合川
	柚子		忠县
	柑橘		

注：渝北、合川、黔江、忠县是2007年9月最先开展农业保险的试点区县，另外，天友乳业公司也开展奶牛保险试点。

但是，发展至今，重庆农业保险的保费总收入仅达1 000余万元，尤其是涉及国家粮食安全和国计民生的大宗粮食作物政策性保险几乎没有开展。在362户受调查农户中，只有48户购买过农业保险，仅占样本总数的13.3%（图8.7）。

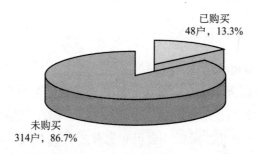

图8.7　重庆农民是否购买农业保险的抽样调查结果

2. 重庆农业保险体制不健全，经营问题多

重庆自推行农业保险试点以来，其经营过程中出现的问题也多，导致农民参加保险积极性受挫，基层政府部门信誉受损。究其原因：一是经营政策性农业保险的金融机构以营利为目的，重利益，轻责任，难以担当服务"三农"的使命；二是财政资金支持不够，部分区县具有积极性的种养殖业保险品种不能得到市级以上财政补贴，或者大部分区县财政困难，无力配套保费补贴，导致基层农业部门开展保险工作缺乏经费；三是农业保险立法的缺失，目前国家及地方还没有专门的农业保险法律法规出台，影响了国家及地方补贴政策的连续性，对一些违规行为的处理也无法律依据；四是开展农业保险工作需要农业、气象、保监、金融、财政等部门共同参与，而这些部门的工作协调机制还没有建立完善，工作协

---

① 1亩≈666.67平方米，下同。

调难度大；五是农业保险道德风险大，导致经营风险较大，而支持农业保险经营单位优惠政策不明确，如对经营费用的补贴、对"以险养险"的支持等方面。总的来说，重庆农业保险试点经营业绩差极有可能为农业保险下一步全面推广埋藏下危机。

（二）重庆农村社保覆盖面不足

农村社会保障是一种福利性质的险种，常见的主要是农村医疗保险和农村养老保险。迄今为止，重庆是全国唯一的一个开展"被征地农民养老保险"的城市。目前，这种养老保险已经涉及重庆 15 个区县，为 12 万失地农民提供了养老保障，解决了他们的后顾之忧。此外，在重庆农村开展的"新型农村医疗责任保险"也取得较好效果。以江津为例，截至 2007 年，该地已经有 23 家乡镇卫生院、60 多家村卫生室和 2 家市级医院投保，有效地解决了农村医患矛盾。

但是，重庆农村的医疗保险和养老保险尚未完全普及。据重庆统计局公布的《2008 年重庆市国民经济和社会发展统计公报》，重庆的农村人口有 1 419.91 万人，占全市总人口的 50%以上，而参加农村社会养老保险的仅有 38.40 万人。据抽样调查结果，362 户受访农户中，仍有 48%的农户（176 户）完全不了解农村社保制度，另有近 40%的农户（144 户）对其了解程度也只是一般，了解农村社保制度的农户只有 42 户，仅占抽查样本的 12%（图 8.8）。至于参保的农户比重，也相对较低，仅占 28%（图 8.9）。

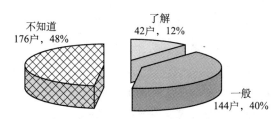

图 8.8　重庆农民对农村社保的了解程度的抽样调查

三、重庆农村土地流转市场的现状

当前农村经济发展的一个重要"瓶颈"是农村金融服务严重滞后。在工业

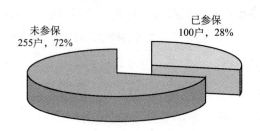

图 8.9 重庆农户参加农村社保情况的抽样调查结果

化、城市化、市场化和内外开放进程中，创新农村土地流转制度，按市场经济规律建立健全农村土地资源配置机制，是解决"三农"难题的关键环节。2009 年中央"一号文件"《中共中央国务院关于 2009 年促进农业稳定发展农民持续增收的若干意见》明确要求建立健全土地承包经营权流转市场，这在国家政策层面为农村土地产权交易的农村金融要素市场的建立指明了政策方向。

近年来，重庆在农村土地流转方面已经作出了有益的探索。作为统筹城乡综合配套改革试验的突破口，重庆建立了农村土地交易市场，实现土地入市流转。目前，重庆农村土地流转市场改革措施和进展包括：①2008 年 10 月 9 日，"重庆市渝北区农村土地流转市场"和"重庆市渝北区农村土地流转服务管理中心"同时挂牌，这是重庆市第一家农村土地流转市场，构成了重庆农村土地交易所的重要组成部分。②促进宅基地及其建筑物的流转和抵押，推进农村金融及农村土地的资本化与市场化。例如，重庆渝北区试行"宅基地换住房，承包地换社保"的土地流转制度，提高了农民非农转移的稳定性，从而有利于弱化城乡二元体制并推进城乡一体化进程。③探索的农村土地流转的基本形式主要有转包、出租、转让、互换和入股 5 种。等等。

但是，重庆农村土地交易市场还存在一些问题有待解决：①关键问题是尚未有合适的评估方式、完备的评估体系来计算土地和房屋价值；②突破国家规定的耕地红线的风险很大，因此耕地保护是农村土地流转面临的首要现实问题；③土地经营权流转后随意改变土地农业用途的现象严重（冯秀乾，2008）；④重庆大多数农村地区位于深丘、山区，山高沟深，自然环境恶劣，交通不便，生产环境差，农业生产落后，制约了农村土地流转；⑤至于怎么规避风险、如何保证交易的正当目的性、如何保证它的公平性，以及法律的冲突、农民权益的保护、土地用途管制等，目前尚欠缺一套完备的交易制度。另外，罗光莲等（2009）研究证实，在重庆，农户作为市场主体，其流转意愿受到社会经济发展阶段和小农经济思想的影响；农户的农业收入对农户土地流转的选择已没有影响；流转土地价格即补偿费用和非农收入是土地流转选择的决定因素。

四、重庆农村期货市场的现状

受农业产业发展和特殊性质的制约，农村期货、期权、远期、掉期市场等金融衍生工具市场在我国农村的发展很少。农产品的产量和价格都具有周期波动性，而现货交易对供求的引导滞后，这种周期性波动是现货市场自身无法克服的缺陷，只有通过期货市场先卖后产的机制才能化解相关难题。在畜产品现货交易的情况下，如果市场价格跌破成本价，虽然赔钱，农民也只能卖；但在期货交易的情况下，未来的价格现在就已制定，农民可以根据未来的价格，适时调整养殖规模，从而避免价格的大起大落。在韩国推出瘦肉猪期货交易后，中国畜产品期货上市的步伐才开始加快。2008 年，重庆开始推动畜产品期货交易市场的建设，在北碚区施家梁镇建设了重庆生猪期货交割中心。由于生猪生产与消费的周期性波动，市场风险大，极易导致猪肉价格较和养殖规模不稳定，增大了政府宏观调控的难度。生猪期货上市后，将带来整个生猪市场产业链条的稳定，不仅能增加农民收入，还能提高农村生猪产业化和标准化生产能力，更可为相关企业提供价格风险管理工具，引导城市工商资本下乡，是实现城乡统筹发展的有效措施之一。

五、重庆农村其他金融要素市场的现状

除以上四种农村金融要素市场外，重庆的农村银行间同业拆借市场等以金融机构（主要是银行）为参与主体的农村金融要素市场，其发展主要取决于资金链和资金规模，而这些因素又主要受农村经济发展水平的影响。至于股票市场、外汇市场、黄金市场等金融要素市场，由于受农业产业发展和特殊性质的制约，几乎不存在发展的空间。

第二节 重庆农村金融要素市场的培育模式

一、完善重庆农村金融要素市场体系的基本思路

在统筹城乡改革与发展中，"大城市"带"大农村"的新农村建设模式决定了建立和完善农村金融要素市场的重要性，也为重庆农村金融要素市场的形成和促进统筹城乡金融改革与发展创造了有利条件。有选择性地培育适合重庆统筹城乡发展需求的金融要素市场，是解决社会矛盾、缩小城乡差别、拉低贫富差距的需要。目前大量农村资金被城市占用，农村的金融融资环境较差，加大了城乡的差距，农村的供血能力严重不足，贷款主要以小额信贷为主，基本上发放的标准为 1 万～2 万元，只能提供给广大农户基本的资金支持，对农户需要大额资金的优质项目则爱莫能助。农村商业银行在进行大额信贷时需要提供抵押和担保，在农村农民也许拥有的只有土地和房屋，或者还有其他财产但是这都需要对抵押物进行评估，以计算其现有价值，因此农村评估市场的建立是必要和迫在眉睫的（可以考虑县建立一家总部，乡镇建立代理机构），有了资金的支持，农民增收致富就有了希望，就有了生活的目标和追求，扶持起来的成功企业或者模式可以让更多人共享，也可以安置更多农村剩余劳动力就业，减少社会矛盾，缩小城乡差别，拉低贫富差距。

20 世纪 90 年代中期以来，农村金融初步形成了合作金融、商业金融、政策性金融并存的农村金融体系。1997 年，重庆成为中央直辖市；2007 年，获准设立城乡综合配套改革试验区；2009 年，重庆长江上游地区金融中心获国务院肯定……一系列改革政策，在促使重庆城市金融发生翻天覆地的变化的同时，也为重庆农村金融带来发展生机。要完善重庆农村金融要素市场，必须基于重庆突出的二元结构现状以及统筹城乡改革目标，构建以农产品期货市场，农业保险，以及农户、农村企业的贷款抵押担保市场等为主体的重庆农村金融要素市场的完整体系（图 8.10）。

图 8.10 所展示的农村金融要素市场体系，形成了当前及未来重庆统筹城乡

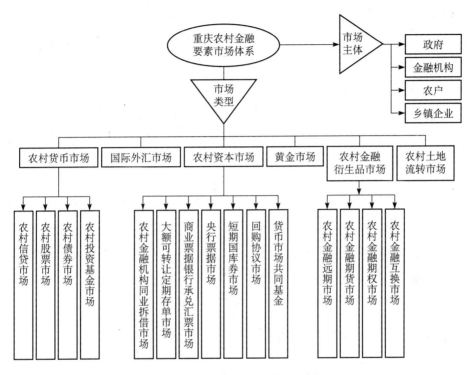

图 8.10　重庆农村金融要素市场体系图

注：图中"金融机构"指广义的金融机构，含正规金融企业、非正规金融企业、中介机构
（企业）等所有参与到农村金融服务中的企业（或单位）

建设中农村金融要素市场建立或发展的基本架构，并将着重致力于解决如下三个问题：

（1）适应农业产业化发展。在农村经济飞速发展的今天，低端农产品的销售渠道不宽，附加值低，产业链条不长，因此必须实现农业产业化的发展，拉动地方经济增长。实现农业产业化的发展离不开金融要素市场的支持：首先，生产规模的扩大需要面临巨大的市场风险，农产品的保险市场可以为政府和农户分担许多忧愁，为农户在市场经济的面前抵御风险；其次，农产品的销售仍然以传统自销模式为主，现代的商业销售模式（经纪人模式、电子商务等新兴模式）较少，由于广大的年轻人外出务工以后知识结构偏低、通信网络不发达等制约因素，农户对于可以解决农产品销售前移、增加农产品销售渠道，以及提高价格稳定性的期货市场等新型的金融要素市场知之甚少；最后，农业产业化需要强大金融支持，在农产品的做大做强上，前期研发和生产阶段需要大量的资金支持，这就需要为农业优质龙头企业和农业领头产品提供融资平台。

（2）支持新农村建设工作。为了实现新农村目标和任务，要不断改善农村的基础设施建设和加大对农村教育事业的投入，这需要建立相应的金融支持。成立银行间同业拆借市场将弥补涉农金融机构对广大农村项目支持与帮助的不足，通过拆借渠道对信用社项目进行扶持。

（3）保障农民经济生活需求。重庆农村市场普遍以现金交易方式为主，一方面是由于农民尚未培养成现代交易习惯，不会利用金融票据、电子银行等手段节约成本，实现快捷交易；另一方面则是客观上重庆农村缺少支持农民实现现代金融模式的金融网络，如互联网交易模式、电话委托交易模式等。培育农村金融要素市场，可以使重庆的农民在大额交易中采用票据形式，缓解农民的短期资金问题，还可以实现票据的增值保值，保障农民的生活生产所需。

二、选择合理的重庆农村信贷市场的供求模式

帕特里克（Patrick，1966）曾提出"需求追随"（demand-following）和"供给领先"（supply-leading）两种金融市场的供求模式。需求追随，是指随着经济的增长，经济主体会产生对金融服务的需求，导致了金融机构、金融资产与负债和相关金融服务的产生；供给领先，是指因为金融服务的供给对于经济具有促进作用，导致金融机构、金融资产与负债和相关金融服务的供给先于需求。这两种模式与经济发展的不同阶段相适应，存在着一个最优顺序问题。在经济发展的早期阶段，"供给领先"模式居主导地位，而随着经济的发展，"需求追随"模式居于主导地位。

由于重庆各区县经济发展极不平衡，因此，无论是"需求追随"还是"供给领先"，都具有其适用范围与价值。另外，虽然农村金融服务需求是多种多样的，但农村主要的信贷需求主体是具有鲜明层次性特征的农户和农村企业，不同的信贷需求必须由不同的金融机和信贷方式来满足（冯兴元等，2004）。任何一类金融机构或融资方式都只能解决农村部分融资需求问题，因此，金融机构（正规金融）如何满足"三农"金融服务需求的层次性问题，需要从整体上全面考

虑（表8.2）。

表8.2　重庆农村信贷供求主体的层次性、需求特征和供给方式

I. 重庆农村信贷需求			II. 重庆农村信贷供给	
信贷需求主体层次		主要信贷需求特征	主要信贷供给方式	信贷供给主体层次
农户	贫困农户	生活开支、小规模种养生产贷款需求	民间借贷、农户小额贷款、政府扶贫资金、财政资金、政策金融	正规金融　中国农业银行
				农业发展银行
	普通农户　一般种养业农户	小规模种养生产贷款需求、生活开支	民间小额贷款、合作金融机构小额信用贷款、少量商业性贷款	重庆银行
	市场型农户	专业化规模生产和工商业贷款需求	民间借贷、商业性信贷	重庆农村商业银行
农村企业	微型、小型企业	启动市场、扩大规模的贷款需求	民间金融、风险投资、商业性信贷（结合政府担保支持）、政策金融	重庆三峡银行
	有一定规模企业	面向市场的资源利用型生产贷款需求	民间借贷、商业性信贷	非正规金融　邮政储蓄
				民间借贷
	龙头企业　发育初期的龙头企业	专业化技能型生产规模扩张贷款需求	商业性信贷、政府资金、风险投资、政策金融	民间互助会
				地下钱庄
	完整形式的龙头企业	专业化技能开展规模化生产贷款需求	商业性信贷	地下投资公司
				当铺等

三、建立多层次的重庆农村保险市场

重庆是典型的大城市大农村，二元结构突出，农村地域广阔，农业结构多样，单凭目前单一的生猪保险、奶牛保险、柑橘保险，无法完全满足农户生产的需要，且经营状况也不尽如人意。因此，丰富农业保险的险种、改善经营模式是目前农村保险市场亟待解决的问题之一（图8.11）。

同时，农民的生产生活资金极大部分依赖于借贷资金，而农村小额信贷因社会担保体系不健全、手续繁、耗时长等原因，导致农村小额信贷市场无法有效运行，作为资金供给方的金融机构（银行为主）也存在农民不还贷的风险。为了提高市场效率和金融服务效率，可以探索银行业和保险业的交叉服务，如提供"农村小额信贷还贷保险"的金融产品、丰富现有的农村小额信贷的信用担保体系、降低信贷过程中的信息不对称以及由此引起的潜在成本。此外，随着城市化进程的加快，重庆农村的社区股份制也如火如荼地进行着，农民每年都可以分得一定的集体资产收益（即分红），为了保障农民分红的稳定性，也可以创新专门针对"社区股份"的保险险种。

另外，重庆农村社会养老保险也待进一步加强普及。

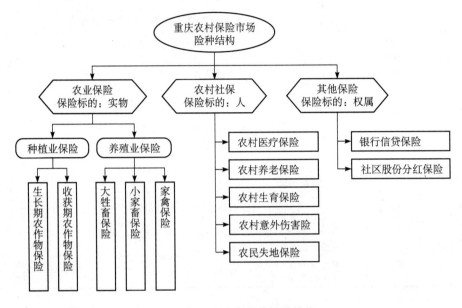

图 8.11　重庆农村保险险种结构

四、探索重庆农村土地流转市场的新型机制

重庆拥有农村户籍人口 2 300 万人，假设有 1 000 万人进入城镇，就可以节约 10 亿平方米建设用地，相当于增加了 150 万亩耕地，可以确保重庆市 3 000 万亩耕地不减少。另外，通过土地交易所这一平台，不仅可以盘活农村集体建设用地，也可以使农村建设用地特别是宅基地通过开发整理，成为土地后备资源。与土地交易所相配，重庆应当建立农村土地储备整理整治制度，即为了促进农村土地特别是零星地块的流转，保障农民合法权益，由区县政府设立农村土地储备机构，负责本行政区域内农村土地流转前的集中储备和整理整治。

土地交易所的基本功能，是集合农村建设用地转让的买方卖方，通过公开竞价发现价格，完成土地转让，配置建设用地资源。而这项功能对重庆而言，有着显著的现实意义。重庆市为典型的"大城市带大农村和大库区"格局，城乡差别显著，目前城乡居民收入差距高达 3.9∶1，高于全国平均水平。重庆通过土地交易所这个杠杆，可以对接城乡用地供需，引导城市资源、工商资源下乡支农扶农，引导农民工入城就业安居，城市发展有土地保障，现代农业发展不再受制于土地规模，农民可以得到更多的实惠，这也实现了侧重于统筹城乡的重庆综合配套改革试验区开展试验的应有之义。

改革开放的创举之一就是实行了"土地承包责任制"，在过去30年，这种土地改革制度确实极大地调动了农民的积极性，促进了农业的飞跃发展。但是，随着科技的腾飞，当初被分割成小块地再承包给农民的土地制度制约了农业产业化和规模化发展；另外，农村劳动力大量向城市转移，导致农村的大量耕地闲置而无人耕种，造成土地资源的极大浪费。因此，可以借助农村土地流转市场，在政府的主导和金融机构的参与下，组织农民公开交易土地使用权，使农村土地集中，以便开展农业产业的规模化经营和生产。图8.12展示的是农村土地流转市场的运行机制。

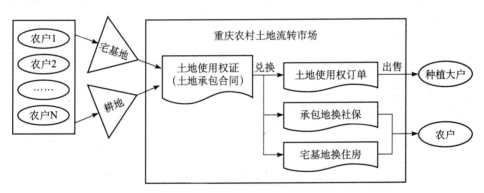

图 8.12　重庆农村土地交易市场运行机制

农村土地流转还可以解决目前农村信贷市场上缺乏有效的处置抵押物的难题。农民要获得贷款，必须有相应的机构和物品作担保或抵押。但是，根据现行规定，农民的土地是不可抵押的，农村的房子也不可以抵押。另外，农村有大量的乡镇企业占了很多地，但没办国家征用手续，就不能抵押，农民可抵押品十分有限。虽然2008年重庆成立统筹城乡实验区以来在农村土地流转方面作出了有益探索，可以实行集体土地流转，但是一直没有合适的评估方式来计算土地和房屋价值，农村中小企业和农户贷款难的问题并未根本解决。

五、明确重庆农村期货交易市场的主体

重庆作为西部最大的农业城市，在重庆市委、市政府对农业采取一系列重大举措之后，重庆农业进入了一个新的快速发展期。重庆农业资源丰富，农村经济开发前景十分广阔，是多种动植物生长的适宜区，是多样化农产品商品生产基地，在国民经济中占有重要地位。为进一步加强重庆与国内外农业的交流与合作，提高农产品的市场竞争力，进一步促进农产品与市场的对接，沟通生产者与经营者、消费者之间的联系，从而逐步实现按市场导向发展生产，按订单组织农产品生产，推动农产品供求平衡和良性循环，应大力培育和发展农产品期货交易市场。通过培育和发展农产品期货交易市场，可以充分发挥重庆在西部大开发中的区位优势和辐射带动作用，更好地拓展西部农业市场，加快西部农业的发展。

期货交易主体将主要是农业合作社。因此，加快建立能够真正代表农民利益的农村市场中介组织，提高农业组织化程度，是引导和带动农民广泛参与期货交易的关键。

除以上几类农村金融要素市场的例举之外，还要同时做好其他农村金融要素市场的培育和完善。一个好的金融环境，才能保证"三农"问题得以有效解决。

第三节　重庆农村金融抑制研究：症结与制度创新

麦金农（McKinnon，1973）和肖（Shaw，1973）分别在《经济发展中的货币与资本》和《经济发展中的金融深化》两本著作中将在发展中国家存在的市场机制作用没有得到充分发挥、金融产品单调、金融机构形式单一、过多的金融管制和金融效率低下等现象，概括为"金融抑制"（financial repression）。其中，麦金农认为，发展中国家的经济是"割裂"的，大量的经济单位所处的技术条件不一样，因而资产的回报率也不一样；发展中国家的金融市场是不完全的，大量的中小企业被排斥在有组织的金融市场之外，不完全的金融市场导致了资源配置的扭曲；本来就稀缺的资本流向了一些拥有"特权"而又不具备良好投资机会的阶层，致使资本与良好的投资机会相分离，急需资金进行投资活动的个体得

不到足够的资金，而资金却又在特权阶层得到低效率的使用，这样得不到资金的个体只能通过"内源性融资"进行技术创新和发展。在笔者看来，麦金龙的研究成果是中国广大中小型企业融资瓶颈和农村金融受到抑制的理论基础，更是中国当前投融资状况的真实写照。麦金农和肖同时还认为，造成金融抑制的最主要原因是经济的分割性，资金、技术、土地、劳动力等生产要素分散于零散的经济单位之中，国内市场也处在割裂状态，无法发挥其合理配置要素的功能，市场价格千差万别，生产效率和投资效益也因时因地而异，这种分割性经济的存在客观上就决定了金融体制的割裂与脆弱。

虽然目前中国农村形成了以合作金融为基础、商业性金融和政策性金融并存的金融体系，但作为世界上较大的发展中国家，仍不可避免地存在金融抑制现象，尤其是在中西部经济欠发达地区，农村金融抑制问题尤为突出，这一问题的存在时时刻刻都在威胁着农村经济的健康发展，阻碍了我国"三农"改革发展目标的实现。此前，大量的学者对我国农村金融抑制问题进行了深入的分析，已有的研究成果突出地体现在以下两个方面（王彬，2008）：其一，通过大量的调查研究数据证实了中国农村金融抑制现象的普遍存在及其抑制程度较高的特征。金融改革滞后、二元金融结构特征明显，农村金融抑制现象普遍存在。其二，分析我国农村金融抑制产生的原因，并结合金融抑制理论为缓解我国金融抑制现象提出了相应的解决方案。

在重庆，由于市场机制不健全，农村金融的滞后性对经济社会发展的制约性、农村金融抑制的表现形式都与我国其他农村地区类似（曾芳芳，2006），总体上表现为：由于缺乏成熟的农村金融要素市场，涉农资金很难通过统一的金融市场来流通，有限的涉农金融机构不能充分发挥"导管"作用，农村用于农业投资的资金大部分只能依靠农村内部的积累，难以得到重复外部资本，而这种"内源融资"的盛行，进一步地影响了社会的再投资能力，造成全社会范围内的效率损失，阻碍了重庆经济的发展。下面从银行、保险和证券三个角度，以农村金融要素市场的视角，对重庆农村金融抑制的表现、制度性根源以及制度解决机制具体展开讨论。

一、重庆农村金融抑制的基本表现

从银行、保险、证券三个要素市场角度来看，农村金融抑制的主要表现就是：农户和村镇企业贷款难、农业生产经营的风险无法通过农业保险的方式来规避、农村金融投资市场贫乏。

（一）农村小额信用贷款发放难

在社会主义新农村建设中，小额农户贷款对于急需脱贫致富的农民群众无疑是雪中送炭。但从调研访谈中了解到，"农村金融机构很难发放，在金融抑制表现为农村小额信贷发放难"的现象在重庆典型地突出存在。例如，农户信用观念淡薄，出现逃废债务等违规行为；小额农贷业务量超常，放贷成本高，出现小额贷款不想放、大额贷款不敢放的问题；清收手段脆弱，致使很难使用依法起诉、强制扣款、变卖资产等手段清收贷款；农民风险防范能力弱，受社会、自然、市场条件的影响很大，小额农贷风险很大；农业保险不健全；金融对农村经济贡献率不高、农村选择性贷款现象严重；等等。所有这些，都集中地表现为农户和村镇企业贷款难。

（二）农业生产经营的风险无法通过农业保险的方式来规避

靠天吃饭，在农业不可抗力自然灾害面前无能为力的现象在重庆农村普遍存在。农业保险的自我保障功能缺乏、资金来源渠道单一、农业险险种结构不合理、农业保险基金管理分散，以及商业保险公司很少涉足对农保险业务，共同导致了农业保险发展的滞后，影响了农户和村镇企业抵御风险的能力，甚至影响和制约正常的生产经营活动和正常生活。农业保险的不完善，表现在农村金融抑制中，就是农业生产经营的风险无法通过农业保险的方式来加以规避。

（三）农户对金融产品的需求热情不高

由于符合农户可选择投资的金融产品非常有限，绝大部分农村居民选择的金融投资产品无非是不同期限的定期存款和活期存款，设于村镇的证券营业部、信托公司等金融投资市场几乎一片空白。这固然是由于农民整体上缺乏金融产品投资的素质，但也与农民的保守性密切相关。这种状况的农村金融抑制，表现为农村投资市场的长期贫乏，农户对金融产品投资热情不高。

二、重庆农村金融抑制的基本症结——兼论制度性因素分析

(一) 农村金融抑制的基本症结

基本上面，在金融支农的领域里，农业问题是"三农"问题的核心所在。这就决定了金融对"三农"的支持，重心应放在支持农业的发展上。那么，金融对农业支持不足的原因何在呢？是农村金融机构的密集度低，还是金融机构的服务理念问题？或者说，对普遍存在的农村金融抑制现象，其症结究竟在哪里？吴军（2007）认为，农业生产方式发展滞后与农村金融体系改革超前的矛盾，是造成农村金融抑制的症结。金融是为经济服务的，是经济的一个重要构成部分，这就要求金融与社会经济在体制上相匹配、发展水平上相适应。

那么，当前农村金融与农业经济之间的关系处于怎样的状态呢？在家庭联产承包责任制下，规模化、现代化生产滞后，农业生产力发展水平较低，体制改革滞后，这使得农业经济迄今为止尚未纳入到社会主义市场经济正常运行的轨道，基本上还处于"小农经济"的范畴。但是，现代股份制商业银行是与现代市场经济体制相匹配的，因此，现代银行信用与传统农业经济难以融合，其他金融市场及其所创造的金融产品（如衍生金融产品），更难以与传统农业经济社会相适应。

以银行信用为例，作为社会主义市场经济主体，逐利或者说对利润最大化的追求是商业银行的内在本质。商业银行的信贷资金主要来自于居民储蓄，其借和贷的基本运行特征是有偿、有息。但依据笔者长期在农村生活的体验，农村居民对金融的需求，基本上将满足更高日常生活水平的货币需要和扩大再生产的农业生产的资金需求混为一体。因此，以"农户"为主体的借贷，难以区分货币借贷和资金借贷，其结果是收回贷款难以保障。而在农户融资需求中，事实上相当一部分是用于生活性支出，甚至包括助学贷款，再加上农业生产的低效益以及相当一部分农民还本付息的意愿和能力低下，导致了银行涉农贷款上惜贷。这是银行甚至信用社等金融机构难以满足涉农信贷需求的基本原因。推而广之，所谓的农村金融抑制，既非金融机构涉农的金融支持力度不强，也非对农村提供金融服务的理念欠缺，而是因为商业银行在对农贷款上存在着风险收益不对等的问题，

是因为可能无利可图，其背后的根本原因是现代金融机构及其相应的投融资方式与主要以家庭联产承包为特征的生产方式不相适应。因此，农村金融抑制，体现的是目前重庆的农业生产方式滞后与现代金融体制和运行机制的内在要求之间的矛盾。

（二）重庆农村金融抑制的其他制度性因素

1. 不健全的农村金融市场导致金融供给总量不足，金融产品单一

以银行信贷市场为例。先前，农村只有三种金融主体：农村信用合作社、只存不贷的邮政储蓄、村镇银行。从目前来看，农村的金融市场还处于垄断状态，缺乏竞争，服务水平无法提高，农民的贷款需求也无法得到满足。表现在：①农村金融市场竞争不充分，呈现高度的垄断特征。涉农金融机构和组织之间尚未形成有效竞争。农业银行的市场定位已基本上从农村转向城市，从农业转向了工商业；各种非正规的金融组织，难以受到法律和政策的引导、制约或保护，游离于正常的金融市场之外。这样，农村商业银行（前身农村信用社）几乎成了农村金融市场上唯一的正规金融组织，但其经营活动又存在着明显的地域限制，缺乏必要的竞争，再加上自身实力薄弱，导致农村金融供给总量不足，金融产品单一。②仅局限于信用社的农村金融改革（改革重组为重庆农村商业银行）难以从根本上解决重庆农村金融的供给问题。而村镇银行的设立，意味着在农村金融市场准入方面有所松动，也为重庆市农村金融和农村经济的发展注入了活力，但村镇银行自身在市场经济条件下的可持续发展前景及其支农的作用等方面还有待观察。笔者认为，基于目前的状况，倚赖重庆农村商业银行和村镇银行来完全解决农村金融的供给问题是不现实的。

2. 现行的农村土地政策限制了农业产业化的进行，也制约了农村金融的发展

从现实情况来看，允许农村土地抵押、推动农村土地的市场流转还需要出台一系列配套政策。土地既是农村居民的基本生活来源，更起着社会保障的功能。因此，农户对土地有很强的依赖性。长期以来，土地是农户"命根子"，推动农村土地流转就会引发一系列问题：

（1）土地流转的定价权和定价机制、农民话语权和利益表达机制，目前都不甚健全，甚至缺失。

（2）农村在教育、医疗、养老、户籍、迁徙（城市准入）上的配套制度还很不健全，配套改革难以跟上。

（3）流转之后农村土地用途的国家权威保障机制、农村环境保护的国家权威保障机制，目前还远不健全。笔者每年都要去农村，在去过的地方，关于农村耕地非农占用问题、关于农村环境污染问题，可以用触目惊心来形容，丝毫不夸张。

（4）可能的权力滥用和成熟社会组织的缺乏，是制约农村土地流转的又一障碍。可能的权力滥用表现在：在相应的制度缺失和行政管理体制缺陷的条件下，全面摊开土地流转，基层地方政府将通过控制土地所有权，以强制的和计划经济的手段征用农民承包的土地，然后以市场经济手段把土地卖给开发商，造成农民利益和国家利益受损；更为重要的是，面对可能被滥用的权力，农民并没有自己的维权组织，也就是，个人权利受到侵犯的公民，没有合适的有效的渠道进行倾诉、表达，利益表达机制不健全甚至没有。

基于上述问题，现行土地政策不但可能会限制农业产业化经营，难以让农民致富，也难以促进农村金融要素市场的发展，甚至搞不好可能还让农民失去土地保障。随之，一系列社会问题会接踵而来，不但影响"社会和谐"，也将成为中央和重庆市地方政府必须承担的隐性社会成本。

3. 政府对涉农金融机构准入的限制造成国有银行对涉农金融市场的垄断

通常把现存涉农的农业银行、农业发展银行和农村信用社、农村商业银行称为正规金融，而将其他自发产生的金融形式称作非正规金融，主要包括农村各类基金会、互助会、储金会、私人钱庄以及民间借贷活动等。正规金融是一种倾向于城市的、制度化和组织化的体系，而非正规金融本身就是一种非制度化和非组织化的体系，适应于分散的、农村的、传统的、固有的经济模式。但对于农村非正规金融，政府通常不是去研究其存在的价值并规范它，而是总是打击它，这种一味地维护现有金融机构的做法，无法形成一个完善的符合市场经济要求的制度环境和竞争秩序。

目前，非正规金融机构是支持农户和村镇企业贷款的重要力量，但是在政府金融机构准入限制下，农村资金互助社等一系列的金融组织步履维艰。譬如，农村资金互助社的设立条件：在乡（镇）设立的，注册资本不低于30万元人民币，在行政村设立的，注册资本不低于 10 万元人民币，注册资本应为实缴资本；有符合任职资格的理事、经理和具备从业条件的工作人员。这些条件在很多农村是无法达到的。出资属于风险投资，2008 年重庆农村居民年人均纯收入为 4 126 元，按照一家三口计算，全年全家纯收入为 12 378 元。按照这样的平均水平计算，一个家庭拿出 30% 的年纯收入约为 3 713.4 元出来入股，需要 27 个家庭才能达到要达到注册资本 10 万元的要求。另外，具备任职资格的理事、经理和具备从业条件的工作人员目前在农村基本上不可能实现，需要进一步制定和落实政策，让大量的大学生村官群体发展与壮大起来。所以，政府对金融机构准入的限制，也是造成农村金融抑制在制度上的又一个原因。

4. 农村金融机构退出机制和贷款代理人制度的缺失造成对金融机构和农户难以形成市场约束

按照市场经济规则，当一个经济实体没有外援融资并且难以持续维持经营的时候，实施破产清算保护的市场退出机制是必然的结局。然而农村金融机构退出农村金融市场缺乏政策依据。退出机制也是开放民营银行等其他金融组织的试点首先要加以解决的问题，但因为欠缺退出制度，实行准入也就变得困难，其在资源配置、运行效率上将出现问题，抑制了农村金融的发展。

另外，农村经济大部分都是以小规模农户家庭经营为基础，具有高度的分散性，同时具有生产技术水平和组织化程度低的特点。由于缺乏有效的贷款代理人制度，在贷款前，金融机构去了解农户的具体信息成本过高，不了解信息，金融机构不可能放贷，这样农户贷款就很难。贷款后，对农户贷款的实际用途也有很高的监督成本。同时农业经济中的一些突发风险，也是金融机构无法控制的。这些因素也造成了农业保险效率低下，保险机构不愿涉足农村市场的重要原因。

5. 农村政策性金融支农力度不足

当前农村政策性金融机构资金来源不足，大多数由政府全部或部分出资，而且在运营中多靠政府扶持。农业发展银行职能单一、实力较弱、服务范围有限、支农力度不够，基本以承担粮棉油收购为主要任务，在支持农业基础设施建设和农业经济活动等方面作用较少，对农户、个体工商户、涉农民营企业支持也有限，而且增长缓慢。国家开发银行的开发性金融在农村市场也主要针对村镇大型基础设施建设或其他大型公共的国有项目开发，直接用于实际支农的资金有限。

三、促进重庆农村金融发展的创新路径

促进农村金融发展，推动重庆农村金融要素市场的建立或培育以及加强金融支农力度等方面的措施有很多种，有关的研究也非常丰富，成果颇多。这里仅根据重庆市的基本情况和统筹城乡金融改革与发展的基本要求，提出四点有针对性的、有助于推动农村金融要素市场培育和促进重庆建设长江上游地区金融中心的创新路径。

（一）打造农村金融支持农业发展的金融要素市场建设路径

当前及今后一个时期，重振农村经济的核心是抓好服务于"三农"的农村金融，使农村资金这个最具有组织作用的龙头要素回流农村（温铁军，2007）。世界银行也在其2003年的报告中指出："根据许多国家以往的经验，商业化才是最有可能在可持续的前提下，为大多数农村人口提供金融服务的途径。"基于此，现阶段和长远的未来，农村金融支持农业发展和促进重庆的统筹城乡发展，有两条可选择路径：其一，改造农村金融业，使之适应当前的农村经济状况；其二，转换农业生产方式，使之与现代金融业相适应。就总体而言，第一条路径不符合建设社会主义新农村和统筹城乡发展的基本要求。但是，作为我国当前经济社会转型期的一种过渡，可以在金融结构上考虑有所调整，使之适应当前解决"三农"问题的需要。而长远来看，第二条路径才是根本。因此，重庆统筹城乡建设和有效促进农村金融发展，进而推动长江上游地区金融中心的建设，就必须加快推进农业生产方式的转换，提高农业劳动生产率，发展现代化农业。目前，重庆在农村土地交易市场等农村金融要素市场的构建方面已经取得了重要进展，即建立了农村土地流转市场，为实现农业规模化、集约化、市场化生产进行了有益的探索。

（二）引入并完善贷款代理人模式

引入并完善贷款代理人模式，可以克服农村金融机构和农户之间的信息不对称程度高的问题，从而解决农户和村镇企业贷款难的问题。

从农村人及交往模式上看，农户的融资契约更多地依赖人际信任而非制度信

任。传统的农村社区，农户流动性不大，人们之间接触较为频繁，传统道德约束较强。而金融机构远离农户，信息的不对称性使得具有自履约机制的契约治理就会失效，从而更多地依赖第三方实施，再加上农户贷款数额都较小，综合起来又增加了金融机构的放款成本。

这时，解决农村金融问题，重要的是需要一种贴近农户的制度，来了解农户的信息，降低信息不对称的程度，降低金融机构获得农户信息的成本。通过贷款代理人对农户的信誉、资产经营情况、预期收入等都有较好的了解，金融机构对于农户的贷款申请能够快速作出贷或不贷、贷多贷少的决策。这样，在降低了银行放款的风险的同时，也能够满足农户的小额、季节性贷款需求。

（三）完善国家对从事农业保险的金融组织的补贴机制

在制度上，完善以国家专门保险机构主导和经营政策性农业保险为主，同时允许私营、联合股份保险公司，保险互助会经营农作物、养殖物等一切险保险，政府补贴其保险费和经营管理费的农村保险管理机制。设立政府农业保险公司，经营农村保险业务，各区县相应建立分支机构，具体业务由区县支公司及其代理人组织办理，并以区县为单位，进行独立核算。当然，经农业保险监管部门审核批准的其他农业保险经营主体、政策性的农业再保险公司，都是可行之策。

另外，鼓励在农村发展农业保险合作组织，引导大型商业保险公司通过吸纳基层发展起来的保险合作组织的股权，来降低商业保险公司的经营成本，引导基层保险合作组织正规化发展。

（四）强化小额贷款管理机制，从源头控制小额信贷风险

农村居民诚信征信系统的不完善，使得对农小额信贷的金融组织的发展步履维艰。农户小额信贷不仅是量大、额小、分散和面对的贷款群体素质不高，更重要的是这些贷款是建立在农户信誉基础上的信用贷款，一般无第二可靠还款来源，没有一套成熟的定量指标来确定和判断贷款风险的大小，基本上是靠信贷人员对农户的熟悉了解和艰辛调查来取得第一手的资料。因此，健全贷款考察制度，加强小额贷款管理刻不容缓。

为了强化对小额贷款管理、从源头上控制小额贷款风险，可以通过改善农村

金融组织股权结构、完善股东投票制度、引入累积投票规则、允许远程投票、完善代理权征集制度等来实现，以完善股东的知情权、质询权和提案权。同时，推动发展成熟的机构投资者，建立有利于机构投资者参"用手投票"而非"用脚投票"，增强企业内部会计监督的力度。同时应促进企业完善对公司高层经理人员的激励和约束机制，改进和完善监事会这一专门监督机构的构成和运行机制。

第四节　重庆村镇银行的市场定位及运行：
基于中外的比较研究

2006 年 12 月 22 日，中国银行业监督管理委员会发布《关于调整放宽农村地区银行业金融机构准入政策、更好支持社会主义新农村建设的若干意见》，从机构种类、资本限制等方面，大幅放宽农村金融机构的准入政策，这是解放农村金融管制的一个重大突破。由此，近年来，村镇银行也成为热门话题。所谓村镇银行，是指经中国银行业监督管理委员会依据有关法规批准，由境内外金融机构、境内非金融机构企业法人、境内自然人出资，在农村地区设立的，主要为当地农民、农业和农村经济发展提供金融服务的银行业金融机构。区别于商业银行的分支机构，村镇银行属一级法人机构。村镇银行的注册资本和资产规模都较小。由于门槛降低，农村各类资金的拥有者都有可能进入农村金融市场，从而扩大农村金融需求的资金来源。目前，村镇银行针对的是分散、小额、个性化的低端市场，规模小、扎根基层、贴近群众，主要开展"短、平、块"业务，填补农村基层金融的空白，其服务的主要对象应该是正在脱贫致富的农民和勉强维持生计的农民，通过与农民打交道融通部分村镇资金来满足农业生产和农民生活需求，与农民建立长期的互助合作关系。在此基础上，拼接与农民建立起来的鱼水联系和与本地经济的良性互动，来谋求自身利润最大化，实现银行、农户、农村中小企业的"多赢"。

这一节将首先对比分析孟加拉国的格莱珉银行的经营模式及其团体激励机制、日本农协系统的运营模式、美国社区银行个性化金融服务体系，然后分析我国沿海发达地区、中部地区和西部欠发达地区村镇银行的运营状况，最后研究重庆市村镇银行发展的市场定位及运行模式，为促进农村金融要素市场的发展、建设长江上游地区金融中心奠定农村金融基础。

一、重庆市村镇银行的基本现状概述

城乡统筹金融改革与发展，建设长江上游地区金融中心，有必要培育农村金融市场，加快构建涉农金融机构的进度，迅速解决县域、村镇域的金融真空和金融支农乏力等问题。但是，金融业在中国仍然属垄断性行业，进入门槛很高，近年来金融机构的竞争加剧但从目前来看依然并不充分，利润也相当丰厚，一般的民间资本无缘此事。允许设立村镇银行，给予了小规模的民营资本进入金融行业的希望。

2008 年 8 月 12 日，重庆大足汇丰村镇银行有限责任公司正式获准开业。这是重庆第一家获准开业的村镇银行，也是中国西部地区首家外资独资的村镇银行，还是汇丰在中国内地的第二家村镇银行。大足村镇银行注册资本 4 000 万元人民币，主要以为当地农民、农村和农村经济发展提供金融服务，实现股东的最大利益和银行的发展为经营宗旨。

2009 年 3 月 11 日，由东莞银行作为主要发起人的重庆开县泰业村镇银行股份有限公司已正式获得重庆银监部门批准，并于 2009 年 9 月 5 日正式开业。开县泰业村镇银行由重庆、东莞两地国有、民营资本共同组建，注册资本为 5 000 万元人民币，是重庆市第二家村镇银行，也是重庆首家中资股份制村镇银行，其经营理念和经营目标是：在东莞银行的理念、技术和产品支持下，以开县城乡居民、微小企业和个体工商户为主要服务对象，构建"村镇金融便利站"式的现代零售银行，实现速度与质量、规模与效益的全面协调和可持续发展。

2009 年 4 月 17 日，经重庆银行业监督管理局批准，重庆梁平澳新村镇银行有限责任公司正式获准筹建，并于 2009 年 9 月 2 日正式开业。梁平澳新村镇银行是中国银行业监督管理委员会重庆监督局批准筹建的重庆第三家村镇银行，也是重庆三峡库区首家外资村镇银行。据了解，重庆梁平澳新村镇银行是澳大利亚和新西兰银行集团有限公司（简称"澳新银行"）的全资子公司，是澳新银行在中国成立的首家村镇银行，同时也是澳新银行在中国投资成立的首家法人金融机构，注册资本 770 万元人民币。重庆梁平澳新村镇银行将以服务"三农"为宗旨，以梁平县范围内的农民、涉农企业、农民专业合作社、其他农村经济组织为目标市场，采取"点对点"服务等方式为梁平县广大农村地区提供金融服务，在支持地方经济社会发展的过程中实现自身可持续发展。

其他的相关信息包括，中国银行业监督管理委员会发布了《小额贷款公司改制设立村镇银行暂行规定》（以下简称《规定》），明确持续营业 3 年以上并且连续两年盈利，同时不良贷款率低于 2% 的小额贷款公司可申请改制设立村镇银行。不过，按照《规定》要求，村镇银行发起人必须是银行业金融机构，这意味着如果小额贷款公司想转制成村镇银行，将丧失控股权。此外，近期重庆市金融工作办公室正会同重庆银行业监督管理局、重庆市农业委员会研究制定农村资金互助社试点方案。

二、国外涉农中小银行的运营模式：对比分析与经验总结

我国的村镇银行与国外成功的许多涉农中小银行都有许多的相同点。首先，规模都较小。在所属辖区内向中小客户尤其是农村客户提供金融服务，相对于大银行而言成本较为低廉。其次，贷款资金主要来源于当地的存款，且资金主要投向于本地，满足本地客户的资金需求，致力于本地的经济建设和社会发展。再来，委托代理层次少、治理机制相对比较完善，且资金自主支配权大，决策机制灵活。但是，相对于中国国内村镇银行目前还缺乏明确的市场定位和成熟的发展模式而受到极大限制而言，外国的涉农中小银行取得了不逊于大银行的经营业绩。

（一）孟加拉国格莱珉乡村银行：穷人的服务定位和高效的运行机制

2006 年，挪威诺贝尔奖委员会宣布将该年度诺贝尔和平奖授予孟加拉国银行家穆罕默德·尤努斯（Muhammad Yunus）及其创立的格莱珉银行（Grameen Bank，又称乡村银行），以表彰他们"自下层为建立经济和社会发展的金融服务所做的努力"。

格莱珉银行创建 32 年以来，在孟加拉国推行的贫困农户小额贷款的成功模式被复制到亚洲、非洲和拉丁美洲的许多欠发达国家和地区，在全世界引起了巨

大的反响。从把 27 美元借给 42 个贫困妇女微不足道的艰难起步，到发展成为拥有近 600 万贷款者、2 185 家分行，还款率高达 99% 的庞大乡村网络（顾宇娟，2008），反映了格莱珉银行运行管理上的独特之处，对中国村镇银行的运营和发展具有很好的启发。

（1）明确的服务对象——穷人。尤努斯的格莱珉银行的服务对象主要集中在低端客户，特别是小额贷款只发给当地贫困人群，96% 以上的贷款者为农村妇女。贷款金额不大，单笔贷款数额通常都在 50～100 美元，能够较好地满足当地妇女对于小型资本的需求。并且，服务对象即其银行的拥有者。格莱珉银行的所有者是千千万万加入到小额信贷项目的贷款者，格莱珉银行是贷款人自己的银行，其贷款者拥有银行 94% 的股权，其余 6% 由政府拥有。

（2）有效的运行机制。尤努斯根据格莱珉银行是为穷人设立的银行的特有地位，为其量身定做了一套包含了实际可行的经济学原理的经营模式，保证了银行的正常运作。其一，坚持小额贷款。格莱珉银行坚持提供小额贷款，借款人不需要提供抵押，但要求借款人每个星期偿还部分贷款，并且安排员工挨家挨户上门服务，以增强贷款人的还贷信心，使得还贷成为易事。其二，可以接受存款。每个成员在还款的同时要求存入一笔小额存款，并享有一定的存款利息。从银行的角度来看，这样的原则使得借款人同时是银行的存户；从借款人角度看，债还清了，他们不仅可以借更多的钱，同时又有一笔存款可以动用，可以一步步摆脱贫困线。其三，设计五人小组机制。在村中至少 5 人以上自愿组成一个借款小组，以 6 个小组为单位组成一个乡村中心，借款小组和乡村中心构成银行运行的基础。格莱珉要求借款人加入一个小组，有 5 位相互熟悉的成员组成，借款人独立承担还款义务。尽管小组成员间互不承担还款义务，但如小组内成员的还款记录不佳，则会影响整个小组的日后借款额。该机制是依据这样的理论的：在一个相对封闭的熟人环境，受着周围熟人的舆论压力，人们会自动选择诚信，因为熟人环境是多次博弈。尤努斯就充分运用了这种相对封闭环境的多次博弈效应，让格莱珉银行拥有了必要的信用基础。

（3）尊重弱势群体的经营理念。尤努斯和他的乡村银行，不仅在物质上帮助穷人摆脱贫困，也在精神上赠与他们以尊严和信任。荣誉和自尊已经成为小额贷款的担保，穷人们用诚信的行动来保卫他们的尊严：即使是没有抵押担保能力的穷人，他们的基本信誉也是可以信任的；即使是没有接受过充分教育的穷人，他们也有足够的理性，能够理解自己必须保持一个良好还贷记录；即使是那些长期未能摆脱贫穷的人，他们创造财富的潜能也是可以期待的；即使弱势群体，他们也有权利得到平等的金融服务。

（4）摒弃掠夺式、盘剥式的经济增长模式，实现机会平等和共同发展。尤努斯把现代金融与科技以一种转化的方式用到自己的国家，开创了一种与掠夺型经济完全不同的合作式小经济，这对穷人较多、贫富分化较为严重的中国以及正在致力于统筹城乡改革和实践的重庆是很好的启发。在贫富分化趋势较为严重的中国，村镇银行应该致力于让越来越多的农民看到脱贫的希望，消灭贫困和并消除因贫困而造成的人与人之间的对立。

正是在这些适当机制的合理运作下，格莱珉银行在全世界很多有穷人的地方取得了成功，全球几百万的穷人摘掉了贫困的帽子，逐步走向富裕的生活。

（二）日本农协系统：多样化的服务

日本被认为是世界上收入差距最小、城乡差距最小、社会安全系数最高的国家之一。这与其金融系统的贡献有很大的关系。日本现在已经建立了比较完善的覆盖全国的农村金融体系。政府金融机构和合作金融机构以及一部分其他金融机构共同组成了日本金融领域里的农业协同组合，如图 8.13 所示（任敏和陈金龙，2008）。

日本农协系统不管是在日本资金严重短缺时期，还是在高速工业化、日元快速升值时期，都在保障基本农产品供给、满足农户贷款需求，特别是在促进农民收入持续稳步增长、消除城乡差距方面作出了巨大贡献。农协的组合成员分为正式会员（农户）和准会员（其他利用者），几乎所有农民都是当地农协的社员，很少干农活而主要靠其他行业收入的兼业者也可以成为农协的准会员，但是不具备表决权。日本农协系统等农村金融机构的经营特色包括：

（1）不以营利为主要目的，致力于保卫农协会员利益与权力、支持农业发展。譬如，日本 1947 年颁布的《农业协作组合法》规定农协"以提高农业生产

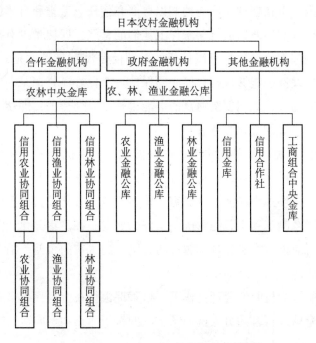

图 8.13　日本农村金融机构体系示意图

能力，提高农民的社会经济地位，实现国民经济的发展"为目的，农协"所从事的各项事业是最大限度地为组员作贡献，不以盈利为目的"。

（2）坚持农民自愿、自主、互助互利的原则。农民加入农协并不是靠政府强制性手段等硬性指标来实现的，而是靠农民自愿入股农协，农协在自主、互惠、互利的基础上向农民吸收存款，发放贷款。

（3）与国家农业政策、财政资金紧密配合。日本农村金融机构的政策及运营与国家的农业政策、财政政策高度配合，根据有关政策实施与农业发展相关的贷款、投资，发放补贴等业务。

（4）农村金融机构的运行以法律为保障。法律是日本农协系统等农村金融机构健康运行的基础和保障。如上述的《农业协作组合法》等。

（5）政府干预度强。众所周知，日本政府的干预不仅表现在农村金融体系方面，整个金融体系都带有政府的烙印。

另外，日本农协系统之能够发挥巨大作用，原因在于：其一，它囊括了各种业务，并形成农协的业务互补结构。譬如，农协的业务里包括了有利润的金融和保险业务，这些业务的利润最终还给了农民；另外，农产品的销售业务也在农协内，农户的销售款自动回流到其在农协的账户里面，这便于农协及时掌握信息并以此为一种担保给农户放款，也减轻了贷款的风险和成本。其二，政府的粮食统购业务由农协实施，农协替政府将粮食全部收购上来；政府向农协支付代理手续费，还对农协实施减免税等优惠措施。其三，农协自下而上全国一体的系统具有很强的与政府谈判的力量。其四，政府出资参与成立的农业灾害保险系统规避了农业生产的各种灾害风险。

（三）美国社区银行：个性化金融服务

作为一种金融中介，社区银行在美国银行体系中发挥着与大银行不完全相同的功能。尤其是在服务中小企业、家庭农场主和中低收入存款人等小型客户上所扮演的极为重要的角色是难以替代的。在经营特色和发展战略上，社区银行强调的是在特定社区范围内提供针对客户的个性化金融服务（bank on the personal touch），与客户保持长期性的业务关系（熊玉军，2008）。

（1）差异化的客户定位。美国社区银行以中小企业、社区居民和农户为主要客户。这种差异化的市场定位为社区银行带来了集中经营的优势，将优先的资源集中在中小企业和社区居民客户，既克服了自身规模小的缺陷，又通过以专补缺、以小补大、以质取胜的集中专营方式，深化了产品线的宽度和深度。并凭借社区银行深厚的信息积累和优良的服务，通过简便的手续和快速的资金周转，用少量的资金解决客户之急需，深受美国下层社会和中小企业的欢迎。

（2）个性化的金融产品服务。美国社区银行最为突出的特点就是针对客户提供个性化服务。多数以合作制形式组成的社区银行是以社区成员个性化生活中现实金融需求为导向，提供高效、便利化的"一对一"式金融服务。没有股东的概念，也没有客户的概念，小到专门对13～17岁社会成员提供指导性储蓄账户，大到对高负债社区成员设计针对性债务转换及清偿方案。不提供无需求的金融产品与服务，对社区成员的建议与咨询是开放性的。贴近社区、方便百姓、亲情服务、灵活应变的经营理念是社区银行克敌制胜的法宝。同时，社区银行十分注重业务创新，为了在激烈的市场竞争中生存下去，由过去单纯经营存贷款业务转为多元化经营，积极开发信托、保险、证券、咨询等新业务，以满足顾客的多样化需求。

（3）稳定的资金来源。美国社区银行以"社区"为自己的主要竞争地，中小企业、社区居民和农户等主要客户的活期存款为社区银行提供了廉价且稳定的资金来源，是社区银行保持流动性的"核心"。同时，社区银行又将从社区吸收的存款又投入到该地区，推动当地经济发展，有效防止了基层金融的空洞化，也比大银行更能获得当地政府和居民的支持，使资金继续留在本社区。

三、东、中、西部典型省份的村镇银行：运营现状与问题

我国于 2007 年 3 月 1 日在农村金融较为落后的湖北、四川、甘肃、青海、吉林、内蒙古六省（自治区）进行村镇银行试运行。其中，2007 年 3 月，中国第一家村镇银行四川仪陇惠民村镇银行正式开业。其后，随着试点省份的逐步扩大，以国家开发银行为主要发起人的甘肃省平凉市泾川汇通村镇银行股份有限公司、由北京农村商业银行独资设立的湖北仙桃农商村镇银行等纷纷成立。除中资金融机构外，外资银行也开始迈出向农村金融渗透的步伐。2007 年 12 月，位于湖北省随州市曾都区的汇丰村镇银行有限责任公司正式开业，成为首家外资村镇银行。截至 2008 年底，我国村镇银行已突破了 40 家。

（一）沿海地区村镇银行发展现状及运营模式——以浙江为例

浙江是村镇银行的第二批试点省份。2008 年 4 月 30 日，由杭州联合银行作为主发起人的长兴联合村镇银行股份有限公司（简称长兴联合村镇银行）在长兴召开创立大会，宣告成立。这是浙江省的首家村镇银行。长兴联合村镇银行将是一家为长兴县社会主义新农村建设和中小企业提供金融服务的地方金融机构。该行于 2008 年 4 月 11 日获中国银行业监督管理委员会浙江监管局批复同意筹建，具有独立的企业法人资格，注册资本金 2 亿元人民币。自开业以来，长兴联合村镇银行确定了立足县域经济、坚持面向"三农"、服务中小企业的市场地位，一定程度上解决了"三农"和中小企业贷款难的问题，满足了广大中小企业和种植业、养殖业在内的多种涉农产业企业的需求和养殖户的资金需求，对该县农村经济的发展起到了一定的促进作用。在采取的措施方面：其一，实行产品

创新，在"农易贷"系列产品的基础上，量身订制，区别对待，推出"特易贷"系列产品；其二，在借款主体上，分别与县委组织部、县民政局等部门联合推出创业贷款，重点帮助解决农村低收入党员、复员退伍军人、青年团员、农村妇女等特殊群体创业初期启动资金不足的困难；其三，在资金价格上，对涉农贷款适当下浮贷款利率水平，主动让利于民，减轻农民利息负担；其四，在贷款手续上尽量简化小额贷款手续，推行"双线调查"制度，大大缩短了审贷路径，提高了审贷效率；其五，在营销服务上，改变等客上门的"传统"，主动上门营销服务。另外，台州市玉环永兴村镇银行、湖州市长兴联合村镇银行等多家村镇银行后来也相继登记成立。

（二）中部地区村镇银行发展状况及运营模式——以湖北为例

湖北作为第一批试点的六个省份之一，是村镇银行在中部发展状况的典型代表。村镇银行在湖北的发展可谓亮点纷呈，生机盎然。湖北省银行业监督管理局的统计数据表明，到 2008 年 8 月，湖北省已开业的村镇银行已有 8 家，数量居全国各省（自治区、直辖市）之首，约为全国已开业总量的两成。不仅数量多，模式多元也是湖北发展村镇银行的显著特征和亮点。在产权结构上，既有一人独资的有限责任公司，也有多元出资的股份有限公司。如仙桃北农商村镇银行是全国首家由异地金融机构发起设立的村镇银行，随州曾都汇丰村镇银行是全国首家由外资银行发起设立的村镇银行，汉川农银村镇银行是全国首家由国有商业银行控股成立的村镇银行，汇丰村镇银行是全国第一家办理外汇业务的村镇银行。同时，为支持村镇银行的发展，湖北省出台了许多扶持政策，并于 2008 年 9 月下发了《省人民政府办公厅关于支持村镇银行发展的通知》，就实施税收优惠政策、增强村镇银行支农实力、减轻村镇银行负担等问题进行了明确规定。

（三）西部地区村镇银行发展状况及运营模式——以四川为例

西部属于中国的欠发达地区，农村人口众多，金融机构远远不能满足需求。因此，四川仪陇县惠民村镇银行在成立后短短一个月内便吸收存款 413.5 万元，发放贷款 140 万元，平均每日吸收存款 10 万元，可谓发展神速。2008 年 9 月 12 日，由中国民生银行发起筹建的彭州民生村镇银行正式挂牌开业，这是"5·12"

汶川大地震后在四川重灾区设立的首家村镇银行。注册资本金人民币 5 500 万元，引入多样化、有特色的中小企业服务金融产品，创新服务品种和抵押担保方式，推行设施设备动产所有权、摊位租赁使用权、出租车经营权等抵质押方式，推进金融创新，希望打造成一家有特色、专业性和创新能力强的地方性商业银行。除以上两家村镇银行以外，四川农村新型金融机构改革试点还有家机构开业，分别是四川北川富民村镇银行、四川仪陇惠民贷款公司、四川平武富民贷款公司、广元苍溪益民资金互助社和成都市邛崃国民村镇银行。

（四）我国村镇银行发展中的诸多问题

村镇银行的成立，各级政府、职能部门、农户和企业都持积极态度，也能缓解贷款紧张的局面、缓解信用社信贷支持压力，促进地方经济发展。但从目前运行情况看，存在的问题也不容忽视。

1. 赢利能力问题

国外中小银行在帮助低收入者脱贫的同时，利润也是相当可观的。但我国村镇银行作为新型农村金融机构，多数处于经济欠发达的农村地区，这些地区高新产业、龙头企业较少，基本上以传统农业为主，农业产业弱势化导致农村地区经济不发达，村镇银行无高效益项目支持，赢利空间较小。从目前来看，村镇银行的客户多数是农民，种植业和养殖业贷款较多，利润率本身较低，而风险较高。而且农民居住偏、散，导致业务经营成本高，影响村镇银行的经济效益。另外，村镇银行机构的小型化、分散化，在应对储户提现和其他日常运营问题上，所需的高流动性资产与总资产的比例相对较高，形成活期存款、各种汇兑头寸较少，资金成本相对较高。

2. 金融风险问题

金融风险问题是银行一定要把握好的。首先，村镇银行大部分实行的是无抵押、无担保的小额信贷。信贷资产的风险系数较大，同时还要应对自然灾害等不可抗力导致的农户违约风险。其次，虽然面对较高的经营风险，但新型农村金融机构自身的注册资本限额却明显低于商业银行的标准，其承担风险的能力较弱。最后，新型农村金融机构服务范围狭窄，组织结构简单，从业人员一般只有几人或十几人，风险识别和风险管理水平不高，控制风险的能力较弱。

3. 村镇银行认同度较低，吸收存款困难

目前，农民对村镇银行兴趣还不高，甚至持怀疑态度。有村镇银行的调查显示：80%的村民认为村镇银行信誉不高，担心钱存进去后拿不回来，不愿意将钱存入。其中：37%的村民表示会将钱存到国有商业银行；43%的村民表示愿意将钱存到实力较强的农村信用社；仅有10%的村民认同村镇银行是农民自己的银行，愿意将钱存入。另外，少量村民将钱存入村镇银行的目的是希望得到该银行的优惠贷款。由此可见，村镇银行在短期内很难与农村信用社、邮政储蓄银行竞争。

四、重庆市村镇银行的市场定位

市场定位是指企业根据竞争者现有产品在市场上所处的位置，针对顾客对该类产品某些特征或属性的重视程度，为本企业产品塑造与众不同、给人印象鲜明的形象，并将这种形象生动地传递给顾客，从而使该产品在市场上确定适当的位置。目前，银行之间在产品业务等方面的差异也越来越小，为了使资金少、规模小等特点的存在村镇银行能在市场中独树一帜，村镇银行就应创造差异，让消费者易于和其他银行区别开来并在消费者心目中站有一定位置，必须进行市场定位。

（一）消费者定位——农民的银行以及服务于统筹城乡改革和发展

明确"广大农村居民为消费者"和"服务于统筹城乡改革和发展"的市场定位。村镇银行的目标消费群是首先要确定的。在尤努斯的格莱珉银行的广大服务客户中，96%以上是农村妇女；同样在日本农业协同组合中，只有农民才能加入；美国社区银行针对的亦是该社区的中小企业和低收入者。服务对象群体的高度集中化，既符合国外村镇银行的初衷，也使他们这么多年来得以持续发展。我国建立村镇银行的目的便是解决农村地区金融机构网点覆盖率低、金融供给不足、竞争不充分的创新之举，是解决农民贷款难和全面建设新农村的有效途径。因此，重庆市村镇银行必须明确自己"农民的银行"以及"服务于统筹城乡改革和发展"的市场定位。支持统筹城乡改革与发展，履行支农重任，特别要为广大农民特别是农村地区贫困户和低收入家庭，以及在家从事劳动的人员提供各种金融服务，稳固自身在农村市场的主导地位和客户基础。并结合重庆当地的自然资源、产业基础、文化制度等各方面，以市场化、商业化为取向，实施村镇银行的特色市场定位。

（二）产品定位

产品定位是村镇银行开展营销工作的重要前提，产品的市场定位应根据竞争者现有产品在细分市场上所处的地位和顾客对产品某些属性的重视程度，塑造出产品与众不同的鲜明个性或形象并传递给目标顾客，使该产品在细分市场上占有强有力的竞争位置。

对于村镇银行而言在产品定位方面，可以通过对客户的深入了解来相应提供个性化的零售服务。在面对个人客户的零售业务方面，首先应提供比较全面的业务以供选择，如较低收费的信用卡和借记卡服务、自动提款和电子银行等服务、较低收费的支票和一些投资产品、不同种类的房屋按揭和消费者贷款产品等。在具体产品上，如消费类信贷品种上，一要推出农民住、行、用、医疗等方面消费信贷品种；二要针对农民工和其子女到高等院校入学提供农村助学贷款，探索贫困生学费贷款和生活费贷款品种，以扩大生源地助学贷款覆盖面；三要在保证诚信的前提下，根据农民的经济实力，向部分农民发放具有贷记功能的信用卡并给予相应的循环使用信用额度，让他们方便地获得银行小额消费贷款。同时，还可以区别不同个人客户，实行差别服务，如对目标客户群体提供"量体裁衣"式的全程金融服务，对大众客户群体，则提供相对个性化的金融产品的"一站式"金融服务。

（三）市场定位的动态性、阶段性

市场定位不是一劳永逸的，而是随着市场情况的变化和村镇银行自己发展情况的变化而变化，企业对自己的市场定位是随时进行调整，使企业的市场定位战略符合自己实际情况，更好地发挥自身优势，增强村镇银行的生存和发展能力。

重庆村镇银行在不同阶段应有不同的市场定位：①在村镇银行发展的最初阶段，主要任务是帮助农民脱贫致富。在这一过程中，村镇银行应支持农民发展种植、养殖业，解决农民生产生活中的资金困难，与农民之间形成长期互助合作关系，使农民经济状况逐渐得到提高。②随着村镇银行自身的规模逐步扩大，村镇银行的主要任务转向扶持特定区域的优质的民营企业和农村经济组织，个体工商户成为活跃的经济主体，村镇银行可以与农民共享经济发展成果，也就是可以谋求共赢了。③随着富裕起来的农民实行规模经营，随着民营企业的兴起，村镇银行依托其投资方的外向型服务功能将得到充分运用，现代商业银行的本质属性得以充分显现。这时，村镇银行可以与农民、农村经济组织建立起牢固的鱼水关系，与其他农村金融机构展开强有力的竞争。

五、重庆市村镇银行的运营模式

村镇银行的运营模式是对村镇银行经营过程的计划、组织、实施和控制，与产品、服务密切相关的各项工作的总称。村镇银行是新生的农村金融机构，是农村金融组织一大创新，是在商业银行等金融机构将资金金大量转移到经济发达的城镇、农村资金供给不足、金融网点覆盖面小、农民和农村企业贷款融资难的背景下，为促进农村金融要素市场发展应运而生的。既然如此，那么村镇银行的发展势必将会遇到许多困难，除了直接面对以农信社带来的竞争，还要面对风险高、成本高、盈利较低、信贷金额小等各种困难。因此，面对农村金融的高风险，村镇银行要充分发挥起优势，就必须创新运营模式。

（一）赢利途径

虽然政府发展村镇银行的根本目的是解决农民、农业和农村经济发展问题，但是，村镇银行毕竟不是慈善机构和扶贫组织，而是一个社会主义市场经济条件下的市场主体——企业，实现盈利才是其生存和发展的最终目的。村镇银行的赢利途径主要靠存贷利息差。在吸纳存款上，村镇银行应该凭借其服务贴近农民、存取款方便的优势，从农民那里吸纳存款，并可适当调高存款利率，借以达到吸纳更多存款的目的。对于贷款利率，应根据当地商业银行和农村信用社的利率来确定，防止过高或过低。定高了则会出现贷款人数少、流失客户的问题；定低了则会入不敷出。新成立的四川仪陇惠民村镇银行将自己的贷款利率定在了10%上下；而中国社会科学院农村发展研究所主持"小额信贷扶贫研究"课题的杜晓山教授则将试点地区的贷款利率定在8%，事实证明在这个贷款利率下，试点银行都达到盈利或盈亏平衡。重庆村镇银行的利率设定以及营利模式，还需根据重庆市农村经济社会发展条件，通过调研和充分论证来确定。

（二）贷款模式

村镇银行面临着农村信贷的小额及分散化所带来的高风险、高成本。为了高效、便捷地为农村经济发展提供标准化金融产品和服务，村镇银行只有积极创新贷款模式，开发新的金融产品和经营模式，以原创的姿态参与农村金融竞争，调整贷款利率、贷款期限制定等方面的策略，以"特色服务"来吸引贷款。在贷款模式上，作为一级法人的村镇银行，确定更完善的贷款程序、更高的贷款效率；实施贷款利率优惠策略，合理制定贷款结构期限。

1. 小额无担保信用贷款模式

重庆市传统小额无担保信用贷款是对本地农户发放的不需要抵押、担保的贷款，贷款额度较小，以农户信用发放的贷款，满足生产经营、购买农机器械、购置生活用品、房屋建设、教育等消费资金的需要。由于这些贷款者的收入不确定性高、可持久性弱，虽然有信用，但信用能力有限，再加上意外因素导致的还款困难，使得不良贷款较多。针对这样的情况，村镇银行应对农村市场进行再细分，从客户需求入手，对农户小额贷款设计标准化产品和规范化信贷操作流程，进行集中审批，推行贷款组合管理，强化贷后服务。科学核定农户授信额度和授信期限，有效规避信贷风险和支付风险，提高风险管理能力。对农户生产经营情况、经营规模、个人信誉、自有资金和家庭状况等建立了农户基本档案，再结合农户信用评定标准，评定确认农户的信用等级，最后根据不同的等级核定不同信用贷款额度。

2. 联保贷款

"格莱珉经典模式"中的"小组＋中心＋银行工作人员"的管理方式，不仅在孟加拉国被证明是非常有效的管理无担保、无抵押的放贷方式，并且在全世界被广泛移植，也取得成功。重庆市村镇银行可供借鉴的方法是：在自愿的基础上，每5人成立一个小组（亲属和好友不得在同一组内），一般6~8个小组构建一个中心，采取民主方式分别选出组长和中心主任。小组成员间要互相帮助和监督，并发挥联保作用，形成自身内部的约束机制。根据情况定期由中心主任和信贷员召集所有成员参加的中心会议，检查项目落实和资金使用情况，办理放、还、存款手续等。

3. 抵押与质押贷款

村镇银行和其他农村金融机构一样，也要面临抵押资产价值低、农产品价格波动大的市场风险。由于农户房产多是自建自居，不大可能用来提供抵押，其他可抵押的有效财产也很少。为了增加贷款的风险保障，对于农村中小企业，探索存款、收益、权益作为抵押物；对于农产品加工、销售的企业，探索其动产质押贷款。另外，随着农村改革的深入，农村土地、养殖水面使用权已具备一定的交易价值，积极探索农民土地、养殖水面使用权、经营权，经济林权，订单与动产质押贷款，推行经营权抵押贷款模式。而对于农民贷款，可以开展个人打工工资保证贷款、车主融资贷款、出租车运营证质押贷款等业务，探索有价单证，城镇区划内的商品房、商铺作抵押的贷款，还可以开展贷款户所持政府债券、企业债券等具有预期收益的有价证券质押贷款形式。

（三）金融风险防范

重庆市村镇银行主要营利性资产业务是面向农户的小额贷款和农村中小企业的贷款，所以也面临着经营和管理的诸多风险。另外，村镇银行不仅面临一般银行都会面临的风险，而且面临农村金融的特殊性风险：农业生产风险和农产品市场风险、农民信用风险、流动性风险等。为此应采取以下措施。

1. 完善信用评定系统

通常，村镇银行的目标客户急切的是致富问题，而不是脱贫问题。所以，重庆村镇银行引入信用等级评定一方面是可行的，另一方面又可以降低信贷风险。四川仪陇惠民银行的《贷款信用评级和最高贷款额度核定表》中设定的评定标准值得借鉴：它将贷款者的上年收入、上两年节余、家庭财产、品德、社会反映五项综合考量，各占20%，以此作为信用等级评定的标准。对于贷款者，村镇银行对他们的还贷情况建立档案，实行信用累积制，以此作为贷款者申请最大贷款额度的标准。如果他能按期偿还，则信用级别升为二级，以此类推。如果他不能按期偿还贷款，则调低其信用等级。同时，与其信用等级相对应的贷款额度也相应地增加或减少。

2. 强化信贷政策宣传

对农民加强信贷政策宣传，在农村张贴宣传资料，利用各种媒体全面介绍信贷政策，让农民了解信贷工作制度和贷款流程，增强信贷工作透明度，了解什么贷款需要担保、什么样的人或物可以作担保；了解贷款种类、期限、利率及逾期处罚措施等信贷政策。

3. 加强横向协作

村镇银行要加强同当地农业发展银行、农业银行和农村商业银行等机构的横向协作，采取各种方法有效降低信贷风险，增强自身的抗风险能力。

4. 实行强制存款

村镇银行对于那些无担保、无抵押的小额信贷，可以从规避风险的角度考虑，参考孟加拉国格莱珉银行的做法，让贷款者强制存款。这样一方面可以作为贷款者的违约抵押，降低借贷风险，另一方面可以增加银行的现金流量。

第四篇 金融公司篇

- 金融控股公司
- 重庆组建地方金融控股集团的路径
- 金融控股集团框架内子公司控制权配置
- 金融企业职业经理人的激励与约束机制

第九章

金融控股公司及其组织管理机制

第一节　关于金融公司：概念界定

本书所理解的金融公司，是指各类金融企业或金融机构。在现代市场经济条件下，由于各种各样的金融企业或金融机构都是以各种股份有限公司或有限责任公司的组织形式出现，因此，本书将从事金融服务、经营金融业务的企业统称为金融公司。从金融公司的范畴来讲，它覆盖了银行业、证券业、保险业，还包括其他非银行金融机构，如信托投资公司、财务公司、金融租赁公司、担保公司、典当行、基金管理公司等经营金融业务的企业或金融中介机构。

本书所称的金融公司也不同于在西方国家普遍出现的、基于消费而产生的一类极其重要的金融机构——财务公司（financial company，有些地方也翻译成"金融公司"，其实质是我国官方定义的"消费金融公司"）。财务公司资金的筹集主要靠在货币市场上发行商业票据，在资本市场上发行股票、债券，也从银行借款，但比重很小；汇集的资金是用于贷放给购买耐用消费品、修缮房屋的消费者及小企业。一些金融公司由其母公司——非金融机构的实体企业组建，目的是帮助推销自己的产品，比如，福特汽车公司组建的福特汽车信贷公司是向购买福特汽车的消费者提供消费信贷。而依据《中华人民共和国消费金融公司试点管理办法》的定义，所谓消费金融公司是指经中国银行业监督管理委员会批准，在中国境内设立的，不吸收公众存款，以小额、分散为原则，为中国境内居民个人提供以消费为目的的贷款的非银行金融机构。显然，一般所说的财务公司或消费金融公司，其实是属于本书所界定的金融公司的一个类别或组成部分。

重庆建设长江上游地区金融中心，以各种金融机构、金融公司或者金融企业的发展和壮大是至关重要的，其共同组成的金融组织机构体系，是一个成熟的区域金融体系的重要构成部分，是区域性金融中心的"骨骼"。没有健康、完整和可持续发展的金融组织机构体系，区域金融体系无法构建，长江上游地区金融中心的功能也就无法发挥。此外，作为市场经济的市场主体，金融公司的发展既是金融业集群的基础，又是金融要素市场培育的前提，还是金融监管的重点。一个金融中心的构建，归根结底表现在各类金融企业或者说金融公司的繁荣与发展上。

更为具体的，金融控股公司是一类非常重要的金融集团企业或金融公司组织形式，通常以企业集团的面目出现，母公司或子公司经营金融业务。从国际金融市场的发展看，全能银行制度渐成主流，多元化业务的发展和混业经营为大势所趋，联系到近年来国外金融企业之间一波高过一波的并购热潮，金融企业正在走向巨型化、集团化和国际化，商业银行在一定限度内参与保险业务，保险公司涉足证券业，商业银行涉足证券公司，以及金融业涉足其他实体产业，其他产业涉足金融业，金融业和实体产业之间相互渗透、相互合作会不断加强。因此，打造金融控股公司，在一定程度上实现金融业混业经营，不但为金融机构直接扩大规模创造了条件，也为日后商业银行、保险公司、证券公司与其他实体公司之间通过资本市场工具，以市场为导向进行大规模的购并重组创造了条件，还为盘活实体企业的产业资本、扩大资金来源奠定了基础。在本书的金融公司篇，主要以金融控股公司为载体，以金融机构高级经理人员的激励约束机制构建为补偿，来探索区域金融体系之微观市场主体的发展，推动长江上游地区金融中心的建设和发展。

第二节　金融控股公司及其组织管理：概念与内涵

随着全球化进程的加快，全球金融服务业进入了全面的结构性整合时期，不同金融机构之间的相互介入，使金融机构日益集团化和全能。混业经营已经成为当今国际金融业的主流，中国金融业混业经营的格局正在形成之中。而金融控股集团则是已成为大型金融机构混业经营所选择的主要组织形式，这是现代市场对金融业的要求。

那么，什么是金融控股公司呢？所谓金融控股公司，通常以集团公司的面目出现，母公司以金融业为主导，并通过控股兼营其他产业的控股集团公司，它是产业资本和金融资本相结合的高级形态和有效形式，也是金融领域内很有代表性的混业经营组织形式。最早的金融控股公司出现在美国，是由银行控股公司（BHC）发展来的。1999 年 2 月"金融集团联合论坛"上，国际三大金融监管部门——巴塞尔银行监管委员会、国际证券联合会、国际保险监管协会在联合发布的《对金融控股公司的监管原则》中，对金融控股集团所下的定义的是："在同一控制权下，完全或主要在银行业、证券业、保险业中至少两个不同的金融行业大规模地提供服务的金融集团。"

金融控股公司的组织管理，就是在同一战略目标的指导下公司组建模式以及公司内部机构的配置和各机构之间的利益制衡机制。金融控股公司的组织管理是其经营管理的重要组成部分，包括两个层面：一是金融控股公司的外部组织管理，主要是看其采用的是母子公司形式还是总公司事业部的形式。二是金融控股公司的内部组织管理。就一家典型的金融控股公司来说，其内部组织结构通常由决策机构、执行机构、监督机构三大部分组成。金融控股公司的战略目标是随着金融业内外环境的变化而变化的，因此金融控股公司的组织管理也是一个动态的系统。根据钱德勒的"战略-组织结构理论"，即企业的发展战略决定组织制度的形式和内容，具体到每一金融控股公司，尽管其发展战略是有区别的，但就金融控股公司这种企业模式而言，却有其共同的特点：价值增值的同时风险最小化。这决定了金融控股公司的组织管理结构的主要特征和基本形态。

要使金融控股公司发挥最大效用而又能使风险最小化，只有制定出科学的组织管理机制，构建其中关键的管理控制流程，才能充分发挥金融控股公司大而全的优越性。

第三节　金融控股公司的组织管理机制

一、金融控股公司的设立

先从几家国际著名的金融控股集团的设立来展开。花旗集团是 1967 年根据美国特拉华州法律成立。1998 年后，花旗集团开始全资控股花旗银行、所罗门美邦、旅行者保险集团。3 个全资子公司"分业经营"，独立开展业务。汇丰控股成立于 1991 年，其下属全资子公司是按地区设立的，并实行"混业经营"，独立综合经营商业银行、投资银行、保险、信托、投资基金管理等金融服务。这些国际金融控股公司都是先有子公司、后有母公司的组建模式。国内目前金融控股公司的雏形也多是逆序组建的，与此很相似。

在初次架构金融控股公司时，主要从整个集团的未来发展战略为出发点，依据目前金融集团资产负债状况，决定采取"营业让与"还是"股权转让"的方式组建金融控股公司。采用营业让与方式时，应首先选定某一金融机构作为主体公司进行营业让与，将此金融机构全部营业及主要资产负债让与新设立或既存的其他公司，其本身则脱壳成为金融控股公司。其他金融机构转换为金融控股公司子公司。而采用"股份转让"方式时，集团内金融机构可以在经主管机构许可后，按照股份转换方式转换为金融控股集团公司的子公司。

二、金融控股公司的治理结构

国际上许多金融控股公司都是上市公司，其治理结构也符合上市公司的要求。国际金融控股公司的董事会广泛吸收社会上有经验的人士任独立董事，有股东大会决定董事会的人选，除董事长外，执行董事分别兼任子公司的董事长，这样既可以防止母公司被边缘化，又可以防止内部人控制现象，保障决策的透明公正。金融控股公司通过控制或影响子公司董事会，推荐董事长，并通过子公司董事会确定合适高层经营管理者。同时，子公司董事长或总经理成为金融控股公司的董事或高层管理者，以便参与制定并准确理解集团发展战略和重大决策，并有效贯彻到各金融子公司的决策和经营管理中。

三、金融控股公司的组织管理

(一) 金融控股公司的组织结构

金融控股公司的组织管理总体趋向于纵向结构扁平化和横向结构综合化。国际上的许多金融控股公司总部主要设人事、财务、审计、法律等部门，人员精简。因此减少管理层次，扩大管理幅度，使组织结构扁平化是当今金融控股公司组织结构的主要形式。而随着企业内部人员素质的提高及信息网络技术的发展，企业内横向结构出现综合化的趋势。企业的组织机构设置方面，适当简化专业分工，把职能相关性强的部门归并起来，这样既精简机构，又使每个部门对其管理业务流程能实行从头到尾、连续一贯的管理。因此，在目前国际市场环境中，纵向结构扁平化和横向结构综合化有很多优点。

(二) 金融控股公司的管理模式

企业的经营组织管理模式有别于公司股权结构和公司治理结构，它不涉及所有权的分配，也不考虑企业内部基于委托代理关系所形成的复杂的权利制衡格局，它指的是企业为了实现发展战略目标设计并采用的，适合自身特征和所处环境的经营管理途径、模式以及相应的内部部门之间的组织协调关系。金融控股公司经营组织结构就是集团内部各种经营和管理权利在母公司和子公司以及子公司与子公司之间的分配，从而形成的一个有机的动态经营管理体系。按照金融控股公司组织管理模式不同，可分为事业部型控股公司和子公司型控股公司。两种组织管理模式不同点主要表现在：①事业部不具备独立法人资格，且事业部是母公司层面的事业部，事业部是利润中心，按事业部制定利润表；②子公司具备独立的法人资格，是独立的经营实体。独立的利润核算中心。相同点主要表现在：金融控股公司的战略决策职能与业务决策职能分离。

从发达国家金融控股集团的管理经验看，当企业采用集约化经营战略时，较多地采用事业部制；当企业选择扩散型发展战略时，则较多采用子公司制。子公司的相对独立性和独立法人地位有助于对金融风险连锁传递的阻断，但子公司模式对母公司在集团的战略贯彻、业务协调、控制集团性风险的能力方面提出了更大的挑战，总公司对子公司的控制不如事业部制那样有效，尤其子公司中如果存在其他股东时。公司的决策、战略、协调、整合的任务往往受到法律对小股东利益保护政策的制约。不同类型的金融控股集团其组织管理模式具有一定的差异性，且其本身也不构成经营状况好坏的决定性因素。不同类型的金融控股公司，其组织模式也不尽相同，这既有其内在的原因，又与各国的法律制度、市场环境、经济发展程度、公司治理水平等有关，并不能据此简单地评判哪种组织模式更为优秀，而且组织模式也不直接决定经营状况的好坏。

四、国际上金融控股公司组织管理模式的特点

（1）金融控股公司组织结构的扁平化。主要是指通过减少中间环节和裁减冗员而建立起来的一种紧凑的扁平型组织结构，其中关键是减少中间环节。这样上层决策者的决策和政策可以更快捷地传递到下属事业部或子公司，减少决策和政策的失真，并且还能对下层人员的执行情况进行有效的监督和调控。随着中间环节的减少，组织的等级结构的层次减少了，组织的整体结构也就扁平化了。

（2）金融控股公司组织管理结构动态化。金融控股公司的发展战略是随着世界经济大环境的变化而变化的，根据钱德勒的"战略-组织结构理论"，金融控股公司的组织管理结构是有其发展战略决定的，其组织管理机构是动态的，如以前的以产品为导向的组织管理结构逐步转换到以客户为导向的组织管理结构上来了。

（3）金融控股公司内部管理的双层多线式。双层是指集团一级的一体化安排和协调以及子公司或事业部一级的利润管理，多线是指从集团价值获得的各方面所展开的管理活动，涉及业务整合、人力资源整合、技术整合、信息整合、风险整合以及市场开拓和研发等。其目的是通过形成管理合力，促进集团协同效应的出现，以实现集团价值的增值。

五、金融控股公司的关键管理控制流程

金融控股公司之所以存在是因为它有内部交易存在，内部交易正是金融控股

公司风险存在的关键所在,那么如何处理这个矛盾呢?最根本的是构造关键的管理控制流程的架构。通过对国际知名金融控股公司组织管理模式的分析,可以得出金融控股公司组织管理的关键控制流程。

(一) 业务整合管理

站式服务是金融控股公司发展的方向,但如何融合金融产品和相关产品就很重要了。首先,从价值链的分析法来看,金融控股公司应着眼于活动和流程对顾客贡献的大小,也就说,对于任何没有贡献和价值增值的流程,可以删除以节约人力和物力。业务流程的设计不应囿于原有组织范围内,应以最自然的方式加以调整。其次,压缩管理环节,缩短管理半径,减少上下级之间信息传递的失真,进行金融控股公司组织再造,建立中心-辐射式的组织结构。最后,把一般性的业务外包,金融控股公司要把注意力放到其核心业务,抓住其核心竞争力,加大新产品的开发。

(二) 风险控制管理

金融产品具有风险性、流动性和收益性,再加上金融控股公司的特殊性,其风险控制显得尤为重要。金融控股公司的风险分为内部风险和外部风险。其中,外部风险是由外部大环境决定,与金融控股公司制定的发展战略密切相关;而内部风险主要是由于金融控股公司的内部交易和母(子)公司的经营是否合规性引起的。因此,金融控股公司要想在一定程度上控制内部风险,必须有严密的内控制度、财务管理制度和稽核审查制度。

1. 内部控制管理

金融控股公司内控制度框架主要包括内控意识和风险理念、构建良好的控制环境、控制活动与职责分类、可靠和高效的信息及传递机制以及监督活动和缺陷的纠正机制。

2. 财务管理

金融控股公司都实行二级财务管理制度,各子公司都是独立的企业法人,就是有自己独立的财务报表。这样集团的财务就"财务并表,各负盈亏",集团母公司及其子公司的责任只对其实际出资额负责,这就有效抑制了风险。控股公司各子公司内部财务独立，利润分配独立，金融控股公司以大股东身份参与利润分配。二级财务管理制度有效控制资本金重复计算问题，能及时发现母公司将债务以孤本的形式转移给子公司导致财务杠杆过高的问题。

3. 审计管理

所有的金融控股公司都设有独立的审计委员会之类的机构，负责集团的内部和外部的核查，集团内部的核查称为稽核。金融控股公司的稽核主要涉及资产负债、会计核算、财务支出和现金出纳等，金融控股公司通过建立总稽核岗位，统领各子公司的稽核人员，综合办理稽核业务，对审计中揭示的风险进行评估，设计相关的解决方案向董事会以及监事会报告。

（三）支持保障线的管理

主要通过统一战略、统一 IT 平台、统一人力资源管理等实现控制，来实现资源和信息的共享。通常，金融控股公司的战略、品牌、资金、IT 平台和人力资源管理等都实行集中管理模式。具体来说就是，金融控股集团要实行统一的发展战略和启用统一的品牌；财务集中管理模式主要有报账中心模式、结算中心和内部银行模式以及财务公司模式；还有就是集团构建统一 IT 平台，使信息充分流畅；而对人力资源的管理，董事会要吸收一定数量的有经验社会人士参加，对子公司的高管要有董事会任命，对集团员工要有定期的培训安排，建立系统的人事管理和劳动用工制度、激励制度，充分调动每个人的积极性。

对不同组织管理模式的金融控股公司之对比分析表明，在制定金融控股公司的组织管理模式时，关键还是金融控股公司的管理控制流程，在组织管理机制设计时，应该：首先，通过金融控股集团强有力的管理和控制保证各金融子公司的统一协调，实现集团内部交叉销售和资源共享，并借助先进的同一网络金融平台和垂直的稽核审计系统，防范和化解集团内部各种金融风险；其次，在内部机构设置上，注重发挥集团职能委员会的作用；最后，在选取组织管理模式时，应该充分考虑集团本身的经营定位、国家的法律环境及制度环境、集团母公司及子公司的治理水平、风险管理能力等。这样才能真正发挥金融控股集团的优势，避免金融控股所带来的特有风险。

综上所述，金融控股公司的组织形态既有其优势，也有其特殊的风险结构，金融控股集团的规模和全能本身并不能保证产生效益，只有在硬件上搭建起有效率的管理控制框架、在软件上建立起有效的公司治理机制和风险防范机制，才能把金融控股公司潜在能力转变成现实盈利（彭小兵和张保帅，2008b）。

第十章

重庆组建地方金融控股集团：
现实条件和路径探索

第一节 问题的提出及理论回顾

国外金融控股集团经过多年的探索发展，已基本具有完善的组织结构和管理模式。尽管中国金融业仍处于分业模式，但光大、中信等控股集团的出现激起了组建金融控股公司的热潮。由于金融资源稀缺、金融业收益诱惑和部分实体企业搭建融资平台的需要等原因，国内对金融控股集团比较热衷的主要有各大股份制金融机构、部分有实力的大型企业和一些地方政府。

重庆市要强化地方金融调控能力、推动重庆金融业集群发展、促进重庆长江上游地区金融中心的建设，一个重要的金融业集群路径就是组建重庆地方金融控股集团。地方性金融控股集团指以地方性商业银行、证券公司、保险公司、信托公司、信用社或租赁公司等金融机构为依托建立起来的金融控股集团。目前重庆已经出现了金融控股的雏形，如重庆国际信托投资有限公司（简称"国投"）开展的业务已涉及信托、证券、保险、银行、基金、理财中介、债券承销等金融领域；重庆渝富资产经营公司（简称"渝富"）从一定意义上讲也属于金融控股公司的范畴。但是，一方面，上述公司的发展、运营还不是完全意义上的金融控股公司的运作模式，并且其在运营中都出现了风险传递加大的"瓶颈"，阻碍了重庆地方金融控股公司集团化、规范化经营和进一步发展；另一方面，重庆构建长江上游地区金融中心，仅停留在现有金融控股公司规模和运营模式的基础上还远远不够，难以起到推动重庆总部经济发展的作用。所有这一切，为重庆市组建规范、有效的地方性金融控股集团提供了政策基础和有利契机。

在金融控股集团研究方面，国外主要研究金融控股集团的发展动因、立法思想、运营模式以及管理效率；国内的研究主要集中在金融控股公司的发展和监管。陈辉（2003）提出国有商业银行可通过股份制改造、合资并购等方式发展为金融控股公司，并对内部不同行业合理搭配、优化资源配置以获得混业经营的规模经济与范围经济。熊利平和曹勃（2004）认为组建地方性金融控股公司是加入世界贸易组织之后应对竞争的一条可取的途径，并以北京为例，提出组建地方性金融控股公司的具体路径。王学军（2004）建议将国有商业银行改制为金融控股公司，分别下设不从事金融业务的纯粹型银行业控股公司、保险业控股公司和证券业控股公司。王仲会（2005）在对中信、花旗和汇丰分析之后，认为我国发展金融控股公司应选择中等规模的商业银行、证券和保险机构或在一些产业资本控股金融机构的基础上生成。冯栋和黄方亮（2005）从完善公司制度安排的角度探讨金融控股公司的构建途径，认为纯粹型金融控股公司的模式适合我国的现实情况，并着重从立法方面为进一步发展我国金融控股公司提出了相应的政策建议。王岚和崔滢（2005）认为以商业银行为主体将是现阶段我国金融业从分业经营向混业经营过渡的现实选择，并且应在健全公司治理结构、建立科学的经营管理机制、促进产品开发与创新、完善法律法规等方面实行改革。刘兵军（2005）从规范公司治理结构、强化风险监控制度和信息披露机制等方面思考了区域性金融控股公司组建方式。施维明（2006）针对金融控股公司发展中的制约因素——子公司之间信息不畅、管理效率低下等方面存在的问题，提出加快发展我国金融控股公司的对策。刘建武（2006）在介绍金融控股含义和分析金融控股公司产生原因的基础上，提出成立陕西省地方性金融控股公司的建议。以上研究都较少涉及金融控股集团自身管控框架如何搭建和管控机制如何建立的问题。本章将主要以金融控股公司为载体，围绕深化金融体制改革和实现统筹城乡金融可持续发展目标，并结合重庆的现实金融状况，研究重庆建设长江上游地区金融中心的金融公司发展谋略，探索重庆组建地方金融控股集团的理论、路径和政策（潘东和彭小兵，2007b）。这对于深化重庆金融体制改革，应对日趋激烈的国际金融竞争和增强重庆地方金融机构的综合竞争力，以及完善和规范已有的金融控股公司，具有重要的现实意义。

第二节　地方金融控股集团：优势和风险分析

（一）金融危机中的金融业混业经营与金融控股公司

随着 2008 年至今已波及全球的金融危机的发生，中国金融业再次引发了关于混业经营与分业经营孰优孰劣的争论。一方面，批判综合或混业经营者认为，在"金融自由化"的旗帜下，金融市场和商业银行之间的防火墙被拆除，风险交叉传递，投资银行激进的文化向传统保守的商业银行渗透，加大了金融机构的道德风险。而另一方面，在次贷危机中，顶级的投资银行相继陷入倒闭或被商业银行收购的境地，似乎反而是实施综合化混业经营的一些大型商业银行受到的冲击较小。因此，综合来看，混业经营与否并不是金融机构深陷危机的主因。

从长期来看，实施混业经营有利于发挥协同效应，抵御经济周期波动所造成的风险，从分业经营走向混业经营已成为金融发展的必然趋势。目前，我国金融的混业经营正在推进，一些金融机构初步搭建了金融集团的雏形，金融业混业经营的格局正在形成之中。总体上看，在混业经营的金融公司中，由于业务结构和股权关系比较简单，同时银行和资本市场之间有严格限制，两者因过度融合而放大系统性风险的可能性较小。在风险可控的前提下，混业经营还有很大的发展空间。

受金融危机的影响，防范风险成为推进金融业混业经营首要的考量因素。显然，在金融业混业经营的具体模式选择上，由于通过金融控股公司开展混业经营可以形成内在防火墙，阻断银行、证券、保险和其他金融业务的风险传递，有效控制风险，同时也与当前分业监管的现状相适应，因此，金融控股公司的金融业混业经营模式可能更能为各方所接受。

（二）地方性金融控股集团的优势分析

1. 扩大企业规模，提升竞争力

地方性金融企业相对于国外的大型跨国金融集团和国内的国有控股金融机

构，大多规模较小，业务范围较窄，风险承载能力较弱，从而削弱了企业的竞争能力，难以在激烈的市场竞争中立足。通过组建地方金融控股集团，不仅可以通过联合各个分散孤立的地方金融机构来扩大地方金融企业的规模，子公司之间还可以共享资源、增加客户、精简人员，将外部竞争转变为内部合作，以提升地方性金融企业的整体竞争力。

2. 合理处置不良资产，提高资本利用率

资产质量不高是许多地方金融机构都存在的问题。通过金融控股集团下的各金融子公司间的资产重组、资产证券化、债转股等方式，可以逐步消化不良资产。所以，组建地方金融控股集团有利于合理处置不良资产，提高资本利用率。有实例为证：2004 年 9 月重庆渝富收购了重庆银行 12.5 亿元不良债权；2005年初，渝富再次等值收购了该商业银行 21 亿元不良资产；重庆市农村信用社在 2004 年时资本金只有 2 亿多元，300 亿元贷款中就有 40%的不良贷款，经渝富重组后资本金增至 16 亿元，不良资产率降到 10.5%，资产总量达到 1 000亿元。

3. 分散风险，保障金融安全

银行业、保险业、证券业可以各看做一种证券，它们分别面临着信用风险、支付风险、市场风险，根据现代投资组合理论（modern portfolio management,MPT），其中任意两个行业的收益率波动的相关系数小于 1，一种业务的收益率下降，可能会导致另一种业务的收益率上升。分业经营实质上限制了金融业务的范围，使金融机构的业务风险集中于一个狭窄的领域内。因此，金融控股集团可以利用多种金融业务的经营组合来进行风险锁定，分散风险，保障金融安全。

4. 降低成本，提高投资收益率

金融控股集团的母公司可以运用资本控股权，促进金融子公司之间密切合作，实现共享网络信息平台、技术支持平台、客户服务平台等资源，从而达到降低经营成本和融资成本的目的；金融服务业混业经营又促进子公司共同发展多样化的金融产品，交叉销售不同的金融产品（服务），以及为同一个顾客提供更多的金融服务种类而相对增加客户数量，从而提高投资收益率。低成本、高收益使金融控股集团实现了规模经济和范围经济。

（三）地方性金融控股集团的风险分析

虽然金融控股集团具有很多明显的优势，但作为金融服务业从分业经营向混业经营调整阶段存在的一种组织形态，它也存在多种风险。主要表现有以下两种。

1. "多米诺"风险

金融控股集团极易出现"多米诺骨牌效应"，即风险传递大，最终导致集团公司的稳定性下降。若其中一个子公司出现经营或财务问题，很容易殃及池鱼，导致集团内其他子公司也面临风险，特别是内部关联交易引起的金融风险最难规避。内部交易表现为交叉持股，集团内部一个公司代表另一个公司进行交易，向集团内部子公司提供或其他子公司获得担保、贷款或承诺，子公司之间资产的买卖，引起与第三方有关的风险在集团不同子公司之间进行传递的交易等。为避免上述系统性风险，母公司必然会对子公司实施严格的控制，结果可能带来"子公司人格虚化"问题，即控股母公司控制权的行使一定程度上影响了子公司的独立人格。这将有悖于传统的公司法人理念，即"独立人格、意思自治、独立责任"。

2. 监管缺位的风险

金融控股集团存在内外部监管缺位的风险。在当前"分业经营、分业管理"的格局下，我国的银行业、证券业、保险业的各部门分别由中国银行业监督管理委员会、中国证券监督管理委员会、中国保险监督管理委员会实施监管，同时也可能会出现多个部门都有权监管地方金融控股集团的局面。因为不同的专业金融监管体系的监管标准与监管政策存在着差异，增加了监管当局管理的困难；即使各个监管局能有效控制管理对象的风险，也会由于国内外不同监管主体之间的信息不充足，整个金融控股集团的风险难以控制。

第三节　重庆组建金融控股集团：动因、条件与制约

（一）重庆打造地方性金融控股集团的动因

1. 整合地方金融资源的需要

目前重庆有重庆银行、重庆三峡银行、重庆农村商业银行、西南证券、重庆

市国际信托投资公司等业务横跨银行、证券、信托等行业的多家金融机构，但是他们资金不够雄厚、经营风险大、业务交叉重复、资源浪费、运营效率低。若在条件成熟时，把部分金融机构或部分金融业务统筹改组为地方性金融控股集团，集中起有限的金融资源，化零为整，扬长补短，可以更有效地实现协同效应，并提高资金使用效率，提升整体竞争力。

2. 扩大地方金融企业规模的需要

地方性金融企业或者说金融机构、金融公司一般资金少、规模小、服务范围窄、客户流不大、规避风险能力弱，难以在市场上与全国或地区知名的大型金融企业抗衡，更不用说与国外大型跨国金融集团竞争了。所以，通过金融机构重组，构建成为地方性金融控股集团，可以较快地扩大重庆市金融企业的规模，提升规避系统性风险的能力和加强地方金融企业的竞争力。

3. 提升重庆形象、打造区域性金融中心的需要

重庆直辖后，一直得到中央在经济上的大力支持，为建设长江上游地区金融中心、深化金融体制改革和实现金融可持续发展目标提供了有利条件。重庆通过组建国内相对少见的金融控股集团，可以充分体现出重庆市在改革中强烈的国际化、规范化和前瞻性意识，必定赢得国内外金融机构的认可，成为全国乃至国际金融业的领头羊，为重庆创造辉煌业绩，提升重庆的城市形象。

总之，以金融控股形式为依托，一来重庆可以形成资源共享、实现协同效应，二来可以用有限责任的方式防范风险或避免风险扩大，有效推动重庆金融企业的健康发展，并最终为重庆构建长江上游地区金融中心奠定微观基础。

（二）重庆组建地方金融控股集团的现实基础

一个城市能否打造地方金融控股集团，关键要看其是否具有组建金融控股集团的基本条件。从重庆的区位优势、经济基础、金融实力和宏观环境等四大基本要素来看，重庆拥有组建地方金融控股集团的诸多明显优势。其中前三大要素的优势或实力前已多次得到阐述，这里只重点讨论重庆组建地方金融控股集团的外部宏观环境状况。本书认为，在外部宏观环境方面，重庆组建地方金融控股集团已经有了法律、政策和市场环境的有利支撑。

1. 金融法规的前瞻性

虽然目前我国还没有为金融控股公司制定专门的法律，但现行的金融法规也

没有对金融控股集团作出禁止性规定。

其一，早在 2003 年 9 月 18 日，中国三大监管机构——中国银行业监督管理委员会、中国证券监督管理委员会、中国保险监督管理委员会召开第一次监管联席会议，讨论通过了监管方面的分工合作备忘录。其中，确立了对金融控股公司 20 字的监管指导原则，按照指导原则明确了对金融控股公司实行主监管制度。金融控股公司监管权的初步确定，实际上已为金融控股公司的产生和发展扫清了一些法规性障碍。

其二，进入 2006 年以来，关于金融控股公司的监管问题正式提到了中央政府决策层面；6 月，中央机构编制委员会组织召开会议，专题研究金融控股集团等综合经营金融机构的监管机构设立问题；10 月，国务院有关部门再次组织研究该问题目前；11 月，中国保险监督管理委员会就表示将制定相关法律，鼓励具有一定规模、经营状况好的保险企业使用一定的保险资金收购银行、证券及其他相关企业股权或采用交叉持股方式实施综合经营。

其三，2007 年全国"两会"期间，全国人民代表大会代表、招商银行行长马蔚华在提交的《关于制订〈金融控股公司法〉的议案》中建议：由国务院授权央行全面整理现有涉及分业经营、分业监管的相关立法，并制订一部"金融控股公司监管条例"，再以此为基础制订规范金融服务业综合经营的"金融控股公司法"。目前，我国中信、光大、平安保险组建的金融控股集团的运行已步上正轨。

2. 宏观环境的有利性

重庆直辖升格和中央西部大开发战略实施，胡锦涛总书记确定了关于重庆未来发展的新的导航定向，2007 重庆金融工作会议中提出了"抢占西部金融制高点"的金融工作目标，所有这些都为组建重庆地方性金融控股集团提供了政策基础和有利契机。

（三）重庆组建地方金融控股集团的制约因素

纵观重庆金融业发展现状，组建地方金融控股集团的可行性较强。但现阶段还有以下因素制约着重庆金融资源的整合以及金融规模和金融业务的扩张，制约着地方金融控股集团的发展。

1. 缺乏基础理论研究的支持

在国内研究中，多数的重心仍然放在金融控股集团的发展变迁、立法、监管等领域，而针对金融控股公司自身管控框架如何搭建、管控机制如何建立的研究较少，针对性不强，尤其是重庆地方性金融集团的构建还缺乏深入的基础理论研究支持，更难以应用到重庆本地上来。

2. 重庆金融企业实力不够

尽管直辖以来重庆金融业取得了较大成就，金融企业增多，但相比较国内外其他城市而言，重庆金融总体实力还不够雄厚，规模偏小，自有资本不足，资本负债率高，且至今仍未有一家金融企业上市。尽管近 3 年来经过市政府和渝富的努力，重庆地方金融企业的不良资产率已大下降，但是现今的地方金融机构仍就各自为政，缺乏有效的统筹规划，分散和减弱了金融企业实力。

3. 母公司控制权难以界定

《中华人民共和国公司法》在公司内部的权力配置和管理结构中并没有赋予母公司统一管理权行使的空间。因此，金融控股母公司控制权的内涵和外延很难准确界定。已成立的金融控股集团，如中信、光大等，在实践中均陷入了"协同陷阱"及"母公司边缘化"的困境。母公司无法对金融子公司进行有效的管理和控制将也是重庆地方金融控股集团运营的最大问题。在第十一章，本书将对此问题展开详细的论述。

4. 缺乏防范风险传递的有效措施

现已设立的重庆国投和渝富公司都属于地方性金融控股公司的范畴，但是在他们组建的过程中都不可避免地出现了"瓶颈"——风险传递性加大。金融控股集团实际上是金融业分业经营到混业经营的一种过渡模式，若对金融控股集团的管理不当，集团内部的其中一家子公司出现问题，极有可能造成其他子公司也受到波及，因此子公司间产生风险传递的可能性很大。在"渝富模式"中，重庆市政府 100% 控股了作为国有资产重组和经营平台的渝富公司，并借助渝富收购国有不良资产，再与国有企业签订回购协议；其中渝富的收购资金来源于国家开发银行，而国家开发银行以政府出具的安慰涵和渝富公司的土地储备抵押进行贷款。因此土地成为渝富融资的主要担保工具和杠杆，土地价格的小小波动必然会影响地方政府和渝富的融资能力。除去金融集团内部关联交易引起的风险外，渝富还面临着地价下降所引起的杠杆风险。现行的金融控股集团大多只重视金融产品的创新和开发，对风险控制却缺乏有效的措施。能否有效地控制区域性金融风险，就成为判断地方金融控股集团是否有效的关键因素。

第四节　重庆组建地方金融控股集团的路径探索

（一）快速发展重庆地方金融控股集团的基本思路

组建金融控股集团是一个系统工程，具有较高的政策性、业务性和技巧性。重庆目前有重庆渝富资产经营管理公司、重庆银行、重庆三峡银行、重庆农村商业银行、西南证券、重庆市国际信托投资公司、重庆市城市建设投资公司等多家地方性金融机构。在对上述金融机构进行重组和改造的过程中，不仅需要政府和社会各方的配合与支持，还要有精心的策划和周密的部署。基于重庆的现实状况，快速发展本市地方金融控股集团的基本思路可以考虑如下：针对地方金融机构数量多但资产规模小、自有资本不足、不良资产比例高、经营风险大的缺陷，应该尽量整合金融机构的资源，最大限度地发挥协同效应。因此，可以由重庆市政府引导统筹，选取已涉足金融领域的大型国有企业为主体，通过行政划拨和兼并收购，控股或参股地方金融企业，整合地方金融资源，统一运用网络信息平台。目前，重庆市国有资产监督管理委员会已成立渝富公司，并行使三大职能：一是为国有企业重组不良债务提供资金周转；二是发挥企业发展投资和资产重组的杠杆功能；三是发挥金融控股功能。但是，要深化金融改革、促进金融产业集聚，光靠一个渝富是不够的。因此可以组建多个地方金融控股集团来推动金融机构聚集，加强重庆市的金融调控能力并起到辐射周边的作用，争取把重庆建设成为长江上游的金融中心。

前面提及现有的重庆现有金融企业都存在风险传递加大的问题，突破这个"瓶颈"的主要解决途径是完善内部"防火墙"制度，具体可以采取三个措施：①防止子公司间进行不正当的关联交易，严格控制子公司间的业务来往。比如，禁止证券子公司向银行子公司出售证券合同、严格控制银行子公司向其他金融子公司授以贷款等。②实行法人分离制度。集团母公司和子公司都具有独立的法人地位，通过"集团混业、经营分业"来实现多元化的金融服务。母公司主要规划总的发展战略和管理子公司，而子公司则实施经营的金融业务和日常的经营管理，原则上母公司不能干预。③财务并表，各负盈亏。合并财务报表是为防止公司资本金及损益的重复计算，避免过高的财务杠杆。金融控股集团设置独立的二级财务管理系统，母公司和子公司拥有自己独立的财务系统。由于各子公司法人独立，母公司对子公司及子公司之间的责任，仅限于出资额，而不是统负盈亏，这样不仅能有效地防止风险传递，同时还可强化集团公司的信息披露制度。

地方金融控股集团可实行投资主体多元化和引入独立董事制度。现有的"渝富模式"中，重庆市政府对渝富公司的控股权达到100%，致使集团股权过于集中，有政企不分之嫌。为利于金融控股集团的业务拓展，应该适当降低国有股的比重，增加非国有企业股份和外资股的比重，以使地方政府的非市场干预行为受到一定程度的制约和监督；对于地方政府持有的国有股权部分，也可以通过吸引多种具有业务互补性的国有法人参股，以实现国有产权主体多元化。地方政府初期只需保持51%的绝对控股权，以后还可逐步降到适当的相对控股比例。地方金融控股集团不应该隶属于任何行政部门或权力机构，并在具有独立法人资格的母公司董事会中引入独立董事制度，建立职能明确的董事委员会，以监控各子公司的具体运作。

待客观条件成熟后，将集团内部的所有金融产业集中整合并剥离非金融业务部分并尽量使母公司上市，使其逐步过渡为纯粹型金融控股集团，即母公司不参与具体经营业务，只需扮演好"伞形"管理者角色即可。

（二）重庆组建地方性金融控股集团的路径分析

组建地方性金融控股集团必须遵循市场经济原则，坚持企业主体、市场主导、政府引导。构建过程中不能仅仅局限于搭建一个金融控股的空架子，而应该把股权重组和业务整合结合起来，达到金融资源的有效配置。具体路径可设计如下。

1. 母公司采用股权转让方式对子公司实行控股

借鉴我国台湾地区的做法，采取类似于"营业让与"的一种股权转让方式组建地方金融控股集团。具体操作流程为：由重庆市政府引导，将一个已涉足金融领域的大型国有企业所有的金融业务和主要资产负债让与给新设或原有的地方金融机构（子公司）；子公司再以所接受的资产负债为基础，发行新股给原有的大型国有企业使其转变成控股公司；最后金融控股公司搭建起统一的技术、研究、开发、信息、客户、服务、网络等平台，对子公司实行控股，实现协同效应（图10.1）。

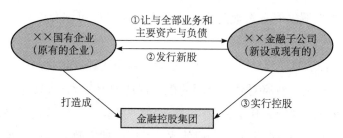

图 10.1　股权（业务）转让方式

在采用股权转让方式组建金融控股集团的过程中，不但没有现金支出，而且可以节省交易成本。当然所谓的政府"引导"，就是强调市场主导而非政府配置资源。现有的"渝富模式"中重庆市政府扮演的是越位的角色，虽然政府在一定程度上加强了信用体系，但重庆市地方政府当局干预过多使其在经济中的定位发生了偏离。"市场行为无行政管制"才是真正的市场经济。

2. 逐步过渡为纯粹型金融控股集团

根据金融控股集团的母公司是否享有经营权可分为纯粹型控股公司（pure holding company）和经营型控股公司（operating holding company）两种。目前重庆国投既对部分企业实施股权控制，又开展实际的金融经营业务，性质上属于经营型金融控股集团。经验表明，纯粹型金融控股公司的风险性小于经营型金融控股公司。原因是，经营型金融控股集团的控股母公司参与日常金融业务，母子公司之间极易出现暗箱操作和不公平的内部交易，最终导致金融风险；而纯粹型金融控股母公司的工作重心是收购、兼并、转让和子公司的股权结构变动、协调内部资源共享及新领域投资等方面，并不参与实际的经营业务，防止了以上风险。随着日后金融制度改革的深化和资本市场的发育成熟，应该将重庆地方金融控股集团逐步过渡转型成为纯粹型控股模式。

3. 争取控股集团母公司上市

目前重庆还没有一家金融企业上市，而控股母公司上市却有着其他公司无法比拟的优势，如母公司上市后能够更方便地利用收购、合并等资产运作方式来优化业务和管理布局。所以，争取母公司上市是整个金融控股集团的一项具有战略意义的长远目标。如重庆渝富就可以借助现有的参股企业——"重庆东源产业发展股份有限公司"实现母公司上市。重庆东源本身是一家上市公司，渝富可以采用"借壳上市"的方法，借助东源这个"壳"先剥离出一部分优质资产上市，再通过东源大比例的配股筹集资金，然后将渝富的重点项目注入东源中去，最后通过配股将渝富的非重点项目注入进东源，实现借壳上市。

4. 扩张为区域性金融控股集团

待地方金融控股集团在重庆本地发展壮大后，控股母公司可以兼并收购或入股投资长江上游地区一些有潜力的金融企业，逐渐向整个长江上游发展。最终扩张成为以重庆为长江上游地区金融中心的大型区域性金融控股集团，完成从地方性金融控股集团向区域性的过渡。兼并收购这些具有潜力和市场的金融企业的优势在于：购并双方能够沿着原有企业的发展轨迹进一步开拓市场，金融控股集团一开始就获得开展新的金融业务所必需的金融技能、知识技巧和客户；同时，如果子公司在市场上已经建立了较好的品牌形象，合并后母公司可以获得这笔无形资产。当然，在并购过程中，要发挥市场"这只无形的手"的作用，由市场来配置资源。政府的过多计划和强行介入，结果可能是仅仅搭建出一个金融控股的空架子，而没有把股权重组和业务整合有效地结合。

（三）重庆组建地方金融控股集团的示例

资本市场向来是重庆的弱项，当地金融企业迄今为止没有一家上市，没有发达的资本市场，重庆建设长江上游地区金融中心只是一句空话。为实现资本市场的多元化，重庆还可以选取一家国有实体企业作为主体，组建地方金融控股集团。以实体企业为控股集团主体，地方金融业可以依托实体企业发展，实业也可以利用金融平台做大做强，实现实业与金融的有效结合。

组建地方金融集团的具体方式依次为：①由重庆市政府规划引导，把地方金融机构的部分股权转让给金融控股集团，在现有基础上进一步扩大该控股集团在地方金融机构中的股份份额，接着，完全剥离该集团现有的实体经济职能和其他的非金融业务，专门另设一个实体公司；②将其改组为金融控股集团的资产管理公司，并接收剥离后剩余的全部金融业务部分；③寻求并收购一家业绩较差、筹资能力弱化的上市公司的股份，剥离该上市公司的资产，注入该集团自己的资产，通过"买壳—借壳"来实现金融控股集团的间接上市。

这样，金融控股集团的母公司，通过控股或参股方式从事控股子公司的产权管理和经营；剥离出的实体经济运营公司是其非金融类的全资子公司，同时控股国际投资信托公司、重庆三峡银行，参股重庆银行、重庆农村商业银行、西南证券、国民人寿保险公司、安诚保险公司等多家金融子公司（图10.2）。在该地方金融控股集团的组建过程中，要坚持社会主义市场经济导向，重庆市政府只进行引导和必要的方向性的干涉，不参与金融机构的相关市场运作。

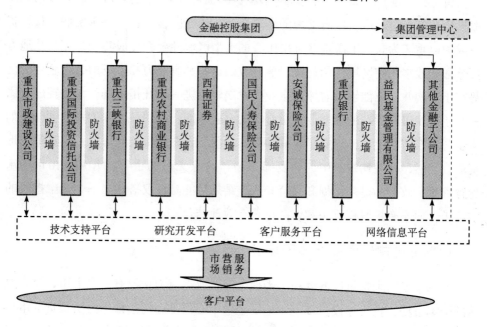

图10.2　金融控股集团架构：一个示例

另外，针对集团公司的管理控制机制问题，可以在风险控制方面建立适当的"防火墙"制度，明确界定子公司间的业务，搭建统一的技术支持平台、研究开发平台、客户服务平台、网络信息平台；在金融控股集团内部实行法人分离制度和二级财务管理系统，子公司均具有独立的法人资格和独立的财务管理系统。逐渐将重庆金融控股集团过渡成为纯粹型金融控股集团，金融控股集团母公司主要负责制定公司的战略、投资、分配利润等，子公司则分别负责经营银行、证券、保险、基金等金融业务。本书下面的章节，将进一步详细讨论金融控股集团的治理结构问题。

当然，重庆金融控股集团甚至可借鉴美国的花旗集团和旅行者集团合并的案例，寻求机会与渝富合作（通过下属各子公司间相互持股实现合作或联合），联合对长江上游地区的金融企业参股或投资，收购重组其他地方金融企业的不良资产，逐步扩张为区域性金融控股集团。

第十一章

金融控股集团框架内子公司控制权配置研究

第一节 问题的提出

公司治理作为一种制度性的安排，包括正式或非正式的、内部的或外部的制度或机制来协调公司与所有利害相关者之间的利益关系（Tirole，2001）。企业所有权（ownership）与控制权（control right）的配置是企业理论尤其是公司治理理论所研究的核心问题（Hart and Moore，1990）。由于现实中的合同常常是不完备的，在合同不完备的情况下，企业中控制权的配置就变得非常重要。集团公司的产生，是典型的基于相关多元化的范围经济、规模经济和协同效应的考虑。过去的几年中，我国金融控股集团公司的组建及实施、运作已经取得了积极的进展，但也面临着一些问题，控股母公司和子公司之间的管理权、控制权配置还远未走上良好公司治理的正轨。事实上，金融控股集团公司运作进程中的经营管理、资本运作、市场前景等都还存在一定的不确定性，这种不确定性导致了金融控股集团管理及控制权上更多的不完备性。这就意味着，如何在金融控股集团框架内配置子公司控制权就显得非常重要，而这也是改善金融控股集团公司治理的重要内容，并直接影响金融控股集团的整体运作效率。

在有关控制权配置的研究上，一部分文献重点是强调集团内大股东对控股子公司的侵占行为，从一个角度证实了控制性股东通过关联交易侵占上市公司资金、掠夺小股东财富的现象；另一部分文献则提出了集团内部控制性股东对子公司的控制权配置模式，对于完善公司治理、促进我国资本市场的健康发展具有指导意义。刘峰等（2004）基于公司业绩的角度，借用约翰逊等（Johnson et al.，2000）所提出的"利益输送"概念，论证了我国资本市场上存在大股东控制更多地导致侵害中小股东利益行为的利益输送现象，并通过对五粮液集团的案例分析加以佐证。作为另一个类似案例的讨论，杨棉之（2006）研究发现原本在于提高资本配置而存在的企业集团内部资本市场部分地被异化为进行利益输送的渠道，进而认为，控股股东对其控股部门有很强的利益侵占动机。张祥建和郭岚（2007）以1998~2002年456家上市公司为样本书，证明了控制性股东"隧道效应"的存在性以及对中小股东的利益掠夺，并且得出了关联交易是控制性股东掠夺财富的重要途径的结论。王鹏和周黎安（2006）、朱红军和汪辉（2004）的研究都认为控制性股东会在巨大控制权收益的驱动下将上市公司掏空，进而认为在我国当前市场环境中，股权制衡并不能提高我国上市公司的治理效率。与上述文献研究角度不一样的是，瞿宝忠（2003）构建了公司控制权配置的综合模型，从效率与垄断、效率与竞争以及效率与代理等视角对基本组合模式进行了探讨和选择，为公司控制权的配置改革提供了一个基本框架；与本书相关的结论是，对于那些股东会、董事会、监事会形同虚设的控制权配置模式的公司必须使控股股东解除对子公司资产法人财产权和生产经营及资产运作控制权的"垄断"地位，实现控制权配置的"三分离"。王月欣（2004）运用Rubinstein的轮流叫价谈判模型对企业控制权配置进行了动态分析，认为企业控制权的唯一子博弈精炼纳什均衡结果取决于物质资本所有者（股东）与人力资本所有者（可以理解为子公司的代理人）的耐心程度。刘红娟（2006）运用博弈论来分析不同制度环境下，股东与管理者、大股东与小股东等利益主体的行为选择导致的治理问题，并对代表不同制度环境和不同所有权与控制权配置——英美模式、日德模式及东亚家族模式进行比较分析，认为在控制权配置中，风险制造人与风险承担人应该对应、决策控制权与决策管理权应该分离。

以上研究文献在探讨控制权时，鲜有涉及在金融控股集团框架内，子公司控制权到底应该在母、子公司之间怎样配置。集团化管理理论以及实践中大量案例同样也表明，在集团公司内部，控制权配置就是要理顺控制性股东与子公司之间的关系，其核心要义是赋予母公司对子公司的控制权，子公司服从来自于母公司的外部力量的控制或统一管理；对上市子公司而言，母公司控制权是一把双刃剑，存在"隧道效应"，但多数情形下是一种"支撑效应"和"反哺行为"。因此，笔者也认为，尽管将控制权作为对企业家的激励手段对改善公司治理具有积极意义，但在金融控股集团尤其是国有金融控股集团中，将控制权仅仅理解为一种动态调整的激励约束机制既无法解释控制性股东对控股子公司通过关联交易的侵占行为，也不能完整地解释控股母公司为集团整体利益而对子公司的支撑与反哺行为。不仅如此，已有实证分析表明，在现行的制度安排下，较高的股权集中度和较高的持股比例会激发控股股东的"支持行为"，其"掏空行为"并不严重（孙兆斌，2006）。另外，已有的控制权配置框架还需要在金融控股集团尤其是国有金融控股集团的治理环境下重新审视并加以改进。因此，与前述文献的观点不一致的是，金融控股集团内部控制权的配置，并不在于协调好股权持有比重多少及对子公司控制多少问题，而在于应该相机地动态配置，也即要根据控股子公司的实际绩效和运营状况以及控股子公司经营者的能力是否适应控股子公司的发展要求而动态、相机地配置控制权。本书建立了金融控股集团中子公司控制权的配置模型，并基于金融控股集团特殊的控制权配置特征，探讨金融控股集团的管理和控制路径，以此作为改善金融控股集团公司治理结构的重要理论依据。

第二节　金融控股集团公司的控制权配置特征

普遍的，在控股公司的整体运作过程中，子公司经营者通常比母公司更了解子公司的核心能力、商业细节、产品或业务潜力，即子公司经营者更具有信息上的优势，在一定时期内，控股母公司难以获得充分的信息。因而两者之间存在更严重的信息不对称。基于企业家本位基础上的公司治理，加剧了这种信息不对称性，对在中国具有普遍意义的国有金融控股集团公司，其组建、运作和管理的政策性很强，要求控股与被控股的集团母子公司双方要签一个完美的状态依存的合同几乎是不可能的。

更为重要的问题是，金融控股集团子公司的经营者和金融控股集团母公司之间还存在许多潜在的代理冲突，经营者可能从子公司运营中得到较大的个人好处而牺牲金融控股集团的整体利益；甚至会因为控制性母公司代理人（子公司经营者，包括董事或高管）的忠实义务冲突而导致其掠夺行为。一方面，控制性母公司代理人法律上的"尽忠"对象是子公司，他们不能按照有利于母公司而不利于子公司得标准行事，甚至也不能在母子公司利益之间寻求平衡；但另一方面，在整个集团框架下，作为母公司代理人的派选董事或高级经营管理者，必须严格遵守控股母公司的行政指令，其权威性和合法性必须由母公司赋予，自上而下的任免或提名是其权威性、合法性的唯一来源，此时，母公司代理人必须为控制性股东尽心尽责。因此，冲突的双重角色与委托－代理困境使上市公司高管有动机产生逆向选择和机会主义行为，其行为摇摆于集团母公司利益和子公司利益之间，不仅可能导致决策紊乱，而且可能根据个人自身利益需要来扮演不同的角色，演变为控制性股东与控股子公司的"财富掠夺者"。显然，金融控股集团母公司承担的风险相对较大，强烈希望能够控制控股子公司的风险，保护自身、整个集团及至国家的投资利益和技术安全。可是，如果完全按照公司治理中"所有权必须与控制权相匹配"的原则，金融控股集团母公司将很难控制那些双方可能出现的利益冲突或者"内部人控制"而导致的风险，这是因市场瞬息变化而形成的新型企业与以往其他企业的区别所在（Rajan and Zingales，2000）。因此，金融控股集团公司治理机制也不能简单地套用一般的理论上已经很成熟的治理模式。譬如，在具有代表性的金融控股集团中，金融业的特点以及金融风险的外部性特征（金融风险的传染性）使得其治理较多地是放在金融稳定与安全上，这时债权人如存款人、投保人、委托人等的利益损害与否至关重要，而股东的利益相对不那么重要了，此时，债权人及国家金融监管部门高度关注其经营好坏或其资产质量。从这个意义上讲，金融控股集团的控制权配置以及控股公司治理的目标不仅是股东对经营者的一种监督与制衡，更关键的是要保证公司决策的科学性。

令金融控股集团两难的是，金融控股集团母公司对控股子公司的控制还必然带来子公司法人格虚化的问题，母公司控制这种外部力量可能给其受到支配的子公司带来不利的影响，控股母公司常常囿于"子公司法人自治"、担心"大股东的干预"，而走向了子公司"内部人控制"，进而金融控股集团的协同效率、范围经济效率受到限制，母公司在实践中常常陷入了"边缘化"的困境中。对于金融控股集团而言，金融监管当局也囿于金融集团这种特殊的组织结构形式而担心无法对其实现有效的监控。

实践中，我们也可以观察到大量的控制性股东反哺上市子公司现象。譬如，2007 年宗申集团注入发动机板块核心优质资产到宗申动力（001696）；2007 年京东方（000725）从上市公司中剥离亏损液晶资产到控制性股东；中信银行每年正常核销上百亿的不良资产却没有为中信集团核销一分钱；2005 年自身盈利状况并不好的光大集团同意用 5 亿元为光大证券核销坏账。显然，现实中金融控股集团并不总是扮演着想方设法掠夺其他中小股东财富的角色，相反，控制性股东会根据其控制权不断地反哺、支撑控股子公司。特别地对于金融控股集团而言，由于金融牌照是一种稀缺资源，获取成本很高，金融控股集团母公司既可能通过隧道行为侵占社会股东、债权人等利益相关者的利益；也可能实施为了获得长期整体收益而向上市子公司输送资源以维持子公司业绩和上市牌照的支撑行为；还更加有可能实施为了取得集团的协同效应与资源共享的业务整合与经营管理行为，而这正是集团构建的基础。

以上的分析趋近于表明，解决金融控股集团框架内的子公司治理问题，将可能更多的是依靠外部治理机制发生作用，要基于治理与管理相统一的原则。在目前中国监管的环境下，实践中我们观察到的金融控股集团中所有权与控制权配置的结果常常是控股子公司获得相对较多的控制权，集团母公司获得相对于其股权比例而言更小的控制权，但十分注重和加强社会、政府尤其是政府监管部门的监控。

一般认为，金融控股集团治理机制的核心是对子公司经营者进行良好的激励、严格的约束与监控。本章第三节的模型分析将表明，金融控股集团中采取的治理机制应当是特殊的相机治理机制，即金融控股集团母公司根据控股子公司的实际绩效和运营状况以及控股子公司经营者的能力是否适应子公司和集团整体的发展要求而配置控制权，体现动态可调整性（潘东和彭小兵，2007a）。

第三节　子公司控制权配置模型的建立与分析

一、基本模型

前已述及，金融控股集团公司具有盈利的市场前景，但其治理结构还存在内在缺陷，需要改善治理机制。但是，由于作为内部人（insider）的控股子公司经营者和作为控制性股东的集团母公司之间存在信息不对称，所以在金融控股集团在组建子公司经营者可能出现逆向选择，而金融控股集团公司成立后可能存在道德风险。

本质上，无论是一般的公司或企业还是作为金融机构，其进一步发展都是需要资本支持来发展的。公司业绩的体现，重要的是要不断创新产品和技术、扩大产品市场份额、提升管理效率，形成可持续经营的良性循环。比如，在金融控股集团，银行扩大风险资产规模必须按照《巴塞尔协议》关于资本充足率的要求提供资本支持，保险公司扩大保费收入需要按照偿付能力充足率的要求提供资本支持，等等。

假设：金融控股集团子公司有扩张业务需要新的资本支持，所需资金可以通过集团内部解决而无需其他集团外部融资；金融控股集团子公司自身经营积累盈余能够提供的资本支持 A，但业务扩张需要的资本为 I（$I > A$），因此要求金融控股集团公司承担或支持（$I - A$），以便能用整个金融控股集团的资源来增资控股子公司，支撑其业务扩张，但此时整个集团都承担起投资回收不回来形成呆账、坏账的风险；假定利率为 i；令在当期用于支持控股子公司的集团母公司投资额为 $Q = I - A$。A 反映了该金融控股集团子公司当前的效益状况。

假定金融控股集团子公司（企业经营者、银行的行长、经理等）是风险中性、仅承担有限责任、折现率为零；新投资项目最终能够产生可真实的收益，成功时的收益为 R，失败时的收益为 0，且成功的概率为 P。为简便起见，考虑一个二值的离散变量的情况，我们假定金融控股集团子公司经营者会选择两种努力水平——尽职或不尽职，相应业务扩张的成功概率分别为 P_H 与 P_L（$\Delta P = P_H - P_L$）。当经营者不尽职时，他会获取更多的休闲等好处，取得个人非货币收益 B；

而尽职时其个人非货币收益为0。B反映了金融控股集团子公司经营者的努力程度和敬业精神等，其中，P_H与P_L以及B也可以描述为努力水平的连续函数，但本书只考虑最简单的情况，且这种简化模式并不影响整体结论。

显然，对金融控股集团子公司来说，扩张业务必须满足：$P_H R - I > 0$，且$P_L R - I + B < 0$，即只有能够使金融控股集团子公司经营者尽职的情况下，业务扩张才能成功；这一条件保证了$(P_H - P_L)R > B$。为了使经营者尽职使业务扩张成功，进而有利润来回报金融控股集团公司，或由此能吸引外部投资者、债权人以及政府的良好评价，金融控股集团公司必须对经营者进行适当的激励。最优激励合同为：投资项目成功时经营者得到w，而在失败时得到0，以弥补其尽职时所失去的个人非货币收益B。因此有

$$(P_H - P_L) \cdot w \geq B \tag{11.1}$$

最终金融控股集团公司能够得到的"有保证的收益"（pledged income）为$P_H\left(R - \dfrac{B}{\Delta P}\right)$，所谓有保证的收益就是金融控股集团子公司获得能够保证金融控股集团公司能够得到回报的利润。要使金融控股集团公司愿意进行这么多的对金融控股集团子公司的资本支持，必须满足

$$P_H\left(R - \frac{B}{\Delta P}\right) \geq I - A \tag{11.2}$$

但是，如果$A = 0$，即金融控股集团子公司本身经营状况不好，没有盈余时，下式完全可能成立：

$$P_H R - I > 0 > P_H\left(R - \frac{B}{\Delta P}\right) - I \tag{11.3}$$

这时，作为理性人的金融控股集团公司的选择是拒绝对此类的金融控股集团子公司的资金支持，甚至不愿意控股此类的公司，即对那些绩效或业绩很糟糕的企业纳入集团内是不划算的。

对上述模型的分析还可以得出：一个控股子公司的效益越好（A越大），式（11.2）成立的可能性越大；金融控股集团子公司经营者的个人非货币收益越大（B越大），式（11.2）成立的可能性越小；ΔP越大，式（11.2）成立的可能性越大。

二、控制权配置的拓展模型

前面的分析已经指出：当 $P_H\left(R-\dfrac{B}{\Delta P}\right)<I-A$ 时，尽管新扩张业务的净现值 NPV 可能大于 0，但金融控股集团还是不愿支持子公司的增资甚至不愿控股此类企业。为了使金融控股集团公司所得到的"有保证的收益"能够大于 $(I-A)$，金融控股集团子公司经营者必须放弃一部分控制权。

控制权并非是一个整体概念，它主要包括投票权、董事会席位、总经理是否由原企业经营者担任、集团母公司派出董事的权限范围、某些双方在相关协议中明确规定的条款等，金融控股集团子公司的控制权不应该简单地由某一方独自享有。假定金融控股集团子公司经营者出让的控制权为 λ，$\lambda\in[0,1]$，且为连续变量。

金融控股集团公司拥有一定比例的控制权后，通常要对金融控股集团子公司进行一般意义上的监控（常常是被动的监控），如要求金融控股集团子公司按一定的频率向金融控股集团公司的派驻人员提供财务报告、及时通报子公司的发展情况等，显然，这将减少金融控股集团子公司经营者的个人非货币收益 B，且经营者放弃的控制权越多，其个人非货币收益将减少得越多。设出让部分控制权后金融控股集团子公司经营者的个人非货币收益为 b，当 $\lambda=1$ 时，即完全由金融控股集团母公司置换经营者，则 $b=0$；当 $\lambda=0$ 时，即金融控股集团子公司经营者拥有所有的控制权，则 $b=B$。因此不妨设 $b=B(1-\lambda)$，这个假设与实际情况比较吻合。

金融控股集团公司拥有控制权 λ 后，将派出人员对金融控股集团子公司进行相应的监控，金融控股集团公司派驻控股子公司其监督成本为 C（C 由金融控股集团子公司支付，体现在有保证的收益中），同时金融控股集团子公司经营者的个人非货币收益减少到 b，则顺利达成将控股子公司纳入金融控股集团的条件变为

$$P_H\cdot\left(R-\frac{b}{\Delta P}\right)-C\geqslant I-A \qquad (11.4)$$

当 b 和 C 足够小时，式（11.4）可能成立。显然，监控越频繁，成本越高。不妨设 $C=k\cdot\lambda$，k 是监督成本系数。由于进行监控以后金融控股集团公司可以获

得的"有保证的收益"应大于没有监控时的收益，即要求 $P_\mathrm{H}\left[R-\dfrac{B\cdot(1-\lambda)}{\Delta P}\right]-k\lambda>P_\mathrm{H}\left(R-\dfrac{B}{\Delta P}\right)$，因此有 $k<P_\mathrm{H}\dfrac{B}{\Delta P}$。将 $b=B(1-\lambda)$，$C=k\cdot\lambda$ 代入式 (11.4)，得

$$P_\mathrm{H}\cdot\left[R-\frac{B\cdot(1-\lambda)}{\Delta P}\right]-k\cdot\lambda\geqslant I-A \tag{11.5}$$

$$\lambda\geqslant\frac{(I-A)-P_\mathrm{H}\left(R-\dfrac{B}{\Delta P}\right)}{P_\mathrm{H}\cdot\dfrac{B}{\Delta P}-k} \tag{11.6}$$

此时，项目的净现值 $\mathrm{NPV}=P_\mathrm{H}R-I-C=P_\mathrm{H}R-I-k\cdot\lambda$。将 $Q=I-A$ 代入式 (11.6) 得

$$\lambda^*=\frac{(I-A)-P_\mathrm{H}\left(R-\dfrac{B}{\Delta P}\right)}{P_\mathrm{H}\cdot\dfrac{B}{\Delta P}-k}=\frac{Q-P_\mathrm{H}\left(R-\dfrac{B}{\Delta P}\right)}{P_\mathrm{H}\cdot\dfrac{B}{\Delta P}-k} \tag{11.7}$$

现实中，国有金融控股集团公司不同于一般企业的持股特点和对控股子公司的监管和约束。接受政府、债权人制约的现实表明，国有金融控股集团公司实际上不可能凭借其控股股东的地位接管控股子公司，金融控股集团公司总是希望拥有一部分控制权，以保证能对金融控股集团子公司运营实施有效的监控，同时又尽可能多地保留金融控股集团子公司经营者对金融控股集团子公司的控制权，使其能更自主地在国家规定的范畴内运营子公司。因此，在金融控股集团的一系列资本运作行为按照市场化操作的条件下，那么 λ^* 即为金融控股集团子公司经营者出让控制权的均衡点。

由于 $0\leqslant\lambda\leqslant1$，也即 $0\leqslant\dfrac{(I-A)-P_\mathrm{H}\left(R-\dfrac{B}{\Delta P}\right)}{P_\mathrm{H}\cdot\dfrac{B}{\Delta P}-k}\leqslant1$，于是有

$$P_\mathrm{H}\cdot\left(R-\frac{B}{\Delta P}\right)\leqslant I-A \tag{11.8}$$

$$P_\mathrm{H}R-(I-A)-k\geqslant0 \tag{11.9}$$

下面对影响 λ^* 大小的因素进行分析：

第一，由式（11.7）可得 $\frac{\partial \lambda^*}{\partial A} < 0$，这表明将纳入金融控股集团中之前的控股子公司效益越好，则控股与被控股的组建谈判时必须出让的控制权越少。并且如果将 $A = A(t)$，$A(t)$ 是一个时间的函数，从动态角度分析，可以得出：随着时间的推移，金融控股集团子公司的效益越差，子公司现有用于项目投资的资金将越少，则其在金融控股集团中必须放弃的控制权也将越大。

第二，由式（11.7）和式（11.9）可得 $\frac{\partial \lambda^*}{\partial B} > 0$，这表明金融控股集团子公司经营者在被控股前运营该控股子公司的个人非货币收益越大（不努力工作而换取的额外休闲），则他必须出让的控制权越大。

第三，由式（11.7）可得 $\frac{\partial \lambda^*}{\partial Q} > 0$，这表明金融控股集团公司愿意支持金融控股集团子公司的项目投资额越多，金融控股集团子公司经营者所需出让的控制权也越大。

三、结论性评价

（一）研究结论

前面通过建立模型，导出金融控股集团子公司经营者为了获得来自金融控股集团公司的资本支持所必须放弃的控制权的均衡解，并分析了控股谈判时子公司拥有的自有资金（效益状况）、子公司经营者的个人非货币收益大小（努力程度、敬业精神）等重要因素对金融控股集团子公司中控制权配置的影响。其结论为：

（1）从静态来看，金融控股集团子公司经营者控制权随金融控股集团子公司所拥有的效益状况的增加而递增、随经营者的个人非货币收益增加而递减；从动态角度分析，随着时间的推移，金融控股集团子公司的效益越差，则其被控股时必须放弃的控制权也将越大。因此，金融控股集团公司中采取的治理机制应当是特殊的相机治理机制，即金融控股集团公司根据控股子公司的实际发展绩效和运营状况以及控股子公司经营者的能力是否适应控股子公司及整个金融控股集团的发展要求而配置控制权。基于事实体制的控制路径，可以很好地实现这种相机的控制权配置，在本书的对策建议篇将进一步阐述这点。

（2）还得到一个延展性结论：在金融控股集团公司中，控制权的配置并不一定等于持股比例赋予的权力。金融控股集团母公司对不同类型的子公司，需要的控制权配置是不同的，与持股比例无关。

（3）为了使金融控股集团公司有能力根据金融子公司的实际发展绩效状况以及金融控股集团子公司经营者的能力是否适应子公司的发展要求而增加或减少控制权，国家必须赋予金融控股集团公司按照市场经济规律对金融控股集团子公司关于股权向社会战略投资者转让、出售等的退出决策权。这样，有了社会战略投资者的参与，对金融控股集团子公司经营者的控制权威胁便能实现。因此，在国有金融控股集团内部管理和控制的具体运作上，除非涉及国家安全和全局性的市场风险，国家不再干涉而由国有金融控股集团公司完全控制和掌握，尤其是在涉及金融控股集团方面，现有的公司法要作相应的修正。当然，国家对国有金融控股集团公司的考核应该以是否有利于金融控股集团子公司改善公司治理，是否符合整个集团公司运作绩效和国有资产保值增值、国家安全要求为主要标准。

（二）研究总结和研究展望

总而言之，金融控股集团的核心要义赋予母公司对子公司的控制权，服从来自于母公司的外部力量的控制或统一管理，金融控股集团的治理机制的核心显然就是母子公司之间的控制与被控制关系。由于存在着合作与冲突的博弈行为，金融控股集团内部母子公司之间的博弈关系可能导致母公司的控制与控股子公司的背离行为的发生。

虽然从整个金融控股集团角度来看，金融控股集团公司与其子公司在利益和业务上应有一致性，但是，由于控股公司和各个子公司之间在利益的形成与分配过程中所处的地位不同，因此有着不同的利益追求。子公司必须服从母公司的管理并遵循母公司的指示，但母公司的指示往往是为了整个集团公司的利益，而子公司作为独立的法人，又有本公司利润最大化的目标。在信息不对称的情况下就会不可避免地产生集团利益冲突。就金融控股集团母公司而言，控制性股东是隧道行为与支撑行为的复合体，其对子公司的控制权是一把双刃剑。

这样，金融控股集团公司采取的治理机制应当是特殊的相机治理机制，即金融控股集团公司根据金融控股集团子公司的实际绩效、运营状况以及金融控股集团子公司经营者的能力是否适应控股子公司的发展要求而动态地配置控制权，且国家必须赋予金融控股集团公司按照市场经济规律对金融控股集团子公司关于股权向社会战略投资者转让、出售等的退出决策权。而基于这样的控制权配置模式，本书将在"对策建议篇"中提出：一方面，基于事实体制的控制路径，将主要通过产品业务流程控制实现对有关业务的一体化控制管理、通过契约关系取得金融控股集团子公司的经营管理权、通过党的系统垂直管理体制间接实现金融控股集团母公司对子公司的人事控制；另一方面，金融控股集团母公司对金融控股集团子公司的监管功能定位，应主要界定为战略管理、资源配置、风险控制、业务协同和重要人事管理五个方面，并考虑到管理权利的边界。

另外，本章的研究还表明，提高金融公司经营绩效，要建立起一种相机治理机制，完善对金融公司高层管理人员的控制权激励。但是，除了控制权激励外，还要完善对高级经理人员的薪酬激励体系，这是第十二章要涉及的内容。只有准确把握母公司对控股子公司控制尺度，实现有效制衡，并搭建起有效率的管理控制体系和有效的公司治理机制，才能创造金融控股集团公司价值最大化、价值均衡化。

第十二章

金融机构经理人的激励约束机制构建：以商业银行为例

第一节 关于金融机构高级经理人员的激励与约束：背景介绍

在区域金融中心中，金融体系不仅具有支付清算、资金集合等功能，而且还具有激励功能。而区域金融体系的激励功能之所以重要，源于现实的金融世界不同于理论上理想的金融世界，需要金融业从业人员尤其是金融机构的高层管理人员有效地把握金融的运行，寻找理想与现实的结合点。因此，构建区域金融体系，还包括建立和完善金融机构高级经理人员的激励约束制度。

经济学研究经理人激励约束机制，使用的方法主要是博弈论中的委托-代理理论。不完全信息动态博弈理论表明，委托人和代理人之间普遍存在信息不对称，致使委托人难以有效地观察、衡量和考评代理人的业绩。因此，委托人要设计和选择最优契约来激励并约束代理人的行为。委托代理关系普遍存在于各金融机构之间、金融机构内部的股东和管理层之间、管理层和交易员之间。

委托代理理论的产生机制是：权利的所有者由于知识、能力和精力的原因不能行使所有的权利，而专业化分工产生了一大批具有专业知识的代理人，他们有精力、有能力代理行使好被委托的权利；但在委托-代理的关系当中，由于委托人与代理人的效用函数不一样，委托人追求的是自己的财富更大，而代理人追求自己的工资津贴收入、奢侈消费和闲暇时间最大化，这必然导致两者的利益冲突，代理人的行为很可能损害委托人的利益；且由于信息不对称，委托人难以观察到代理人的这种侵害行为。于是就产生了对经理人的激励与约束问题，也就是如何设计一个有效的制度安排——激励与约束机制，使代理人的行为能按照委托人的意图去行事而又不损害委托人的利益。经理人的激励约束机制是公司治理机制中最重要的环节和内容。

在金融领域，金融高端人才是各大金融机构竞相争夺的人力资源，在公司享有很高的地位和声誉，有效实现对金融高端人才特别是对金融机构高级经理人员的激励与约束非常重要。可是在 2008 年发端于美国的金融危机中，发达国家金融机构对经理人员的短期化激励机制和制衡机制却出现了失灵。G20（二十国集团）宣言就将这次危机原因概括为"不健全的风险管理习惯、复杂且不透明的金融产品、过度的杠杆激励，造成了金融体系的脆弱"。因此，金融机构经理人员的激励机制设计，一方面要避免短期导向，可以通过诸如长期股权激励等设计来建立长期激励机制；另一方面风险和收益要挂钩和匹配，尤其需要建立长期的损失责任追究制度（吴晓求等，2009）。

但目前，我国金融机构对高级管理层的考核和激励还处于起步阶段，激励不够科学、约束形式单一，突出表现在：与考核结果挂钩的激励主要是短期激励，没有与金融机构长期、全面的绩效水平挂钩，没有考虑资产期限，没有有效区分周期性因素和政策因素与管理能力的贡献差异；不同金融机构高管人员薪酬差异大，与业绩相关度较小，往往与其行政级别等紧密挂钩；以责任落实和责任追究为重点的经营监督机制尚不完善，"约束过度"和"约束不足"并存。因此，未来一段时期，在深化金融机构公司治理机制建设的过程中，薪酬激励约束机制的设计和完善仍是重要的内容之一（巴曙松和牛播坤，2009）。

作为金融公司篇的重要补充，这一章重点以商业银行为例，基于股票期权制度来分析和研究金融机构高级经理人员或者说高层管理人员的激励与约束问题。金融机构高级经理人员的激励约束问题是建设长江上游地区金融中心，完善重庆区域金融体系的重要微观构成体系。在现代市场经济条件下，商业银行经理人的激励约束机制可以作为银行金融机构、非银行金融机构、金融控股公司等金融企业高层管理人员激励约束的参照范本。构建金融机构高级经理人员的激励约束机制，对于完善金融机构、金融控股公司等金融企业的公司治理，对于减低金融风险、有效防范金融危机，都具有重要的理论和现实意义。

本章首先对传统薪酬制度的激励机制和股票期权制度的激励机制进行了分析和对比研究，然后利用博弈论的基本原理构造导入股票期权的商业银行经理人激励约束机制（彭小兵等，2007）。研究将表明，基于股票期权的薪酬制度优于传统的固定薪酬制度和经营者年薪制的激励机制；引入股票期权制度后在激励约束机制的相互制衡作用，以及银行股东和经理人在个人效用最大化条件下，可以达成的最优合同。

第二节　股票期权制度与传统薪酬激励制度：对比分析

一、股票期权制度：概念及应用背景

股票期权制度是基于股票期权合约的创新，作为薪酬制度领域一次巨大变革而被广泛应用于激励企业经营者。由于其作用对象主要针对于企业的高层管理者，通常又被称为经理人股票期权制度（executive stock option，ESO），其基本形式是授予经营者在特定的时期内，以预定价格认购一定数量本公司股票的权力。作为薪酬制度的股票期权是企业内部制定的面向特定人、不可转让（除非以遗嘱形式）的期权，是一种看涨期权，这是与标准股票期权合约的不同之处。股票期权制度旨在解决企业"委托-代理"问题、报酬和风险相对称的长期激励制度，它能有效地规避企业经营者的短期行为现象，它与工资、福利、奖金等传统的薪酬方式共同组成使经理人员利益和股东利益一致的经理人员薪酬一体方案。

股票期权激励制度在世界上得到过很好的运用。譬如，世界著名的印度软件公司 INFOSYS，在 1981 年成立，6 个创始人毫无政治背景，20 世纪 80 年代的收入才几十万美元，而贷款高达 100 万美元；后来在 1993 年孟买股票市场上市，成为第一批由市场定价的公司。上市给 INFOSYS 带来多个转折点，但更重要的是股票期权制度留住了企业的优秀人才，上市资金用于建立"INFOSYS 校园"吸引世界级的人才，并提高国外企业的信心。

可是，前几年，安然、世界通信等众多巨人公司都采用了股票期权制度，但经理人仍然在激励相容框架内仍然作出了违背股东利益的巨大财务造假案。为什么会出现这种情况呢？事实上，公司治理中监督和激励之间的替代效应是有一定条件的。经理人在位时，通常会发生两种道德风险行为。根据其可观测性，分解为显性道德风险行为和隐性道德风险行为。这两种道德风险行为都是理性经理人在个人效用最大化原则下的可能行为选择，都会不同程度地违背股东的意愿。对于显性道德风险，一般能够被测定，但需要花费一定的监督成本，在行为上通常表现为收取回扣、在职过度消费、财务造假等。对于隐性道德风险，就很难被测定，在行为上通常表现为在职懒惰、不注重学习、没有进取精神等。公司董事会、监事会、外部董事以及聘请的外部审计可以解决第一类风险行为，而股票期权制度由于其激励作用可以用来解决第二类风险行为。但必须协调监督成本和激励成本之间的平衡关系，否则就会出现与安然公司等大公司一样的财务造假行为。

关于股票期权及商业银行激励约束制度，国内许多文献陈述了一些具有一定价值的观点和看法。譬如，陈关聚和冯宗宪（2002）建立在基准指数基础上的指数化股票期权模型，陈学彬和张文（2003）用博弈论方法探索我国商业银行激励约束机制，张月飞（2003）出于减少国有商业银行人才流失的考虑来探讨股票期权的商业银行激励约束分配机制，邢哲（2001）、王维安和郭福春（2003）着重探讨了我国股份制商业银行实施股票期权激励机制的一些基本问题，蔡启明（2002）对非上市公司股票期权的设计参数和股票期权计划的管理方法进行了系统的研究。然而，一方面，前述的安然等巨人公司的财务造假案让人们不得不重新审视股票期权制；另一方面，对商业银行股票期权制度的激励约束、对于基于股票期权的最优激励约束契约安排，理论界仍未解决。本章主要从博弈论数学建模角度进一步描述上市商业银行中监督成本和激励成本之间的平衡关系，对商业银行实施股票期权制度的激励约束机制进行构造分析。这是金融中心建设中区域金融体系完善的重要内容。

二、两种不同经理人薪酬激励制度的比较

（一）传统薪酬激励制度

传统的针对经理人的薪酬制度包括最基本的两种：固定薪酬制度和经营者年

薪制。其他一些薪酬形式一般都是在这两种薪酬形式上变形而来。固定薪酬制指按时间给予企业经理人员固定的工资额，缺乏变动，基本薪水与企业经营业绩之间并无关系，是计划经济的产物，由于忽略企业的经营绩效与经营者薪酬的联系而逐渐被淘汰。经营者年薪制对经营者工资收入提出的新考核管理制度，它是以年度为单位，根据经营者的生产经营成果和所承担的责任、风险确定其工资收入的工资分配制度，大多是采取基本收入加风险收入的办法，也有的包括奖励收入。年薪制由于将经营者的收入与企业绩效挂钩而在一定程度上对企业经营者起到了很好的激励作用。下面是这两种薪酬制度的对商业银行经营者激励作用的简单分析。

1. 固定工资制

设年固定工资为 W，银行产出为 R，经理人（代理人）努力程度为 e 且 $R = R(e)$，经理人努力成本 $C = C(e)$。委托人（股东、银行所有者）效用函数为 $\max U = R(e) - W$，代理人效用函数为 $\max u = W - C(e)$。$R(e)$ 是严格凹的，$C(e)$ 是严格凸的。$\frac{\partial C}{\partial e} > 0$，$\frac{\partial u}{\partial e} < 0$，表明经理人愈努力其成本愈高，故在固定工资的情况下，经理人愈努力其效用愈低，经理人会采取偷懒行为。对于委托人，$\frac{\partial U}{\partial e} > 0$，经理人越努力，委托人效用越大。显然，固定薪酬制度下，代理人的偷懒行为使得委托人的效用无法达到最优；并且由于薪酬缺乏基于商业银行经营收入的相关性，从而无法有效激励经理人。

2. 经营者年薪制

将年薪分为基薪（固定工资 W）和风险收入（或短期年度奖金）两部分来讨论。将商业银行经营设为两阶段，第 1 阶段，代理人 A_1 在位，银行产出 R_1；第 2 阶段，代理人 A_1 不在位（任期制），银行产出 R_2，银行在第 2 阶段的产出不仅与第 2 阶段代理人 A_2 的努力程度相关，还与第 1 阶段的代理人 A_1 进行的长期投资（V）正相关，与第 1 阶段的资源消耗（Q）负相关，即 $R_2 = R_2(V, Q)$。委托人付给代理人 A_1 的奖金 $\Pi = \Pi(R_1)$，$\frac{\partial \Pi}{\partial R_1} > 0$。银行第 1 阶段产出函数 $R_1 = R_1(e, Q, V)$，$\frac{\partial R_1}{\partial e} > 0$，$\frac{\partial R_1}{\partial Q} > 0$，$\frac{\partial R_1}{\partial V} < 0$。代理人 A_1 最大化其效用函数 $\max u(A_1) =$

$W - C\ (e)\ + \varPi\ (R_1)$，委托人最大化其效用函数 $\max U = R_1 - W - \varPi\ (R_1)\ +$ $f\ (R_2)$，$\dfrac{\partial u\ (A_1)}{\partial e} = \dfrac{\partial \varPi}{\partial R_1} \dfrac{\partial R_1}{\partial e} - \dfrac{\partial C}{\partial e}$，当 $\dfrac{\partial u(A_1)}{\partial e} > 0$，代理人 A_1 的效用与自己的努力程度正相关，即由于引入与商业银行当期绩效相关的激励因子 $\varPi$，委托人可以通过设计适当奖金制度，使得代理人的努力程度大大提高。但同时，由于商业银行的长期经营假设，委托人效用函数与多阶段的银行产出相关，而代理人属于任期制或聘用制，其行为只限于在任阶段，故其效用函数仅与当期有关，这种矛盾的出现，使得代理人会产生道德风险与短期行为。由于投资项目见效期较长，具有高风险性，通常也会因为现金大量流出，从而影响银行当期的绩效，故在任时代理人缺乏积极性从事能给委托人带来高回报的长期投资；相反，代理人通常会产生道德风险，在任期内过度消耗银行资源以提高商业银行的当期绩效，而得到高额的奖金，从而给银行的长期发展带来不利影响，委托人的总的效用（多阶段效用）不一定达到最大状态。这种现象在国有银行显得尤为突出，由于国有商业银行经营者通常由政府任命，无法确知自己的任职期限；而且在官本位思想仍很浓的中国，国有商业银行经营者通常没有企业归宿感，很大程度上希望在职期间使银行绩效显著而能够在仕途上得到晋升。商业银行人力资源管理的创新，必须从根本上改变这种状况。下面来分析基于股票期权的经理人激励机制。

（二）经理人股票期权激励机制

假定基于股票期权的薪酬方式分解为由固定工资、奖金与股票期权三部分组合而成，并假定银行金融机构是一个上市公司。股票期权执行在第 2 阶段，股票市场有效，即股票期权到期市场价格仅与第 2 阶段上市商业银行的经营绩效正相关，不考虑市场投机行为、政府行为和市场噪声影响。（简单地，考虑赠予情况）委托人可以通过市场购买本公司股票期权赠予代理人，数量 N 股，委托人付出期权成本 C_s，远期带给代理人的效用 $S = S\ (N, R_2)$，$\dfrac{\partial S}{\partial R_2} > 0$。则代理人效用函数为

$$\max u\ (A_1)\ = W - C\ (e)\ + \varPi\ (R_1)\ + S\ (N, R_2) \tag{12.1}$$

委托人效用函数为

$$\max U = R_1 - W - \varPi\ (R_1)\ - C_s + f\ (R_2) \tag{12.2}$$

由式（12.1）得 $\dfrac{\partial u\ (A_1)}{\partial e}=\dfrac{\partial \Pi}{\partial R_1}\dfrac{\partial R_1}{\partial e}-\dfrac{\partial C}{\partial e}+\dfrac{\partial S}{\partial R_2}\dfrac{\partial R_2}{\partial e}$。当 $\dfrac{\partial u\ (A_1)}{\partial e}>0$ 时，代理人的期望效用与其自身努力程度正相关。委托人通过设计适当的激励机制，包括短期激励奖金与长期激励股票期权，从而使得代理人在任时努力工作。$\dfrac{\partial R_1}{\partial e}$ 和 $\dfrac{\partial R_2}{\partial e}$ 的意义很重要，代理人为使自己的效用最大化，必须考虑自己获得的短期效用与长期效用，从而就必须综合考虑商业银行的短期发展和长期发展，在对银行的资源进行短期分配和长期分配时，采用更为科学合理的措施，甚至更为注重银行的长远发展；同时，也有了较大的积极性承担风险。$\dfrac{\partial R_1}{\partial e}>0$，表明代理人在任期内，采取的行为方式对银行当期产出产生有利影响；$\dfrac{\partial R_1}{\partial e}=0$，表明代理人的活动对银行当期产出没有关系；$\dfrac{\partial R_1}{\partial e}<0$，表明代理人的活动对银行当期产出带来负面的影响。$\dfrac{\partial R_2}{\partial e}>0$，表明代理人在任期内，采取的行为方式对银行后期产出产生有利影响；$\dfrac{\partial R_2}{\partial e}=0$，表明代理人的活动对银行后期产出没有关系；$\dfrac{\partial R_2}{\partial e}<0$，表明代理人的活动对银行后期产出带来负面的影响。理性的经理人在谋求个人效用最大化的条件下，必须均衡考虑自己的行动 e 对银行短期绩效和长期绩效的影响，并努力使二者之间达成协调，从而就兼顾了商业银行短期发展和长期发展。

第三节 基于股票期权的商业银行经理人激励与约束机制

一、机制的构造与分析

假定：商业银行为上市公司，该上市商业银行，净资产额为 N，发行股份总

量为 N；银行的经理层监督成本为 C_s；股东给予经理人的薪酬结构由固定薪水 W_0（年）和股票期权两部分组成，股票期权数占总股份的百分比为 α。经理人任职期限为 T，行权时间为任期结束时，期权执行价为授予期权时股票价格 P_0。经理人显性道德风险行为（以下将这种显性道德风险行为统称为对商业银行财产的侵吞）给商业银行带来的净资产损失为 C_o。经理人努力程度为 e，努力带来的成本为 C_p，且则 C_p 与 e 有如下关系：$\dfrac{\partial C_p}{\partial e} > 0$，$\dfrac{\partial C_p^2}{\partial^2 e} > 0$。

假定股票市场有效，上市银行的股票价格 P_T 主要由银行业绩决定，而银行的业绩取决于经理人的努力程度 e 和商业银行用于盈利的净资产 N，则函数关系为

$$P_T = f(e, N) + \varepsilon \tag{12.3}$$

其中，ε 为市场噪声，服从均值为 0，方差为的 σ^2 正态分布；$\dfrac{\partial P_T}{\partial e} > 0$，$\dfrac{\partial^2 P_T}{\partial e^2} < 0$，表示的意义为银行股票价格随经理人努力程度增加而升高，但增加幅度边际递减；$\dfrac{\partial P_T}{\partial N} > 0$ 表示在其他条件相同情况下，商业银行用于盈利增值的净资产规模越大，银行盈利额就越大，股价就越高。因此，在经理人努力程度、净资产收益率等所有条件相同情况下，经理层对商业银行显性道德风险行为越少，商业银行的业绩也就越好。分情况讨论。

（1）商业银行没有监督，没有激励的情形。即 $C_s = 0$，$\alpha = 0$。则经理人的期望收益（年均）函数为

$$E(A) = E(W_0 + C_o - C_p) = W_0 + C_o - C_p \tag{12.4}$$

由式（12.4），经理人的期望年收益由三部分组成：W_0、C_o 和 C_p。在没有监督和激励的条件下，由于 W_0 固定，经理人的最优选择是：通过增加 C_o，减少 C_p 来最大化个人收益。即经理人一方面会利用职权，通过各种方式侵吞商业银行财产；另一方面会利用一切机会偷懒，而不顾商业银行业绩。可见，在商业银行同时没有监督和激励机制时，经理人的行为对于商业银行股东来说简直是灾难性的，极端的情况是，经理人会在极短的时间内，将商业银行的资产据为己有。

（2）商业银行存在监督，但没有激励的情形。即 $C_s \neq 0$，$\alpha = 0$。假设商业银行付出了一定监督成本 C_s，经理人显性道德风险行为发生后被发现的概率为

p（$0 \leqslant p \leqslant 1$），则未能发现的概率则为$1-p$。显然监督成本$C_s$决定着$p$的大小，$C_s$越高，$p$就越高，设$p = g$（$C_s$）且$g'$（$C_s$）>0；但由于经理人的行为仍然具有相当程度的隐蔽性，有些行为要发现甚至要付出巨额成本，因此，随着经理人风险行为被发现程度的逐渐增加，监督成本增加的要更加剧烈，因此有g''（C_s）<0。

经理人显性道德风险行为发生后，委托人给予惩罚C_q，C_q是经理人造成的商业银行净资产损失C_o的函数。设$C_q = \beta \cdot C_o$，β为惩罚系数，则经理人的期望收益（年均）函数为

$$
\begin{aligned}
E（A） &= E \left[W_0 + （1-p）\cdot C_o - p \cdot \beta \cdot C_o - C_p \right] \\
&= W_0 + （1-p）C_o - p\beta C_o - C_p \\
&= W_0 + （1-p-p\beta）C_o - C_p
\end{aligned}
\tag{12.5}
$$

由式(12.5)，经理人的期望年收益仍然由三部分组成：W_0、$（1-p-p\beta）C_o$和C_p。在W_0固定的情况下，经理人最大化自身的期望年收益的途径是：一方面通过偷懒减少努力成本C_p；另一方面要判断$（1-p-p\beta）$的大小而决定是否侵占商业银行财产。当$1-(1+\beta)p > 0$时，即$p < \dfrac{1}{1+\beta}$时，经理人会发生显性道德风险行为，侵占商业银行财产；当$1-(1+\beta)p < 0$时，即$p > \dfrac{1}{1+\beta}$时，经理人会自动规避这方面的行为；当$1-(1+\beta)p = 0$时，即$p = \dfrac{1}{1+\beta}$时，经理人可能规避风险行为，也可能产生风险行为，但对于理性经理人来说，产生风险行为没有任何的好处，而且面临着潜在的处罚，规避风险行为应该是其占优选择。对于作为委托人的商业银行所有者来说，p和β有着重要的意义。为了防范经理人的显性道德风险行为，委托人可以从两种途径上加以控制：一是增加商业银行的监督成本C_s以提高p；二是提高惩罚系数β。一般情况下，β值都高于1，具体值可以由委托人据实际情况而定；而C_s不能无限增加，C_s的大小可以通过C_s增加的边际成本等于其带来的边际收益来决定，即$dC_s = \beta C_o dp$，于是有

$$
C_s = \beta C_o p + K \quad（K \text{ 为由初始条件决定的一个常数}）
\tag{12.6}
$$

由式（12.6），当监督成本C_s既定时，发现概率p也确定，经理人对商业银行资产侵占额C_o与惩罚系数β反向变动；监督成本C_s和惩罚系数β既定时，经

理人对商业银行资产侵吞额 C_o 与常数 A 反向变动。这样，委托人通过适当的机制设计，如加强监督、提高惩罚系数来防范经理人的显性道德风险行为；但在缺乏激励机制的条件下，经理人的最优选择就是尽量偷懒，并获得固定的薪水收入。对于委托人来说，无法在经理人这种行为选择下最大化自己的收入。

（3）商业银行没有监督，但存在激励的情形。即 $C_s = 0$，$\alpha \neq 0$。则经理人的期望收益（年均）函数为

$$E(A) = E\left\{W_0 + \max\left[\frac{M \cdot \alpha \cdot (P_T - P_0)}{T}, 0\right] + C_o - C_p\right\}$$

$$= E\left\{W_0 + \max\left[\frac{M \cdot \alpha \cdot (f(e, N - C_o) + \varepsilon - P_0)}{T}, 0\right] + C_o - C_p\right\}$$

$$= W_0 + C_o - C_p + \max\left\{\frac{M \cdot \alpha \cdot [f(e, N - C_o) - P_0]}{T}, 0\right\} \quad (12.7)$$

由式（12.7），在存在激励的条件下，经理人的收益函数同第一种条件下相比发生了改变。由于没有监督，显然经理人仍然有冲动发生显性道德风险行为去获取 C_o，但同时存在潜在的远期期权收益诱惑 $\dfrac{M \cdot \alpha \cdot [f(e, N - C_o) - P_0]}{T}$。

能否就此认为经理人会慎重考虑，权衡二者呢？经理人可以侵占商业银行资产 C_o，也可以不侵占而将 C_o 用于投资从而带来银行业绩增长，最终从期权上获得补偿，或者根据等边际收益法则，侵占一部分资产，而将另一部分用于业绩增长。经理人会不会面临以上的选择呢？实际上，除非委托人给予经理人的股票期权数 α 为 1，即经理人通过股票期权成为商业银行的完全拥有者，从而得到所有的剩余索取权，否则是不会将 C_o 的全部或部分用于投资从而带来银行业绩增长。这是因为，既然经理人可以在没有监督的情况下侵占银行的财产，那么他就可以将侵占的资产 C_o 投资于相同领域获得完全收益，从而就没有必要将 C_o 带来的业绩增长与银行的股东分享。因此，经理人的最优选择与第一种情况相同，不努力且大肆侵占商业银行的资产。显然，没有监督的激励是无效的。

（4）商业银行存在监督，存在激励的情形。即 $C_s \neq 0$，$\alpha \neq 0$。则经理人的期望收益（年均）函数为

$$E(A) = E\left\{W_0 + (1 - p)C_o - p\beta C_o + \max\left[\frac{M\alpha(P_T - P_0)}{T}, 0\right] - C_p\right\}$$

$$= W_0 + (1-p) C_o - p\beta C_o$$

$$+ E\left\{\max\left[\frac{M\alpha (f(e, N - C_o + p\beta C_o - C_s) + \varepsilon - P_0)}{T}, 0\right]\right\} - C_p$$

$$= W_0 + (1-p) C_o - p\beta C_o$$

$$+ \max\left\{\frac{M\alpha[f(e, N - C_o + p\beta C_o - C_s) - P_0]}{T}, 0\right\} - C_p \qquad (12.8)$$

股份制商业银行正是这类条件下的企业，对经理人存在一部分监督，同时也存在一部分激励。然而，由于银行付出的监督成本与激励成本，特别的，对于经理层的监督成本和给予经理层的激励成本，并没有一个很好地比例分配，从而总会出现多多少少的问题。如何让委托人在激励成本和监督成本二者之间谋求一种适当的平衡呢？委托人在付出适当的监督成本和激励成本后，如果恰好在二者之间形成了一种很好的平衡，那么这种平衡的效果至少在两方面产生作用：一方面是能够很好地规避经理人的显性道德风险行为，即 $C_o = 0$；另一方面是能够激励经理人尽可能地努力工作，即 e 尽可能地大。由于 $C_o = 0$ 意味着经理人从显性道德风险行为中的获益不足以补偿被发现后招致的惩罚，因此放弃此类行为，并会努力工作，以从未来股票期权中获益，即有 $1 - (1 + \beta)p \leq 0$，$p \geq \dfrac{1}{1 + \beta}$。

因为 $p = g(C_s)$，而委托人在使得经理人放弃风险行为所付出的最少也是最优监督成本必须满足 $p \geq \dfrac{1}{1 + \beta}$，即有 $C_s = g^{-1}\left(\dfrac{1}{1 + \beta}\right)$。将 $C_o = 0$ 代入经理人的期望收益函数中有

$$E(A) = W_0 + \max\left\{\frac{M\alpha[f(e, N - C_s) - P_0]}{T}, 0\right\} - C_p$$

$$= W_0 + \frac{M\alpha[f(e, N - C_s) - P_0]}{T} - C_p \qquad (12.9)$$

这里，经理人在从 $\max\left\{\dfrac{M\alpha[f(e, N - C_s) - P_0]}{T}, 0\right\}$ 中选择 $\dfrac{M\alpha[f(e, N - C_s) - P_0]}{T}$ 时，隐含假设了 $\dfrac{M\alpha[f(e, N - C_s) - P_0]}{T} \geq 0$，即 $M\alpha f(e, N - C_s) - P_0 \geq 0$。由式 (12.6) 有

$$E(A) = W_0 + \frac{M\alpha[f(e, N - \beta C_o p - K) - P_0]}{T} - C_p$$

$$= W_0 + \frac{M\alpha[f(e, N-K) - P_0]}{T} - C_p \tag{12.10}$$

由前面的分析知：$\dfrac{\partial P_T}{\partial e} > 0$，$\dfrac{\partial^2 P_T}{\partial e^2} < 0$，$\dfrac{\partial P_T}{\partial N} > 0$；$\dfrac{\partial C_p}{\partial e} > 0$，$\dfrac{\partial C_p^2}{\partial^2 e} > 0$。不

妨假设 $P_T = e^{\frac{1}{2}}N$，$C_p = e^{\frac{3}{2}}$（说明，这种假设纯粹是为了数学讨论上的方便，但并不影响其经济含义，也不影响其分析结果），代入经理人收益函数则有

$$E(A) = W_0 + \frac{M\alpha[e^{\frac{1}{2}}(N-K) - P_0]}{T} - e^{\frac{3}{2}} \tag{12.11}$$

最大化经理人收益函数有 $\dfrac{\partial E(A)}{\partial e} = 0$，即 $\dfrac{M\alpha \dfrac{1}{2} e^{-\frac{1}{2}}(N-K)}{T} - \dfrac{3}{2}e^{\frac{1}{2}} = 0$，

于是有

$$e = \frac{M\alpha(N-K)}{3T} \tag{12.12}$$

由 $M\alpha f(e, N - C_s) - P_0 \geqslant 0$，即 $M\alpha e^{\frac{1}{2}}(N-K) - P_0 \geqslant 0$，有 $e \geqslant$

$\left[\dfrac{P_0}{M\alpha(N-K)}\right]^2$。因为实际中商业银行的 M 和 N 非常大，尽管 α 很小，$0 \leqslant \alpha \leqslant$

1，$\left[\dfrac{P_0}{M\alpha(N-K)}\right]^2 < \dfrac{M\alpha(N-K)}{3T}$ 仍然成立。

二、对参数的进一步分析

首先来看 e，显然经理人努力程度与委托人给予经理人的激励成本，即期权数量 α 成正相关关系。再来看 K，K 是在推导 C_s 时产生的一个由初始条件决定的常数，是商业银行付出的固定的监督成本，但 K 的意义非常重要。由于 $C_s = \beta C_o p + K$，当 $C_o = 0$ 时，$C_s = K$。这里 $K \neq 0$，因为经理人之所以没有显性道德风险行为发生，正是对商业银行已付出的固定监督成本 K 的忌惮。如果经理人发生显性道德风险行为，则商业银行只需追加部分监督成本 $\beta C_o p$ 就可以弥补损失，但经理人却会为获得的 C_o 付出沉重代价。实际上，由前面推导出的委托人付出的最优监督成本 $C_s = g^{-1}\left(\dfrac{1}{1+\beta}\right)$，即为固定监督成本 K。从博弈论的角度来看，

K 是委托人付出的一种可置信威胁成本。实际商业银行运作中，K 是由多方面因素决定的，包括设立董事会、监事会或者独立董事付出内部监督成本，以及付给财务审计部门的审计费用和其他信息揭示成本等外部监督成本。

看惩罚系数 β 值，$p > \dfrac{1}{1+\beta}$ 是为了保证经理人自动规避显性道德风险行为，β 越大，对经理人显性道德风险行为规避越强。

接下来看经理人最大化自己收益时，委托人的期望收益函数：

$$E(P) = \frac{M(1-\alpha)(P_\mathrm{T} - P_0)}{T} = \frac{M(1-\alpha)[f(e, N-C_\mathrm{s}) - P_0]}{T}$$

$$= \frac{M(1-\alpha)\left[e^{\frac{1}{2}}(N-K) - P_0\right]}{T} \tag{12.13}$$

将经理人所付出的最优努力 $e = \dfrac{M\alpha(N-K)}{3T}$ 代入式（12.13），则有

$$E(P) = \frac{M(1-\alpha)\left\{\left[\dfrac{M\alpha(N-K)}{3T}\right]^{\frac{1}{2}}(N-K) - P_0\right\}}{T} \tag{12.14}$$

最优化条件为 $\dfrac{\partial E(P)}{\partial \alpha} = 0$，即

$$\frac{-M\left\{\left[\dfrac{M\alpha(N-K)}{3T}\right]^{\frac{1}{2}}(N-K) - P_0\right\} + M(1-\alpha)\left\{\left[\dfrac{M(N-K)}{3T}\right]^{\frac{1}{2}}\dfrac{1}{2}\alpha^{-\frac{1}{2}}(N-K)\right\}}{T} = 0$$

$$-\alpha^{\frac{1}{2}} + \left(\frac{3T}{M}\right)^{\frac{1}{2}}(N-K)^{-\frac{3}{2}}P_0 + (1-\alpha)\frac{1}{2}\alpha^{-\frac{1}{2}} = 0$$

$$3\alpha - 2\left(\frac{3T}{M}\right)^{\frac{1}{2}}(N-K)^{-\frac{3}{2}}P_0\alpha^{\frac{1}{2}} - 1 = 0$$

令 $B = \left(\dfrac{3T}{M}\right)^{\frac{1}{2}}(N-K)^{-\frac{3}{2}}P_0$，则有 $\alpha^{\frac{1}{2}} = \dfrac{B \pm \sqrt{B+3}}{3}$，因为 $\alpha^{\frac{1}{2}} \geqslant 0$，而 $B = \left(\dfrac{3T}{M}\right)^{\frac{1}{2}}(N-K)^{-\frac{3}{2}}P_0$ 很小，接近为 0，故上式只能取正，$\alpha^{\frac{1}{2}} = \dfrac{B + \sqrt{B+3}}{3}$，$\alpha = \left(\dfrac{B + \sqrt{B+3}}{3}\right)^2$。

现在讨论 α 值的性质。因为 $B = \left(\dfrac{3T}{M}\right)^{\frac{1}{2}} (N-K)^{-\frac{3}{2}} P_0$，可见委托人在考虑给予经理人激励成本时，主要考虑的因素是商业银行内部的一些参数，诸如公司发行在外的总股份 M、公司的资产情况 N、公司的监督成本 K、公司股票现在价格，和外部的一些参数，诸如聘请经理人的期限 T（期权的授予期）以及在合同中规定的经理人发生道德风险行为时给予惩罚系数 β。从 α 与以上各个参数之间的关系可以看出，当经理人任职期限 T 增加时，委托人的最优激励成本 α 增加，这一点也符合实际情况，为了使经理人在较长的时间内注重商业银行的业绩增长，必须增加对经理人的激励程度；当 N 较大时，即商业银行的规模较大时，经理人给予委托人的最优激励成本 α 也要增加；当商业银行当前股价 P_0 高时，委托人给予经理人的最优激励成本也将增加；当委托人和经理人在合同中规定的惩罚系数（惩罚力度）β 增加，或者商业银行付出的固定监督成本 K 增加时，委托人给予经理人的最优激励成本 α 将降低。所有这些都与我们的主观判断相符。

进一步看 α 值的大小，因为 $B = \left(\dfrac{3T}{M}\right)^{\frac{1}{2}} (N-K)^{-\frac{3}{2}} P_0$ 接近于 0，故 $\alpha = \left(\dfrac{B+\sqrt{B+3}}{3}\right)^2 \approx \dfrac{1}{3}$。由前面的推导，发现 α 实际上主要依赖我们假设的一些函数 $P_T = e^{\frac{1}{2}} N$ 和 $C_p = e^{\frac{3}{2}}$，这也从另一个角度说明了经理人能力（努力程度 e）与上市商业银行股份公司的股价之间的关系以及经理人的类型（成本函数）分布对委托人给予经理人的最优激励成本的大小的决定性影响程度。

第四节　研究总结及拓展性思考

一、研究总结

本章比较股票期权制度与传统薪酬制度对商业银行长期发展的影响，证明了基于股票期权的薪酬制度优于传统的固定薪酬或经营者年薪制的激励机制。股票期权制度将经理人期望收益同商业银行近期、远期绩效同时联系在一起，使得经理人在位期间有积极性注重银行的长期发展，在理论上实现了股东和经理人之间的激励相容，在一定程度上解决了现代商业银行所面临的委托代理问题。所构造的导入股票期权制度的商业银行经理人激励约束机制表明，在激励约束机制的相互制衡，以及股东和经理人在个人效用最大化条件下，商业银行委托人（股东）与经理人之间达成的最优合同的框架是对经理人的充分股票期权激励 α 和有效监督 K。

必须指出的是，尽管系列财务造假丑闻带来了对曾经极大程度推动企业发展的股票期权制度价值的全面重估，然而，广泛的质疑并不能影响股票期权制度作为最好激励方式的地位。就如同部分学者的观点，美国接连爆出的财务欺诈丑闻并非是股票期权的错误，股票期权制度原理本身是没有问题的，然而有效实施必须有良好的方案设计、实施过程中有效的监督、各类中介机构的公正审核、完善的公司治理结构、良好的信息披露以及有效的股票市场。

二、非上市金融机构实施股票期权制度的思考

对于非上市股份制金融机构来讲，由于股票未上市，公司的价值只能根据每股净资产确定相应的价值。若在一规定的期限内，经营者完成上级管理层或股东下达的目标任务，即可获得购买一定数量该金融公司股份的权利。这种报酬契约，由于其其业绩衡量标准与经营者的努力程度呈正相关，因而也能起到对经营者的激励作用。此外，我们还可以考虑以下激励方式：

（1）虚拟股票。虚拟的股票是制在期初给予经营者（高级管理人员）一定数量的虚拟股票，经营者对这些虚拟股票没有所有权，但可以与普通股东一样享有分红权。

（2）股份持有计划。即让经营者持有一定数量本金融机构的股份，这些股份可以是金融机构免费赠送，也可以是由经营者出资购买。

（3）受限股份计划。即经营者或其他各层次的经理人，出售其拥有的股份的权利受到限制，只有当经营者完成预定目标时才可以出售受限制的股份从中受益。这些股份同样可以是金融机构赠送的或经营者低价出资购买的，但金融机构有权在由于经营者不努力而导致公司效益不佳时收回赠送的股份或让经营者按购

买价回购。

（4）递延支付计划。将经营者的部分薪金存入该金融机构延期支付的股份账号，可以购得一定得股份，然后在一定期满或其退休时，以现金或股份的形式支付给经营者。

Part Five

第五篇　金融监管篇

- 金融监管的重要性
- 对金融监管的博弈分析
- 金融机构信息披露机制构建

第十三章

对金融监管的博弈分析

第一节　背景分析：强化金融监管的重要性

建设金融中心，重视、强化金融监管至关重要。有效的金融监管，既是构建和完善区域金融体系的重要组成部分，也是建设长江上游地区金融中心的关键环节。

首先，从最近十几年来看，中国金融质量安全问题比较严重。中国虽然度过了 1997 年亚洲金融危机，但在 2008 年的国际金融危机中影响也较大，中国的金融系统并非是健康和安全的，中国银行业居高不下的不良资产的存在就很能说明问题的严重性，政府对信贷领域过度的行政干预和金融业的粗放经营状态也导致了大量风险隐患的滋生，而金融监管的滞后使金融机构纷纷陷入粗放经营、违规经营的泥潭。所有这些，至今都未能有效恢复或得到有效化解。

其次，国际性金融危机已经表现出了一定的周期性、规律性，并已经对中国金融和国民经济持续健康发展带来了实质性的影响。2007 年 7 月，美国出现次贷危机，到 2008 年秋，次贷危机进一步演变成全方位金融危机，2008 年 9 月 15 日雷曼兄弟公司倒闭后，美国的金融危机不仅裂变成全球金融危机，而且转变成十足的经济危机，对全球经济造成严重冲击，给多国带来社会失业、政治动荡的严峻挑战，并再次给中国金融安全问题和重庆的长江上游地区金融中心建设敲响了警钟。G20 宣言将这次国际金融危机的原因概括为"不健全的风险管理习惯、复杂且不透明的金融产品、过度的杠杆激励，造成了金融体系的脆弱"。另外，美国上诉法院法官、芝加哥大学法学院教授波斯纳（Richard Posner）在其新作

《资本主义的失败：2008 年的危机及其导致的衰退》（A Failure of Capitalism: The Crisis of '08 and the Descent Into Depression）中将金融危机的近因与远因归纳为亚洲国家过度储蓄，美国联储局不计后果降低利率，金融机构奉行冒险主义以致高风险借贷、低利率导致房地产泡沫，急功近利的抵押业务，过于宽松的监管环境，并特别批评负责监管和研究经济的学者"疏于防范、错失防患未然的良机"。无论是"不健全的风险管理习惯"还是"过于宽松的监管环境"，都是对金融业尤其是过度金融产品创新进行有效金融监管上的不足。

再次，必须特别提出的是，最近几年来，随着外资对中国金融领域和关键实体经济领域（特别是钢铁业、装备制造业）的渗透，中国金融安全问题已经上升为国家安全问题。2009 年"力拓间谍案"牵出了境外跨国公司和垄断资本在中国的情报交易链条。一方面，境外利益集团收买和利用国内的掮客从事"买办"活动，或者与国内一些短视的无视国家经济金融安全的大型中资实体企业或金融企业结成利益共同体，游走在国内各级政府部门和大型企业之间，试图获取超额收益。另一方面，部分地方政府在"外资饥渴症"下表现出严重的"外资崇拜"，导致招商引资和国有企业改革领域里的过度引进和超前开放，这在不断丧失经济主权（企业控制权）、导致国有资产流失的同时，给国家经济、金融安全带来风险隐患。甚至有些地方政府出于 GDP 增长的考虑，或者某些政府官员被收买，不惜与一些跨国垄断财团"合谋"，联合行动，试图影响国家决策。

最后，随着重庆经济发展，一些非法高利贷、违规金融和非法金融盛行，违背了市场规律，扰乱了经济、金融秩序，阻滞了重庆的经济发展速度，破坏了社会安定，甚至威胁到了执政利益。

上述分析就是我国经济、金融安全的风险态势，也是区域金融体系构建中所面临的严峻金融监管局面。在重庆建设长江上游地区金融中心的过程中，必须正确把握实现金融业快速、健康、协调发展与有效防范化解金融风险的关系，在金融业实现持续、快速、协调发展的同时，有效防范化解金融风险是必须得到高度重视、时刻不能放松的一项重要工作。总之，本书认为，世界新形势下长江上游地区金融中心的构建，必须充分考虑到这种金融安全严峻形势，强化金融风险监管。

第二节　对金融业风险监管的博弈研究

一、引言

对金融风险的监管，最重要的就是对金融政策决策者和金融企业经营者的监管。金融业与任何其他行业一样，都存在高风险、高收益的现实。但对金融业来说，由于其经营对象是货币资本且是高负债经营，经营者通常有更强烈的风险偏好。在高收益诱惑下，金融业的经营者就如同马克思所说，"如果有百分之十的利润，他就保证到处使用；有百分之二十的利润，他就活跃起来；有百分之五十的利润，他就铤而走险；为了百分之一百的利润，他就敢践踏人间法律。"

以银行业为例，四大国有商业银行是国有，几家股份制商业银行也是国家绝对或相对控股，政府作为各商业银行的所有权主体和外部出资人，以国家信用作担保吸收了几万亿元的存款，并将商业银行的经营权委托给各级行长，希望行长们以国家利益最大化为原则进行经营管理。这种经营权和所有权的分离以及在其中产生的多重代理关系势必会造成信息的不对称和内部人控制，大大弱化所有权约束，给银行经营者留下很大的"寻租"空间。特别是经营者受"大而不倒"（too big to fail）思想的支配和央行作为最终贷款人的事实的影响，他们有一种内在的冲动来追求高收益、高风险的项目，风险的收益由经营者承担，而风险却由广大的消费者和国家来负担，这就造成了经营者的有恃无恐与金融风险的积聚和膨胀。

进一步地，尽管多重代理和内部人控制造成的道德风险问题在许多行业都存在，但金融业的这种风险更大、破坏性更强。金融机构是国民经济的中枢部门，各金融机构之间也存在广泛的联系，金融企业由经营不善不当造成经营困难和破产，对整个金融体系乃至国民经济的影响是不可估量的。譬如，银行金融机构产生支付危机，就会造成挤兑风潮和金融恐慌，金融支付系统出现瘫痪，从而造成金融危机，严重影响整个国家的经济和人民生活。

目前，金融监管部门实行的是现场监管和非现场监管相结合的监管方式，非现场监管需要的材料正是现场监管提供的，因此，现场监管人员对风险项目的报告程度直接影响着监管部门对金融风险的预警和相关决策的制定，有些现场监管人员甚至与金融企业经营者达成合谋（collusion），将所观测的某些风险隐而不报，严重影响监管的效率和国家相关政策的制定。金融监管部门如何使金融企业经营者最小化经营风险是本节研究的主要问题（蔡京民等，2004）。

二、基本假定

考察金融监管部门、现场监管人员和金融机构经营者的博弈关系，作出如下的基本假定：

（1）金融监管部门的目标是最小化金融风险。监管部门的监管力度（λ）是由政府部门的能力决定的，也即由监管部门对监管人员的监督力度决定。

（2）金融机构经营者的目标是给定委托人（政府或股东）的激励安排（β）下，最大化自身的效用；金融机构经营者无风险损失成本。

（3）由于是现场监管，所有风险均在监管人员的视线之内。监管人员的目标是给定监管部门的对监管人员的监督力度（λ）下，最大化自身的效用。

（4）由风险与收益的对称性，假定金融机构的经营收益（r）是由经营者所运营的，即内部风险决定的。

如图 13.1 所示，在风险的安全范围之内，即安全的风险量 $r \leqslant \dfrac{2}{k}$ 时，金融机构获得的收益 $\overline{R} = r$，其占全部风险资产的比例为 p；若风险失控，即失控的风险量 $r > \dfrac{2}{k}$ 时，金融机构的损失为 $\underline{R} = \dfrac{1}{2}kr^2$，$\dfrac{\partial R}{\partial r} > 0$，且 $\dfrac{\partial^2 R}{\partial r^2} > 0$，即金融机构的损失随着风险量的增加具有边际递增的特征，其占全部风险资产的比例为 $1 - p$，k 为大于 0 的常数。

基于上述假定，可以作出如下的推论：

（1）金融机构经营的期望收益 $I = p\overline{R} + (1 - p)\underline{R} = pr - \dfrac{1}{2}(1 - p)kr^2$。

（2）金融机构经营的外部风险（广义上的风险）$R = p|\overline{R}| + (1 - p)|\underline{R}| = pr + \dfrac{1}{2}(1 - p)kr^2$。

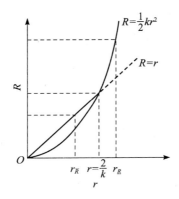

图 13.1 风险－收益曲线

三、监管博弈的基本描述

（1）若不存在监管部门，那么此问题就简化为一般的委托代理模型，金融机构经营者在给定的激励程度 β 和固定工资 W_1 下，选择某一经营风险来最大化自身效用。金融机构经营者的目标函数简历如下：

$$U_{\max} = W_1 + \beta \left[pr - \frac{1}{2}(1-p)kr^2 \right] \tag{13.1}$$

求一阶导数：

$$\frac{\partial U}{\partial r} = p - (1-p)kr = 0 \tag{13.2}$$

解得

$$r = \frac{p}{(1-p)k} \tag{13.3}$$

即不存在监管的情形下，金融机构经营者选择的风险是 $r^{\text{ns}} = \dfrac{p}{(1-p)k}$。

（2）若监管部门派出的监管人员不存私心，全心为公（即报告的意愿 $\delta = 1$），在此种情形下，金融机构的一切风险将被监管人员如实上报监管部门，监管部门将根据金融机构的风险对其进行惩罚，惩罚系数为 g。此时金融机构经营者的效用函数为

$$U_{\max} = W_1 + \beta(1 - gR) \tag{13.4}$$

经营者的目标函数为

$$U_{\max} = W_0 + \beta \left[pr - \frac{1}{2}(1-p)kr^2 - gpr - \frac{1}{2}(1-p)gkr^2 \right] \tag{13.5}$$

求一阶导数，得

$$\frac{\partial U}{\partial r} = p - (1-p)kr - gp - g(1-p)kr = 0 \tag{13.6}$$

解得

$$r = \frac{p}{(1-p)k} \cdot \frac{1-g}{1+g} \tag{13.7}$$

即不存在合谋的情形下，金融机构经营者经营的风险为 $r^{\mathrm{nc}} = \frac{p}{(1-p)k} \cdot \frac{1-g}{1-g}$。

显而易见的是，$r^{\mathrm{nc}} = \frac{p}{(1-p)k} \cdot \frac{1-g}{1-g} < r^{\mathrm{ns}} = \frac{p}{(1-p)k}$，也就是说，在存在监管的情形下，金融机构经营者的风险选择就更谨慎。

（3）若现场监管人员与金融机构进行合谋，将所观测的风险部分隐瞒，从中获得好处，下面对这种情形进行重点分析。

由金融机构经营者、监管人员和监管部门参与的博弈次序为：第 1 阶段，监管部门确定由自身的能力所决定的对监管人员的控制强度 λ，可以认为是一客观存在，是一常数；第 2 阶段，金融机构经营者认定所派驻的监管人员的合谋意愿为 $1-\delta$ 后作出自己的关于风险的选择。第 3 阶段，监管人员根据监管部门对自己的监督力度 λ 和自身效用最大化原则，作出是否如实报告以及报告多少的决定，即决定报告系数 δ。因此这一博弈是一完全信息动态博弈。金融机构经营者的效用函数为

$$U = U[W_1, M_1(I, G, C_1), \beta] \tag{13.8}$$

监管人员的效用函数是

$$V = V(W_2, P, M_2, C_2) \tag{13.9}$$

其中，$G = g\delta R$ 为监管部门对金融机构的惩罚，g 为惩罚的系数；$P = s\delta R$ 为监管人员的政治前景的货币计量，s 为其所认为的金钱与前途的替代（substitution）系数；$C_1 = a(1-\delta)R$ 为金融机构的合谋成本，a 为经营者的合谋成本系数。

$C_2 = b \dfrac{(1-\delta)^2}{1-\lambda} R$ 为监管人员的合谋成本，b 为一常系数，$\dfrac{\partial C_2}{\partial (1-\delta)} > 0$，

$\dfrac{\partial^2 C_2}{\partial (1-\delta)^2} > 0$，即合谋成本随着 $1-\delta$ 的增大边际递增；M_1 为金融机构的最终收益，即

$$M_1 = g\delta R - C_1 = \left[pr - \frac{1}{2}(1-p)kr^2 - (g\delta + a - a\delta) \right] \left[pr + \frac{1}{2}(1-p)kr^2 \right]$$

$$(13.10)$$

M_2 为监管人员合谋的收益即监管人员与金融机构经营者平分合谋的收益，即

$$M_2 = \frac{1}{2}(1-\delta)gR = \frac{1}{2}(1-\delta)g \left[pr + \frac{1}{2}(1-p)kr^2 \right] \qquad (13.11)$$

W_1 为经营者的固定收益，且 $\dfrac{\partial U}{\partial W_1} > 0$；$W_2$ 为监管人员的固定收益，且 $\dfrac{\partial V}{\partial W_2} > 0$。

四、博弈的均衡解

用逆向归纳法求解子博弈精炼纳什解。

在第 3 阶段，监管人员的目标是

$$\begin{aligned}
V_{\max} &= W_2 + s\delta R + M_2 - C_2 \\
&= W_2 + \left[s\delta + \frac{1}{2}(1-\delta)g - \frac{1}{2}\frac{(1-\delta)^2}{1-u}b \right] \cdot \left[pr + \frac{1}{2}(1-p)kr^2 \right]
\end{aligned}$$

$$(13.12)$$

对其进行一阶求导，得

$$\frac{\partial V}{\partial \delta} = s - \frac{1}{2}g + \frac{1-\delta}{1-\lambda}b = 0 \qquad (13.13)$$

解得

$$1 - \delta = \frac{(g-2s)(1-\lambda)}{2b} \qquad (13.14)$$

即监管人员的合谋意愿与监管部门的监督力度 u、对风险的惩罚力度 g、自身的升迁前景和监管部门对隐而不报的惩治强度 b 有关，与金融机构经营风险的大小无关。

在第 2 阶段，经营者的目标函数为

$$U_{\max} = W_1 + \beta M_1 = W_1 + \beta \left\{ pr - \frac{1}{2}(1-p)kr^2 - (g+a-a\delta)\left[pr + \frac{1}{2}(1-p)kr^2\right] \right\}$$

$$(13.15)$$

对其进行一阶求导，得

$$\frac{\partial U}{\partial r} = p - (1-p)kr - (g+a-a\delta)[p+(1-p)kr] = 0 \qquad (13.16)$$

解得

$$r = \frac{p}{(1-p)k} \cdot \frac{1-(g\delta+a-a\delta)}{1+(g\delta+a-a\delta)} \qquad (13.17)$$

也就是说，金融机构经营者选择的风险为 $r^c = \dfrac{p}{(1-p)k} \cdot \dfrac{1-(g\delta+a-a\delta)}{1+(g\delta+a-a\delta)}$，它与监管人员的合谋意愿 δ、监管部门对风险的惩罚 g 及合谋的成本因子 a 有关。

回到第 1 阶段，也即笔者的政策建议，监管部门的目标是尽量最小化金融机构的风险，使得 $r^c = \dfrac{p}{(1-p)k} \cdot \dfrac{1-(g\delta+a-a\delta)}{1+(g\delta+a-a\delta)}$ 尽量小，通过对此表达式的观察，不难得出，惩罚力度 g 和 δ 是关键的变量，而且是与 r^c 成反方向变化，那么只要监管部门加大惩罚力度 g 和派出忠实得力的监管人员目标就会实现。加大惩罚力度 g 并不难，难的是怎样才能使得所派出的监管人员忠实得力。考察表达式（13.14）的 $1-\delta = \dfrac{(g-2s)(1-\lambda)}{2b}$，在 $s < \dfrac{1}{2}g$ 时，s 越大，δ 越大；b 越大，δ 越大；u 越大，δ 越大。在 $s = \dfrac{1}{2}g$ 时，δ 最大为 1，监管者选择如实汇报。

以上分析可以得出，监管部门、经营者和监管人员之间的均衡为（λ^*，r^c，δ^*）。其中，λ^* 为由监管部门的自身能力决定的对监管人员的监督力度，$r^c = \dfrac{p}{(1-p)k} \cdot \dfrac{1-(g\delta+a-a\delta)}{1+(g\delta+a-a\delta)}$，而 $\delta^* = \dfrac{(g-2s)(1-\lambda)}{2b}$。

五、研究总结

金融危机、中国金融资产质量相对较差以及金融领域里的腐败问题，使得金融监管问题变得异常重要。另外，境外跨国垄断资本与国内"买办"阶级的合谋,已经开始对中国工业产业链和金融产业链的围剿,这种渗透对中国经济和金融安全的威胁无处不在。有效地防范、预警和化解风险始终也是重庆金融业健康运行的基础,这就要求监管部门对风险进行严密的监管,及早和准确地发现风险,防患于未然。在金融安全领域,监管部门就要针对金融机构经营者的高风险偏好,对其进行严厉的惩罚,加大惩罚的力度 g,迫使其从事或经营稳健的业务。为了准确掌握已经发生的风险,监管部门要派驻得力的监管人员,对所监控的风险尽量如实汇报($\delta = 1$),如选择政绩的效用(s);同时,更关注监管人员,加大对共谋的惩罚和打击,提高监管人员的工资水平(W_2)等。

第十四章

金融机构信息披露机制的构建研究：以商业银行为例

第一节　金融机构的信息披露：问题与架构

一、金融机构信息披露中存在的问题

信息披露是指金融机构依法将反映其经营状况的主要信息，如财务会计报告、各类风险管理状况、公司治理、年度重大事项等，真实、准确、及时、完整地向投资者、存款人以及其他利益相关者予以公开的过程。以商业银行为例，银行信息披露是关系到金融系统安全与稳定的重大问题和参与国际金融市场的重要条件，有助于银行投资人、存款人和相关利益人了解银行的财务、风险状况和公司治理等信息，维护自身利益，同时，也有利于从外部加强对商业银行的监督。

同样以商业银行为例，2002 年 5 月 21 日中国人民银行发布《商业银行信息披露暂行办法》，应该说，中国商业银行信息披露目前已经有了适当的规范可以依循。然而，需要提及的是，《商业银行信息披露暂行办法》仍然是原则性的规定，还不能形成制度化的商业银行信息披露规则，难以起到完善现行商业银行信息披露法规、防范信息披露风险的作用。另外，对于上市商业银行，信息披露规范主要来自中国证券监督管理委员会和财政部的有关规定，但它们目前只适用于上市银行，而不适用于其他商业银行。因此，与国际标准相比，还存在规范性不强、风险披露不足、保障性规定软化等问题。另外，对于金融机构信息披露，重庆的情况全国存在的情况基本类似，主要表现在以下几个方面。

（一）披露的信息不真实

以商业银行为例，依据现行的信息披露规则，商业银行特别是国有商业银行的信贷资产状况不能得到真实的反映。比如，中国商业银行在计算资本充足率时，常常把作为特定贷款的呆账准备金计算在内，将呆账准备金作为附属资本处理来计算资本充足率时，似乎高估了资本充足率。国际上，只有准备金与特定的资产减值无关时，才可以将准备金作为附属资本参与资本充足率的计算。但在中国，对应于庞大的不良资产，严重不足的准备金水平意味着巨大的潜在亏损危险，因而将与特定贷款损失密切相关的呆账准备金作为附属资本参与资本充足率的计算实际上高估了资本充足率。另外，中国呆账准备金的提法与国际上的惯常做法和中国不良贷款率的实际情况也不符。

（二）信息披露过于简单，披露的信息不充分、不全面

巴塞尔委员会主张加强对风险状态的信息披露，要求银行对信用风险、市场风险、流动性风险提供充分的定性和定量信息。商业银行要披露的信息不仅有财务信息，也包括非财务但与银行业务活动密切相关的其他信息。许多非财务数据并没有充分反映在所披露的信息资料上，商业银行真正掌握的衡量、监测风险的技术和方法不多，大量的管理数据缺乏，信息披露的真实性、可靠性、全面性不足。

（三）缺乏对信息披露的具体规范

只有原则性规定而没有具体要求的信息披露法律法规，已经不能满足经济全球化背景下的风险防范和世界竞争的需要。表现在：首先，没有一份类似新加坡或中国香港金融管理局的指引性文件；其次，也没有一套适应巴塞尔委员会新协议要求的公开披露规范文件；最后，尚需要在现有会计准则以及会计制度中制定和完善专门针对金融机构信息披露的有关准则。现有的法律法规对各商业银行信息披露中最具市场和研究价值的会计报表规范性不强，会计原则一致性不够，商业银行信息披露的规范性程度较低。

（四）有关风险问题没有得到足够的重视

对于上市商业银行，有关资本结构和资本充足率方面的要求尚需加以改善。对于利率风险，国际上常常要求披露到期日、期限、重新定价、基点价值、利率冲击结果等信息，而中国证券监督管理委员会规则中仅要求披露到期日方面的信息。在信用风险方面，中国证券监督管理委员会也没有对信用评级、信用风险敞口计量以及各种信用风险缓解技术（如抵押、担保、保险等）等提出要求，而这些信息恰恰是巴塞尔委员会新协议强调的重点。此外，在对各类风险敞口及风险管理技术及业绩的披露上要求不够具体，对表外业务披露缺少市值信息。在非上市商业银行方面，由于中国四大国有商业银行资产质量很低，监管部门对信息披露中最为核心的风险披露没有作硬性要求，向社会披露的范围均较窄，信息披露起不到硬化市场约束的作用。

总之，以商业银行为典型代表的金融机构，其信息披露的范围、内容、方式、程序等都不够规范。反思重庆市当前金融市场运作状况，研究国际金融业的信息披露机制，按国际标准构建中国金融机构的信息披露机制，推动重庆市各金融机构信息披露的规范化、制度化，是关系到经济全球化背景下统筹城乡金融改革与发展、推动长江上游地区金融中心建设的十分紧迫的问题。

二、金融机构信息披露机制构建的框架：以商业银行为例

信息披露是金融监管的前提和基础。有效的信息披露，将使市场参与者（信息披露与接收者）能够在充分了解商业银行状况的基础上作出理性判断；同时，也将有效实施银行监管，使商业银行在市场压力下不断提高其经营水平和绩效。因此，考虑一个完整的信息披露机制，应该由三部分构成：首先是非正式约束机制，如银行业的经营理念和价值观，这个机制是商业银行在长期的经营活动中得到灌输或产生的、约定成俗的行为规范；其次是正式约束机制，如国家的法律法规和行为准则；最后是实施机制，这是最重要的，在整个信息披露机制的构建中处于关键的地位。信息披露机制的构建必须建立起由这三部分构成的有机制度体系（彭小兵等，2003a）。

（一）信息披露机制的规范性要求

1. 信息披露机制的指导原则

信息披露机制必须首先确立基本的指导原则，这个原则包括：①真实性，即所披露的信息应该是真实可靠的，不得有误导性陈述和重大遗漏；②有用性，即披露的信息应该对决策有用，以降低盲目性；③相关性，即所披露的信息应该在形式、数量和质量上与市场用户的需求相适应；④中立性，即信息的产生过程和结果不能在客观信息上附加主观色彩；⑤及时性，信息披露重视信息质量与机制效率；⑥统一性，即同一金融门类不同金融企业之间（如不同银行之间）的信息披露的口径、标准、要求都是统一的，具有可比性。

2. 信息披露机制的核心

信息披露机制应以确保资本充足率为核心。比如，银行业主要依靠负债扩大并带动资产增长来实现经营目的，银行有多少资本，以及这些资本为银行债权人提供的保护能力的大小，是决定银行聚集资金能力和银行稳健程度的主要标志。

3. 信息披露的标准

关于信息披露的标准，应制定有关资产质量、或有事项与金融衍生产品等方面的标准，并根据不同的时段、不同的发展水平予以适当的变化。

4. 信息披露的内容

在信息披露的内容方面，充分重视会计报表信息披露和会计报表附注信息的披露。重点规范会计报表附注的内容上，包括注明：①计提政策，说明准备金的计提范围、方法，利息收入的确认方法，各种证券投资或金融衍生工具的计价方法；②资产质量状况，按国际要求的五级分类方法披露各类贷款的性质、数额、余额和回收情况等；③可能能构成损失的或有事项；④银行在各种衍生金融工具上的盈亏信息披露。

5. 信息披露的项目

商业银行信息披露的项目，应该至少包含以下方面的内容：资本机构和资本充足率的披露情况、市场风险计量与管理的披露、信用风险及管理的披露、操作风险方面的披露。

6. 信息披露的方式

在信息披露的方式和手段上，应当确立自愿和强制相结合的披露方法，借助于现代信息技术，逐步实现由单一的纸张介质披露向纸张介质和网络媒体并用手段的过渡、以实时披露代替定期披露、以个性化披露代替通用型信息披露、以复合数据披露代替单一财务数据披露。

7. 信息披露的法律规范

关于信息披露的法律规范，加强和细化对商业银行信息披露民事、刑事责任方面的规定，建立和完善金融诉讼机制，形成一个适宜、畅通的商业银行信息披露法律责任的追究和惩戒机制。

8. 信息披露的市场参与者

银行管理层就是信息供应主体，明确管理层（行长、经理）是信息披露的主要责任承担者是减少信息障碍的关键。储户（社会公众）和机构或法人投资者是信息最主要的需求者，而监管当局是最直接的信息需求者。信息披露市场参与者还有中介机构。

（二）信息披露机制的架构

信息披露的内涵应该包括所有内幕信息在外部任何层次的公开，披露的对象包括所有与信息相关并作出反应的主体。基于此，笔者所构想的银行信息披露机制的基本框架涵括了以下五个组成部分。

1. 信息披露的程序框架

信息流动与银行业务流程、监管当局的控制框架因其多层次的综合传递而呈现纵向一体化特征。最初，各银行分系统内部进行信息的传递，银行内部监管者掌握关键信息；接下来，各银行分系统向监管机构传递信息；市场竞争与合作要求信息在银行与银行、银行与其他金融机构之间进行信息的交换；掌管关键信息的监管机构出于整个国家金融稳定、安全和市场的需要，代表金融系统向外披露信息，包括向国内和国际市场的信息披露；最后，通过市场选择的压力，各银行系统面向整个市场信息披露，目前中国在这一层次上的信息披露是有限的，远未达到规范化要求。信息披露是一个包括信息报告、信息反馈和银行系统内纵向直线传递与系统间横向交流的多维披露过程，机制设计应充分考虑这个要求。

2. 信息披露的对象体系

不同用户群的关注点是交叠的，他们都关心商业银行的资产负债情况、履约能力。商业银行信息披露的对象可概括为监管部门、储户与债权人、投资者(股东)。

(1) 监管部门。商业银行金融活动对大多数国家来说是一种受控行为，监管部门通过规范和监控商业银行的偿付能力、定价过程以及经营方式来确保存单持有者的利益。中国银行业监督管理委员会就是接收信息的监管部门。

(2) 储户与债权人。商业银行的储户与债权人是公司的主要债权人。

(3) 投资者（股东）。股东是最主要的投资者，代表股东利益的董事会通过建立严格的监督机制，约束管理者的行为。因此，他们必须获得商业银行的足够的财务报告信息。

当然，上述三种用户有时可能对银行的财务目标持不同的观点，并且，在理解商业银行财务报告的准备过程中，要承认存在不确定性，这是由商业银行经营的风险具有不确定性所决定的。

3. 信息披露的内容体系

信息披露的内容是各业务环节中需要披露的具体的信息，包括反映经营状况与财务成果的财务会计信息和反映经营风险的辅助信息，这些信息又可分为统计信息、会计信息和非量化信息。其中会计信息是核心，统计信息是基础，包括了风险评估与计量等会计信息无法揭示的内容，而定性的非量化信息是会计、统计等量化信息的必要补充，包括银行内部机制的说明、重要领导人的个人信息及其对风险的认识等内容。银行业信息披露内容可以概括如下：

(1) 财务会计报表。作为综合反映商业银行一定期间的经营成果、现金流量和一定周期的财务状况的会计报表，应当被视为信息披露的主要内容。

(2) 报表附注。附注以文字形式为主，对主表的有关重要项目予以说明，侧重提供商业银行的非数量性信息。附表和附注统称为报表注释，其内容包括商业银行简介、商业银行会计政策及其变更、会计报表主要项目的注释、对重要会计事项的提示（如承诺事项和或有事项及期后事项等）。会计报表与附注构成信息披露的最基本的内容。

(3) 补充报表。补充报表作为会计报表的衍生物，在商业银行信息披露中确实有着不可低估的作用。

(4) 财务状况说明书。财务状况说明书是商业银行帮助报表使用者完整、准确地理解公司财务状况和经营成果的一种方式。首先是关于经营情况和经营成果的说明，包括商业银行的资产负债情况、业务经营情况、财务收支状况、利润实现及其分配情况、缴纳税金的情况。其次是重大事项的说明，包括对本期或下期财务收支有重大影响的事项、会计期末至报表报出日之间发生的对财务状况有重大影响的事项、对财务状况和经营成果产生重大影响的非常原因、有助于正确理解和分析财务报表而需要说明的其他事项。最后就是财务问题和解决措施，即指出存在的主要问题及其原因，提出改进意见和解决措施。

（5）其他信息，如财务分析信息、财务预测信息等。就商业银行管理层而言，财务分析指标很重要。对于财务预测信息，商业银行所面临的风险是未知的，其财务预测更显重要。

（6）各类风险与风险管理情况。商业银行必须披露银行信用风险、资产流动性风险、市场风险、操作风险等的风险状况，对信用风险管理组织机构与程序、信用风险分布、集中情况、预期贷款的账龄分析、贷款重组、资产收益率等进行详细披露，为利益相关人了解商业银行的风险状况及其风险管理水平提供重要的参考依据。

（7）公司治理信息。公司治理信息主要有年度股东大会召开情况、董事会构成、变动及其工作情况，监事会构成、变动及其工作情况，公司高层管理人员构成、变动及其基本情况，商业银行部门与其分支机构设置、管理层构成、变动情况等内容。

（8）年度重大事项。包括最大十名股东名称及报告期内的变动情况、增加或减少注册资本情况、公司分立于合并情况，以及其他有必要让公众了解的重要信息。

4. 信息披露的法律准则

建立健全基础金融法律法规，按照程序框架的各层次不同交易关系，强化契约性的信息披露。

5. 信息的分布结构

信息呈现着层次性特点，分为内幕信息、有限披露信息和完全公开信息三个层次。由于机制的成本是信息分散度的逆函数，信息披露机制的实施会带来信息分布结构的调整，信息公开程度越高，制度成本也越高。换句话说，信息过于屏蔽固然有害，但过多的披露将有损于银行的利益和信心而导致系统风险的产生，这有悖于监管的目的。因此，要综合衡量信息披露机制的实施成本和社会成本，达到信息分布的合理均衡。总之，中国的信息披露机制是有限的信息公开制。

第二节 基于监管视角的信息披露机制：以商业银行为例

前已述及，信息披露是关系到金融系统安全与稳定的重大问题。提高信息披露程度是重庆市进一步强化对金融机构的市场约束、提高金融透明度的必然要求，是重庆内陆开放和参与国际金融市场与竞争的重要条件。

以商业银行为例，由于历史和体制的原因，商业银行信息披露及银行监管透明度比国际上通行的惯例和巴塞尔新资本协议的要求相差很远，商业银行的信息屏蔽已经对金融风险起到了推波助澜的作用。近几年，关于银行信息披露机制的研究有很大进展，但从博弈论的角度分析商业银行信息披露机制还比较鲜见，尤其是推进内陆开放型经济建设后市场竞争环境发生了巨大变化，面临着许多新规则、新问题，商业银行信息披露在这些新领域的研究基本上还处于探索阶段。研究如何从博弈论角度构建商业银行信息披露机制是本节的主要内容（彭小兵等，2003b）。

一、信息披露中的信息不对称性

信息的对称性是指行为主体为达到预定目标所需的各类信息要素以及这些信息要素之间相互联系方式的内在规定性，不存在此性质的信息即为非对称信息。信息不对称在信息披露过程中主要表现为所披露信息的失真或信息接收者必须付出极大的成本才能获得一定置信度的信息。判断商业银行的经营绩效情况和违规与否，总要通过一定的数据或非数据资料信息来获取，而资料信息的编制和披露却是人为的，没有考虑信息不对称情况而设计的制度安排，人们很难确信所披露的信息是接近真实的。如果监管当局所依据的信息不能反映真实的市场情形，那么他所作的结论和有关部门依据结论所采取的任何措施都违背市场规律。降低信息不对称程度的方法除了在披露途径上增设信息单元、拓宽信息渠道、提高信息传递效率外，更主要依赖于建立一套行之有效的激励机制，对现行信息披露机制体系进行全面创新和改造，实现信息披露利益集团之间信息交流的同时，双方利益同向增加。博弈论是解决信息不对称状态下机制设计的有效工具。

二、信息披露的委托代理分析

假定国家代表了商业银行投资者（股东）、债权人、存款人以及其他利益相关者的利益，那么，从博弈论的观点看，这是一个三方博弈，局中人有中央政府（委托人）、监管当局（中国银行业监督管理委员会和中国人民银行）和商业银行（代理人），任何一方的决策都是对方和第三方的反应函数。委托人所构建的机制，应该能够给代理人提供某种激励和一定程度的制约，使代理人在自身效用最大化的约束条件下，同时让监管当局和作为委托人国家的效用实现或趋于最大化，即信息披露机制的构建过程是机制设计者以及制度的使用者合作博弈达到纳什均衡的信号博弈过程，在博弈的均衡点上，假定对方不改变决策，参与博弈的其他各方都无法通过单独改变自己的决策和行为而提高自己的效用。博弈均衡结果满足：首先，代理人以使自己效用最大化的方式选择了他所采取的行动或者战略（称为激励相容条件）；其次，代理人所获取的效用不能小于某一保留支付，否则代理人会转而选择其他行动或追求那一保留支付（称为参与条件）；再次，根据均衡结果，达成一个合约，按照这一合约，委托人在支付给代理人报酬后的最终效用最大化了，即充分、真实、准确的信息披露化解了可能的金融风险；最后，也根据合约，监管当局也获得了效用最大化。当然，在代理成本的约束下，信息披露机制得以构成的均衡合约的选择将更为复杂。

三、商业银行信息披露机制构建

如上所述，信息披露机制的构建可以看作一个博弈的过程，该博弈的参与者有监管当局、各类债权人、股东、存款人以及其他一些利益集团。根据博弈论原理，由于双方信息的非对称性，这种博弈是一种非合作博弈；博弈的各方都期望自己的利益最大化，但自己的利益函数不仅取决于自己行动方案的选择，而且取决于博弈另一方行动方案的选择。为简化，笔者假定维护国家金融安全的中央政府和商业银行存款人、债权人以及股东利益在根本上是一致的，这样就把多个利益相关者归结为一个博弈的参与人，即委托人；显然，商业银行就是代理人。

得益于对组织中合谋行为的社会学研究的启发，泰罗尔（Tirole）在典型的委托代理分析框架中引入了监督，并考查了代理人和监督人的合谋行为。泰罗尔基于信息经济学理论建立的委托人—监督人—代理人三层分析框架对构造我国商业银行信息披露机制有很大的借鉴意义。泰罗尔的规划模型描述为

$$\max_{|s_i, w_i, e_i|} \sum_i p_i \left(\theta_i + e_i - s_i - w_i \right)$$

$$s.t. \begin{cases} (SIR) \sum_i p_i \cdot v(s_i) \geqslant \bar{v} \\ (AIR) \sum_i p_i \cdot u(w_i - g(e_i)) \geqslant \bar{u} \\ (AIC) w_3 - g(e_3) \geqslant w_2 - g(e_2 - \Delta\theta) \\ (CIC_1) s_1 + w_1 - g(e_1) \geqslant s_2 + w_2 - g(e_2) \\ (CIC_2) s_4 + w_4 - g(e_4) \geqslant s_3 + w_3 - g(e_3) \\ (CIC_3) s_3 + w_3 - g(e_3) \geqslant s_2 + w_2 - g(e_2 - \Delta\theta) \end{cases}$$

这里，泰罗尔假定委托人的利润由代理人的努力 e 和一个外生的生产率冲击 θ 构成，其中 e 不可观察，而 θ 可区分为好、坏两种状态，分别记为 $\bar{\theta}$ 和 $\underline{\theta}$，且 $0 < \underline{\theta} < \bar{\theta}$，$\Delta\theta \equiv \bar{\theta} - \underline{\theta}$；委托人除了向代理人支付工资外，还需向负责监督的监督人支付报酬 s；代理人努力的负效用等价为 $g(e)$；在新古典假设下，风险中性的委托人、代理人和监督人的期望效用函数分别为 $E(x - s - w)$、$EU[w - g(e)]$ 和 $EV(s)$。特别地，在引入不确定性时，泰罗尔假定只存在 4 种状态；代理人 A 和监督人 S 同时观察到 $\bar{\theta}$（状态 1）；A 观察到 $\underline{\theta}$，但 S 没观察到（状态 2）；A 观察到 $\bar{\theta}$，但 S 没观察到（状态 3）；A 和 S 同时观察到 $\bar{\theta}$（状态 4）。并且，每种状态发生的概率为 p_i，$\sum_{i=1}^{4} p_i = 1$。监督人在某种状态实际发生后，选择向委托人报告或选择什么也没看到。进一步，转换到商业银行信息披露上，在如上假设基础上，商业银行有激励与监管当局合谋而使监管者向委托人提交有利于商业银行的信息披露情况的报告，从而使商业银行获得很高的支付。譬如，当商业银行的实际情况是 $\underline{\theta}$ 时，商业银行可以通过贿赂监管者，使监管者向委托人宣称什么也没看到；基于监管者的报告，委托人把状态 1 误认为是状态 2 发生，按状态 2 向商业银行给予奖励，而商业银行仅付出状态 1 发生时的努力水平。在泰罗尔的分析中，监管者和商业银行的合谋通过

签订帕累托最优的私下合约实现。

再来分析上述规划模型的约束条件与目标函数。其中，SIR 为个人理性约束条件（individual rationality constraint），而 AIR 是代理人的个人理性约束条件；换言之，如果委托人要商业银行在信息披露中接受委托人设计的机制，则商业银行在该机制下进行信息披露得到的期望效用至少不小于他不接受这个机制时所得到的最大期望效用。同样，监管当局也是如此。规划模型中的 $\bar{v}$ 和 $\bar{u}$ 表示的是监管当局和商业银行的保留支付。AIC 是代理人的激励相容约束条件，即商业银行选择委托人所希望的信息披露行动时（真实地披露信息，或者所披露的信息能真实地反映商业银行的真实状况）所得到的期望效用应该不小于他在选择其他行动时（在信息披露上作假）的期望效用。鉴于委托人对状态 3（或 2）的信息不完全，商业银行可以在真实情况是状态 3（或 2）时，只付出（$e_2 - \Delta\theta$）（或 $e_3 + \Delta\theta$）的信息披露努力程度，而声称是状态 2（或 3）发生，以获取奖励 w_2（或 w_3）；但委托人则必须通过在状态 3（或 2）发生时向商业银行提供不同于 w_2（或 w_3）奖励水平的 w_3（或 w_2），使得商业银行有激励提供与实际发生状态相一致的信息。不过，由于状态 2 发生的情形的约束在最优时不具有约束力，因此，在实际求解过程中只需要考虑状态 3 发生的情形。不仅如此，在泰罗尔的分析框架中，约束条件还引入集体激励相容约束条件 CIC（coalition incentive compatibility constraints），在这个条件中，委托人为使监督人和代理人没有激励合谋使双方净剩余增加，分别向监督人与代理人支付高额补偿报酬，这是委托人为实现利益最大化而进行机制设计的结果。换言之，由于监管者能够隐瞒信息（当他观察到商业银行的真实情况处于 $\underline{\theta}$ 而作虚假信息披露时，却宣称什么都未看到），假定状态 1（或 4）发生，监管者和商业银行可以通过选择帕累托最优的私下合约进行合谋，而使监管者和商业银行的净收益［即 CIC_1 中的 $s_1 + w_1 - g(e_1)$ 或 CIC_2 中的 $s_4 + w_4 - g(e_4)$ 部分］高于状态 2（或 3）发生的情形，委托人通过状态 1（或 4）发生时分别向监管者和商业银行支付不同于状态 2（或 3）发生的高额工资或奖励，而使监管者从与商业银行的私下合谋转向委托人如实报告所观察到的信息披露真实情况。从本质上，CIC 条件是委托人牺牲自己的部分利益给监管者而使之不与商业银行合谋，反映了在不同状态下委托人和代理人之间的信息不对称程度。

委托人在规划模型中(SIR)、(AIR)、(AIC)、(CIC_1)、(CIC_2)和(CIC_3)的条件约束下最大化自身的期望效用。规划的解$|s_i, w_i, e_i|$描述了在均衡路径上不同状态发生的情形。于是，在建立规划解的基础上，委托人所能制定的一个商业银行真实披露信息、监管者真实地监管与报告以及防止监管当局和商业银行合谋的信息披露机制应该是：

（1）监管当局在观察到利润后向委托人提出报告；

（2）当监管者能够提出证据表明状态1和4发生，监管者和商业银行分别得到报酬s_1、s_4和w_1、w_4；

（3）当报告和利润不满足规划模型解所描述的均衡要求时，监管者和商业银行将同时受到很高的惩罚。

进一步地，郑志刚（2002）证明了泰罗尔所描述的非对称信息三人博弈的均衡为防止集体背离纳什均衡（coalition-proof nash equilibrium，CPNE）。尽管泰罗尔的规划模型均衡解可能不止一个，但均衡解的存在表明该机制既是可行又是可实施的，因而满足均衡条件；即给定委托人的目标函数和(SIR)、(AIR)、(AIC)约束，委托人的目标函数和(AIC)对应的反应函数（即一阶求导条件）保证了委托人与监管者、商业银行之间的合约可实施，而（SIR）、（AIR）则保证了合约可行，进而保证了合约的有效性。

只考虑监管者和商业银行可能的合谋情况，以状态1发生为例。当状态1发生，即商业银行的财务、风险防范和公司治理等反映商业银行经营管理现状的情况很糟糕但却不真实地进行披露且商业银行与监管者都知道时，由于监管者能够隐瞒信息披露的真实情况，而使委托人认为是状态2发生，并分别向监管者和商业银行支付s_2和w_2。按照均衡所满足的条件，$s_1 > s_2$，接受意味着监管者将承受$\Delta s = s_1 - s_2$的损失。根据理性人假设，监管者将会选择拒绝接受商业银行的贿赂，除非监管者从商业银行那儿获得大于或等于Δs的补偿。然而在均衡路径上，$w_1 - g(e_1) > w_2 - g(e_2)$，即状态1发生时，商业银行所获得的净剩余要大于状态2发生的情形，同样基于理性人假设，尽管当监管者报告状态2发生时，商业银行可以降低信息披露的真实程度而使负效应降低，但商业银行仍将有激励向监管者提供补偿。显然，当状态1发生，在上述激励机制下，监管者和商业银行无激励合谋。

类似对状态 2、3 和 4 发生的情形逐一考察，发现规划模型中的（CIC_1）和（CIC_3）条件将保证，当委托人制定上述规划所描述的合约时，监管者和被监管的商业银行没有诱因进行合谋。这里监管者和被监管者所谓的理性考虑，既包括对放弃合谋行为的合理补偿，又包括相互勾结被发现后所遭受的严重惩罚而带来的效用损失的担心。把不存在合谋时不同状态下委托人、监管者和商业银行对应的最优水平记为 $\{P_i^*, S_i^*, w_i^*\}$，$i = 1, 2, 3, 4$。委托人的最优支付 P_i^* 表示在商业银行牌状态情形 i 时所获得收益（利润、社会的稳定性或国家的金融安全），扣除向监管者与商业银行支付最优补偿（支付）后的净剩余；并且，按照委托代理理论，均衡时，委托人将向商业银行支付保留工资加商业银行努力披露真实信息的私人成本的补偿，也即 $w_i^* = \bar{u} + g(e_i^*)$，$e_i^*$ 是商业银行处于状态 i 时商业银行信息的最佳披露程度。

四、研究总结

信息披露机制应该看作一套在多次博弈之后逐步形成的使人们披露和接收信息时可以较为确定地知道别人行为方式的社会契约。如果任何个人或组织破坏该制度带来的损失大大超过其所得，亦即不遵守该制度不能给自己带来任何好处，那么就会自觉地遵守它，在这种情况下，我们认为这种机制是有效力的；相反，则是无效力或低效力的。并且，我们所理解的纳什均衡是假设博弈双方事先达成一种协议，规定每个人的行为规则，如果没有外制力的约束，当事人能自觉遵守这个协议。进一步地，由于博弈的各方都期望自己的利益最大化，但自己的利益函数不仅取决于自己行动方案的选择，而且取决于博弈另一方行动方案的选择，因此，政府在制定和实施信息披露机制时，不仅要考虑自己的行为，而且必须考虑其他利益主体的行为。给我们的启示是：金融机构信息披露制度安排要发挥效力必须是一种纳什均衡，否则，这种制度安排就不成立。这样，把信息披露机制看成一种协议，要使机制有效，就必须使信息使用者（监管当局和社会公众）与信息提供者（商业银行）之间通过博弈达到纳什均衡，体现于一种准则，形成一种制度。

第六篇 对策建议篇

- 差异化定位的区域性金融中心
- 有效推动内陆开放型金融体制改革
- 建设长江上游地区金融中心：对策措施与政策建议

第十五章

长江上游地区金融中心的功能定位

重庆集大城市、大农村、大库区、大山区和民族地区于一体，城乡二元结构矛盾突出，产业结构亟待转型，老工业基地改造振兴任务繁重，统筹城乡发展任重道远。在这种特殊市情之下，要根据区位差异，找准定位，突出差异化，扬长避短，建立适合自身特点的金融中心。为此，重庆在选择培育金融要素市场、建设长江上游地区金融中心的路径时，必须从自身的实际出发，结合国内金融、经济的整体布局，对自己进行准确的金融功能定位。本书认为，重庆的金融发展应该在城乡统筹综合配套改革试验区框架下来建立区域性的金融中心。因此，重庆建设的区域性金融中心应当定位为：政府推动、面向市场、辐射长江上游地区乃至中国西部的区域性融资金融中心、区域性金融交易结算中心、区域性金融创新中心、统筹城乡型金融中心、金融配置服务中心、区域性金融信息发布中心和区域性金融风险监控中心。

一、建设区域性融资金融中心

目前，重庆市经济建设总体目标是：2010 年以前重庆建设成长江上游经济中心框架乃至西南地区的金融中心，实现每年 GDP 10% 以上的增长速度，使重庆区域经济可持续发展，全面建设小康社会、和谐社会。根据法国经济学家佩鲁克斯的区域经济发展增长级模式演化而来的区域性金融中心的理论认为：在金融发展过程中，由于各种市场因素驱动，金融资源、金融组织会自发地向某些有着相对发展优势的中心城市聚集，并以此为基础形成一系列区域金融中心（颜蕾，2006）。从重庆市建立区域中心的直接目的来看，就是为了解决经济发展中资金短缺问题，这也是长江上游地区乃至西部大开发的经济中心的战略地位的要求。

我们看到，尽管重庆近年来取得了可喜的成就，如 2008 年重庆实现地区生产总值 5 096.66 亿元，人均 GDP 达到 2 573 美元，比上年增长 14.3%。其中：第一产业增加值 575.40 亿元，增长 6.8%；第二产业增加值 2 433.27 亿元，增长 18.0%；第三产业增加值 2 087.99 亿元，增长 12.4%；第一、二、三产业分别拉动全市经济增长 0.7、8.1、5.5 个百分点。但是，重庆的经济总量只占长江上游的约 19%，而要成为一个区域的经济中心，该城市的经济总量应该占这个区域经济总量的大约 25% 以上。上海市在 2006 年生产总值为 10 366 亿元，增长率为 13.1%，人均为 75 990 元，经济总量占整个长江三角洲地区约 27%。因此，重庆统筹城乡建设与发展、成为名副其实的区域性经济中心，还需要进一步提升经济总量、扩大经济规模。但目前重庆经济主要是靠贷款增长方式即投资拉动，在主要依靠内在吸引力而逐步淡化依靠优惠政策来吸引资金的趋势下，要实现重庆市统筹发展的建设总体目标，把重庆建设成为长江上游经济中心，引领长江上游产业带，还需要壮大企业，发展经济，推动科学技术的进步，提升经济总量。而这个过程中的资金缺口相当巨大，需要有良好的金融环境来吸引外来和民间资金。由此，重庆建设区域性金融中心的首要功能便是融资，突破经济发展过程中的资金瓶颈，吸引区域外的资金源源不断地流入以重庆为中心的区域内，形成资金"洼地效应"，以满足重庆市及整个长江上游地区经济发展和产业结构升级的需要。

根据重庆目前自身的条件，不能像全球性金融中心伦敦、纽约、东京那样成为自有型金融中心（其资金主要来自于本地区且流向特定市场区域，本身就有大量的资金供给者和使用者），而应该选择筹融资型金融中心，主要是从外部筹集资金以满足内部或周边地区发展的需要，中国香港就是这样，实际上就是为了解决经济发展中资金短缺问题。所以，重庆适合建立一个筹资型的区域金融中心，通过这种金融中心吸引区域外的资金，缓解重庆资金短缺的困境。

另外，建设融资型金融中心，本质上要求努力构建多层次直接融资体系，扩大资本市场融资规模，推动企业充分利用国内主板市场、中小板市场、创业板市场、代办股份转让系统、产权交易市场等多层次资本市场进行融资，扩大直接融资规模。这些工作包括：①企业改制上市工作。重点培育符合产业政策、具有发展潜力的行业龙头企业、高新技术企业作为上市后备资源。特别是对适合在创业板上市的企业，有重点地加快进度，打造完备的创业板企业上市储备梯队。②上市公司再融资工作。对符合国家及重庆市产业政策和具有龙头支柱作用的上市公司，通过提高上市公司竞争能力，积极推动上市公司配股、增发、发行可转债和公司债等多方式筹集发展资金，促进优势资源和重点项目合理地向上市公司集中。③上市公司并购重组工作。对业绩好的公司，继续整合资源做大做强；对经营业绩差、持续经营能力弱的公司，推动重组提升质量，夯实基础。④做活做大重庆产权交易市场。加强与中央部委的沟通和联系，整合重庆现有产权交易市场，拓展其功能和作用，逐步打造区域性的产权交易中心。

当然，重庆建设金融中心也不同上海、北京、深圳直接竞争，而是和它们相呼应，错位发展，走特色化发展道路：以产业为基础，以大量的投融资活动为主体，打造"投融资之城"，成为未来的投融资活动和投融资机构高度密集的地区。

总而言之，重庆建设区域性筹资融资中心，为区域经济社会的发展提供资金支持，不但对实现区域内的金融资源互动、突破区域经济发展中的资金缺口瓶颈，而且对打破因行政区划、金融监管和金融机构内部垂直管理所造成的金融信贷困难局面，对于深入推进西部大开发战略，都具有积极的现实意义。

二、区域性金融交易结算中心

经济学者们对于集中交易结算的效率一直持肯定态度。在杨小凯和黄有光（2000）建立的关于城市化和分工演进之间关系的一般模型中，如果所有的居民都集中在一个很小的地方形成一个城市，那么，由于交易时的旅行距离的缩短，交易效率会大大提高，从而分工水平和生产力水平也会大大提高。这就是所谓城市的聚集效益。

重庆地处东西部结合的节点，与川、黔、湘、鄂、陕等省接壤，起着承东起西、南北传递的重要作用。这是重庆构建金融中心得天独厚的地理优势，也是汇聚周边区域的商贸并跨地区集中交易结算的优越条件。金融中心的聚集效益主要体现在跨地区集中交易结算效率的提高上（李扬，2003）。金融中心的聚集效益表现在："金融中心的必要性不仅体现在它可以跨时期平衡个别企业家的储蓄与投资，将金融资本从储蓄者手中转移到投资者那里，还体现在它可以实现支付，并跨地区转移储蓄。银行业和金融中心履行着交易结算媒介功能和跨地域的价值储藏功能。通过一个金融中心，一个不同地区之间可以最有效地实现单笔支付；不论是季节性的还是长期性的金融储蓄盈余和赤字都能得到最佳的匹配。"（Kindleberger，1974）集中交易结算势必提高市场流动性，从而降低融资成本和投资风险。因此，一个高度流动性的市场，就会产生吸引其他地区的贷款人和借款人的作用，从而把他们的资金转移到金融中心来。另外，在金融中心，金融机构之间的合作也显得很容易，这使得一系列的相关产业得以共享。当大量金融机构集中在较小空间中时，他们的业务联系将产生大规模外部经济效应，从而提高金融机构间相互交易结算效率，降低成本费用。总之，重庆有条件成为交易结算中心，而重庆作为长江上游金融交易结算中心的功能定位，可以最大限度地发掘金融中心的聚集效益，降低各方参与者的成本和风险，提高交易结算效率。

三、区域性金融创新中心

金融创新是金融业为适应实体经济发展的需求，在制度安排、金融工具、金融产品等方面进行的创新活动，是金融结构提升的主要方式和金融发展的重要推动力量。现代金融发展史实质上是金融不断创新的过程。但纵观重庆市金融业，无论是银行、证券产品创新，还是保险产品创新，都存在吸纳性创新多、原创性少，负债类业务创新多、资产类业务创新少问题。在金融创新的区域特征上，创新活动集中在上海、广州、深圳、北京等城市，而内陆重庆的金融创新活动较为沉闷，创新速度相对落后。但重庆具有建设成为长江上游金融创新中心的后发优势。重庆统筹城乡发展，金融市场发展空间巨大，创新需求旺盛，一些金融产品如股票指数期权、农产品期货，银行间市场产品、资产支持的抵押担保产品（农产品担保）、银行中间业务等创新产品，具有广泛的市场需求。重庆可以充分吸收借鉴国内外一些成功的金融管理模式，加快金融市场制度的建立和金融产品的开发。

当然，金融创新并不意味着冒进，必须协调发展。只有协调发展，长江上游地区金融中心才能从源头防止和避免类似于金融过度创新导致次贷危机的问题，实现金融和经济健康均衡。具体而言，就是要处理好以下几个关系：实体经济与虚拟经济的关系（虚拟经济不能脱离实体经济太远）、市场与监管的关系（在推进市场化改革的同时，避免监管缺位和越位）、创新与风险控制的关系（加快产品和机制的创新，但要控制好风险，风险管理能力要加强）、激励与约束的关系（激励和约束兼容）。

四、统筹城乡型金融中心

重庆是中西部地区唯一的直辖市，是全国统筹城乡综合配套改革试验区，在促进区域协调发展和推进改革开放大局中具有重要的战略地位。重庆建设长江上游地区金融中心定位为统筹城乡型金融中心，是加快重庆市统筹城乡改革和发展的需要，是深入实施西部大开发战略的需要，是为全国统筹城乡改革提供示范的需要，是形成沿海与内陆联动开发开放新格局的需要。

建立统筹城乡型的金融中心，重心在农村金融，也就是在完善城市金融体系体制的同时，完善农村金融制度，规范发展多种形式的新型农村金融机构和以服务农村为主的中小银行，支持开展商业性小额贷款公司试点，推进农村金融产品和服务创新。例如，建立农村信贷担保机制，探索建立农业贷款贴息制度；提高农村地区支付结算业务的便利程度；加快农村信用体系建设；积极推进"三农"保险，扩大政策性农业保险覆盖面。

统筹城乡改革和发展是一项长期艰巨的战略任务，责任重大。重庆市加快推进长江上游统筹城乡型金融中心的建设，对区域经济的可持续发展和实现国家整体战略意图都具有战略意义。

五、金融配套服务中心

多层有序、结构完整、运行安全的金融配套服务体系是金融市场快速健康发展的有力保障。当前，重庆金融自身的发展与金融配套服务的发展之间正呈现出一种不适应性，而且这种不适应性随着重庆金融的发展越来越明显。例如，重庆传统金融发展较快，但金融担保、金融资讯资信信用管理等高端中介服务机构却发展缓慢，导致重庆金融业难以适应其产业体系多层次、多类型的融资需求。而以"金融配套服务中心"的定位，有助于大力发展重庆金融配套服务业，完善创新服务体系。

六、区域性金融信息发布中心

北京作为中国的宏观调控中心，是决策信息的发源地。根据赵晓斌（Zhao，2003）的研究证实，在社会主义市场经济中，由于大部分的信息来源集中在少数行政或政府机构中，信息不对称对外国跨国公司在中国总部的选址和金融中心的发展有重要的影响。因此，与传统看法相反，根据信息不对称的标准和要求，作为中国政治中心、宏观调控中心、决策信息发源地的北京由于其突出的信息吸引力比上海更适合发展成为中国最大的服务和金融中心。这个结论对重庆金融要素市场的培育和建设有重要的借鉴价值。

在金融信息中心的功能上，"扩散理论"（diffusion theory）表明，中心区具有很大的经济势能，因而具有扩散效应，特别是信息扩散。金融中心区一般是信息源地，各种原始或经过加工的信息，由中心区向外围地区扩散出去，对外围地区起着信息渗透作用。金融业的经营运作，应获取公众广泛的认知和信任，尽可能减少信用推介成本，增强信息交流。金融机构在空间布局上的集中并形成中心，不仅有利于提升经济总量、共享金融政策优惠和金融基础设施与技术，使金融机构自身得到规模经济和专业化经济的效益，而且方便金融机构监管规范和金融信息交流、共享，进一步改善金融信息流动、提高效率、增加流动性，并产生巨大的聚集效应和辐射效应。

重庆作为中西部地区唯一的直辖市、统筹城乡综合配套改革试验区及全国唯一的统筹城乡商贸改革试验区，其重要的政治地位、特殊的经济区位决定了其在中国经济发展总格局和西部开发中突出的战略地位。因此重庆与中西部其他城市，如西安、成都、武汉等相比，拥有更大的信息吸引力和政治影响力。重庆应当充分利用自身的信息、战略优势，建设成为区域性的金融信息发布中心，成为中国西部地区的信息平台。未来社会是信息社会，区域金融信息中心的发展壮大，将会为重庆构建金融安全区、促进企业商务及经济交往信息化奠定一定的基础。

七、区域性金融监控中心

在经济全球化和贸易自由化以及全球性金融危机的大背景下，经济和金融的周期性非常明显，外汇汇率制度复杂多变，受热钱影响，股市、楼市跌宕起伏，强化对金融风险的监管和控制，保障我国及重庆市地方的经济、金融安全，是长江上游地区金融中心建设与发展过程中的一个重要内容。对于重庆长江上游地区金融中心建设来说，无论是银行业、保险业、证券业，还是各种金融衍生市场，如金融期货、信托业、外债市场，监管机构自身严格的制度化建设是目前的重中之重，单这种制度建设对金融市场而言，主要体现在对金融风险的监管上。鉴于全球以及我国金融监管重心的转移，再加上前述研究所表明的金融监管体系的不完善，需要在重庆金融中心构建过程中将重庆建设成为一个高效灵活、主体明确、组织完善、指标科学、手段现代化的长江上游金融风险监控中心，使重庆成为长江上游地区的金融监管中心城市。

第十六章

内陆开放高地的金融体系建设思路

政治战略家们以其前瞻性的敏锐眼光，重新审视重庆经济与重庆的综合竞争力，在估计经济全球化发展趋势和重庆经济社会发展导航定向的"314"总体战略部署基础上，审时度势，提出了"内陆开放型经济"发展战略。其意义在于：一方面，重庆发展必须融入到全国经济架构中去并顺应经济全球化趋势；另一方面，重庆要在更大范围、更广领域和更高层次上参与我国及世界经济技术合作和竞争，在市场导向下优化资源配置，拓宽发展空间，以开放的视野推进改革、促进发展。

今天，包括金融在内的重庆各领域多样性内陆开放型经济的实践日趋活跃，不仅要"以市场换资金"，还特别注重"以市场换生存空间"，并要求若干年后在国内经济社会发展中占有一席之地。这种具有历史纵深感的变化隐约显现出重庆"内陆开放型金融"的未来走向与脉络，即长江上游地区金融中心建设，将有助于推动重庆实体产业融入全国战略布局和经济全球化进程中去。

不过，受资源、环境的限制和金融危机的教训，内陆与沿海的区位差异，以及所面临的时空条件、主要问题、发展道路上的差异，内陆开放高地的开放型金融发展不能重复老路。在充满希望但又缺乏经验支撑的长江上游地区金融中心建设过程中，重庆市政府政策框架的设计与战略模式的选择，有着特别重要的定向、导航作用，并为内陆开放型金融体系建设与发展奠定政策基础。

一、"内陆开放型金融"的发展层次

"内陆开放型金融"，首先是有助于构建长江上游地区经济中心，能够吸引外部资金和激活、推动中小企业的投融资需求，盘活国有的、民间的、国内外的金融资源；其次是依托金融中心的金融资源壮大本地企业，促进产业发展，特别是推动重庆本地民营企业的投资、发展；再次就是推动长江上游地区的经济金融一体化促进西部资源开发、工农业生产加工和贸易等直接或间接投资与经营活动的发展；最后才是辐射全国、走向世界，在全国的经济金融战略格局中占据重要的地位，成为类似于芝加哥金融中心或伦敦金融城一样的国际知名金融都市或金融区。同时，还需指出的是，所有这些相关经济、金融活动，既具有次序性，又要包含同步性，不可偏颇和厚此薄彼。

二、"内陆开放型金融"的发展障碍

(一) 制度不规范，配套法律法规体系尚未成型

制度和完备的法律法规架构是市场经济、金融持续健康纵深发展的前提基础和保障。重庆"内陆开放型金融"显然缺乏这样完备的金融制度体系和法律、政策架构。目前，金融全球化背景下，指引、规范和管理"内陆开放型金融"活动只有中央和地方政府有关主管部门的内部政策和部委规章是远远不够的。特别地，制度是需要通过机制构建并设计的，由于部门规章和地方政策缺乏整体设计，有效性低，相互之间有机联系不足，甚至存在互相抵触现象，因此，现有的政策架构其权威性、系统性、规范性、长期性、稳定性和透明度都比较差，制约了"内陆开放型金融"的发展。

(二) 地方政府宏观管理和公共服务能力尚欠缺

主要表现在三个方面：

其一，市场经济发展要求我国行政管理体制改革与发展的目标与方向是强化宏观调控和公共服务，但包括重庆在内的地方政府部门传统行政管理模式依然根深蒂固，政府工作实践中往往"只生不管"，开放型金融发展中所必须配套的监管、跟踪、统计、分析等，政府的服务功能非常弱，完整的宏观调控与管理链条尚未形成。

其二，政府还缺乏对内陆开放型金融的辅导、信息咨询等公共服务能力。我们可以赋予这项职能，但有没有相应的能力是另外一回事。譬如，明确的产业导

向和市场导向、系统化的促进目标，恐怕政府自己都不甚清楚。因此，就不能满足企业对金融相关基础性信息等公共服务的需求，进而可能影响企业的投资决策。

其三，地方政府部门恐怕还未开始考虑在开放中如何保护、壮大国内的、本土的金融企业与产业的政策与制度措施。而这，恰恰是地方经济、金融可持续发展的根本。世界上恐怕没有哪个国家光靠引进，而自身的本地的各行各业没有壮大，但却能获得长久不衰的可持续发展。

（三）审批程序依然烦琐、复杂

审批必不可少，这是市场经济条件下强化宏观调控和防范金融风险之必要。但是，烦琐冗长的审批程序却又是没有服务效率的表现。一方面，审批程序因涉及政府多部门管理，而变得烦琐复杂、效率低下；另一方面，审批内容也经常背离市场经济规律，很多本应该由企业实施的行为，政府部门却干预过严，常常行政代替法律，本应该是法律程序管的事情却由行政去管制。这就是所谓的政府行政职能错位。

（四）金融监管制度不完善、金融服务体系不健全

政府金融监管措施与重庆"内陆开放型经济"战略的宏观导向存在脱节。体制和管理制度方面的缺陷，导致民间资本受到压抑，实业投融资渠道十分狭窄。另外，由于体制性融资难问题，重庆本地一些有着良好技术、设备和管理人员的工业企业的发展受到抑制，民营企业由于资金瓶颈而难以扩大业务，内陆开放型经济发展受到抑制，形象受到损坏。

金融服务体系不健全表现在金融资源过于集中在垄断性行业、房地产业和政府部门的关联企业，而大量中小型民营企业、个人创业的融资需求无法得到有效满足。

（五）产业战略尚不明确，企业行为随意性较强

从公开的信息来看，尽管重庆未来经济社会发展已经有了明确的宏观导航定向，但实现目标的短、中、长期中观产业战略与产业布局还未成型，可操作性的

符合法律法规和国家宏观布局的地方宏观政策指引尚未出台，企业的微观发展行为多数也是随机行为。显然，符合内陆开放型金融战略导向目标的金融组织行为还未系统地纳入到企业中长期发展战略中，随意性较强。

（六）金融体制与统筹城乡金融的要求相矛盾

以银行业为例，商业银行和农村金融机构之间按业务对象地域和业务对象性质的业务分工，与重庆统筹城乡型金融中心建设的发展要求不相适应，人为地造成银行业务分工上的城乡分割，人为地限制了专业银行间的业务竞争和市场活力，不利于调动银行有效营运资金的积极性。

三、完善"内陆开放型金融"政策框架与运行模式的建议

以往的实践、当前的形势以及未来的趋势都已表明，"内陆开放型金融"战略具有十分重要的意义。但鉴于在目前这一战略实施过程中尚存在问题，重庆还应当从明确目标、加强立法执法、放松具体的行政管制、强化金融支持、强化政府公共服务、强化制度建设等方面入手，完善政府的宏观金融管理和金融产业引导，为"内陆开放型金融体系"的发展创造更好的条件。

（一）进一步明确"内陆开放型金融"的战略目的

即分层次确定具体金融工作目标和发展重点，使战略的指导性更为清晰并具备可操作性。

其一，在宏观层面上，契合"314"总体战略部署和《国务院关于推进重庆市统筹城乡改革和发展的若干意见》的"内陆开放型金融"战略目标应该简单明了。这样做的目的不但要能使中央金融部门驻地方分支机构以及重庆市政府各金融部门的政策设计具有准确的目标指向，而且要便于作为经济行为主体的金融企业在宏观政策和产业导向的指导下按正确方向实现目标，实现"内陆开放型金融"的获取资源、增加就业、扩大贸易、提高收入和缩小城乡金融差距的发展任务。

其二，在中观层面上，推动金融企业和金融主管监管部门、金融业行业协会制定具体的金融业发展战略和市场战略，解决"内陆开放型金融"的区域选择

问题，转变和提升金融产业结构。

其三，在微观层面上，有关的政策设计应充分注意以下几个方面的互动与综合平衡：①促进开放方式的多元化，拓宽本土金融企业发展空间；②解决资金和外汇使用渠道多元化、合理化问题；③促进本地金融企业对外部资源开发类项目的实施；④有选择性的向内的产业转移、金融技术引进和向外的金融成套应用技术输出并重；⑤加强对开放型金融从业人员的培训与开发，提高金融业从业人员对外交流与合作的素质与能力。

（二）强化金融改革开放的次序性和渐进性

金融深化程度是发展中国家市场化和工业化水平的重要标志，但金融深化进程不能超越国家经济发展的需要和社会制度演变的阶段，否则在经济全球化背景下可能带来极大风险。

事实上，财政、宏观经济稳定和国内金融自由化是金融开放取得成功的两个先决条件。根据麦金农的"金融自由化次序理论"，作为发展中国家的中国，金融开放要避免"开放悲剧"，促进经济增长，必须立足于国内的经济、金融基础，注重次序的选择和渐进性的安排，并在财政与宏观经济稳定，以及国内金融自由化基本完成条件下持续推进（王欣欣，1996）。这是重庆推动"内陆开放型金融"发展的理论基础。在国内金融自由化还不到位，以及存在一定的财政与宏观经济稳定隐患的情况下，迅速地金融国际化不利于重庆金融体系和宏观经济的稳定，甚至会造成金融和经济危机。

基于此，一方面，相对于资源配置有效性需求和经济全球化要求而言，重庆金融体制改革存在滞后性。在长江上游地区金融中心的建设过程中，需要推动金融市场本身的开放竞争，也即金融体制改革的市场化、国际化方向不应动摇，不能放缓融入全球经济的进程；另一方面，考虑到金融对国民经济的极端重要性和中国金融行业整体上的脆弱性，推动金融改革和建设长江上游地区金融中心，也应该适应经济制度和生产力发展阶段的要求，谨慎地推动金融深化，人民币自由兑换不能贸然行事，反对全盘西化式的"一体化"，形成抵御国际金融风险传递的制度屏障。

（三）改善、降低对本土金融企业的管制

长江上游地区金融中心的金融体系构建，要强化的是监管，而非管制。监管与管制存在着本质区别：监管的目的是使市场有良好的秩序，是在交易过程中进行的，而管制的着力点则是在交易之前；监管是为了让买卖尽量做到童叟无欺，管制是不准交易或只允许少数人做少数特许买卖（陈季冰，2009）。假如监管把市场管到了不再有活跃的交易，那它自身也就没有必要存在了。

为此，一方面，要加快对明显滞后于"内陆开放型金融"发展战略的行政管理制度的改革步伐，简化投资审批环节，增加透明度，提高工作效率；另一方面，鼓励民间金融参与"内陆开放型经济"建设，加大对中小型民营企业的金融扶持，为"内陆开放型金融"提供更宽松的政策环境。

（四）改革金融资源分配体制

过去中国金融行业的基本逻辑是：多年来国家一直将金融市场视为国有经济融资脱困的工具，而不是社会资源配置的公开平台。立足于这一基本逻辑，国家对金融业采取强有力的行政垄断，以期确保绝大部分优质金融资源始终流向国有企业。这种政策导向由于排除了"竞争"这一市场经济中根本性的手段，不仅没有可能达到预期目的，还对国有企业和金融行业造成了双重扭曲：一方面，国有企业因为能够以比真实价格低得多的成本源源不断地获得金融"输血"，其经营管理水平不可能取得国家原来期望的真正提高；另一方面，金融企业本身由于既受到频繁的政府指令干预，又得到行政垄断保护，它们经常可以轻而易举地将自身经营管理不善、铺张奢靡浪费而造成的成本算到所谓"政策性负担"的账上。

如此，其最终结果，不仅是国有企业与金融行业（大部分自身也是国有企业）的双重低效率，还在一定程度上使金融市场沦为少数垄断利益集团攫取社会财富的便利通道。显而易见的是，在建设长江上游地区金融中心过程中，变革这种金融资源的分配政策导向，防止权力、资本和资源的结合，是十分必要的、迫切的。

（五）推进金融制度改革，强化相关立法建设和执法

建设"内陆开放型金融"，其前提和基础就是制度的建立与完善。制度是社会和谐与统筹城乡金融改革与发展的基础秩序，是社会秩序建立和运行必须具备的基础性、前提性条件，它们塑造了一个社会中关键经济主体的激励，影响了对物质和人力资本、技术和生产组织的投资，不仅影响"饼"的大小，而且影响其分配。且虽然很多制度是内生的（如与"内陆开放型经济"有关的经济制度），由社会的经济选择决定，但是，面对不同集团之间的利益冲突，制度最终由政治权力决定。

因此，建设重庆"内陆开放型金融"以促进统筹城乡金融发展和建设长江上游地区金融中心，需要由重庆地方政府的行政力量合理有效地安排好制度，也就是，实施"内陆开放型金融"发展战略应该首先体现在制度的增强上。

另外，虽然"内陆开放型金融"发展战略作为一种政策性的提法直接明了，但作为规范的法律用语存在内涵与外延的不确定性。保障"内陆开放型金融"发展步入法制化的发展轨道，是保障未来重庆经济、金融可持续健康发展的基础。为此，需要搭建"内陆开放型金融"发展法律和制度框架，解决重庆内陆开放型金融发展走上法制化、规范化轨道的法律保障与法治问题。

四、推动本地金融机构向外辐射的具体措施

开放型金融的发展，推动本地法人金融机构和有条件的分支机构向长江上游地区辐射是关键。主要着力推动以下工作。

（一）推动本地主要金融机构增资扩股和异地设立分支机构

也就是，按照中国银行业监督管理委员会、中国证券监管管理委员会和中国保险监督管理委员会的相关要求，推动重庆银行、重庆三峡银行、重庆农村商业银行、西南证券、保险公司等本地法人金融机构通过增资扩股实现跨省市设立异地分支机构。为此，其一，提升本地金融机构的管理水平和资产运作效率，逐步满足异地设分支机构的条件；其二，按照金融监管要求，通过引进战略投资者进一步增加股本，使其逐步满足跨省市设立分支机构条件；其三，在条件成熟的情

况下，借鉴经验，积极推动重庆本地金融机构上市，完善治理结构，进一步做大规模和实力。

（二）推动其他金融企业、投融资平台增资扩股和拓展空间布局

其一，继续在土地规划等方面给予政策倾斜，支持建设科技研发中心；并积极创造条件，争取早日上市。其二，推动其他金融企业在现有基础上，进一步增资扩股，引进战略投资者，并向外扩张布点，到长江上游地区其他省市设立分支机构，扩大业务覆盖范围。其三，支持其他金融企业、投融资平台采用过渡期租用、成熟期筹建的方式，建立自己的信息系统。

（三）推动在渝非法人金融机构到长江上游其他区域设立服务网点

推动在渝非法人金融机构到周边区域设立分支机构或服务网点，进一步扩大重庆金融业的辐射范围。首先是积极与非法人金融机构的总部沟通，争取其将在渝机构定位为区域总部，同意重庆分支机构到长江上游其他地区设立二级分支机构或服务网点。其次是强化与金融监管部门的沟通工作，争取中国银行业监督管理委员会、中国证券监管管理委员会、中国保险监督管理委员会等监管部门对在渝非法人金融机构设立异地分支机构或服务网点的政策支持。

（四）探索组建或壮大重庆地方金融控股公司

基于本书"金融公司篇"的研究成果，按照推动"内陆开放型金融"发展的要求，在参照、借鉴中国上海、武汉、台湾等地的做法、经验和模式的基础上，通过整合现有重庆地方国有金融资源和财政注资、股权划拨、财务重组等方式，探索开展地方金融综合经营试点，探讨成立各层次、各类型、不同金融相关业务领域和覆盖长江上游地区范围的金融控股公司，打造重庆金融产业区域交流合作平台，并以其作为平台公司，管理和运作地方国有金融资源，推动金融服务产业和项目对接，培育和壮大金融服务产业，更好地为地方经济、金融发展和长江上游地区金融中心建设服务。

第十七章

建设长江上游地区金融中心的对策措施

第一节 催化金融业集群的对策

一、积累、壮大金融资源

建设长江上游地区金融中心，重庆需要完成金融资源的积累。具体包括以下措施：

（1）促进本地金融企业的发展。实践经验表明，任何一个金融中心都有当地的大金融机构存在，重庆要成为长江上游的金融中心，同样也需要地方所属各类型金融机构，尤其是本地银行来衬托其金融地位。因此，要大力发展地方性金融机构，强化重庆本地银行的建设，尤其是要完善金融机构的公司治理结构，壮大地方金融机构的实力，推动重庆本地金融机构跨地区经营。

（2）大力引进外来大型经营性金融机构，尤其是要积极引进总部金融机构和跨地区性金融分支机构。目前，国内绝大多数全国性银行、保险公司、券商已进入重庆，但金融总部机构和外资金融机构较少。为此，重庆应该鼓励和引导各种金融机构在重庆设立地区性总部，使其成为金融机构总部聚集的高地；同时，设法多引入外资银行、保险机构、投资银行在重庆设立代表处，并帮助外资金融机构将代表处升格为分行，以尽快设立经营性机构开展经营性业务活动。

（3）打造非银行金融机构聚集高地。非银行金融机构包括证券公司、保险公司、小额贷款公司、租赁公司、信托公司、担保公司、风险投资公司、房地产投资信托和私募股权基金等，各种机构相对在重庆集聚，重庆就能够成为一个区域的高地，将不同类型、不同层次的金融业务做大做强做丰富，使之成为本土金融机构创新的温床。

（4）不断加强金融产业与其他产业的融合，扩大、提升或延伸重庆金融业的规模和质量。包括：搭建项目融资平台，通过"推动金融部门加强与重点行业、重点企业以及重要经济部门的沟通和联系"的产业融合途径来推动金融业发展；建立企业沟通协调和风险预警机制；完善中小企业贷款风险补偿机制，提高金融机构营销中小企业尤其是涉农金融业务的积极性、主动性。

（5）扩大金融业市场规模。例如，在国家政策允许范围内，金融机构积极开发新的业务发展模式；积极研发、引进国外通用的金融业务、金融创新工具，满足外资企业不断增加的金融服务需求，适时为内陆开放型经济的进一步发展提供有力的金融支持；增强金融服务价值，如进一步开拓区域性票据交易市场，培育和发展票据融资中介机构，又如加快发展产业开发基金、产业投资基金和创业投资引导基金，争取开展国际贸易人民币结算试点。

二、探索金融业集群创新体系

加强自主创新能力，促进创新型金融业集群的形成。以重庆作为金融集群的核心城市，构造长江上游地区的市场化、有偿及双边或多边利益调节机制和金融格局，规划金融人才、金融信用建设、金融中介等相关支持产业。探索金融产业集群的制度创新、产品创新和技术创新，规范金融管理体制，是重庆市金融业集群升级，最终建立起长江上游地区金融中心的主要路径。

三、建立与金融业集群配套的物流基地

打造物流中心，充分开发长江及其支流水运功能，提升铁路、公路、航空、管道的货运能力。为此，应该强化长江上游地区政府间的合作关系，实施利益调节机制，搭建资金流、人才流、物资流、信息流的平台，形成全流通局面；强化金融业集群信息服务和网络建设，建立多层次的公共信息平台，积极培育和大力发展各种为金融业服务的社会化中介组织。

四、促进重庆金融业的产业化进程

以金融业作为重庆国民经济的重要支柱性产业并建设长江上游地区金融中心，要求重庆的金融资源总量大、金融风险小、金融运行平稳、金融产业化程度高、金融产业核心竞争力强、金融专业人才多、金融机构种类齐全、金融产业占GDP比重大、金融产业发展政策环境宽松等。

其中，金融产业化程度和金融产业核心竞争力是金融中心的本质特征，是两项核心和综合性判定指标。这就要求推进重庆市金融产业群的产业化进程，提升其产业化程度和产业集中度。

金融产业化是在现代市场经济发展过程中把金融作为国民经济相对独立的产业加以突出发展的过程。就目前金融产业发展的整体态势而言，受历史原因的影响和制约，重庆金融产业发展存在着产业地位低下、产业体系与功能不完善、产业制度不健全、产业规划滞后、产业结构不合理、产业发展环境不够宽松、产业人才储备不足等一系列问题，导致金融产业化程度低、金融产业竞争力低下的现状。把重庆建设成为辐射西南、面向整个长江上游的区域性金融中心，必须采取有效的措施加快重庆金融产业化进程，在巩固银行业、保险业方面优势的同时，争取在区域资金结算、票据融资、银行卡网络服务、保险财产管理、产权交易、期货交易、基金管理、风险投资和金融产品研发等方面处于跨区域性支配地位和中心地位。

另外，还要构建银行、证券、保险等机构的战略联盟，开发金融创新服务产品，组建地方性金融控股集团，强化对资产证券化、期货、期权和对冲、互换等金融衍生产品的研究与应用。优化银行业、信托业的信贷行业结构、区域结构和期限结构，满足重庆经济结构调整中企业并购和资产重组以及中小企业的金融服务需求。

五、加强区域金融合作，推动集群内部共生机制的建设

其一，大量训练有素的金融经理，充足、高素质的金融管理、研发、业务操作人才，以及具有广泛人际关系和丰富海外经验的金融专业人员，是建设区域性金融中心不可或缺的重要因素。重庆应该与位于我国西部地区的成都、西安、贵

州、昆明、南宁以及中部武汉等重要的城市联手培养金融专业人士，包括金融分析师、保险精算师、注册会计师、高级财务人员和机构操盘手等，为金融中心建设输出、配备金融专业人才。

其二，长江上游地区的各种金融机构，如银行、保险公司、信托公司和投资公司等，可以联手建立资源共享平台，形成区域性金融合作网或金融服务网。

其三，加快区域金融产业融合，推动金融业集群内部共生机制的建设。促进长江上游地区金融业集群的发展，必须培育和加强集群内部的共生机制，在业已初步形成的集聚力的基础上，强化金融核心区内金融企业、金融机构和其他中介机构之间的联系，优化地区金融产业发展软环境。

第二节　培育金融核心区的对策

一、加强金融产业合理布局引导

以培育金融产业为主线、以优化金融生态环境为基础、以改革创新为动力、以强化监管为保障，全面提升金融规划区整体的综合实力、竞争力和抗风险能力，并加强金融产业合理布局引导。

根据重庆市金融发展现状和发展趋势，培育金融核心区时应从三个角度进行合理布局，实现空间引导金融发展。

（1）放眼长远，建设金融家公园，运筹高端金融商务发展体系。在渝中区和江北区的中央核心商务区上，重点发展与金融业相关的和支撑金融业的现代高端服务业集群，建立起休闲商务带、生活商务带、配套商务带和辐射商务带，围绕中央核心区域形成金融产业发展带。

（2）立足基础，夯实现代金融业发展平台。结合重庆市及渝中区、江北区的经济社会发展总体布局，在现有金融业发展平台和发展基础上，进一步拓宽解放碑—江北嘴—弹子石一带的金融业发展渠道，逐步推进金融开发项目，强化发展国际金融、金融文化传媒、金融中介服务等现代金融产业的发展，建设金融安全区，夯实金融核心规划区的现代金融业发展平台。

（3）拓展金融业发展空间，完善金融市场体系。这要求在金融核心规划区培育结构合理的金融产业链条，鼓励与金融业配套的培训、商务、会展等行业的发展；同时继续全方位支持"一部三局"的建设和发展，确立长江上游地区金融政策中心的地位；此外，还要不断培育和完善金融市场体系，包括银行中长期借贷市场、货币市场、股票市场、债券市场、保险市场及外汇市场等。

二、促进金融功能与平台建设

重庆金融核心规划区要立足现有块状金融发展基础和物流、市场网络优势，促进重庆金融规划区的金融功能与金融平台建设，具体概括为"完善金融功能、坚持一个主导战略、突出两类培育重点、确立三条培育途径、构筑六大功能平台"。

（1）完善金融功能。也就是要在金融核心规划区发展功能齐全的现代金融业。现代金融服务业包括银行业、证券业、保险业、信托业、基金业、金融租赁业、金融担保业、金融中介业、汽车金融业、房地产金融业以及财务集团公司和投资公司等。作为一个中央金融区，不仅传统的银行、保险和证券等金融业需要发展，而且也要完备发展其他金融业和其他金融市场，如构建区域性的货币贴现市场、西部票据交换中心、柜台交易股票市场，组建再保险公司，设立产业投资基金，大力发展企业债券，争取资产证券化试点，组建重庆地方金融控股集团，推动一批中小企业上市直接融资。又如，基于重庆市地理位置和自然条件复杂、近年来气候变化无常、干旱或洪涝灾害频繁且严重的状况，可以在金融核心规划区加大期货市场的发展力度或扩大期货的市场规模，在期货品种创新上逐步发展水稻、玉米等西南地区主要农产品，以及白糖、石油、国债等期货，甚至允许更多有条件的期货公司开展境外期货代理业务。

（2）坚持一个主导战略。就是主动坚持金融国际化战略。针对重庆金融整体要素的国际化程度较低、金融业支撑服务功能不全、参与国际竞争层次较低的现状，要抓住建设"内陆开放型经济"和统筹城乡建设的机遇，扩大与跨国金融企业的合作，在强调消化吸收的基础上，提高本地金融企业自主创新能力，延伸产业链，完善产业支撑服务功能，并积极推进境外上市，通过金融机构的并购重组，组建地方金融控股集团，寻找重要资源保障和金融技术支撑。

（3）突出两类培育重点。目前，重庆银行业发展较为成熟，基本上形成了发展基础好、成长空间大、带动作用强、以渝中半岛为核心的产业集群。但是，相比较而言，其他金融业发展处于弱势地位。另外，重庆金融业总部经济特征不明显，差距大。因此，一方面保持和发展现有银行业的基础，同时促进证券业和保险业机构以及金融中介服务组织向金融核心规划区集聚，形成功能完善的完整金融体系；另一方面重点发展金融业的总部经济，促进大量跨区域银行、证券、保险、信托、投行、担保、中介等机构在金融核心规划区设立地区总部，提高金融业的集聚强度。

（4）确立三条培育途径。其一，银行业的整合提升，主要是突破金融核心规划区银行业优势，开始向金融研发、营销、物流、品牌等方向扩张，形成拥有众多知名品牌，集一流研发、营销、物流等功能于一体的集群化体系；其二，将证券、保险机构升级为规模更大、档次更高的金融企业，成为金融核心区金融业集群的重要组成部分；其三，通过大规模、集群式培育和引进金融中介服务机构，融入金融业集群中，带动金融相关产业或配套服务业的成长。

（5）构筑六大功能平台。重庆市政府培育金融核心功能区，致力于提供高效的金融服务，在金融核心区建立富有活力的多层次、特色化金融服务体系，重点是围绕金融业集群构建金融教育与人才培养、金融研发、金融创新、国际和跨区域融资、金融营销、与金融相关的物流等六大功能平台，促进金融相关要素资源跨部门有序流动和深度整合。另外，金融核心区的功能平台构建要坚持集群原则，集中政策支持和金融资源要素集聚，为形成"核心区＋外围区"组织有序、合作紧密的重庆金融业集群布局结构奠定坚实的基础。集群的金融核心区应发展成为金融知识密集、金融创新能力强、高度国际化、金融生态环境优美、金融基础设施完善的现代化城市新区。

三、优化金融主体结构

金融机构在某一特定区域高密度地集群是发挥金融核心区集聚效应的前提。需要对金融核心规划区的金融机构进行合理布局，促进区域内的金融主体向多元化、纵深化发展。具体设想如下：

（1）整合地方金融机构的资源。培育金融核心区，必须促进金融产业向金融核心规划区集聚。为此，要规划和整合金融资源，通过组建地方金融控股集团来推动金融机构聚集，引导金融控股集团公司总部向金融核心规划区集聚，以提高金融服务功能，同时通过对金融内部资源的分类、整合、调配，实现规模经济。例如，以市场为原则实行跨区县、跨地区的金融机构重组，减少市场运作中的障碍，集中进驻核心金融区，实现金融资源等生产力要素的优化配置和功能互补。

（2）促进金融市场结构的平衡发展。现代市场经济的金融组织体系除了各层次银行、证券、保险机构外，还应该包括众多的信托、担保、租赁等其他金融企业，以弥补常规金融企业不足，完善整个重庆金融组织体系、完备金融服务功能。另外，鉴于重庆作为长江上游地区金融中心目标的确立，要引导证券公司、保险公司以及其他金融机构在长江上游地区的区域总部迁址于重庆。

（3）推动建立全国性银行的跨长江上游地区直属分行。即推动建立起辐射状跨长江上游地区经营的重庆直属分行，同时考虑在重庆设立长江上游地区银行管理总部，以进一步提升重庆金融业的集聚力和辐射力，协调城市、地区分支机构的业务运作，促进重庆金融核心区的发育。

（4）继续提高各类金融机构的层次。提升重庆市法人金融机构、金融机构地区总部和金融机构的地区管理总部的职能和业务辐射范围，吸引更多影响力和辐射力更为强大的高层次金融机构进入重庆，进入金融核心区。

（5）继续吸引外地和外资金融机构的进驻。外资金融机构的多寡是标志一个地区或城市外向型经济发展程度、金融发展水平、金融交易活跃程度的重要指标，要继续采取大量补贴措施来吸引金融机构的进驻，并为这些机构的发展提供尽可能多的配套服务。另外，还要加大金融开放程度，吸引外资金融机构进入，努力实现证券、基金、信托和投资银行等外资金融机构零的突破，完善重庆市金融组织体系。

（6）推进金融企业之间的错位竞争。即在实现金融核心功能区金融业务合理分工与协调的基础上，提倡错位竞争，推动金融核心功能区金融互动合作水平的提高。这包括两个层次的含义：一方面，必须首先明确金融核心功能区的金融体系创新主线，着眼增强金融体系的核心功能和带动辅助功能，将重心放在金融核心区的金融体系整体核心功能的重塑上；另一方面，推动金融企业之间进行错位竞争。错位竞争是金融企业主体基于专业化分工中的相对优势和各自特色而进行的竞争形式，它与趋同式的竞争是相对立的，这种竞争形式是合理分工的体现，也是专业化特色实现的要求，同时对金融产业集群起着有利的导向作用。

四、推动建立有效金融资源共享体系

培育重庆金融核心区，要按照区域经济发展梯度配置人力资源、信息资源、金融资源，以提高资源的使用效率和金融竞争力，并在实现资源互补与信息共享的同时，充分突显核心功能区金融资源综合性优势，实现包括资金流、金融信息流、与金融中心相关的物流、金融人才流、企业流的互通。为此，应该强化长江上游地区政府间的合作关系，实施利益调节机制，搭建资金流、人才流、物资流、信息流的平台，形成全流通局面。其中重点要做好以下几个方面的工作：

（1）强化区域金融合作。金融核心规划区内的金融机构要实现集约化经营，努力实现各金融机构之间、金融机构与重庆大学、西南财经大学等高校之间纵向与横向的金融合作、金融创新、金融产品研发等方面的合作。以金融核心区为中心，按重庆经济社会发展的梯度分配金融服务资源，实现金融核心区内金融机构自身的服务资源、人力资源、资金资源、信息资源得到更经济的分配和有机整合。金融核心区的金融机构内部要以都市经济圈为出发点，形成辐射型的服务体系，就证券公司、保险公司和各商业银行而言，建立起以重庆主城的渝中区、江北区为中心，衔接主城其他各区，覆盖渝西经济走廊和三峡库区生态经济圈的万州、黔江、涪陵等中心城市，面向和辐射长江上游地区各大中城市的城市机构网络，实现金融核心区辐射范围内的金融互动。

（2）进一步提升金融中介机构的功能。金融中介机构是金融组织体系的重要组成部分，有助于促进信息流通，提高金融市场交易效率，弥补银行、证券、保险机构市场功能的不足。因此，要完善和提高核心区内投资咨询、资产评估、拍卖公司、担保公司、信用评估公司等金融中介机构的中介功能，提高金融中介服务水平。

（3）完善交通建设。交通快速可达是金融核心区的必备条件。当前，重庆金融机构分布最为集中的主城渝州半岛以解放碑为中心的 CBD 核心区已粗具规模，并改变过去复合型 CBD 的发展模式，开始进一步向金融倾斜。而隔江相望的江北嘴也正在建设以金融街为载体的又一金融核心区，与渝州半岛形成"H"形态势。基于 CBD 金融核心功能区的积聚和金融业集群共享资源的原理，重庆必须改善渝中区通达渝北区的交通条件，以大大缩短两大区域的时间和空间距离，使两大区域功能上相互补充、相互融合，成为珠联璧合的整体。

第三节　培育金融要素市场的对策

从目前国内金融层次体系来看，与上海、北京等金融中心不同，长江上游地区金融中心集聚和辐射范围是藏、青、陕、川、渝、云、贵、鄂的广大地区，具有鲜明的内陆开放特征，与其他一些城市金融中心定位有质的差异：拥有功能相对完善、规模可观的市场交易中心，金融及相关产业集群特征明显，更重要的是，重庆具备可供支撑纵深发展的二、三级城市。同时，其个性还在于肩负统筹城乡、促进区域协调发展的历史使命，拥有"先行先试"的发展契机。因此，重庆金融要素市场的培育，要契合重庆金融发展的这种特征。

一、确立基于统筹城乡改革需求的金融要素市场培育模式

当前，金融已经成为一个国家、一个地区综合竞争力的重要组成部分，着力培育金融要素市场事关各地经济发展的大局。根据重庆的特殊市情，应当着力培育基于统筹城乡、服务"三农"的金融要素市场，把农村金融要素市场作为重庆金融要素市场体系的一个重要组成部分，加以积极培育和发展。这是加快统筹城乡改革和发展、深入实施西部大开发战略的需要。

二、借力京、沪、深，规划构建金融要素市场体系

善于借力，是一种睿智的表现，可以节省大量的时间、减少许多的失误，从而使事物超常规发展。在国内，京、沪、深三大金融中心已隐然成型，这使得重庆培育金融要素市场、建设长江上游地区金融中心有了很好的借力对象。

（1）北京是中国的金融决策中心和监管中心，总部设在北京的银行几乎在重庆都设有分支机构，两地的金融密不可分。近年来，北京已成为重庆最主要的

内资来源地，是重庆借力的重要对象。培育金融要素市场，需要积极争取来自北京的政策支持，完善重庆的区域性产权交易市场、深入发展电子票据市场、加快发展投资基金业、积极拓展区域性信贷市场。

（2）上海已建设成证券交易所、期货交易所、外汇交易所等，金融要素市场在中国最发达、体系最完备。基于上海和重庆两地的互补性，重庆可策应上海金融体系中某些功能的延伸，如建设三板市场、两地互设金融机构等；也可以重点发展一些不同于上海主流金融要素市场的一些另类要素市场，如土地交易所、小额信贷市场等，与上海互补、互动良性发展。

（3）深圳30年来崛起成为中国区域性金融中心，基金业非常发达，创投资金最为活跃，非常值得重庆学习和借力。更为重要的是，深圳首创的培育金融要素市场、发展金融业的一系列政策措施，给重庆以启发和借鉴，其金融产业的创新更值得效仿。重庆市政府应当根据现实的市情，借鉴和学习深圳，制定相关政策、创新金融体制，为金融要素市场的培育营造良好的环境和条件。

三、完善金融市场体系，推进金融产品创新

在完善金融市场体系方面，要做到以下几个方面：

其一，继续深化开拓货币市场，发展同业拆借市场，推动重庆外汇市场的规模化、市场化、电子化和国际化，推进重庆贴现市场。

其二，促进证券市场的发育成长，改革、完善和有效扩大企业债证券和政府债券的发行，考虑推出企业产权凭证交易，积极探索和稳步推进重庆股票市场交易活动，推动重庆本土企业的上市力度，扩大股票发行量。

其三，推进证券市场的规范化、科学化管理。

其四，深入推进重庆离岸金融业务的发展和离岸金融市场的建设，推进重庆金融业的国际化。

在推进金融产品创新方面，应集中注意以下四个方面：

其一，同步促进基础金融产品与结构化产品的市场创新，因为，远期、期权、期货、掉期这些基础性产品的缺乏，严重影响了衍生品创新的深度，而证券化产品创新不足也制约了金融效率。

其二，深入推进资本市场产品创新，促进基于银行资产负债表的产品创新。

其三，与北京、上海、深圳等国内金融发达城市一道，积极参与推进人民币产品的创新，掌握本币产品的定价权。

其四，推动金融市场产品创新，在规范已推出金融产品的同时，加大债券市场产品和金融衍生产品的开发力度，强化开展资产支持证券、债券借贷业务、利率互换、金融衍生产品等新产品的基础性研究，并解决好创新产品的后续发展问题。

当然，金融创新也必须更多强调防范风险：

其一，金融产品创新要从实体经济发展的需要出发，侧重于满足真实融资需求。

其二，树立稳健的创新原则，坚持银行体系和资本市场之间跨业创新产品需保留必要的防火墙，完善金融产品创新的风险管理体系，对金融产品从设计、发放、销售、客户管理等整个生命周期进行持续的评估与检查。

其三，确立合理的金融工具创新路径和节奏，确保金融机构的风险管理和监控体系的改进能够与金融创新和金融市场变革相匹配。

四、推动重庆市产权交易市场的改革与发展

其一，建立市场规范体系。针对部分国有、集体企业对产权进场交易认识不足、产权交易行为不够规范等问题，完善交易规范的细则，加大交易管理力度。

其二，拓展市场功能。在进行传统的产权和技术权益交易的同时，推出非公有制企业的产权转让、非上市公司的股权转让、企业股权托管等交易品种，为各类资本的进入和退出提供信息和交易平台，为以产权为标的物的期权交易等衍生金融产品交易的有效健康发展创造条件。

其三，理顺重庆产权交易市场的管理关系，继续做好产权交易所和土地交易所等产权交易市场，让产权交易所真正做到市场化、公司化、功能多元化经营，从服务于建设长江上游地区金融中心的需要来扩充交易品种和交易工具，使之成为推动区域资源互补、优化配置的重要手段。

其四，延伸市场区域，以 OTC 市场、畜产品远期交易市场、农村土地交易所以及重庆联合产权交易所为依托，积极探索建立石油期货交易市场，推动石油现货交易和期货交易后现货交易转口点的建设，并通过战略联盟或股权合作向周

边地区辐射，形成覆盖长江上游地区的统一的产权大市场，并积极向西部其他地区延伸，促进西三角产权交易统一市场的逐步形成。

其五，扩大与国际有关市场的沟通渠道，将其建设成为立足重庆、辐射西南、覆盖整个长江上游地区的大型产权交易市场。

五、强化重庆在长江上游地区的票据中心地位

通过商业信用缓解企业短期资金不足问题的票据市场，历来是发达国家金融体系的重要支柱，票据业务业已成为各大商业银行、各大金融机构之间的竞争焦点。当前重庆票据市场发展的广度和深度已超过了周边省份，在西部处于优势地位，已初步奠定了重庆作为区域性票据中心的地位。因此，重庆应该将票据市场作为构建金融中心的一个重要支撑点，并大力推进如下方面：

其一，增加票据业务品种和交易方式，强化对票据承兑、贴现、转贴现、再贴现等业务的专业化操作，提高票据交易的运行效率。

其二，进一步健全票据电子备案系统和银行票据跨地区同城结算系统以及大额实时支付系统等基础设施建设，并将整个长江上游地区纳入重庆同城票据交换网络，解决长江上游地区企业流动性不足的问题，强化对周边地区的辐射力。

其三，开拓票据业务，既包括银行承兑汇票和商业承兑汇票的签发、转让、贴现、转贴现和再贴现，又包括融资性票据业务，对接和连通货币市场与资本市场。

其四，定期公布票据供求和风险分析信息，完善票据市场体系建设，优化商业汇票运行环境。

六、推动农村金融要素市场的发展

培育、打造重庆农村金融要素市场，要做好以下几个方面的工作：

其一，围绕本书所揭示的农村金融要素市场体系图，重点在选择合理的农村信贷市场的供求模式、建立多层次的农村保险和担保市场、探索农村土地流转市场的新型机制以及构建农村期货交易市场等上面做文章。

其二，通过各种行政手段鼓励现有的金融机构到区县设立网点，大力发展农村新型金融机构，继续完善村镇银行和小额贷款公司的试点工作，行政与市场同

步进行来着力解决金融机构的风险和收益平衡问题。

其三，借鉴尤努斯的格莱珉银行运作模式，继续开展金融机构下乡，探索多种入股方式，最终建立起治理结构完备的村镇银行和农村小额贷款公司。

其四，加大在农业生产的规模化、集约化经营，农村劳务输出经济，农村土地流转改革，农村特色农业、生态农业及旅游观光农业开发，以及农村基础设施建设等方面的信贷投入力度，打造能够促进这些农村建设目标实现的金融要素市场。

其五，创新农村贷款品种，增加包括农村土地承包经营权抵押贷款、农业社会服务化集体经济组织贷款、农业基础设施贷款、农村大户经济及规模经营贷款等在内的信贷业务新品种，推动有助于增加这些农村金融产品的市场体系建设。

其六，在有条件的乡镇建立投资理财中心，为农民提供理财服务并提示风险（李湉湉，2008）。

七、推动金融要素市场的技术升级

一个金融中心市场的特征，不仅要有完善的服务功能，还要有足够的承受能力。建设长江上游地区金融中心，必须借力技术创新，使金融要素市场进一步提升技术能级。为此，重庆需要进一步促进产权交易等金融要素市场的交易系统技术能级提升，推动交易数量、交易品种、交易效率的提升和异地产权交易场所的扩大，为今后更多期货品种的推出、更多市场参与主体的加入提供技术支持，并助推重庆金融要素市场集聚效应不断增强。

第四节　推进金融生态建设的工作重点

对重庆金融生态体系的改善，需要全方面、多角度地进行。例如，改善金融的法治环境和信用环境，营造法治公平、诚信稳定、竞争充分的外部环境；加强金融基础设施建设等。但是，除了这些一般性的建设措施外，重庆金融生态建设的工作重点还包括以下六个方面。

一、改善重庆农村金融生态

改善农村金融生态环境，重构农村金融体系，为新农村建设提供强有力的金融支持对于重庆加快建成城乡统筹发展、推进重庆统筹城乡综合配套改革试验具有重大意义。

（1）放开对农村民间非正规金融（包括各种形式的基金会、民间借贷）的限制，承认农村非正规金融的合法地位，加强监督与制度规范。这一点上应由重庆政府引导，让农村的民间借贷浮出水面，然后逐步将其纳入金融监管的范畴中去。这样做不仅将直接扩大针对"三农"的金融服务供给，而且由于更多的金融机构加入农村金融市场，将形成不同金融机构、组织之间的良性竞争，从而改善农村金融机构提供金融服务的质量。

（2）对重庆银行和重庆农村商业银行进行拆分重组，并在条件成熟时，在保障现有股东和员工利益、充分尊重员工意见和需求以及保证国有资产不流失的前提下，允许民营资本进入。这样可以充分利用原重庆银行或重庆农村商业银行的人员、技术和网络优势，迅速建立起一个以农村中小金融机构为主体的、竞争性的金融网络。这一步的关键在于重庆农村商业银行应担负起农村金融生态建设的主力，不仅要理顺自己的产权制度，完善财务制度，创新信贷制度，提升竞争能力，还要很好地响应政府有关新农村建设的宏观调控政策，同时为民间资本树立榜样。

（3）考虑在放开民间金融的同时改革农村储蓄机构。农村邮政储蓄机构可存可贷，既可以形成农村金融的竞争局面，又不致加剧农村资金流向的"非农化"。

（4）大力发展村镇银行，明确"广大农村居民为消费者"和"服务于统筹城乡改革与发展"的市场定位以及服务于"三农"需求的产品定位，基于营利性要求寻求合适的村镇银行运营模式。

（5）在自愿基础上鼓励和发展各种农村组织和协会，包括广义上的各种经济组织（协会）以及狭义上的金融合作组织。这不仅可以有效地解决分散的农户缺乏贷款抵押品、以往贷款资信历史记录缺乏等缺陷，也可以极大地提高农户在争取贷款过程中面对金融机构的谈判能力。

二、强化中小型民营经济的金融支持

随着重庆市国有企业产权改革的深入，民营经济扩大化已成趋势。但是目前来看，商业银行特别是国有商业银行对民营经济的支持在质和量方面都是极其有限的，与国有经济所获取支持相比，民营企业存在着质和量上的明显差距，且金融机构对民营企业的贷款主要是短期流动资金贷款、中长期贷款较少。因此，如何满足民营经济对资本的巨大需求，来有效填补政府积极财政淡出后的投资空间，从而带动投资的可持续发展，是改善重庆金融生态环境的重要内容。

其一，规范非正规金融中介机构，将民间借贷引入合法轨道是一种有效的方法。将民间借贷合法化的途径之一是创办民营银行，专门吸纳民间闲散资金，为中小民营企业提供贷款。当然，民营企业从设置、制度到金融业务的运行都与商业银行有很大区别，在这一点上可以向我国闽南、江浙一带学习。闽南、江浙一带由于长期缺少大企业、大项目，从各种渠道争取的国家部委投资也很少，客观上形成了"弱政府控制"的自组织市场经济形式的试验场，在吸引外资、筹集民间资金方面有丰富经验。浙江省以民营经济为主体的发展模式更能促进金融的市场化。例如，一家浙江台州经营业绩很好的民营银行，他们的工作方式很特别，他们认为小企业的贷款跟大企业的贷款有很大不同。小企业财务不健全、不透明，很难用正常的方式来了解他的财务。所以他们贷款不需要任何报表，只需营业执照，然后，银行就自己去考察，如通过小企业的客户介绍，向他的邻居、合作伙伴了解情况，再加上对他的产品前景的预期，最后是考察他在银行的现金流状况。不同的企业，就有不同的金融机构、不同的信用形式、不同信贷政策、不同管理方法、不同治理方法。

其二，强化中小型企业信用担保体系建设。信用担保是重庆中小企业金融生态环境建设的现实选择。信用担保业在国际上已经走过百余年的发展历程，现在全球 100 多个国家建立了政策性信用担保体系，尤以日本、韩国、中国台湾为代表，作为弥补市场缺陷、调节资源分配、维护社会公正、推动经济发展和促进对外贸易发展的工具之一；同时商业性担保机构主要集中在美国和欧洲，也在市场中找到了适合自身发展的领域，展现出强大的发展活力，逐渐成为现代信用担保业务发展的核心力量。重庆在建设长江上游地区金融中心过程中，也需要构建多层次的中小企业信用担保体系，解决中小型民营经济"融资难"问题，改善中小型企业的金融生态环境。

三、大力发展中介服务机构，完善金融业行业协会的建设

其一，积极发展、完善和建设好会计师事务所、律师事务所、社会审计机构等基础性市场中介服务机构，大力建设与金融业务密切相关的企业贷款担保机构、资信评估机构、风险投资服务中介体系，继续完善和发展证券投资咨询、保险经纪、代理专业理财服务等机构，推动中介服务机构的市场化、规范化和独立性运作。

其二，完善金融业行业协会，学会自身的建设，有效发挥其信息沟通、利益表达、监督制衡和弱化矛盾的作用。重庆市经济学会、重庆市金融学会、重庆市中小企业金融服务促进会以及重庆市银行业协会、重庆市保险行业协会、重庆市证券期货业协会、重庆市科技创业投资协会等金融行业组织，在政府、经济实体和金融企业之间起到了沟通和平衡作用。要重视中小型金融机构的呼声和利益，加强金融业行业协会外部运行和内部的管理与治理，提高从业人员职业操守，摒弃投机等非法行为。

四、优化重庆房地产业的金融支持环境

重庆房地产业进入快速发展期，为重庆经济的持续、快速、协调、健康发展作出了积极的贡献。但同时我们要警惕房地产业的超常或冒进发展将对金融带来破坏的风险。长期以来，我国房地产业的融资渠道单一，银行体系支撑着我国房地产业金融。房地产的高回报，使许多银行在贷款的实际操作过程中违反有关规定，向开发商发放大量贷款。大量的资金涌向房地产市场，又缺乏必要的风险控制意识和手段，从而使许多开发商拥有少量的资金就可以从事项目开发，造成过度开发。各种投机行为越演越烈，不断堆积金融风险，给泡沫的产生埋下了隐患。华南地区各城市作为率先经济开发地区，在金融生态上没有表现出与其经济发展水平相称的优势，很大原因就是当地的金融风险大多与房地产业有着千丝万缕的联系。目前重庆市房地产开发贷款在金融贷款中占有相当大的比例，所以需

要更加注意吸取华南地区的教训。

　　重庆可以从以下几点来有效地防控房地产泡沫的产生：一是建立房地产业正常发展所需要的法律基础和制度环境来保障房地产金融政策的贯彻和房地产金融的健康发展；二是发展多元化房地产金融支持，除了各大商业银行外，要大力发展专业政策性房地产金融机构和房地产贷款担保中介机构；三是积极完善房地产金融一级市场，构建二级市场；四是商业银行立足于市场和消费者，创新房地产抵押贷款工具，推进房地产抵押贷款证券化。

五、构建长江上游地区人才集聚高地

　　金融业集群具有金融创新活力，其活力来源于地方金融文化中所蕴涵的企业家精神，来源于有利于金融机构参与竞争与合作的金融相关制度和社会结构。因此，优化金融环境，催化金融业集群，需要建设金融文化。金融文化的建设，首先要突出诚信文化建设，培育金融消费者文化，大力开展中小投资者信用教育，普及金融知识，提高公众的金融意识和金融能力，营造良好的舆论氛围。其次，要建设生态文化，强化公园、滨江、休闲度假等自然生态环境建设。再次，就是建设人文文化，强化重庆大剧院、重庆科技馆、重庆曲艺馆、重庆文化艺术中心等人文基础公共服务设施的建设，吸引中高端金融人才。最后，就是要建设公共消费文化，引进国际顶级品牌进驻，打造时尚，形成时尚消费文化。

　　此外，对重庆来说，目前最重要的任务是聚集金融人才，建设自己的金融人才队伍，包括一支以优秀金融企业家为代表的金融领军人才队伍、一支以高层次人才为核心的金融专业人才队伍和一支以高技能人才为骨干的高素质金融员工队伍，这三支优秀队伍出现，才有可能使重庆真正成为一个真正的金融人才高地。当然，要造就这样的队伍，就要大力推动金融人才积聚的政策法规，深化人事制度改革，创造人才脱颖而出的制度环境。首先可以为金融企业家创造一个要整合市级政策研究部门、金融管理部门、在渝金融机构、大专院校等金融领域的智力资源，组建重庆市金融专家咨询委员会，为重庆市金融业发展和长江上游地区金融中心建设出谋划策，为市委、市政府的相关重大决策提供咨询，使金融专家人才队伍真正地将所学用于实践。鼓励大专院校设立金融专业，加强金融从业人员的继续教育，建立金融业人力资源开发的长效机制，着力引进和培养一批既懂金融经济理论，又具投融资、精算、核保核赔、法律等跨专业知识，且兼备企业资本国际化运作经验的专门人才，为企业输送高素质金融员工队伍。

六、强化金融硬件和软件的双重建设

金融业集群的形成和金融要素市场的培育，必须努力改善金融生态环境，推进金融基础设施的硬件建设和提高金融服务水平、职业素质等软环境建设。金融基础设施包括信息网络和办公条件、信息化服务平台、国际化财务会计管理制度，以及充分适应 WTO 框架体系的金融法律体系，必须强化这些软硬件基础设施的建设。金融中心大量的资金供给，优越便捷的地理位置，先进的通信设施和发达的配套服务业，开放自由的经济体系、规则和谨慎的监管，政府优惠灵活的财政货币政策，健全且有效的风险预警、处理和化解机制，以及良好的服务水平和从业素质，是金融业集群、建立发达的金融要素市场以及推动金融机构发展壮大的基础。

第五节　建立金融控股集团内相机监管机制的对策

公司治理存在着正规和非正规两种类型的制度安排（North，1990），或者按照费孝通（1985，1986）的区分，称之为"事实上的体制和法定的体制"。在金融控股集团中，法定体制是基于股权关系形成的，而事实体制或非正规制度是建立于在同一集团体系内长期形成的业务流程、共同的企业文化、行为惯例以及相对固定的人际关系，集团内成员间相互的行为后果是可以预测的，这为人际关系合约（Jagannathan，1987）有效执行提供了可能。根据前述控制权配置模型分析结论，在实践中，金融控股集团母公司对子公司的相机监管或控制权的行使可以通过多种方式达成，法定体制通常依赖事实体制来取得协同效应和实现集团化控制。

一、产业资本与金融资本的有机结合

通过金融控股集团，促进产业资本与金融资本更加紧密结合，突出长江上游地区金融中心特色。基于重庆统筹城乡产业资本对金融资本的特色需求，两种资本的结合可以基于以下四种形式通过金融控股集团来实现：通过建立和发展产业投资基金，促进金融资本向产业资本转化；通过股权交叉销售，推进产业资本与金融资本的融合；通过产业资本或金融资本进入对方资本中，以控股方式实现融合；以股权合作方式构建长江上游地区金融中心投资公司，整合和运营长江上游地区金融资本，促进与产业资本的融合。

二、作为大股东的监管权及法律路径

产业资本和金融资本的有机融合，成功的关键在于完善金融控股集团的公司治理机制。在金融控股集团中，控股母公司最基本的角色是股东，母公司基于对成员企业掌握的股权，可以行使公司法规定的股东权。我国公司法规定的股东权可以分为自益权与共益权。其中自益权是股东为自己的利益而行使的权利，如股份转让权、利益分配请求权、剩余财产请求权和新股认受请求权等，这是为保障股东从公司直接取得经济利益而设的；共益权是股东为自己利益的同时，兼为公司利益而行使的权利，如通过其派出代表所行使的表决权、建议质询权、查阅会计文件权等，这是为保障股东对公司运营状况的知情权而设的。

法定体制所赋予的控制权，对于所有金融控股集团或大股东来讲，都是按照公司法等制度规定来履行，是一种刚性的基本权利。金融控股集团母公司依托子公司唯一的或最大的股东的地位，得以依法直接取得或依表决程序间接取得子公司的重大问题决定权。这一机制的外化，即表现为母公司按照自己的意志相机决定子公司的经营方针和投资计划，选举和更换由股东代表出任的董事或监事，对子公司重大事项作出决议等。

三、作为母公司的控制权及事实体制路径

事实体制所赋予的控制权，在不同的集团公司，其实现路径是完全不同

的，是一种弹性的相机控制权。与一般的大股东相比，金融控股集团母公司的控制权配置优势在于它是不仅基于法律而且基于事实体制及业务流程角度实施控制，这是金融控股集团母公司对子公司相机控制的重要动态调整路径。金融控股集团母公司对子公司基于事实体制的主要控制路径有以下几种。

（一）通过业务流程控制实现对公司业务的一体化控制管理

业务流程控制是金融控股集团独有的控制手段，也正是依赖这种业务流程控制的事实体制，金融控股集团取得协同效应，实现集团控制和一体化管理。以金融控股集团母公司对银行、证券、保险子公司的控制为例，可以观察到控制性股东通过业务流程控制子公司的显著事实。《欧盟金融集团监管指引》明确规定"金融集团经常是以业务流程为基础而不是以集团的法律结构进行管理的，考虑到这方面的发展，对管理的要求需要进行扩展"。近年来，最典型的金融业务流程控制表现开始为越来越多的金融控股集团所接受的事业部运营模式，如花旗集团、荷兰 ING、德意志银行等，由以产品种类来划分业务过渡到以客户为中心来整合产品线、划分业务模块；在各业务单元成为利润中心的同时，战略控制、风险控制、资本运作、资金控制更多地立足于整个集团层次。有金融专家提到，据统计，在金融控股集团中，母公司不参与经营，80% 都会失败。极端的，花旗集团董事会与花旗银行董事会甚至是重叠的领导集体。花旗集团通过三个条线实现对金融子公司的流程控制：

（1）业务条线。主要以 UB 模式通过业务流程管理实现控制。以客户为中心来整合产品线、划分业务模块，从而形成一种客户导向型的结构安排。其目的是为了更好地满足不同客户的不同需求，及时把握现实供求状况的变动，用灵活性和主动性来占领市场，谋求公司的长远发展。资本运营、资金管理等也主要集中在母公司，母公司通过资本运营，不断优化资源配置及扩展销售渠道，从而提高整个公司的协同效应。

（2）风险条线。主要通过预算、风险、审计稽核的垂直管理实现控制。在金融控股集团的模式下，银行、证券、保险相互融合，在对各业务单元风险进行风险控制的同时，更多地立足于整个集团层次，全面监控整体风险，致力于在可控的、合意的风险水平下实现企业价值的最大化。从花旗集团风险管理的实际操作看，风险管理和审计稽核职能基本上实现了整个集团的整合，并实施垂直一体化的管理模式。这种模式的特点在于业务、风险管理、审计稽核三条线的独立，使风险管理和审计稽核独立于经营系统，直接向母公司风险管理部门负责。

（3）支持保障条线。主要通过统一战略、统一 IT 平台、统一人力资源管理等实现控制。从花旗情况看，战略、品牌、资金、IT 平台等，都是集中管理模式。如财务集中管理模式：报账中心模式、结算中心和内部银行模式以及财务公司模式。花旗集团亚太所有子公司的资金结算及管理都集中在中国香港结算中心，而汇丰也在上海建立了结算中心，中国内地所有业务都集中在这个中心办理。

同样地，在基于产品链、供应链或业务流关系而建立的工业企业集团或其他企业集团，如沃尔玛、中石油、中国一汽等大型金融控股集团内部，都可以观察到显著的事实体制控制路径。进一步地，在中国现实国有资产监管条件下，过渡的事业部模式可能是实现国有控股公司控制权动态配置的较好选择：事业部模式和子公司并存，子公司保持独立法人地位，承担法律意义上的角色，事业部承担业务上的角色。

（二）通过契约关系取得金融控股集团子公司的经营管理权

基于金融控股集团母公司的强势地位，通过契约来规定母公司受托管理的法定体制行为。契约协议与资本渗入并不排斥，契约可以依法签订或解除，因此在时间上可以是长期的，也可以是短期的。例如，金融监管当局为维护金融企业的稳定，对经营不善的金融企业常常委托强势金融控股集团进行托管重组，但这并不是金融控股集团母公司控制权行使的常态。

（三）党的系统垂直管理体制是国有金融控股集团母公司对子公司控制的重要路径

以金融企业为例，中国的工行、农行、中行、建行、交行、光大集团、中信集团、人保集团等 10 家全国最大控股子公司都是实行党的垂直管理体制，党管重大事项决策，党管干部，党管人才，一般党委书记兼董事长，党委会与董事会成员交叉任职，党委会居于控制的强势地位。尽管实践中也注意按照公司治理的要求履行必要程序，这条控制线在中国国有金融控股集团中也起到"实质控制"作用。例如，由于国有金融控股集团拥有中央赋予的干部垂直管理权力，可以超越股权比例限制掌握金融控股集团子公司的董监事、高管以及重要人事的任免，实现对金融控股集团子公司的相机治理权和相机控制权。以中信集团为例：为强化集团的绝对权威，中信集团党委会和董事会关系是人员完全重合。中信集团党委会和金融子公司董事会的关系是：中信集团母公司派出董事、监事和管理人员必须把党委会的意图和决策贯彻落实到投资企业的经营活动中。全资企业集团直接发文；股份公司则发文到派出董事长或董事，由派出董事长或董事在其董事会中履行必要的法律程序，组织安排实施，确保贯彻集团意图。比如，对股份制投资企业的班子领导任免，根据集团党委决定，经由派出董事推荐提名，最后由董事会表决通过。

四、金融控股集团母公司的监管功能定位及权利边界

（一）监管功能定位

按照金融控股集团的基本含义，从前述控制权配置的理论分析结论出发，可以将金融控股集团母公司对子公司的监管功能定位界定为以下五个方面：战略管理、资源配置、风险控制、业务协同和重要人事管理。

（1）战略管理。实现动态及相机的控制权配置，意味着控股母公司要对集团发展战略及发展规划的制定、实施、监督、调整和实现等全过程实行统筹管理、跟踪和评价，并对金融控股集团母公司各职能部门和各所属公司贯彻落实集团发展战略及发展规划的各项工作进行指导、检查和监督。

（2）资源配置。金融控股集团的核心资源是资金、资本和人才。作为决策中心的金融控股集团的母公司，一方面，通过发现产品或业务领域的发展机遇，由母公司来整合配置资源（包括人力资源）进行金融控股集团子公司所不能承担的新业务投资，通过资本进入或退出机制，引领各所属公司乃至整个集团的发展；另一方面，借助对所属公司的项目投资，获得所有者资格和相机控制权，根据金融控股集团子公司的实际发展绩效、运营状况以及金融控股集团子公司经营者的能力、努力程度等是否适应控股子公司的发展要求而动态配置资源。

（3）风险控制。在风险理念上，要把集团的风险偏好作为风险管理的灵魂

和基因，把董事会确定的风险容忍度贯彻到子公司经营管理中去。相机建立具体业务（或产品）、子公司和控股公司的多层风险控制体系，灵活采用预算控制和财务总监委派制等有效方式，将关联交易风险、多重财务杠杆风险和利害背反风险作为监控重点。

（4）业务协同。金融控股集团最大的优势在于协同效应。通过集团内部资源整合，推进金融企业合作，打造集团统一的研究平台、信息平台和监管平台，创新交叉产品，提升综合经营品牌效应，实现金融控股集团的规模经济和协同效应。

（5）重要人事管理。金融控股集团母公司掌握或在一定程度上掌握对成员企业人事的相机决定权，通过对人的控制将集团的意志和决策意向贯彻到所属公司。根据模型的分析结论，在实际操作中，可以把金融控股集团母公司的高层管理人员或其他职员派到成员企业担任董事、监事。成员企业董监人员双重的身份，使得金融控股集团公司可以比较直接地向其发布指令，并形成成员企业的有效约束，从而使监管更有力度。

（二）权利边界

实现控制权的动态配置，要求金融控股集团母公司要注意区分全资、控股、参股企业的不同性质，实行不同的限制性要求。当然，金融控股集团母公司的监管也有个法定边界，原因是金融控股集团利益最大化并不总是与单一子公司利益最大化相一致，在具体问题上可能会有激烈的冲突。控股子公司利益受损，意味着作为大股东的金融控股集团母公司也受损。如此一来，受到实质损害的是子公司的小股东，进而是子公司的债权人和其他利益相关者。国外已经发展起了比较完备的对小股东和公司债权人的救济方法，如对股东课以诚信义务、公司法人否认制度等。

具体到国有金融控股集团，保护中小股东、债权人等利益相关者的核心和关键是要对控制性股东建立相应的控制权对价的责任机制或制衡机制（潘东，2007）。因此，作为控制权的对价或补偿，需谨慎突破有限责任，建立控制性股东对子公司的加重责任制度：

其一，通过法律、制度和准则等来规范控制性股东行为，建立有效监管体系；

其二，通过行政执法或赋予利益相关者诉讼权，以事后的惩罚给当事人施加威胁；

其三，通过强制信息披露制度保证公司披露信息及时、真实、准确，以社会舆论及声誉等施加威胁或激励。

基于此，预防控制性股东强权的关键是从维持资本责任、控制权和实际控制人的信息披露制度、控制性股东债权的衡平居次机制和不得抵消规则、确立保护公司其他股东利益的规则等方面来思考在重庆建立对控制性股东的加重责任制度，需要进一步修改并完善这些相应的制度。

五、完善股票期权激励制度，强化对金融机构高级经理人员的监管

经理人员股票期权激励约束制度的有效实施，必须要有良好的股票期权方案设计，并强化实施过程中的有效监督，同时，还要改善社会主义市场经济秩序，完善行政管理体制，建立健全股票市场，并确保各类中介机构能够公正审核、金融机构有良好的信息披露。因此，在未来深化金融机构（银行金融机构、非银行金融机构、金融控股公司等金融企业）的公司治理机制建设的过程中，一方面，要强化对金融公司高级经理人员（高层管理人员）的股票期权长期激励机制；另一方面也要强化对金融公司高层管理人员的监管，尤其需要建立长期的损失责任追究制度。

第十八章

政 策 建 议

一、把建设长江上游地区金融中心纳入国家发展规划

2009年1月26日，中央政府在《国务院关于推进重庆市统筹城乡改革和发展的若干意见》（国发〔2009〕3号）中明确在重庆建设长江上游地区金融中心，表明重庆长江上游地区金融中心建设也已上升为国家战略。为此，还需进一步将长江上游地区金融中心建设纳入国家的"十二五"规划，并作为深入实施西部大开发区域发展战略的重要内容，通过区域金融中心建设助推西部地区经济振兴和社会发展。长江上游地区金融中心建设应以我国西部地区金融中心为总体目标，以重庆金融体系为重要平台，逐步建立起立足重庆、依托西南、面向长江上游地区、辐射西部的开放型、高效率的金融市场体系。

二、规范政府公共行政行为，提升政府公共服务能力

在当今社会，政府行政体系与市场体系成为控制社会、影响社会的最大的两股力量。理论研究和实践经验表明，政府公共行政在创造和提升金融竞争优势方面具有不可替代的作用。在以长江上游地区金融中心构建为目标的金融业集群发展和金融要素市场培育中，地方政府监管制度和政策支持起着至关重要的引导作用。一个民主的、负责任的、有能力的、高效率的、透明的行政管理体系，对区域金融体系的构建和金融中心建设都是不可或缺的。但是，金融中心的形成和发展毕竟是一个逐步积累的自然历史过程，归根结底是一种市场行为，需要依靠市场。因此，长江上游地区金融中心建设，必须充分尊重这种市场规律，合理

运用政府行为，提升政府公共服务能力。如果忽略市场的力量，不顾产业集群主要是市场自发或市场领导的自然结果这一基本事实，将是产业集群的最大危害。

其一，强化市场观念。重庆市政府的金融业集群政策实际上是对市场的一种合理干预。金融业集群在发展的萌芽期，往往层次较低，金融本地化或根植性不强，技术进步的动力不足，难以产生持久的产业收益，这时需要政府的引导和介入。但是，政府支持应该是在市场主导作用下的适度介入，即政府对市场的作用更多地体现在建立市场秩序上，而不是对市场微观主体的直接干预上。因为真正能决定金融服务业产业集群过程的是金融市场及其微观主体，作为直接的经营者，金融机构对重庆市金融资源禀赋、金融业市场状况最为了解，作为微观主体的金融企业竭尽全力地作出有限理性下的最优选择。而作为宏观管理者的政府无法完全获得相关的微观信息，同时，政府的任期制度和不完善的政绩考察制度，可能使政府更具机会主义倾向，政府行为的过度介入，可能容易导致寻租事件的发生。

其二，发挥政府在金融业集群中的催化作用。政府不应该创立产业集群，而应该是催化一个产业集群的孕育和诞生，即：政府是作为一个催化剂和中介的角色去创造条件，增进各行为主体间的联系和互动，为金融业产业集聚和金融创新过程提供支持和政策激励。此外，政府不但要关注典型的或现存的金融业集群，而且要重视与扶持小的、新兴的、与金融业相关的其他集群。

其三，明确政府公共行政范围。必须明确的是，政府在长江上游地区金融中心建设中的地位和作用是在市场制度规则设立、产权制度保护、市场合约保证履行及保护投资者财富不受到掠夺基础上，提供那些由于市场失灵而缺乏的公共产品；创造金融合作网络鼓励金融企业和其他机构之间对话；促进专业化产业的区域集体营销；为金融企业提供诸如投入品、营销和设计等地方服务；吸引投资者和商业（Martin and Sunley，2003）。同时，规范政府行为和改善政府对金融业调控的方法和手段，重点在金融规则、金融基础设施、消除金融协作行动的障碍等方面创造有助于金融企业发展的一般性框架条件和有助于金融业集群发展的特殊性框架条件。

其四，强化地方政府介入的有效性。政府既是市场的推动者、扶植者，也是市场的监管者。重庆建设长江上游地区金融中心，地方政府力量的介入不可避免地也非常必要，这里面关键是把握一个"度"的问题和有效性问题。在建设长江上游地区金融中心过程中，如前所述，重庆市政府的作用是规划，制定政策和加强协调，实行政府培育，但微观的金融市场主体（金融企业或金融组织）本身更要唱主角。目前，重庆市各级政府职能部门对推动重庆金融发展存在着政府介入的强度有余而有效性不足这一基本矛盾，对市场发展和行政干预的度把握不好。为此，地方政府也要不断提高执政能力和市场管理水平。

其五，严格规范行政权力，防止权力、金融资本和金融资源的垄断性结合。权力、资本和资源的结合不仅滋生腐败，还会导致权贵利益集团粗暴地垄断经济增长成果，放肆地侵占中小企业（包括其他中小型金融机构、草根金融）、平民百姓的利益，容易爆发社会矛盾和金融风险，进而侵蚀已有的长江上游地区金融中心建设成果，妨碍未来金融中心建设目标与任务的实现。

三、完善重庆金融业集群的政策框架

推动长江上游地区金融中心的金融业集群，需要打造一套完整的政策框架体系，包括政策目标、政策工具、政策制定与执行以及政策效果评估等内容。这些集群政策的推行，有助于消除金融业集群发展的障碍或制度限制，解除原有金融政策对竞争的限制等问题。也就是，重庆促进金融业集群发展，所推出的政策体系将用于着力解决金融业集群中的市场失灵和系统失灵，优化集群动力机制以及改善集群环境。这里，市场失灵很好理解，而所谓系统失灵，是指相互关联的机构、组织或交易规则之间出现不协调等组织制度设计上的缺陷，以致不能为技术创新提供有效的激励，或者系统的技术能力与需求不匹配。在罗兰迪（Roelandt et al.，2000）关于促进企业与区域创新的集群政策工具基础上，表18.1设计了促进重庆金融创新的集群政策工具，以促进长江上游地区金融企业和区域的创新。

不过，正如前所述，考虑到金融机构、金融公司是金融业集群发展的根本所在，政府公共部门只是产业集群的催化剂，相关集群政策工具运用的重点应放在为有潜在服务需要的金融机构、金融要素市场提供尽可能完善的服务，提供金融信息，建立合作交流的渠道和对话的平台。

表 18.1 促进金融创新的金融业集群政策工具

支持对象	为金融创新投入资源	培养金融企业的创新行为
面向企业	为高层次雇佣人员提供津贴	为雇佣创新管理人员提供津贴
	传统的金融创新研发津贴或贷款	为提高本土金融企业竞争力的贷款
	金融基础设施硬件方面的支持	金融基础设施软件方面的支持
	技术中心	金融创新中心
	技术、金融信息共享、交换、转移机构	提供技术、金融信息、经济情报
面向区域	金融产业研究动态规划	促进金融中介机构的发展
	促使金融机构合作的安排	金融业集群的政策规划
	为金融产品研发的项目合作提供贷款	为金融机构之间的国际联系提供支持
	为使用商业设施提供津贴	制定地区战略规划
	面向用户的合作创新基地	创新文化培养的计划

这就意味着，金融业集群政策执行的落脚点是地方政府在集群发展中所扮演的角色。根据前面的研究，催化长江上游地区金融中心金融业集群，重庆市政府和中央驻地方金融监管机构应该做的是：规划一个富有前瞻性的经济前景，指导金融业集群的形成和发展；进一步改善市场环境，创造一个鼓励金融创新和升级的氛围；提供支撑性的基础设施；建立一个稳定的、可预见的经济政治环境和具有动态比较优势的制度；提供正式和非正式的知识交流场所，推动公共机构培育以及与产业界的联系；创造一套有效的激励约束机制来消除金融创新中的各种失灵问题；强化总部经济导向，提供促进金融集群成长的公共服务等。

四、完善制度化的政策和法律环境，强化道德体系建设

现代股票市场、债券市场、基金市场等，是伴随着现代法治制度发展起来的。也就是说，没有支持陌生人之间交易的现代商法、合同法、证券法等方面的发展，没有良好的道德体系，就不会有今天我们熟悉的那些外部化了的金融证券市场；反之，金融证券交易在陌生人之间的深化进程，也带来了更多、更深层次的法治和道德要求，促进了后者的演变。当然，在这个意义上，人际间金融交易范围的不同，对社会的文化价值体系、对正式与非正式制度的要求也会不同。显然，创造适宜的制度环境，引导金融市场和民间金融组织健康发展，防止权力、金融资本和金融资源的垄断性结合，是健全重庆区域金融组织体系、市场体系和监管制度体系的重要内容。

总而言之，一套健全而不失灵活的法律制度，独立有效的、确保公平交易的

司法体系，以及良好的责任、道德体系，都是金融中心最坚实的制度保障，否则，在法律道德缺失背景下的"拔苗助长"，难以真正形成能承受经济周期考验、被国际国内资本认可的金融中心。

五、推动多元化金融机构体系的形成

其一，倾力打造重庆渝中半岛核心金融区，重庆市政府要引导主城区金融机构向渝中半岛、江北城相对集中布局，逐步形成功能齐全、与国际接轨、辐射能力强的中央商务核心金融区。

其二，加强金融业务创新、管理创新、服务创新、产权改革的政策支持力度和公共服务，促进金融企业不断扩大规模，提高抗风险能力和市场竞争力，重庆市要给予资金、政策等方面的支持，做强做大本土金融机构，使之成为建设长江上游地区金融中心的龙头企业。

其三，实现金融机构的相关多元化发展，推动实施兼并重组，开展跨区经营，引导商业银行向区域银行、跨区域性银行和全国性银行发展，在逐步理顺内部机制前提下成为上市银行，同时着力实施以提升金融竞争力为核心的产业政策，组建金融租赁公司、财务公司等非银行金融机构。

其四，创建新型农村金融机构，促进村镇银行等以服务农村为主的地区性中小银行的发展。目前还没有为统筹城乡发展服务的专门银行，统筹城乡发展领域存在金融空白点，特别是解决统筹城乡土地流转的金融支持，以及高技术产业中无形资产融资、创意产业金融支持、农村农民和城镇居民个体创业和中小企业、微型企业等领域存在金融空白点（蔡律，2009），当前的金融体系很难支撑统筹城乡发展这一历史使命，或者涉农金融创新受制于总行，不能很好地适应统筹城乡的农村金融需求。

六、发挥金融业行业协会的作用，推进金融市场化进程

其一，转变政府职能，促进社会组织有效参与金融秩序建设。推动金融业相关行业协会等社会组织的建设，保障服务于中小型金融机构的行业协会的独立性，充分听取行业协会的意见、建议、诉求，发挥金融业行业协会的管理咨询、信息交流、矛盾调节、桥梁沟通和利益平衡作用。

其二，转变政府职能，充分发挥市场作用。重庆政府前一阶段干预金融运行较多，的确起到了启动金融发展的作用。现阶段应及时转向以培育市场主体、完善市场体系、搞好宏观调控，做到以政策引导为主，逐渐减少直接参与。前期以政府注资成立的金融机构推向资本市场后，在条件成熟时，进入资本市场在资本市场通过各种融资方式进入融资，然后逐步撤资，减少在这些机构的投资决策、资本决策。另外，只有建立以多种经济成分、多种信用形式、多种融通渠道的金融机构为主体，各种风险投资机构、理财服务和担保机构、合作金融和民间借贷并存的新金融体制，才能使金融资源从垄断性分配中走出来，走向市场化。

七、增强金融调控能力，保障金融安全

其一，要继续完善金融监管组织体系，在金融业混业经营的国际趋势下，改进中国金融业分业监管的体制框架，建立中国人民银行、中国银行业监督管理委员会、中国证券监督管理委员会、中国保险监督管理委员会在重庆派出机构之间的信息沟通及磋商机制；重庆市各级政府要协同中央派出机构，大力推进金融企业、金融中介组织自律机制的建设，推动完善金融业的行业自律系统。

其二，建立协调机制。具体从三个层面入手：①地方政府和金融监管部门建立健全联席会议制度。由重庆市金融工作办公室牵头，定期召集重庆市发展和改革委员会、重庆市财政局与"一行三局"就金融业发展中的问题进行研究和分析，及时处理和应对；②完善与各金融机构建立畅通的信息沟通网络，以便及时掌握金融运行动态，及时协调解决企业发展中的问题；③加强各金融主管和监管部门的协调。由于重庆市各区县资源分布、地理条件、经济发展、金融资源状况差异很大，经济联系与产业的互补性较强，为此，还要进一步理顺中国人民银行重庆营业管理部和各金融监管机构的管理体制，建立一种制度性的协调机制。

其三，完善责任制度，改善地方政府的金融监管职责。我国金融领域已经形成了中央银行、中央金融监管机构系统监管，行业自律组织自律，地方政府协助监管的网状监管格局。但在构建区域性金融中心的金融监管思路上，必须改善地方政府对地方金融发展的监管职责，强化防范金融风险的地方政府责任意识。为此，必须在充分依靠和积极配合中央监管机构系统监管的同时，进一步强化地方政府对地方金融发展的监管职责，建立起财政部门、中央银行、金融主管和金融

专业监管机构以及地方政府相关金融监管部门之间有效的金融监管协调机制，树立监管即服务的思想和责任意识。建议由重庆市金融工作领导小组负责统筹规划、整体推进，重庆市金融工作办公室具体组织协调实施，各相关部门各司其职，以合理有效的监管和更积极主动的服务促进长江上游地区金融持续、快速、协调发展。

其四，各级政府部门还要改进金融风险监管方法体系，建立健全符合国际化要求的金融风险预警系统，促进各类金融机构的风险评估制度和信息披露制度的完善。首先，必须建立起科学、完备以及严格的金融风险监管制度和模式。从金融风险监管的组织体系而言，完善或健全的金融监管，就是要建立起以中国人民银行重庆营业管理部、中国银行业监督管理委员会重庆监管局、中国证券监督管理委员会重庆监管局、中国保险监督管理委员会重庆监管局为主体，重庆各金融机构完善自身风险预防系统、实现自我监督为基础，重庆市地方政府，以及重庆市各级金融中介组织、社会公众等其他社会力量为补充的监管体系。其次，完善会计、信息交换和信息披露制度，建立科学的金融风险预警和风险转移体系、有效的突发性危机处理体系。与国际接轨的会计制度、透明的信息公平和披露机制，是现代金融体系的基本原则。其中，重点是量化标准化的信息指标，设立金融危机评估机构、完善金融风险的追踪分析、预测、警报发布机制，建立救助性和处置性并重的金融危机处理体系。最后，在继续推进金融创新的同时，有效利用现代金融工程方法来改善宏观和微观金融管理，提高金融机构与工商企业的竞争能力和风险防范能力。

其五，在市场准入和风险控制的实际做法方面，首先，要严格守紧标准关，不能随意降低业务标准，同时，适当区别参与度，公众参与度越高的市场，越要优先低风险产品；其次，在杠杆率方面要逐步放开，杠杆性产品要按照杠杆率"先低后高"原则，稳妥推进；再次，强化民间借贷等非正规金融的制度性监管，杜绝违规金融和非法金融等扰乱市场经济、金融秩序的行为；最后，有效控制传递性，要建立风险隔离，严格防止风险在不同资产类别与不同市场之间的传递。

八、加快交通和物流建设推进长江上游地区经济一体化进程

区域金融的融合根本上源于区域经济的融合。随着重庆长江上游经济中心的

形成，长江上游地区的金融合作将日益加深。重庆必须把握时势，强化与长江上游地区其他行政区域政治、经济、文化的沟通与合作，积极主动探索长江上游地区经济一体化的路径，从行政区经济走向区域经济。一方面，要加强长江上游地区信息与交通一体化，建立长江上游地区社会、经济、政治、文化等信息资源共享平台。交通是经济和社会发展的动脉，要进一步相互合作、协调发展，共同消除长江上游地区不同行政区划的交通瓶颈，提升交通设施和交通网络的利用效率。另一方面，要加强长江上游地区市场与物流一体化。打破各地区之间的市场壁垒，消除市场保护主义和区域歧视政策，在市场准入、税收和企业待遇上，创造公平竞争的市场环境；发展区域性物流市场，促进区域物流合作，打造中国长江上游地区物流大通道，推动形成优势互补、相互促进、互利共赢的物流格局。

九、打造金融诚信环境

诚信环境是经济与金融健康发展的基础。在金融市场中，金融交易是跨时间、跨空间的人际价值交换，是把交易双方在不同时间的收入进行互换，那么，彼此信任是交易能否成功的关键之关键，信用和交易安全是核心基础。换言之，金融交易跟一般商品交易有本质差别，商品交易往往是现货，以现金交易，所以，交易双方即使素不相识，问题也不太大；但是，金融交易一般不是现货交易，而是价值的跨期支付，不能是"一锤子"买卖，所以，没有互信、没有保证金融契约执行的制度基础，就没有金融交易的发展。

显然，强化重庆金融业集群竞争力和长江上游经济地区的金融合作，打造区域性金融中心，要十分注重信用体系协同建设，发挥信用体系的整体合力。这里，重庆市政府应充分发挥改善信用环境中的主导作用，通过提升政府公信力，建立改善区域金融生态环境的长效机制和金融生态环境建设的正向激励机制，把货币政策传导、银行信贷支持与优化金融信用环境结合起来，为资金持续流入和金融机构进入创造良好的信用条件。

十、积极推进开放经济发展，加强区域内金融与外界的联系

其一，大力推进对外开放和对外贸易，促进重庆对外贸易水平、质量、层次、范围上的提升，通过扩大外贸来拉动包括金融领域在内的就业与内需。

其二，重庆金融业要加快金融产品的创新，银行、保险等金融机构要在贸易领域进一步加大"拓荒"力度，推出一些像国际保理、包买票据、打包贷款等的新型国际贸易融资手段。

其三，重庆市地方政府要进一步推出与进出口银行、进出口信用保险公司等金融公司的合作与交流的金融政策体系。

其四，扩大与产业集群外的经济联系，加强与外界的资金往来，为重庆金融业集群发展提供更大的市场空间。总而言之，加大重庆的开放力度，建设"内陆开放型经济"是扩大重庆贸易规模，进而提升重庆金融发展水平的有效措施，也是促进重庆长江上游地区金融中心建设和金融业集群形成的主要推动力之一。

十一、地方政府牵头建立重庆农村贷款代理人制度

农民生活、农业生产、农村建设，都需要足够的资金支持，而重庆农村信贷市场现存问题，极大制约了"三农"问题的解决，因此，完善重庆农村信贷市场是推动农村金融要素市场发展的重要环节之一。建议由地方政府牵头，建立农村贷款代理人制度（特别是针对小额贷款），通过贷款代理人对农户的信誉、资产经营情况、预期收入等都有较好的了解，金融机构对于农户的贷款申请能够快速作出贷或不贷、贷多贷少的决策。这种贴近农户的制度，既可以了解农户的信息，降低信息不对称的程度，又能够降低金融机构获得农户信息的成本，在降低了银行放款的风险的同时，也能够满足农户的小额、季节性贷款需求，借助农村信贷市场，为农村经济助推，为农业产业化护航，为农民增收致富提供保障，从而缩小城乡差距。

十二、建立市场调节与宏观管理相结合的农村投融资调控体制

（1）加强信贷支持。信贷资金是发达国家农村资金的重要来源。发达市场经济国家对农村发放的信贷资金，大都是政策性资金。在市场经济体制下，由于价值规律的作用，完全依靠市场机制调节，农村难以得到大量的资本，甚至出现资本外流，为此各国政府有意识地对农村领域加强了信贷支持，大力发展政策性金融和保险业务，弥补市场机制作用下商业银行金融业务对农村领域投资的不足。这时，财政扶持金融进而间接补偿农业是各国财政投资的重要方式。

由于财政力量的有限性，重庆市需要通过对农村金融的扶持，以农村金融为渠道，把财政补偿输导给农村经济。可采取的方法有税收优惠、利差补贴、提供低息和无息贷款资金、提供担保等。财政贴息后，银行执行低利率政策，目的是降低农业发展的融资成本；为了吸引金融机构增加对农业的投入，政府还需对那些向农民提供优惠贷款服务的银行直接给予财政资助和补贴。这些措施在西方发达国家都很普遍，如美国对农村信用社免收联邦收入所得税和对农业保险的高补贴，法国提供的低息、贴息贷款，日本的"制度金融"等。

（2）促进农村金融机构的竞争，允许非正式金融在一定的秩序框架内运作。应通过农村金融组织或活动的多样性，在农村金融领域引入金融供给方的竞争，打破垄断或者准垄断格局。竞争能够带来效率，促进金融创新，扩大金融服务供给，促使金融机构按照服务产品的成本和风险实行风险定价。另外，农村金融市场需要竞争性金融秩序，农村金融市场的主体应该是竞争性的商业金融和合作金融，政策性金融发挥辅助性的作用。竞争性金融市场最能发现、利用分散、广泛的局部知识，国有商业银行、民营银行、重庆农村商业银行、合作金融、商业化小额信贷、非正式金融都可以成为竞争性商业金融市场的组成部分。贴息必须直接针对特定贫困者的投资项目；政策性金融还可以在建立贷款担保体系、农业保险体系、农村金融组织结算体系、金融服务信息系统等方面发挥作用（何广文，2007）。

（3）完善政策体系。要在产权、财税、货币和监管等方面进行改革，优化金融支农政策，鼓励资金留在农村，促进资金向农村回流。其一，在产权政策上，盘活农村现有存量资产，建议试点对农村农民住宅资产加速产权明晰工作，以盘活存量资产，对耕地经营权也向农民颁发经营权证书，允许农民以经营权证进行投资入股，成为农业化公司或合作机构的股东。其二，在财税政策上，对农村金融机构实行税收减免政策，包括对县域内各类农村金融机构的营业税、所得税实行减免政策或者全免政策，通过推行减免所得税政策引导商业银行到农村去。其三，在货币政策上，实行差别存款准备金政策，降低农村金融机构存款准备金率；继续实施支农再贷款政策，扩大支农再贷款的规模；实行差别利率政策，准许农村地区存款利率适当高于城市存款利率。其四，在监管政策上，鼓励商业银行在农村地区新设分支机构，鼓励引导各类资本到农村地区设立新型金融机构；准许并购、重组农村地区金融机构；促进农村金融产品创新；支持农业龙头企业重组上市。

此外，还需健全农村投资管理、运行体系，强化对农村投资的调控和监管能力，在重视市场的基础性调节作用的同时，利用发展规划、产业政策和政府掌握的财政投融资积极进行干预，使农村的整个投融资活动符合重庆市战略发展。

从制度体系上看，还要把农业投资纳入法制化管理轨道，制定完善的农业投资法律制度，以法律手段明确规范和保证农业投资政策的落实；建立严格的投资监督机制，对具体建设项目的组织形式、建设方针、资金来源和前景都要进行充分论证，提交权力部门或行业性社会组织审查。

十三、科学有效地促进外商直接投资

其一，在进一步发展进出口银行、进出口信用保险公司等政策性金融体系外，为商业性金融机构参与扶持出口创造更好的外部空间，进而为贸易和金融发展之间架起一座桥梁，共同推动重庆外贸和金融的良性互动发展。

其二，创新招商引资方式，提高利用外资的规模与质量。引资制度与方式的多样化已成为发展中国家从国际资本市场分享更多份额的重要手段。在跨国并购、股权转让成为外商在华投资重要方式的背景下，创新吸引外资的手段、领域，在逐步开放资本市场、完善金融体制和产权交易制度的同时，提高资本市场的国外资本吸纳能力。

其三，完善投资软环境。完善市场经济制度及增强投资环境总体竞争力作为利用外资战略的重点，包括法律体系、市场机制、市场竞争、投资环境、政府服务质量和社会中介机构，同时还有自主开发能力、自身科研能力，以及与市场化进程相适应的外资管理机制。

十四、推动组建重庆地方金融控股集团

建设长江上游地区金融中心，必须建立多元结构、开放式的金融机构组织体系。前已论及，出于整合地方金融资源、扩大地方金融企业规模和提升城市形象的需要，重庆在现实条件上组建地方性金融控股集团的可行性较高。重庆要建设成为西部地区的重要增长极、长江上游地区的经济中心和促进金融产业集聚，一

个有效的途径就是构建有效的地方金融控股集团，所组建的控股集团公司应实行投资主体多元化和引入独立董事制度，并使其逐步向纯粹型金融控股集团过渡。组建过程必须遵循市场经济原则，坚持企业主体、市场主导、政府引导。建议从以下方面着手：

第一，重庆市政府应该在全市范围内抽调熟悉金融、了解市场、有一定国际业务经验的金融业人才组建成专家小组，专门负责部署和制订符合重庆实际的金融机构整体改革方案；并由专家小组协助地方政府有关部门制定一部规范金融控股集团的地方性政策或试行办法，以填补我国现行法律在金融控股方面的漏洞。

第二，重庆市政府出面设立一个专门跨行业监管机构（如地方金融控股集团监督管理委员会），以配合中国银行业监督管理委员会、中国保险监督管理委员会、中国证券监督管理委员会、中国人民银行等上级监管部门对重庆地方金融控股集团进行监督管理。

第三，重庆渝富、城投、国投等都是国有控股企业，地方政府可适量地降低对上述控股公司的控股权，初期保持50%以上的绝对控股，以后逐步降到适当的相对控股，使地方金融控股集团的投资主体多元化。

第四，地方金融控股集团在建立现代公司决策和监督机构时，可由重庆市政府任命董事，形成董事会和监事会，由董事会聘请职业经理执行公司决策，同时在董事会中引入独立董事。

第五，此前，土地在重庆投融资体系中发挥了至关重要的作用，以土地储备资产为抵押品盘活资产和获取信贷也取得了较好的效果。但是，该模式给地方财政和银行等金融机构带来了巨大压力，又可能引起关联产业（如房地产业）的危机。政府应该逐步降低地方金融控股集团对土地的依赖，寻求能够代替土地的更有效的操作杠杆，如引入战略投资等。

第六，推进金融服务外包业务发展。出于战略规划、成本控制、增强核心竞争力的考虑以及解决金融控股公司"大而全、小而全"的效率低下问题，可以考虑发展金融服务外包业务。重庆市政府应建立和完善金融外包服务商的资格审查、信用评级制度以及有效的外包监管制度。

十五、改善金融发展文化，打造吸引、留住和培养金融人才的制度环境

金融人才集聚高地，就是大量素质高、结构优、创新能力强的人才聚集的区

域。建设长江上游地区金融中心，完善区域金融体系，打造内陆开放高地，离不开优秀的文化氛围和科学管理的人才制度。因此，重庆市政府应当确立为金融人才"筑巢"和"搭台"的角色定位，以良好的发展环境、优惠的政策和有效的制度吸引人才。

其一，改善人才文化和人才理念，促进提升文化对金融人才的影响力。一方面，既要有海纳百川的魄力，又理所当然地尊重和欣赏自己的、本土的一切，也即在扬弃巴渝文化的同时，尊重他乡、他国人才的文化习俗，努力营造宽松、民主、平等、公正的人文环境。另一方面，促进培养企业家、金融家文化，规划建立起一支具有金融洞察力、创造力和风险控制力的金融人才国家队。

其二，加快推进长江上游地区金融人才开发一体化进程，也即加强区域人才的融合和协作。为此：一方面，设立跨省市的人才协调机构，在推动人才流动、破除区域人才流动壁垒的同时，避免恶性竞争；另一方面，制定区域性人才规划，利用统筹城乡改革试验区打造人事改革试验区。

其三，强化金融人才制度建设。制度是经济增长的根本因素，因为制度塑造了一个社会中关键经济主体的激励，是社会秩序建立和运行必须具备的基础性、前提性条件。建设长江上游地区金融中心，需要大量既懂国际惯例又熟悉法律的大量高素质高级经济管理和金融人才，这就要求重庆市地方政府完善全面动态竞争的人才激励机制，合理安排金融人才的社会福利制度，推动人才管理体制和用人机制上的创新，吸引来自全国、全世界的优秀金融人才。

参 考 文 献

巴曙松，牛播坤．2009 - 08 - 11．金融危机如何改变中国金融业．第一财经日报，（2）

蔡京民，蒲勇健，彭小兵．2004．对银行业风险监管的博弈分析．重庆大学学报（自然科学版），27（7）：105 ~ 108

蔡律．2009 - 07 - 27．论重庆建设长江上游地区金融中心．重庆日报，（6）

蔡启明．2002．非上市股份有限公司股票期权计划探析．中国管理科学，10（3）：29 ~ 32

曹群．2006．FD I 与地方产业集群发展的效应分析．商业研究，（6）：144 ~ 146

曹正汉．1999．国有企业多重委托的合谋问题．佛山科学技术学院学报（社会科学版），（4）：21 ~ 27

陈德铭．2009．关于国内外贸易的几个认识问题．求是，（7）：21 ~ 24

陈关聚，冯宗宪．2002．基于激励机制的指数化股票期权模型及其应用．中国管理科学，10（3）：33 ~ 37

陈国龙．2008．基层信用社农户小额信用贷款问题思考．商场现代化，（2）：205，206

陈辉．2003．国有商业银行发展金融控股公司路径探析．福建金融，（11）：10 ~ 12

陈季冰．2009 - 04 - 10．"监管"与"管制"的区别何在．成都商报，（12）

陈娟，邓晰隆．2007．我国农村金融要素市场的发展现状、问题及对策研究．"构建和谐社会与深化行政管理体制改革"研讨会暨中国行政管理学会 2007 年年会论文集，590 ~ 594

陈昆才，蒋云翔．2009 - 09 - 22．央行发声：地方政府融资要"开正门"．21 世纪经济报道，（1）

陈鹏，孙涌．2007．边际约束及成本结构变动下的农村金融改革与发展．管理世界，（3）：81 ~ 88

陈品先．2004．金融地理与金融中心的研究进展——从专业社群运作来看．世界地理研究，13（4）：1 ~ 8

陈先勇．2003．区域金融市场．中国软科学，（2）：37 ~ 41

陈先运．2005．县域民营企业融资难问题研究．中国软科学，（2）：155 ~ 159

陈学彬，张文．2003．完善我国商业银行激励约束机制的博弈分析．国际金融研究，（3）：12 ~ 17

谌争勇．2007．我国农村金融体系重构：从金融抑制理论的视角考察．江西财经大学学报，（1）：45 ~ 50

成功．2009．银行保险的国际经验及借鉴．金融之窗，（1）：349

程婧瑶，陈东，樊杰．2007．金融中心和金融中心体系识别方法．经济地理，27（6）：892 ~ 895

邓全伦，王海越．2009 - 06 - 02．十五年命题破局，重庆谋建区域金融中心．重庆日报，（5）

范方志,汤玉刚,齐行黎. 2004. 国内外银行业聚集上海动因的实证研究. 上海财经大学学报,(5):25~30,45

方平. 2000. 论有问题银行的负外部性. 经济评论,(6):85~87

费孝通. 2005. 乡土中国. 北京:北京出版社

费孝通. 2007. 江村经济. 上海:上海人民出版社

冯德连,葛文静. 2004. 国际金融中心成长的理论分析. 中国软科学,(6):42~48

冯栋,黄方亮. 2005. 金融控股公司的制度安排研究. 长江论坛,(4):39~42

冯兴元,何梦笔,何广文. 2004. 试论中国农村金融的多元化———种局部知识范式视角. 中国农村观察,(5):17~29

冯秀乾. 2008. 重庆市农村土地经营权流转调查报告. 重庆市綦江县农村劳动力资源开发研究会

弗朗西斯·福山. 2001. 信任:社会美德与创造经济繁荣. 彭志华译. 海口:海南出版社. 27~31

高勇. 2004. 重构农村金融体系的目标与途径. 财经科学,(4):89~93

郜丽敏. 2007. 农村金融抑制与制度创新———对豫南四市县域农村金融状况的调查. 金融理论与实践,(1):64~66

顾宇娟. 2008. 格莱珉银行模式与我国农村金融改革相关问题分析. 商业时代,(14):74,96

郭俊. 2008. 村镇银行市场定位:独特性与阶段性. 武汉金融,(4):42,43

浩浩:2009-09-09. 银行体验白皮书. 新女报,(60~61)

何广文. 2007. 中国农村金融组织体系创新路径探讨. 金融与经济,(8):11~16,22

洪虹. 2007. 深化金融产业功能 促进重庆城乡统筹发展. 中国金融,(12):48~50

胡方荣,张恒安. 2005. 国际金融中心的发展历程及特征. 合作经济与科技,(3s):42,43

胡鸿志. 2000. 论建立我国商业银行会计信息披露制度. 金融会计,(8):4~8

胡坚,杨素兰. 2003. 国际金融中心评估指标体系的构建———兼及上海成为国际金融中心的可能性分析. 北京大学学报(哲学社会科学版),40(5):40~47

胡婧薇. 2007-10-15. 村镇银行试点全面推开. 21世纪经济报道,(14)

胡奕明. 2002. 银行信息披露的国际比较———对13个国家和地区银行年报的调查分析. 金融研究,(3):87~94

黄国华,朱朝晖,郭栋梁等. 2009. 2008~2009:中国城市外贸竞争力白皮书. 中国海关,(8):12~29,10

黄蓉. 2007. 国际金融中心评价指标的实证分析. 金融理论与实践,(6):39~41

黄盛文. 2009. 欠发达地区经济发展与保险资源配置问题研究. 区域金融研究,(2):43~45

姜建清. 2001. 国有商业银行分支机构管理问题研究. 金融研究,(9):46~53

姜启源.2005.数学模型.北京：高等教育出版社.225~231

蒋娅娅.2006-11-14.上海金融要素市场"肚"量越来越大.解放日报,（9）

金蓓蕾.2007.伦敦金融城成功的要诀——访伦敦金融城市长约翰·史达德.经济导报,
（44）：20~22

金雪军,田霖.2004.区域金融综合竞争力的模糊曲线分析.中南大学学报（社会科学版）,
10（6）：740~746

康书生,鲍静海,李巧莎.2006.外国农业发展的金融支持——经验及启示.国际金融研究,
（7）：11~17

雷光勇.1999.审计合谋的经济学分析.审计与经济研究,（2）：23~25

李成,郝俊香.2006.金融中心发展的理论、总结与展望.上海金融,（11）：4~8

李湉湉.2008-12-03.千份农户调查问卷显示,农民对农村金融需求有四盼.重庆日报,
（9）

李扬,王国刚,刘煜辉.2005.中国城市金融生态环境评价.北京：人民出版社

李扬.2003.金融中心：聚集金融资源的有效机制.经济管理,（9）：60~63

李勇,2005.关于完善农村金融制度加大对三农金融支持若干问题的思考.金融研究,（11）：
1~10

连建辉,孙焕民,钟惠波.2005.金融企业集群：经济性质、效率边界与竞争优势.金融研究,
（6）：72~82

梁莉.2005.我国贸易开放度与金融发展关系实证研究.金融研究,（7）：143~149

梁琦,詹亦军.2006.地方专业化、技术进步和产业升级：来自长三角的证据.经济理论与经
济管理,（1）：56~62

梁小萌.2000.规模经济和产业集聚及区域协调——入世后我国产业竞争优势的培育.改革与
战略,（5）：12~16

梁颖,罗霄.2006.金融产业集聚的形成模式研究：全球视角与中国的选择.南京财经大学学
报,（5）：16~20

凌华薇.2006.尤努斯叩门.财经,（22）：1~8

刘兵军.2005.组建区域性金融控股公司的思考.经济导刊,（6）：48~51

刘端.2002.银行业的信息壁垒与信息披露.财经科学,（2）：50~53

刘峰,贺建刚,魏明海.2004.控制权、业绩与利益输送——基于五粮液的案例研究.管理世
界,（8）：102~110

刘贵生.2007.关于西安构建西部金融中心的研究报告（上）.西部金融,（11）：3~10,21

刘红娟.2006.共同所有权与控制权配置、制度环境和治理效率.南开管理评论,（2）：90~95

刘建武. 2006. 对组建地方金融控股公司的思考. 西安金融, (4): 61, 62

刘卫. 2007. 上海金融中心的形成与现状分析——金融服务业地理集聚. 上海经济研究, (11): 27~37

刘笑嫣. 2009-09-04. 重庆迈向长江上游金融中心. 重庆晨报, (42)

刘秀清. 2008. 关于构建武汉区域金融中心的思考. 经济论坛, (22): 31~33

罗光莲, 关丽丽, 骆东奇等. 2009. 农村土地流转市场的农户行为选择实证分析——基于重庆市 34 个区县大样本调查数据. 开发研究, (2): 66~69

罗来武, 刘王平, 卢宇荣. 2004. 从"机构观"到"功能观": 中国农村金融制度创新的路径选择. 中国农村经济, (8): 20~25

罗纳德·麦金农. 1999. 经济市场化的次序——向市场经济过渡时期的金融控制. 上海: 上海三联书店

罗强. 2009-07-25. 未雨绸缪筑起经济避风港. 重庆晨报, (39)

罗新宇. 2004. 要素市场托起金融上海. 瞭望新闻周刊, (7): 27

罗颖. 1999. 信息披露与市场约束. 国际金融研究, (8): 24~28

马晓河, 姜长云. 2003. 加快农村金融体制改革的若干建议. 浙江经济, (15): 41~43

马晓河. 2004. 适度放活农村民间金融. 农村工作通讯, (2): 27

穆罕默德·尤努斯. 2006. 穷人的银行家. 吴士宏译. 北京: 生活·读书·新知三联书店

倪鹏飞. 2004. 构建国际金融中心: 全球眼光、国际标准与世界经验. 开放导报, (2): 58~64

宁钟, 杨绍辉. 2006. 金融服务产业集群动因及其演进研究. 商业经济与管理, (8): 38~44, 66

牛凤瑞, 潘家华. 2007. 城市蓝皮书: 中国城市发展报告. 北京: 社会科学文献出版社

潘东, 彭小兵. 2007a. 金融控股集团框架内子公司控制权配置研究. 金融研究, (12): 205~214

潘东, 彭小兵. 2007b. 组建地方金融控股集团的路径选择. 上海金融, (4): 25~28

潘东. 2007. 母公司控制权的两面性与制衡. 改革, (7): 125~127

潘英丽. 2003. 论金融中心形成的微观基础: 金融机构的空间聚集. 上海财经大学学报, (1): 50~57

彭小兵, 邓琳莹. 2007. 区域综合竞争力与重庆金融业的发展. 改革, (增刊): 13, 14

彭小兵, 冯宗茂. 2008. 重庆市培育金融核心区: 布局、路径与对策. 重庆大学学报 (社会科学版), 14 (2): 7~14

彭小兵, 蒋静梅. 2008. 重庆金融业产业集群的现实基础: 一个实证研究. 财贸研究, (5): 85~90

彭小兵, 马泉, 蒲勇健. 2007. 基于股票期权的商业银行经理人激励约束机制研究. 管理工程学报, (2): 42~46, 58

彭小兵, 杨雯雯. 2007. 金融业集群发展研究——论重庆长江上游地区金融中心建设. 重庆大学学报 (社会科学版), 13 (5): 20~28

彭小兵, 余小林, 蒲勇健. 2003a. 商业银行信息披露制度的构建. 重庆大学学报 (社会科学版), 9 (5): 40~42, 49

彭小兵, 余小林, 蒲勇健. 2003b. 中国商业银行信息披露机制的构建研究. 科技与管理, (3): 97~99, 102

彭小兵, 张保帅. 2008a. 重庆 FDI 与金融发展关系的实证研究. 贵州大学学报 (社会科学版), 26 (3): 56~61

彭小兵, 张保帅. 2008b. 金融控股公司组织管理机制研究. 科技与管理, (10), 5: 69~72

彭小兵, 张保帅. 2008c. 金融业产业集群竞争力研究——基于重庆构建长江上游地区金融中心的视角. 见: 白永秀. 区域经济论丛. 北京: 中国经济出版社. 19~33

彭小兵, 张保帅. 2009. FDI 对东道国通货膨胀影响分析——基于中国的实证研究. 国际贸易问题, (1): 101~106

秦艳梅. 2003. 我国建立民营银行的意义和金融创新. 北京工商大学学报, (7): 59~62

瞿宝忠. 2003. 公司控制权配置: 模型、特征与效率性选择研究. 南开管理评论, (3): 26~31, 36

邱兆祥. 2003. 重庆: 瞄准西部区域性的金融中心. 金融理论与实践, (8): 12, 13

任敏, 陈金龙. 2008. 日本农村金融运行情况对我国村镇银行的启示. 中国集体经济, (2): 199, 200

施维明. 2006. 我国发展金融控股公司的制约因素及对策分析. 哈尔滨商业大学学报 (社会科学版), (2): 37~39, 42

宋丽颖. 2008－11－27. 西安高新区建设西部金融中心政策研究. http://www.xdz.com.cn/cenweb/resupload/000000000000000000002/004060070/1227775265693_ 1. pdf

苏宁. 2005. 金融生态环境的基本涵义. 金融消息参考, (10): 6

孙雷. 2007－03－05. 村镇银行破茧. 21 世纪经济报道, (7)

孙兆斌. 2006. 股权集中、股权制衡与上市公司的技术效率. 管理世界, (7): 115~124

孙志, 韦怀. 2008. 对农村金融中村镇银行的定位研究. 时代金融, (2): 41~43

谈儒勇. 1999. 中国金融发展和经济增长关系的实证研究. 经济研究, (10): 53~61

唐旭. 1996. 论区域性金融中心的形成. 城市金融论坛, (7): 12~16

滕春强. 2006. 金融企业集群: 一种新的集聚现象的兴起. 上海金融, (5): 14~17

田俊丽 . 2007. 国农村金融体系重构——缓解农村信贷配给 . 成都：西南财经大学出版社

童伟 . 2005. 加大财政倾斜力度　破解新形势下三农问题 . 中央财经大学学报，(7)：24～27

屠光绍 . 2008 - 05 - 12. 上海国际 . 金融中心建设核心在于金融要素市场体系 . 第一财经日报，
　(A12)

王彬 . 2008. 农村金融抑制及制度创新——基于供需视角下的分析 . 河南社会科学，(4)：62～65

王步芳 . 2006. 首都金融产业集群优势与发展研究 . 北京市经济管理干部学院学报，(4)：11～16

王朝阳，陈凯元 . 2008 - 03 - 27. 产业集群视角下金融中心的建设与发展 . 中国经济时报，
　(8)

王朝阳，刘东民 . 2008. 集群政策下的我国区域金融中心建设构想 . 银行家，(5)：72～74

王国华，李克强 . 2006. 论我国农村金融抑制与金融制度创新 . 中央财经大学学报，(5)：27～
　33，46

王缉慈 . 2002. 地方产业群战略 . 中国工业经济，(3)：47～54

王晋 . 2006. 发展民营银行的制度意义及其风险防范 . 财经科学，(6)：35～38

王婧，刘春，刘承良 . 2008. 武汉城市圈空间发展的 SWOT 分析 . 当代经济，(11)：94，95

王岚，崔滢 . 2005. 我国金融控股公司的组建模式及规范发展 . 山东财政学院学报，(5)：56～59

王蕾 . 2006. 我国金融控股集团关联交易的监管对策分析 . 中国金融，(2)：43，44

王丽敏 . 2008. 金融抑制背景下的农村融资障碍及破解对策 . 农业经济，(5)：87，88

王鹏，周黎安 . 2006. 控股股东的控制权、所有权与公司绩效：基于中国上市公司的证据 . 金
　融研究，(2)：88～98

王曙光 . 2007. 草根金融 . 北京：中国发展出版社

王维安，郭福春 . 2003. 我国股份制商业银行实行股票期权激励机制探讨 . 数量经济技术经济
　研究，(5)：47～50

王湘东 . 2006. 国际金融中心建设的机遇把握 . 上海金融，(12)：66～68

王晓枫 . 2002. 我国商业银行信息披露问题的研究 . 国际金融研究，(4)：53～57

王欣欣 . 1996. 经济改革与金融控制——读麦金农教授新著《经济自由化的次序——向市场经
　济过渡时期的金融控制》. 上海金融，(12)：40～41

王学军 . 2004. 金融控股公司发展的理论基础及启示 . 中央财经大学学报（金融证券版），
　(8)：19～23

王月欣 . 2004. 从动态博弈视角看企业控制权的配置 . 南开经济研究，(4)：16～18

王志强，孙刚 . 2003. 中国金融发展规模、结构、效率与经济增长关系的经验分析 . 管理世界，
　(7)：13～20

王仲会 . 2005. 金融控股公司研究 . 东北财经大学学报，(3)：21～23

魏后凯. 2006. 对产业集群与竞争力关系的考察. 经济管理, (6): 4~11

温铁军. 2007. 把合作金融还给农民——重构"服务三农的农村金融体系"的建议. 农村金融研究, (1): 43, 44

吴聪, 王聪. 2005. 我国金融中心竞争力的实证分析. 南方金融, (12): 10~13

吴大庆, 王定芳. 2005. 构建区域金融生态环境评价的指标体系. 区域经济, (5): 58, 59

吴军. 2007. 也谈"三农"与农村金融问题. 中国金融, (23): 87, 88

吴晓求, 许荣, 郑志刚. 2009-03-24. 激励机制与风险约束如何实现均衡——国际金融危机及其应对系列之四. 上海证券报, (6)

吴玉宇. 2008. 村镇银行运行存在的问题及对策分析. 改革与战略, (1): 61, 62

夏乐象, 涂盈华. 2007. 加强农村金融体系建设, 提高农村金融服务水平. 金融与经济, (10): 85, 86

夏书亮. 2008. 日本农村金融体系的运行范式及经验借鉴. 金融发展研究, (6): 52~55

谢丽霜. 2003. 西部开发中的金融支持与金融发展. 大连: 东北财经大学出版社

谢利. 2009-02-21. 解决"三农"问题的金融之道. 金融时报, (4)

谢识予. 2002. 经济博弈论. 上海: 复旦大学出版社. 119

辛乔利, 孙兆东. 2008. 次贷危机. 北京: 中国经济出版社. 35~41, 95~108

邢哲. 2001. 我国股份制商业银行实施股票期权制度的探讨. 金融教学与研究, (3): 23, 24, 29

熊德平, 徐建军. 2007. 中国金融发展与国际贸易关系研究——基于跨省面板数据的协整和误差修正模型检验. 经济理论与经济管理, (9): 31~35

熊利平, 曹勃. 2004. 组建地方性金融控股公司构想. 金融理论与实践, (5): 23~25

熊学平, 刘长青. 2004. 日本农村合作金融运作模式及其对我国农村信用社改革的启示. 科学·经济·社会, 22 (4): 55~58

熊玉军. 2008. 从美国社区银行看我国村镇银行的市场定位. 金融电子化, (5): 78~80

徐加根. 1998. 论投机资本风险与收益的对称性——试答郑京平先生的提问. 金融研究, (6): 38~41

徐佳永, 贺刻奋. 2006. 宁波市金融发展与经济增长实证分析: 1989~2004. 经济丛刊, (3): 32, 33

徐康宁. 2001. 开放经济中的产业集群与竞争力. 中国工业经济, (11): 22~27

徐诺金. 2005. 论我国的金融生态问题. 金融研究, (11): 31~38

徐全勇. 2004. 英国金融服务业产业集群发展对上海金融中心建设的启示. 上海金融, (12): 42~44

颜蕾. 2006. 构建和发展重庆区域性金融中心的政策思路. 重庆工学院学报,（7）：26～30

杨棉之. 2006. 内部资本市场、公司绩效与控制权私有收益——以华通天香集团为例分析. 会计研究,（12）：61～67

杨松. 2002.《巴塞尔新资本协议（草案）》有关商业银行信息披露的要求. 中国金融,（6）：33～36

杨小凯, 黄有光. 2000. 专业化与经济组织——一种新兴古典微观经济学框架. 张玉纲译. 北京：经济科学出版社

杨亚琴, 王丹. 2005. 国际大都市现代服务业集群发展的比较研究——以纽约、伦敦、东京为例的分析. 世界经济研究,（1）：61～66

杨永芹, 江璐. 2009 - 02 - 07. 我市加快金融要素市场建设. 重庆日报,（1）

殷孟波. 2002. 西南经济发展的金融支持. 成都：西南财经大学出版社

殷兴山, 贺绎奋, 徐洪水. 2003. 长三角金融集聚态势与提升竞争力分析. 上海金融,（8）：42～44

宇文. 2002. 一些国家和地区对商业银行信息披露的要求及比较. 中国金融,（6）：34～37

曾芳芳. 2006. 农村的金融抑制及金融体系问题分析——以重庆为例. 求实,（s2）：249, 250

曾刚, 司月芳. 2008. 上海陆家嘴金融产业集群发展研究. 地域研究与开发, 27（3）：39～43

曾庆文. 2009 - 07 - 16. "西部中小企业发展银行"能否落户重庆两江新区. http://www.chinavalue.net/Article/Archive/2009/7/16/185925_ 4.html

张蕾. 2009 - 09 - 24. 重庆金融力量翘首西部地区. 重庆晚报,（60）

张强, 王鑫译. 1999. 信息规范与有效监管——兼论我国金融机构信息制度的建构. 河南金融管理干部学院学报,（2）：21～25

张强. 2002. 加入WTO后中国金融监管的一个重要改革点——银行不良债权的公开信息披露. 重庆金融,（2）：3～7

张祥建, 郭岚. 2007. 关联交易与控制性股东的行为实施：456家上市公司样本. 改革,（5）：97～105

张晓晖. 2009 - 07 - 27. 重庆政府面临债务危机. 经济观察报,（1）

张兴胜. 2002. 商业银行信息披露及其规范化. 中国金融,（6）：31, 32

张有. 2007 - 03 - 05. 四川、吉林做先锋　两村镇银行挂牌. 21世纪经济报道,（14）

张元智. 2001. 基于企业核心竞争能力的产业集聚观点. 人文杂志,（4）：72～77

张月飞. 2003. 建立我国商业银行的股票期权激励机制. 浙江金融,（5）：31, 32, 40

章奇, 黄季焜. 2004 - 12 - 13. 农村金融现状与政策分析（之二）. http://jlin.ccer.edu.cn/article/article.asp? id = 257

赵丙奇. 2006. 农村信用社改革：现状、问题与对策. 农业经济问题，(5)：72~76

赵弘. 2007. 中国总部经济发展报告（2007~2008）. 北京：社会科学文献出版社

赵弘. 2008. 中国总部经济发展报告（2008~2009）. 北京：社会科学文献出版社

赵弘. 2009. 中国总部经济发展报告（2009~2010）. 北京：社会科学文献出版社

赵静敏. 2008. 我国金融发展与对外贸易关系的经验研究——基于1978~2007年数据. 金融发展研究，(10)：14~18

赵震全，薛丰慧. 2004. 金融发展对经济增长影响的实证分析. 金融研究，(8)：94~99

郑长德. 2001. 论经理人股票期权激励的有效性. 中国管理科学，9(5)：74~80

郑泽华. 2004. 中国农村金融发展问题研究. 贵州财经学院学报，(1)：37~43

郑志刚. 2002. 存在非对称信息的防止集体背离纳什均衡. 经济科学，(3)：103~111

中国人民银行重庆营业管理部课题组. 2006. 关于重庆金融业集聚力和辐射力的调查分析. 中国金融，(19)：64，65

中国银行广东分行课题组. 2006. 广东区域金融生态实证研究. 南方金融，(11)：5~8

周萃. 2007-03-14. 从农村金融改革看"三农"问题的解决. 金融时报，(5)

周飞舟. 2006. 从汲取型政权到"悬浮型"政权. 社会学研究，(3)：31~33

周立，王子明. 2002. 中国各地区金融发展与经济增长实证分析：1978~2000. 金融研究，(10)：1~13

周宁东，汪增. 2007. 金融发展对经济增长的贡献：一项基于面板数据的研究. 财贸经济，(5)：86~92

周婷婷. 2008. 农户金融抑制的实证分析——以陕西省T市农村金融调研为例. 贵州农业科学，(2)：165~167

周小川. 2005. 法治金融生态. 中国经济周刊，(3)：11

朱红军，汪辉. 2004. "股权制衡"可以改善公司治理吗——宏智科技股份有限公司控制权之争的案例研究. 管理世界，(10)：114~123，140

朱彤，郝宏杰，秦丽. 2007. 中国金融发展与对外贸易比较优势关系的经验分析——一种外部融资支持的视角. 南开经济研究，(3)：124~131

卓凯，崔维琪. 2004. 金融深化、信贷配置扭曲与经济效率. 武汉金融，(5)：11~13

Adams D W, Canavesi M L. 1989. Rotating savings and credit associations in boliva. Savings and Development, 13 (3): 219~236

Adams D W, Fitchett D A. 1992. Informal Finance in Low – Income Countries Boulder. Boulder: Westview Press. 5~23

Adkisson J A, Fraser D R. 2003. The "first filers": an examination of the first financial holding companies. Journal of International Banking Regulation, 4 (4): 328 ~ 337

Ardener S. 1964. The comparative study of rotating credit associations. Journal of Royal Anthropological Institute, 94 (2): 201 ~ 228

Baptista R, Swann P. 1998. Do firms in clusters innovate more. Research Policy, 27 (5): 525 ~ 540

Beck T. 2002. Financial development and international trade : is there a link? Journal of International Economics , 57 (1) : 107 ~ 131

Besley T, Levenson A R. 1996. The role of informal finance in household capital accumulation: evidence from Taiwan. Economics Journal, 106: 39 ~ 59

Besley T. 1994. How do market failures justify interventions in rural credit market. The World Bank Research Observer, 9 (1): 27 ~ 47

Birkinshaw J. 2000. Regional clusters and multinational enterprises: independence, dependence, or interdependence. International Studies of Management & Organization, 30 (2): 114 ~ 139

Bossone B, Mahajan S, Zahir F. 2003. Financial infrastructure, group interests and capital accumulatio. IMF Working Paper

Bouman F J A. 1995. ROSCA: on the origin of the species. Savings and Development, XIX (2): 117 ~ 147

Calomiris C W, Rajaraman I. 1998. The role of ROSCAs: lumpy durables of event insurance. Journal of Development Economics, (56): 207 ~ 216

Carrington J C, Edwards G T. 1979. Financing Industrial Development. New York: Praeger. 190

Chiles T H, Meyer A D. 2001. Managing the emergence of clusters: an increasing returns approach to strategic change. Emergence: A Journal of Complexity Issues in Organizations and Management, 3 (3): 58 ~ 89

Choi S R, Tschoegl A E, Yu C M. 1986. Banks and the world's major financial centers, 1970 ~ 1980. Review of World Economics, 122 (1): 48 ~ 64

Cipriani M, Kaminsky G L. 2007. Volatility in international financial market issuance: the role of the financial center. Open Economies Review, 18 (2): 157 ~ 176

Coase R. 1937. The nature of the firm. Economica, 4 (16) : 386 ~ 405

Crouch C, Farrell H. 2001. Great Britain: falling through the holes in the network concept. In: Crouch C, Le Galés P, Trogilia C et al. Local Production System in Europe: Rise or Demise. Oxford: Oxford University Press. 154 ~ 211

Deidda L, Fattouha B. 2008. Banks, financial markets and growth. Journal of Financial Intermediation, 17 (1): 6 ~ 36

Dekle R, Hamada K. 2000. On the development of rotating credit association in Japan. Economic Development and Cultural Change, 48: 77 ~ 90

Ding L. 2008. Market structure and dealers' quoting behavior in the foreign exchange market. Journal of International Financial Markets, Institutions & Money, 18 (4): 313 ~ 325

Edwards B. 1998. Capitals of capital: a survey of financial centres. The Economist, 347 (8067): 8

Enright M J. 1996. Regional clusters and economic development: a research agenda. In: Staber U, Schaefer N, Sharma B. Business Networks: Prospects for Regional Development. New York: De Gruyter. 190 ~ 214

Fernando E. 1986. Informal credit and savings organizations in Sir Lanka: the cheetu system. Savings and Development, 10 (3): 253 ~ 263

Feser E J. 1998. Old and new theories of industry clusters. In: Steiner, M. Clusters and Regional Specialisation: on Geography, Technology and Networks. London: Pion Ltd. 18 ~ 40

Fratianni M. 2008. The evolutionary chain of international financial centers. Working Papers from Money and Finance Research Group with Number 6

Geertz C. 1962. The rotating credit association: a "middle rung" in development. Economic Development and Cultural Change, 10 (3): 241 ~ 263

Gehrig T. 1998. Cities and the geography of financial centres. CEPR Discussion Paper Series No. 1894

Goldsmith R W. 1969. Financial Structure and Development. New Haven: Yale University Press

Granovetter M. 1973. The strength of weak ties. American Journal of Sociology, 78 (6): 1360 ~ 1380

Granovetter M. 1983. The strength of weak ties: a network theory revisited. Sociological Theory, 1: 201 ~ 233

Hart O, Moore J. 1990. Property rights and the nature of the firm. Journal of Political Economy, 98: 1119 ~ 1158

Hermes N, Lensink R. 2000. Financial system development in transition economies. Journal of Banking & Finance, 24 (4): 507 ~ 524

Hoff K, Stiglitz J E. 1990. Introduction: imperfect information and rural credit markets: puzzles and policy perspectives. World Bank Economic Review, 4 (3): 235 ~ 250

Jagannathan N V. 1987. Informal Market in Developing Countries. Oxford: Oxford University Press

Johnson S, Porta R L, Lopez-de-Silanes F et al. 2000. Tunnelling. American Economic Review, 90 (2): 22 ~ 27

Kan K. . 2000. Informal capital sources and household investment: evidence from Taiwan. Journal of Development Economics, 62 (1): 209 ~ 232

Kindleberger C. 1974. The Formation of Financial Centers: A Study in Comparative Economic History,

Princeton Studies in International Finance, No. 36. New Jersey: Princeton University Press

Krugman P. 1991. Increasing returns and economic geography. Journal of Political Economy, 99 (3): 483~499

Krugman P. 1991. Geography and Trade. Cambridge: MIT Press

Levine R. 1997. Financial development and economic growth: Views and Agenda. Journal of Economic Literature, 35 (2): 688~726

Lo S F, Lu W M. 2006. Does size matter? Finding the profitability and marketability benchmark of financial holding companies. Asia – Pacific Journal of Operational Research, 23 (2): 229~246

Marshall A. 1920. Principles of Economics. 8th ed London: Macmillan and Co. , Ltd

Martin R, Sunley P. 2003. Deconstructing clusters: chaotic concept or policy panacea. Journal of Economic Geography, 3 (1): 5~35

McGahey R, Malloy M, Kazanas K et al. 1990. Financial Services, Financial Centers : Public Policy and the Competition for Markets, Firms, and Jobs. Boulder: Westview Press

McKinnon R I. 1973. Money and Capital in Economic Development. Washington DC: The Brookings Institution

North D. 1990. Institutions, Institutional Change and Economic Performance. Cambridge: Cambridge University Press

Pandit N R, Cook G A S, Swann P G M. 2001. The Dynamics of industrial clustering in British financial services. The Service Industries Journal, 21 (4): 33~61

Pandit N R, Cook G A S, Swann P G M. 2002. A comparison of clustering dynamics in the British broadcasting and financial services industries. International Journal of the Economics of Business, 9 (2): 195~224

Pandit N R. , Cook G A S. 2003. The benefits of industrial clustering: insights from the British financial services industry at three locations. Journal of Financial ServicesMarketing, 7 (3) : 230~245

Patrick, H T. 1966. Financial development and economic growth in underdeveloped countries. Economic Development and Cultural Change, 14 (2): 174~189

Porter M E. 1998a. Clusters and the new economics of competition. Harvard Business Review, 76 (6): 77~90

Porter M E. 1998b. The Adam Smith address: location, clusters, and the "new" microeconomics of competition. Business Economics, 23 (1): 7~17

Preer R W. 1992. The Emergence of Technopolis: Knowledge – Intensive Technologies and Regional Development. New York: Praeger Publishers. 31~72

Rajan R, Zingales L. 2000. The governance of the new enterprise. NBER Working paper, No. 7958

Reed H C. 1980. The ascent of Tokyo as an international financial center. Journal of International Business Studies, 11 (3) 19 ~ 35

Reed H C. 1981. The Pre – eminence of International Financial Centers. New York : Praeger

Roelandt T, den Hertog P. 1999. Cluster analysis and cluster-based policy making in OECD countries: an introduction to the theme. Boosting Innovation: The Cluster Approach. OECD. Paris. 9 ~ 23

Roelandt T, Gilsing V A, van Sinderen J. 2000. New policies for the new economy, cluster – based innovation policy: international experiences. 4th Annual EUNIP Conference, Tilburg, The Netherlands

Rosenfeld S A. 1997. Bringing business clusters into the mainstream of economic development. European Planning Studies, 5 (1): 3 ~ 23

Sagaram J P A, Wickramanayake J. 2005. Financial centers in the Asia – Pacific region: an empirical study on Australia, Hong Kong, Japan and Singapore. Banca Nazionale del Lavoro Quarterly Review, 58 (232) 21 ~ 51

Scholey D. 1987. Essential features of international financial centres. In: Roberts R. International Financial Centres: Concepts, Developments and Dynamics. Volume one. Aldershot: Edward Elgar

Scott A J. 1986. Industrial organization and location: division of labor, the firm and spatial process. Economic Geography, 62 (3): 215 ~ 231

Shanmugam B. 1991. Socio – economic development through the informal credit market. Modern Asia Studies, 25 (2): 209 ~ 225

Shaw E S. 1973. Financial Deepening in Economic Development. Oxford: Oxford University Press

Simmie J, Sennett J. 1999. Innovative clusters: global or local linkages. National Institute Economic Review, 170 (1): 87 ~ 98

Steverman B. 2008 – 05 – 19. The CME: why are investors so gloomy? Business Week Online. http: //www. businessweek. com/investor/content/may2008/pi20080518_ 852467. htm

Swann G M P, Prevezer M. 1996. A comparison of the dynamics of industrial clustering in computing and biotechnology. Research Policy, 25 (7): 1139 ~ 1157

Swann G M P. 1998. Towards a model of clustering in high technology industries. In: Swann G M P, Stout D, Prevezer M. The Dynamics of Industrial Clustering: International Comparisons in Computing and Biotechnology. Oxford: Oxford University Press. 52 ~ 76

Taylor P J. Beaverstock J V, look G et al. 2003. Financial Services Clustering and Its Significance for London. London: Corporation of London. 6 ~ 53

Tirole J. 1986. Hierarchies and bureaucracies: on the role of collusion in organizations. Journal of Law, Economics and Orgnization, 2 (2): 181 ~ 214

Tirole J. 2001. Corporate governance. Econometrics, 69 (1): 1 ~ 35

van den Berg L, Braun E, van Winden W. 2001. Growth clusters in European cities: an integral approach. Urban Studies, 38 (1): 185 ~ 205

Weber A. 1909. The Theory of the Location of Industries. Chicago: Chicago University Press

Williamson O E. 1985. The Economic Institutions of Capitalism. New York: Free Press

Yamori N. 1998. A note on the location choice of multinational banks: the case of Japanese financial institutions. Journal of Banking and Finance, 22 (1): 109 ~ 120

Yang X K, Ng Y K. 1995. Theory of the firm and structure of residual rights. Journal of Economic Behavior & Organization, 26 (1): 107 ~ 128

Yee J C. 2006 – 05 – 09. The formation of American financial centers. http: //www. williams. edu/Economics/Honors/2006/ColinYeeThesisMay9th06. pdf

Young K, Mun K C. 1990. Financial centres in Asia: implications for bank marketing in Hong Kong. International Journal of Bank Marketing, 8 (1): 10 ~ 16

Zhao S X B, Cai J M, Zhang L. 2005. Asymmetric information as a key determinant for locational choice of MNC headquarters and the development of financial centers: a case for China. China Economic Review, 16 (3): 308 ~ 331

Zhao S X B. 2003. Spatial restructuring of financial centers in mainland China and Hong Kong: a geography of finance perspective. Urban Affairs Review, 38 (4): 535 ~ 571